DAS ALTE

NÜRNBERGER KRIMINALRECHT.

NACH RATS-URKUNDEN ERLAUTERT

VON

DR. JUR. HERMANN KNAPP,

KGL. ARCHIVSEKRETÄR UND PRIVATDOCENT DER RECHTE IN WÜRZBURG.

BERLIN, SW.48

WILHELMSTRASSE 119/120.

J. GUTTENTAG, VERLAGSBUCHHANDLUNG.

1896.

FRANZ von LISZT

IN DANKBARER VEREHRUNG.

Vorwort.

Die freundliche Aufnahme des vor wenig Jahren publizierten „Kriminal-Verfahrens“*), manch ermunternder Zuruf aus dem Kreise der „Meister“ ermutigten mich zur Inangriffnahme vorliegenden Werkes, das gleichsam Fortsetzung und Schlufs des gesamten Nürnberger Kriminalrechtes bildet.

Reicher und spröder noch war freilich diesmal der zu verarbeitende Stoff, zahllos die Strafaussprüche, Rechtsfälle und Ratschläge. Bot sich bei ihrer Sichtung manch Hemmnis dar, so erschien es noch schwieriger, die mafsgebenden Normen für jede Erscheinungsart der einzelnen Delikte zu erforschen. Immerhin mag dies vielfach geglückt sein, und, wie dereinst beim Verfahren, ward es mir auch hier während der Durchführung wieder zur Erkenntnis, dass behufs Darstellung des früheren Strafrechts solch praktischer, wenn auch dornenreicher Weg am sichersten zum erwünschten Ziele leitet.

Allzu wenig vertrauenerweckend sind viele Satzungen jener Zeit, um aus ihrem Inhalt untrügliche Schlüsse auf die tatsächliche Jurisdiktion ziehen zu können.

Einesteils enthalten sie häufig keineswegs festbindende Strafbestimmungen, ein höchstes und niedrigstes Mafs als Spielraum für die Urteilfindung, sondern um den Schöffen möglichst freie Hand zu gewähren und zugleich dem Abschreckungszweck gerecht zu werden, gipfeln sie mitunter in Drohungen, welche — ich erinnere hier an gewisse Talionssatzungen süddeutscher Rechte am Ausgang des Mittelalters — in solcher Schärfe wohl niemals zur Verwirklichung kamen. Dies verbürgt wenigstens die Nürnberger

*) Das öfters zitierte „Verfahren“ fand Veröffentlichung in der „(Liszt'schen) Zeitschrift für die gesamte Strafrechtswissenschaft“, Band XII, 200—276 und 473—552, aufserdem als Münchner Dissertation (1—160).

Praxis. An sich bestehen die einheimischen Polizei-Ordnungen die Prüfung durch eine derartige praktische Lupe; streifen sie das eigentliche Strafrecht überhaupt nur wenig, so entsprechen die Fehdebestimmungen z. B. völlig der damaligen Übung. Nicht so eine fremdartige, überaus strenge Vorschrift, die sie mit sich schleppen, dem Aug um Aug, Zahn um Zahn des mosaischen Gesetzes allzu ähnlich. Als Drohung war sie nicht zwecklos und mochte treffliche Wirkung äufsern, zumal da die Verordnungen an festgesetzten Tagen dem Volk durch öffentliche Verlesung eingeschärft wurden. Tatsächlich aber hielt es der Rat durchaus nicht für erforderlich, sie zu befolgen, bezw. einem, der eines andern Bein abgehauen, den gleichen Gefallen zu erweisen.

Andernteils versündigten sich die Verabfasser von Rechtsbüchern nicht minder durch Aufstapelung von „Urväter Hausrat“ in neuen Folianten. Seltsam mutet es uns an, wenn wir dort die ehrwürdige Sühne des Marksteinversetzers oder Baumabschälers, aufgeputzt und aufgefrischt durch Gold und Farben, zwischen — im Gegenüberhalt zu ihnen — jungfräulichen Strafbestimmungen auftauchen sehen. Für die Schöffen längst zu Grabe getragen, liefs sie der Kompilator unentwegt fortvegetieren, nicht, weil er ihnen noch Existenzberechtigung zusprach, sondern vielmehr aus Pietät, Freude an ihrer — geschmackvollen Grausamkeit und — hatte ja für die Väter das „Damals“ ebenso Reiz, als für uns, wenn auch in anderer Weise. Solch Vorkommnis aber bekundet sich namentlich oft bei Kaiserprivilegien. So errang in Nürnberg das „Richten auf verleumunt freyheitbriefe“ Einlafs in die II. Halsgerichtsordnung, wiewohl man nicht mehr daran dachte, einen auf blofsen schweren Leumund hin für todeswürdig zu erachten.*)

Endlich erweisen sich jene Strafsatzungen zuweilen als äufserst lückenhaft: Was in des Volkes Bewufstsein und Überzeugung bereits festgewurzelt war, und — was es nicht zu wissen brauchte, fand Ausschlufs von der Publikation.

In die eigentliche Werkstatt juristischer Gedankenarbeit blieb also dem Laien der Einblick versagt. Gerade die Ausgestaltung

*) Von tatsächlicher Geltung des Leum.-Verf. kann hier nicht mehr die Rede sein. Nicht einen Fall überliefert auch das sorgfältig geführte HGB. In zu späte Zeit (1430 st. 1320) setzt Siegels R-Gesch. das LV.; dort figuriert auch die mythische „eiserne Jungfer“ — ein Hinrichtungswerkzeug par excellence — als Folterinstrument zwischen Daumenschraube und Hase.

der feinern Disziplinen der damaligen Kriminalistik aber, „die herbrachten gebreuche“ in ihrer bedächtigen Fortentwicklung, ihrer Umbildung und Klärung im magischen Feuer der südlichen Doktrin, sie erwecken vor allem unser Interesse. Den Schlüssel zu ihrer Enträtselung, die Spur zu ihrer Weiterverfolgung danken wir allein der — Praxis.

Für ihren Geltungsbereich gewichtiger, als die Reichsgesetze, ankern einige dieser Bräuche so tief, daſs sie — unberührt von der Umwälzung einer neuen Epoche — sich in dieser nicht nur erhalten, sondern dieselbe sogar überdauern. Nur aus ihnen vermögen wir mit Sicherheit die Unterschiede in der Dezision der einzelnen Städte und Territorien zu eruieren. Verschlieſsen sie sich endlich lange trotzig dem Einfluſs der fremden Theorien, so macht sich gerade bei ihnen zuerst das sieghafte Fortschreiten der letztern auf prägnante Weise bemerkbar.

Originelle Einblicke zumal gewährt uns hierin die Nürnberger Praxis: Im Konsulentenkollegium saſs neben dem jungen, den Neuerungen huldigenden Heiſssporn manch ehrwürdiger, bedachtsamer Greis; schwerwiegend war sein Wort, zäh hielt er fest am Alten. Heftig tobte oft zwischen ihm und dem Römling der Wortkampf. Aber wenn auch endlich zu dessen Gunsten eine Einigung der Rechtsgelehrten erzielt war, prallte ihr Vorschlag nicht selten wirkungslos ab am noch konservativeren Laienelement des Rates, der dann zornig den Urteilern gebot, sie sollten sich „dem alten geprauch nach halten und an die Doctor nichts keren“.

Wohl tat man daran, als man bei Publikation der Karolina erklärte, daſs man hiermit den „loblichen herbrachten gebreuchen“ keineswegs zu derogieren gedenke. Wäre dies an sich ein fruchtloses Unterfangen gewesen, hätte der Miſserfolg der Autorität des ohnehin mit Miſstrauen begrüſsten Neulings nicht wenig Abbruch getan.

Und was ist wohl die Mater Karolinae mehr oder minder, als die Kodifikation des damals zu Bamberg geltenden Rechts und vornehmlich der dort dominierenden, vordem nicht publizierten Gebräuche? Damit, daſs man dort zuerst der bisherigen Geheimtuerei entsagte, erzielte man den beispiellosen Erfolg, daſs das Strafrecht eines Territoriums von immerhin bescheidner Gröſse in der Folge zum allgemein giltigen Reichsgesetz erhoben ward.

Vermag man nun die Praxis Nürnbergs in dieser Epoche aus den vorhandnen Ratsurkunden festzustellen, so steht für Bamberg kein homogenes Material zu Gebote. Es ist daher auch der Nachweis nicht ermöglicht, durch wieviel fremdartige Zutaten die Bamberger Bräuche Bereicherung erfuhren, um zur Bambergensis zu werden. Ihre Zahl wird keinesfalls beträchtlich sein. Zumal die aus andern deutschen Rechten herstammenden Satzungen mochten sich schon früher in Bamberg eingebürgert haben. Man mufs nur bedenken, wie sich damals Gesetze und Bräuche auf die Wanderschaft begaben, und nicht zum mindesten durch das Verdienst der Rechtsgelehrten. Von der einen Stadt in die andere berufen, brachte solch Konsulent — das Brüsten mit reichem Wissen war nur allzu vielen eigen — eine, vielleicht seiner Heimat entsprossene, seinen neuen Gebietern fremdartige Satzung zum Vorschlag und — was ja bei der damals üblichen Beratung von Fall zu Fall nichts seltsames — öfters zur Durchführung; sie wurde „Brauch", ohne dafs man sich je über den Ursprung und die erste Anwendung dieser Norm späterhin Rechenschaft gab. Und so mochten sich auch die Nürnberger verwundern, als sie den „Anefang" ihrer Reformation in der Bambergensis wiederfanden. Analoges gilt wohl für die Lehren der Italiener; frühzeitig mochten viele durch Vermittlung von Konsulenten Zulafs in Bamberg erlangt haben. Dafs sie dortselbst rascher Anklang erhielten, als in Nürnberg, erklärt sich am besten dadurch, dafs dort den Gelehrten nicht das jeder Neuerung widerstrebende Laienelement als entscheidende Behörde gegenüberstand. Immerhin dürfte sich eine erkleckliche Zahl von Satzungen erst bei der Verabfassung des Gesetzes selbst eingeschlichen haben, bezw. von den Kompilatoren herrühren.

Während meines halbjährigen Aufenthalts in jener Stadt fahndete ich unverzagt nach der wahren Quelle der Bambergensis, jeder irgendwie einschlägige Bestand des Archivs ward durchmustert. Kein Entwurf, keine Nachricht hievon war zu entdecken, kein Aufschlufs, welche Zusätze Schwarzenberg oder dem „Rat der Gelehrten" zu danken sind. Besonders tröstlich ward mir das Bewufstsein, dafs ein äufserst wichtiger Codex als beschädigt und daher als — wertlos durch das — Appellationsgericht dem Einstampf zum Opfer gefallen ist.

Abhold verhielten sich Nürnbergs Rat und Konsulenten der Bambergensis gegenüber, aus dem Verfahren wissen wir, dafs sie die Praxis Bambergs wiederholt als ungerecht und hart bezeichneten. Und ihr späterhin sklavisches Nachbeten der Sätze der Karolina gereicht ihnen fürwahr zu geringem Ruhm. Vor Einführung der hochnotpeinlichen Ordnung ward in Nürnberg bei Beurteilung der Tat das Willensmoment nur nebensächlich beachtet; keine Richtung wegen Mordversuchs findet sich zu dieser Zeit im Halsgerichtsbuch verewigt. Manche Delikte, wie einfacher Totschlag und Kindestötung, erfuhren noch durch Taidigung oder Verweisung ihre Abwandlung. Bald nach der Karolina jedoch steht auf dem Versuch vieler Verbrechen der Tod, ebenso auf dem selbst durch Zorn veranlafsten Totschlag; bei Kindestötung gipfelt in der Folge diese Strenge in raffinierter Grausamkeit. Und auch sonst sah man den in jeder Hinsicht elastischeren Brauch leichter durch die Milde beeinflufst, als jetzt die strikte positive Satzung.

Trotzdem ist die Reihe der Bluturteile der früheren Periode stattlich genug, um den Rat keiner allzu grofsen Schwäche zeihen zu müssen; zumal gegen Fälscher verfährt man wegen der Unmasse des damals Deutschland überflutenden Falschgeldes erbarmungslos. Nicht so verwunderlich ist, dafs man — wie stets mit Entrüstung hervorgehoben wird — so lange (bis 1515) bei dem Lebendigbegraben beharrte. Auch noch nach der Karolina sollte man ja hierzu bei „Unbequemlichkeit“ des Wassers berechtigt sein. Dies aber traf sicher für Nürnberg zu. Und war das Ertränken dann wirklich um vieles milder? Fast einer Stunde bedurfte es mitunter, bis die Arme den Tod in dem seichten Pfühl erschlürfte, die Richtung hatte statt, auch wenn der Flufs — überfroren war. —

Hinsichtlich der Ausarbeitung blieb ich den im Verfahren erörterten Prinzipien treu; dies gilt zumal für die angefügten Noten. Da dortselbst das materielle Recht bereits einiger Streifblicke gewürdigt ward, so erwiesen sich Wiederholungen als unvermeidlich. Angesichts des reichen Quellenmaterials trat die Verwertung von Litteratur scheinbar in den Hintergrund; eingehendste Beachtung fand sie beim Vorstudium.

Die Rechtssprechung vor der Karolina ist tunlichst von der spätern geschieden. Um ferner gleichsam eine Parallele zum Alamannischen Strafrecht hervorzurufen, erkor ich dies hinsichtlich der Einteilung vielfach als Vorbild. Sorgfältig vermied ich es, Lücken durch fremde Satzungen zu überbrücken, die Darstellung durch langathmige Vergleiche zu trüben. Nur so vermag die Abhandlung einen einheitlich gegliederten, übersichtlichen, auch für den Generalhistoriker nutzbaren Stoff zu bieten.

Nach fast vollendeter Drucklegung erscheint O. v. Zallinger's „Verfahren gegen die landschädlichen Leute," in dem ich zu meiner Freude die von mir entdeckte HGO. v. ca. 1294 unter Hervorhebung ihrer besondern Bedeutung besprochen finde. Er verwertet sie hiebei als Beweismittel für sein neues System unter der Erklärung, dafs sich das in ihr geschilderte Verfahren als ein spezielles, d. h. wider landschädliche Leute gerichtetes charakterisiere. Ohne dem hochverehrten Meister irgendwie in seiner scharfsinnigen Ausführung entgegenzutreten, reproduziere ich nur in Kürze die Gründe, welche mich, der anfangs den nämlichen Pfad gewandelt, schliefslich zur Anschauung brachten, dafs es sich hier um kein spezielles, sondern mit mehr Wahrscheinlichkeit um das ordentliche Verfahren vor dem Reichsschultheifsen handelt:

Die Ordnung ist in das vornehmlich für Bürger bestimmte Stadtbuch, in das sämtliche Polizei-Vorschriften, wie auch solche prozessualer und krimineller Natur Einlafs fanden, als die anscheinend allein giltige HGO. einverleibt. Sie trägt den Titel: Wie man rihtet vber ainen mentschen (also an sich jeden Missetäter); des Sünders Rolle übernimmt ein gewöhnlicher Dieb, der einer wirklichen Entwendung bezichtigt, vom Kläger in regelrechter Weise übersiebnet wird. Die O. erfreut sich dabei einer allzu grofsen Ausführlichkeit und Umständlichkeit, was mit dem sonst üblichen summarischen Vorgehen wider landschädliche Leute i. S. der Reichssatzung entschieden kontrastiert. Wenn die Bezeichnung „schedlich mensche" auch sehr auf den Landfrieden, dem die O. zweifellos ihren Ursprung dankt, wie auf die Tatsache hinleitet, dafs mit sch. L. in erster Linie die landsch. L. gekennzeichnet wurden, so schliefst dies keineswegs aus, dafs wir hier in dem Schädlichen — analog der II. HGO. und gleichzeitigen Ratsverlässen — lediglich einen „Verbrecher" zu vermuten haben, d. h. dafs Schultheifs und Rat, erfreut, zu einem einfachern Verfahren befugt zu sein, dies für alle Übeltäter approbiert haben. Dafs der Dieb nicht nur dem Kläger, sondern ebenso dem Land gegenüber als schädlich bezeichnet ist, kann hier überdies auch andeuten, dafs mangels eines Klägers der Reichsschultheifs von Amtswegen anzusprechen verpflichtet sein soll. Dafs dies der Fall (her Cunrad = C. Eseler, der damal. Rsch.), bezeugt zumal das Priv. von 1323, gemäfs dem er im Ansprechen ev. durch den „Löwen" ersetzt wird.

Nach Verleihung des Leumundsbriefs an den Rat bleibt das Übersiebnen als wertloses Nachverfahren in Geltung, aber auch dann, wenn jener einen Bürger (vmb sein missetat, so er verleimut vmb Diebheit, Mord oder ander Sach, darumb er sich des Leibs besorgt) anspricht. Später kommt es indeſs völlig ab. Erst als es den Rat nach off. Erringung des Blutbanns gelüstet, den Rechtstag solenner zu gestalten, erteilt er Tucher und H. den Befehl, „das Halsgericht, wie es vordem mit Fragen gehalten", (also doch wohl das allgemeine) zu bessern, d. h. der Zeit gemäſs umzuändern. Daſs das Halsgericht nichts anderes, als die alte HGO. ist, die sich in auffallender Weise in der II. wiederspiegelt, steht auſser allem Zweifel. Auf Grund der II. O. wurde bereits Muffel und — nach den Einträgen des Halsgerichtsbuchs — jeder schädliche M., d. h. Missetäter, bis 1526 verurteilt.

Warum soll nun die I. O. nicht auch bei „ordentlichen" Verbrechern und allen Ungerichten (in andern O. sind ebenso nur die Hauptdelikte aufgeführt; Totschlag fehlt, da bei ihm besondere Umstände obwalten) platz gegriffen haben? Ich denke hier vornehmlich an die vielen nicht lsch. Fremden, die der Handel nach N. zog. So unterlag ja z. B. nach der Bamb. O. v. 1314 jeder Nichtbürger dem Übersiebnen. Für den N. Bürger bestanden damals insofern Schutzmittel genug, als er sich meist durch Einhandseid ledigen konnte, auſserdem vielfach nicht der Richtung, sondern nur ewigem Gefängnis anheimfiel. Daſs er aber dann, wenn ihm der Reinigungseid versagt war, ebenfalls übersiebnet wurde, scheint auch aus den PO. hervorzugehen.*) Bei lsch. Leuten mochte man es weniger gewissenhaft mit dem Eid genommen haben, wenn auch der Rat Meineid vor Gericht mit strenger Ahndung bedroht und besonders feierliche Ableistung des Schwurs verlangt (s. Meineid). Gegen die lediglich verdächtigen lsch. L. endlich war überhaupt ein anderes Verfahren üblich. Ein Einblick in die Achtbücher von 1285 an gewährt uns hierüber genauen Aufschluſs. Hienach

*) PO. 38. Es steht hier, daſs bei jedem Übersiebnen „der anspruch vor behaben sol mit seinem eyde, daſs er niht mit mutwille, feintschaft . . . anspreche und daz wen, daz er zu der sache reht habe". Ich sah hierin einen vornehmlich für Bürger eingeführten Voreid; sollte dies übrigens nicht identisch sein mit HGO. I, 135: „bringe er dev wort daz er die niht gesprochen durch liebe noch durch laide noch kainer hande sache, wan durch die ganzen warhait"?

wurden sie — oft in Masse — ev. unter Androhung von Verstümmelung und Todesstrafe, (Bürger, wie Fremde — quod nocui, multis criminibus infamati) verjagt und dazu mitunter generell alle von andern Städten (Bamberg, Eichstätt, Würzburg, Regensburg) Verwiesnen. Kehrten sie zurück, so schritt man gegen sie als Urfehdbrecher ein. Daneben erfreute sich die Verdachtstrafe (ev. Augenverlust) eines weiten Geltungsbereichs. Nach 1320 drohte der Rat bei Verbannung gerne mit dem „Sack;“ doch nur bei Bigamie und einem raffinierten Betrug kam eine derartige Richtung damals nachweislich zum Vollzug.

Wohl wegen seiner Mängel erfreut sich das Übersiebnen in N. einer nur kurzen Herrscherperiode. Länger regiert es in andern Städten. Deshalb fragt der Rat bei auswärtiger Exekution oft brieflich vorher an, ob er in solcher Weise übersagen müsse. Noch 1466 übersiebnet er einen ungetreuen Beamten zu Füssen.

Wie sonst, so giengen auch in krimineller Hinsicht die Städte frühzeitig ihren eignen Weg. Stand ihnen der heimische Brauch höher, als das Reichsgesetz, so nützten sie dieses, doch eben auf ihre Weise. Zumal bei den „Eisenknappen“: Die Nürenberger hiengen jeden, — sobald sie ihn hatten!

Endlich erachte ich es als angenehme Pflicht, denen, die mich mit Rat und Tat gefördert, vornehmlich den Herren: Geh. Hofrat, Reichsarchivdirektor Dr. Ritter v. Rockinger, Kreisarchivar Dr. Petz, Kreisarchivar Sebert, Stadtarchivar Mummenhoff, Universitätsoberbibliothekar Dr. Kerler, Bibliothekar Dr. Leitschuh meinen verbindlichsten Dank auszusprechen.

Und so folge denn dies Buch seinem ältern Bruder in die Öffentlichkeit! Möge es dem Gelehrten nicht zu populär, dem Laien nicht zu wissenschaftlich scheinen; beiden suchte ich gerecht zu werden, an beide ergeht in gleicher Weise meine freundliche Widmung: „Nehmt es hin!“

Bernried, den 1. September 1895.

Der Verfasser.

Quellen.

AB. I = Achtbuch 1285—1335 (No. 30½). KA., früher RA.
AB. Lochner = Achtbuch, von Lochner teilw. publ. i. s. Gesch. Nürnb. z. Z. Karl IV., Original nicht auffindbar.
AB. 316 = Achtbuch 1381—1402 (Cod. 316). KA.
AB. 317 = Achtbuch 1403—1420 (Cod. 317). KA.
AB. 1448 = Achtbuch 1448—1512 (S. 1, L. 69). KA.
AB. 581 = Achtbuchfragment (MS. 581). KA.
AB. 1578—1581 = Acht-, bezw. Tortur-Buch d. eisd. ann. KA.
AB. 1581—1588 = „ „ „ „ „ „ „
AB. 1588—1593 = „ „ „ „ „ „ „
AB. 1598—1600 = „ „ „ „ „ „ „
AB. 1604—1611 = „ „ „ „ „ „ „
AB. 1615—1618 = „ „ „ „ „ „ „
Ann. = Müllner, Annalen der Stadt Nürnberg. StA.
Brfb. = Nürnb. Briefbücher, I ff. KA.
Cod. 314 = Gesetze und Ordnungen. KA.
Cod. 318 = Gesetze und Ordnungen. KA.
Collect. = Chronikbruchstücke. StB.
Etl. Act. = Etliche Actus aus alten Acht- u. Strafbüchern (MS. 581). KA.
Haderb. I u. II. = Nürnb. Haderbücher 1469—1531 u. 1454 ff. (S. 1, L. 69). KA.
HGB. I u. II. = Nürnb. Halsgerichtsbücher 1487—1558 u. 1559—1584; (No. 413 u. 414). KA.
HGO. I—III. = Nürnb. Halsgerichtsordnungen 1294, 1481, 1526 (s. „Verfahren", 245, 536 ff., (50, 144 ff.). KA.
JR. = Jahresregister, I. Bd., 1381 ff. KA.
Kiefhab. = Kiefhabers Nachlafs. HStB.
K. Ludw. Selekt. = Nürnb. Leumundsprivileg (K. L. S. 190). RA.
Mfzb. = Nürnb. Malefizbuch (MS. 556[a]). KA.
Mfzb. 74, 302, 530 = Nürnb. Malefizbücher s. eisd. num. StA.
Muffel-Akt = Akt über Nik. Muffel (S. 1, L. 6 Nr. 1). KA.
PO. 1548, 1572 = Verneute Nürnb. Polizeiordnung, 1548, bezw. 1572 (S. 1, L. 212 Nr. 24[ad]). KA.
Privilegienb. = Nürnb. Privilegienbuch, Nr. 21. KA.
Rtb. = Nürnb. Ratsbücher Nr. 0 ff. KA., StA. (letztere Kopien).
Rtschlb. = Nürnb. Ratschlagbücher, Nr. I ff. KA. (bis VII vor E. d. Kar.)

Rp. = Nürnb. Ratsprotokolle, 1449 ff. KA.
StR. = Nürnb. Stadtrechnungen, 1377 ff. KA.
Stark = Stark'sche Chronik. StA.
Verl. d. H. Ä. = Verlässe der Herrn Ältern, No. 50. KA.

Aufserdem eine grofse Zahl mit dem Fundort bez. einzelner Urkunden und Akten d. KA.

RA.: Reichsarchiv München; KA.: Kreisarchiv Nürnberg; StA.: Stadtarchiv Nürnberg; HStB.: Hof- u. Staats-Bibliothek München; StB.: Stadtbibliothek Nürnberg.

Litteratur.

Allfeld, Entwicklung des Begriffes Mord bis zur Carolina.
Anzeiger für Kunde der Vorzeit (herausgeg. v. Germ. Mus. i. N.).
Bar, Geschichte des deutschen Strafrechts.
Bennecke, Die strafrechtliche Lehre vom Ehebruch.
Brunnenmeister, Die Quellen der Bambergensis.
Brunner, Die Abspaltungen der Friedlosigkeit. (Z. d. Savignyst. f. Rg. XI.)
Cohn, Das Verbrechen im öffentlichen Dienst nach altdeutschem Recht.
Cropp, Der Diebstahl nach dem ältern Recht der freyen Städte. (Hudtwalcker und Trummer, Crim. Beitr. II).
Dannreuther, Nemesis Norica.
Dreyer, Antiquarische Anmerkungen über einige in Deutschland übl. gew. Lebens- Leibes- und Ehrenstrafen.
Endter, Meister Frantzens (Nachrichters i. N.) Tagebuch.
Frauenstädt, Blutrache und Totschlagsühne im deutschen Mittelalter.
Friedländer, Der Rückfall im gemeinen deutschen Recht.
Gengler, Die strafrechtliche Lehre vom Verbrechen der Vergiftung.
Grimm, Über Notnunft an Frauen. (Z. f. DR. V u. IX).
Grimm, Deutsche Rechtsalterthümer.
Günther, Über die geschichtliche Entwicklung des Verbrechens der Körperverletzung.
Güterbock, Die Entstehungsgeschichte der Karolina.
Hälschner, Geschichte des brandenb.-preufs. Strafrechts.
Hänle, Die Juden in Franken.
Hammer, Die Lehre vom Schadensersatz nach dem Ssp. und verw. R. (Gierke, Unters. XIX).
Haupt, Die religiösen Sekten in Franken vor der Reformation.
Hegel, Chroniken der deutschen Städte, Nürnberg, Bd. I—V.
(H. D.) Historica Diplomatica Norimbergensis.
Hoffmann, Geschichte der Censur.
Honingen, Beiträge zur Geschichte des strafbaren Bankrotts.
Jäger, Jur. Magazin für Reichsstädte.
John, Das Strafrecht in Norddeutschland z. Z. der Rechtsbücher.
John, Landzwang und widerrechtliche Drohungen.
Kamann, Nürnberg im Bauernkrieg.
Köstlin, Die Ehrverletzung nach deutschem Recht. (Z. f. DR. XV).
Kriegk, Deutsches Bürgerthum im Mittelalter.
Levita, Das Recht der Notwehr.
Liszt, Meineid und falsches Zeugnis.
Lochner, Geschichte der Reichsstadt Nürnberg z. Z. Karl IV.
Lochner, Nürnberger Jahrbücher.

Löning, Der Reinigungseid bei Ungerichtsklagen im Mittelalter.
Magazin, historisch-diplomatisches für das Vaterland.
Mitteilungen des Vereins für Geschichte der Stadt Nürnberg.
Morris, Geschichte und System der mildernden Umstände.
Mummenhoff, Alt-Nürnberg.
Mummenhoff, Das Rathaus in Nürnberg.
Murr, Journal für Kunst und Litteratur.
Neumann, Geschichte des Wuchers in Deutschland.
Osenbrüggen, Das Alamannische Strafrecht im Mittelalter.
Osenbrüggen, Die Brandstiftung.
Osenbrüggen, Der Nachtschach. (Z. f. DR. XVII).
Osenbrüggen, Die Teilnahme am Verbrechen nach altdeutschem Recht. (Z. f. DR. XVIII).
Planck, Waffenverbot und Reichsacht im Sachsenspiegel (Sitzber. d. Münchn Ak. 1884, I, 102).
(PO.) Nürnberger Polizeiordnungen (Litt. Ver. Stuttg. LXIII).
(Ref.) Nürnberger Reformation, 1479.
Rettwisch, Strafrechtliche Studien über die Begünstigung.
Sachs, Hans, herausgeg. v. Keller. (Litt. Ver. Stuttg.).
Scheurl, Beiträge zur Geschichte des Eheschliefsungsrechts (Z. f. KR. XXII,
Schmidt, Das Spiel im deutschen Recht.
Schönlank, Soziale Kämpfe vor 300 Jahren.
Seeger, Über die Ausbildung der Lehre vom Versuch.
Siebenkees, Magazin und Materialien zur Nürnbergischen Geschichte.
Soden, Kriegs- und Sitten-Geschichte der Reichsstadt Nürnberg.
Soldan, Geschichte der Hexenprozesse.
Ständlein, Geschichte der Vorstellung und Lehre vom Selbstmord.
Stromer, Geschichte des Reichsschultheifsenamtes in Nürnberg.
Wächter, Beiträge zur Geschichte des deutschen Strafrechts.
Wagenseil, De Civ. Norimb. Commentatio.
Waldau, Neue und Vermischte Beiträge zur Geschichte der Stadt Nürnberg
Wallenrodt, Injurienklagen auf Abbitte und Widerruf. (Z. f. Rg. II).
Weinhold, Über die deutschen Fried- und Freistätten.
Westermayer, Die Brandenb.-Nürnb. Kirchenvisitation und Kirchenordnung
Wölckern, Commentatio succincta in Cod. Jur. Stat. Nor.
Wyneken, Die Landfrieden in Deutschland.
Zöpfl, Das alte Bamberger Recht.

Einleitung.

„Thue Recht und — fürcht Dich darbey!"
H. Sachs.

Im Verfahren ward eine kurze Charakteristik des Rates und der Konsulenten geboten, zugleich der Maximen gedacht, von welchen sie sich während der Ära des Anklage-, wie des Inquisitions-Prozesses leiten und beeinflussen liefsen. Ein Hinweis erfolgte vor allem auf das Bewufstsein des Gottesgnadentums, wie der Unfehlbarkeit, das diejenigen beseelte, welche Alt-Nürnbergs Geschicke zu lenken allein für befähigt und berufen galten. Und demgemäfs tritt — analog den die peinliche Befragung regelnden Beschlüssen — auch in den Strafaussprüchen und den sie veranlassenden Verhandlungen jenes aristokratische Selbstgefühl, jene — bei Hereinragen politischer Momente — bis zur Ängstlichkeit gesteigerte Bedächtigkeit, jenes konservative, zähe Festklammern an den alten, hergebrachten Gebräuchen nur allzu häufig hervor. Leicht sind sie zu verletzen und zu kränken in ihrer unantastbaren Würde durch Bürger, wie durch Gäste; der Königsfriede waltet um und in der Kurie, jeden dort verübten Frevel zum Majestätsverbrechen umgestaltend. Nach aussen brüsten sie sich gerne mit ihrer Gerechtigkeitsliebe und übergrofsen Milde, und — als sich vornehmlich weisheitsbegabt dünkend — versagen sie den Parteien die Berufung an des Reiches oberste Instanz, wie zuweilen — freilich oft nicht mit Unrecht — fremden Gewalthabern die Verurteilung und Richtung der von ihnen angeklagten, in Nürnbergs Gefängnis schmachtenden Untertanen. Der Sippe des Schuldigen, den Fürbitten Mächtiger erteilen sie zu freigebig Gewähr; bei Totschlägen im Landgebiet, wo ihnen die Jurisdiktion nicht selten vom Nachbarfürsten bestritten wird, betätigen sie zu wenig Strenge und Konsequenz, der Taidigung, wie überhaupt der Laune des Klägers zu viel Beachtung einräumend. Furchtsam lauschen sie dem Gerücht und Geschrei der Menge, allem vorbeugend, was irgendwie Unwillen und Unruhe verursachen könnte; tatenlos verharren sie hie und da der Willkür der Volksjustiz, wie z. B. dem Gebahren des Pöbels am Rabenstein gegenüber, wo der Henker bei unredlichem Richten trotz des scharfen Friedgebots nur mit genauer Not der Steinigung entrinnt. Zu hartnäckig halten sie mitunter an veralteten grausamen Strafen — wie am Lebendigbegraben und später am Ertränken — fest; Schritt für Schritt zurückweichend gewähren sie den Forderungen der neuen Theorien nur mit Widerwillen Einfluſs und Geltung. Auch der Egoismus scheint ihrem Herzen nicht völlig fremd. Nicht, daſs sie sich als „Taschenrichter“ erweisen; ich gedenke jedoch hier ihres Bestrebens, bedeutende Männer, wie Veit Stoſs, anstatt sie zu verbannen, zu konfinieren, um sie ganz zum Vorteil der Kommune auszunützen, oder der Beschlüsse, wonach Missetäter mit Weib und Kind verwiesen, ja — wie einige Male — der Familie wegen gar nicht bestraft werden, lediglich deshalb, um der Stadt die Unterhaltung derselben zu ersparen.

Aber diese Mängel — abgesehen davon, daſs es fraglich, ob letzteres nach damaliger Anschauung als solcher gelten darf — werden durch mannigfache Vorzüge zum Schweigen geboten und dokumentieren sich selbst wieder in vieler Hinsicht zum Frommen der Republik.

Gerade jenes gerügte Selbstbewuſstsein ist es, was die anfangs so haltlose, auf thönernen Füſsen basierende Obrigkeit zur höchsten Autorität bei den Bürgern, wie im Ausland gelangen läſst. Ihr überlegtes, bedächtiges Vorgehen bewahrt sie nicht selten vor unreifen, übereilten Entschlüssen, vor manchem Übergriff. Ihr Festhalten am Erbstück der Väter, den altbewährten Bräuchen, verleiht — wie es sich in der folgenden Darstellung erweist — den Aussprüchen vielfach eine mildere Sprache, als die spätere sklavische Unterwerfung unter die Dikta der neuen hochnotpeinlichen Ordnung.

Ohne sonst ihre Regierungsweise — welche trotz zahlreicher Fehlgriffe immerhin von trefflichen Maximen geleitet ist und uns bei Prüfung der einzelnen Epochen eine Reihe von Männern offenbart, die beseelt von politischer Einsicht, durchglüht von hohem

Pflichtbewufstsein das schwanke Staatsschiff sicher durch Sturm und Klippen steuern — näher zu beleuchten, sei hier nur ihre kraftvolle, achtunggebietende Ausgestaltung des anfangs so unzureichenden Sicherheitswesens, ihre energische Handhabung des Landfriedens, ihr rücksichtsloses Vorgehen gegen das Plackertum und die den Stadtbereich bedräuenden zahllosen fahrenden „schädlichen Leute“, ihre umfassende Regelung des Verkehrswesens mit einer Fülle von Mafsnahmen, den Bürger vor Trug und Fälschung zu schirmen, ihr Bestreben, den Wohlstand der Bevölkerung durch Niederdrückung des Luxus, des Wuchers und andrer verderblicher Feinde zu sichern.

Ein nennenswerther Vorzug ist es ferner, dafs in des Rats Kollegium, das alle Phasen der Untersuchung leitet und die endgiltigen Entscheide fällt, das Laienelement dominiert, kein Doktor „er sei vom geschlecht, wie edel er immer woll“ Zutritt zu jenem erzwingt, und trotzdem den humanen Anschauungen der Konsulenten, ihren so freisinnigen und freimütigen Kundgebungen gelegentlich der Beurteilung der Bauernaufrührer und Wiedertäufer, wie in den Tagen des Hexenwahns ein so wohltuendes Echo in den Beschlüssen des Rates beschieden wird.

Und die Konsulenten sind es auch, welche ihn bei politischem Schwanken zu entschiednem Einschreiten ermutigen, die ihn rücksichtslosem Tadel unterwerfen, sofern er leichtgläubig verleumderisch Bezichtigte der peinlichen Frage überantwortet oder — unvermögend der Genufssucht der Zeit die Stirne zu bieten — in der Durchführung strikter Ehegesetze und Ahndung der Sittlichkeitsdelikte zu grofser Lässigkeit fröhnt.

Zumeist aus Italiens Hochschulen hervorgegangen, bekunden sie neben dem freien Blick für das Leben oft rühmenswerte Kenntnis des Rechts. Eine reiche kriminalistische Fundgrube bieten uns ihre nach kollegialer Beratung verabfafsten Ratschläge. Trotz gewissenhafter Anlehnung an die bestehenden Normen ermangeln sie in ihren Aussprüchen keineswegs der Originalität; vielfach freilich erweisen sie sich als Eklektiker, selbst Homer und Caesar finden Würdigung. Nicht allzu grosse Achtung vermögen ihnen — mit Ausnahme der Landfrieden — die Gesetze des Reiches einzuflöfsen, wie die Urtheile fremder Gerichtsherrn. Häufig werden indes von solchen ihre erschöpfenden Gutachten erholt; zumal Weifsenburg und Ulm gehen in dieser Hinsicht bei Nürnberg zu Haupte.

Schrill freilich dissoniert ein Lobeshymnus auf die Väter der Stadt mit den zahllosen von ihnen gefällten Bluturteilen; als Kinder ihrer Zeit doch betrachtet, dünken sie uns nicht schlimmer, ja vielfach besser sogar, als manch weltlicher oder geistlicher Herrscher an der Wende des Mittelalters.

Der Rat der letzten Epoche, in welcher der einst so berückende Glanz der Republik mehr und mehr verblafst und in der — auch was das kriminelle Gebiet anlangt — wenig Neuerungen, wenig Taten mehr erstehen, nicht mit gleichem Recht vermag er unsere Beachtung und Achtung herauszufordern.

A. Allgemeiner Teil.

I. Das Verbrechen.

1. Benennung und Einteilung.

Wenig Aufschlüsse hierüber erteilt das älteste Achtbuch. Gemäfs dem meist kurz gefassten Tenor der Acht- und Verbannungs-Einträge findet man neben der Angabe des Täters und der Höhe der Strafe fast stets nur den Gattungsnamen des die Verurteilung veranlassenden Verbrechens. Wie sich damals die Delikte nach ihrer Schwere sonderten, ist nicht weiter erkennbar; ohne Unterscheidungsmerkmale wechseln scelus, crimen, maleficium.[1])

Den zum Tod bestimmten Verbrecher finden wir als „schedlichen mentschen" in der ersten Halsgerichtsordnung. „Gebunden und geuangen" steht er vor dem Richter, die „clagere kommen nach sinen leibe." In der zweiten führt den „schedlichen man" der Löwe vor mit dem Begehren, über jenen zu richten. Hier heisst er aber auch der „Arme," womit von nun an der zum Tod Verurteilte mit Vorliebe bezeichnet wird.[2]) Nicht doch identisch mit ihm ist der „arme Mann"; seitens des Rates erringt dieser so zutreffende Ausdruck häufig Verwertung: „Arme Leute" nennt er vornehmlich die Untertanen der adeligen Gutsherrn (Eigenherrn) der Landschaft.[3])

---

[1]) Jeutha et Cunradus multis criminibus infamati, AB I, 9; Besela infamata dė furto et aliis sceleribus, 8, Gvgellin scolaris incantacionibus et aliis criminibus infamatus, 10; Vogel occidetur sine alia sententia tamquam malefactor, 12.

[2]) s. Verfahren 245, (50), 536, (144), 538, (146); s. a. HGO III, 547, (155); das hinfüro die Armen menschen Im loch den das Leben abgesagt württ, nicht So früe mit dem Sacrament sollen versehen werden, Rtb. IV, 108, 1485.

[3]) Stephan Hallerin vergundt ein ir armen frawen herein in das loch zu legen, St. H. vergöndt ettliche ire armlüte zu Straffen zu nemen Rtb. II, 31, 35, 1475; s. a. Lexer, I, 94.

Auch „verleymuter man“ tritt aus den früheren Quellen hervor. Der „Leimut“, in welchem er steht, ist aber derart, dass er „jhme an seinen Leib get“, d. h. er ist der Verübung einer schweren Missetat bezichtigt.[4])

Der „schädliche Mann“ ändert übrigens mit der Zeit seinen Charakter. Bedeutet er anfangs einen Verbrecher an sich, so später lediglich einen gemeinschädlichen, gemeingefährlichen Gesellen. In der letzten Gerichtsordnung fahnden wir daher nach ihm vergebens; er ist hier durch den „Übeltäter“ ersetzt.[5]) Immerhin erfreut sich „Beschädigen, Beschädigung“ auch fürderhin vielfacher Anwendung bei Delikten, wie in „dieblicher, betrüglicher Beschädigung“ (für Diebstahl und Betrug), Landsbeschädigung (f. Landfriedbruch), Beschädigung der Reichsstrassen (f. Wegelagerung).[6])

„Missetat“ kennzeichnet, wie „Übeltat“, frühzeitig das Kapitalverbrechen; dem Übeltäter analog tritt die „misstättige person“ auf. Ich verweise ferner auf das „tat, getat, untat, unrat (todschlege, leme und merncklicher ander unrat) der PO. Auch „böse sache, böser handel, verliche verhandlung, geverlikait“ lassen auf eine schwere Vergehung schliefsen.[7])

Erst spät wird „Verbrechen“ in der heutigen ausschliefslichen Bedeutung gebraucht. In den PO. heifst Verbrecher, wer sich überhaupt gegen eine Vorschrift verfehlt. So soll der, welcher nachts „one ein sichtig prynent liecht auf der gassen get“, als „übertretter u. verprecher“ mit einem Pfund Heller büfsen.[8])

Endlich sei der „Misshandlung“ gedacht. Gleichbedeutend mit Missetat ist sie besonders oft der Warnungsformel in den Urteilen seit dem 17. Jahrhundert eingefügt.[9])

---

[4]) do man die verlewmuten lewt ving; do der Byschof her kam von der verleymuten lewt wegen, StR. 1378, 49, 50, s. Verfahren 231, (36).

[5]) s. Schädliche Leute; Verfahren 547, (155).

[6]) Aug. koppen vmb dieppliche beschedigung verurteilt mitt hohen zu tod, HGB I, 2, 1488; nachdem francklauben der landsbeschedigung nit In Laugnen Ist er mit dem Schwert zu richten, 51; als beschediger des heilig Reichs strassen mit Daumenstocken begriffen, MS 581.

[7]) PO. 37, 44, 36; u. wo man ferlikait funde die thätter lassen einlegen, Rp. 1532, 1, 29.

[8]) PO. 55; Wo er sich derselben appellacion geprauchen werd, gegen Ime als ainem vngehorsamen verprecher ze handeln, Rtb. IX, 393 StA.

[9]) Coll. Stadtbibl., 1649.

Hinsichtlich ihrer Klassifikation scheiden sich die Delikte in Malefiz- und Frevel-Sachen, von denen die erstern der höhern Jurisdiktion des Rates, die andern der Niedergerichtsbarkeit der Fünfherrn unterstehen. Jene gewärtigen Strafe an Leib und Leben oder Verbannung (bezw. dauerndes Gefängnis), diese werden hauptsächlich durch Geldbufse (kurze Haft und Verweisung) gesühnt. Doch sind keineswegs scharfe Grenzen gezogen. Anstatt „Malefiz“ ist auch „Fraifs“ gebräuchlich und hienach die Einteilung in „frayssig und frevele händel“.[10])

2. Der verbrecherische Wille.

a. Zurechnungsfähigkeit.

α. Jugend.

Kindliches Alter des Delinquenten veranlafst entweder Straflosigkeit oder dient wenigstens als Milderungsgrund. Dies ist indefs nur als allgemeine Norm aufzufassen, welche allzu oft Mifsachtung erfährt. Feste Bestimmungen hinsichtlich des Beginns der Zurechnungsfähigkeit sind nirgends ausgesprochen; sehen wir ja auch im Verfahren keine scharfe Scheidung durchgeführt: Kinder werden gefoltert, Kinder als vollkräftige Zeugen vernommen.[1])

Dank dem berüchtigten Privileg von 1320 erwirkte der Rat die Befugnis, Bürger, wie deren Spröfslinge, sofern ihm dieselben ob ihrer Ungeratenheit besser tot als lebendig dünken, einzuthürmen oder in einen Sack zu stofsen und zu tot zu ertränken.[2]) Schreitet man zu solcher Rigorosität nur in den schwersten Fällen, so kennt

[10]) PO. 48; Reformation 1479, Tit. 7; So ainem der ain Malefitz gehanndelt glayt geben wirdet, das man wol nachuolgend peinlich zehandeln hab, Rtb. X, 376 StA.; MS. 958: Die interess. Specifikation Dr. Heldens hinsichtlich der Frevelfälle nach hoher und niederer Gerichtsbarkeit; bezgl. der sonstigen Bedeutung d. W. „Fraifs“ s. Verfahren 264, (69); s. a. MS. 959; Historica 337.

[1]) Folter: s. Verf. 494, (102); neun Knaben im Lochgef. „versucht“, StR. 1421, 29; Zeugen: s. Verf. 501, (109); die zwen kinder verhörn und sie beaidigen, Rp. 1533, 8, 4. Gem. N. Reformation, Tit. 8, G. 11 bilden achtzehn Jahre, nach Rtb. LII, 35 (1593) jedoch vierzehn Jahre die Voraussetzung zur Zeugschaft.

[2]) D. Priv. genau i. Verf. 230, (35); Hist. dipl. 1320.

man kein' langes Zaudern, wenn es gilt, einem schlimm Beleumundeten den Stempel der Unverbesserlichkeit aufzuprägen und ihn der Fremde, dem Elend preiszugeben. Und hiebei erweckt Jugend selten Mitleid und Schonung.

Mit jungen Dieben zumal macht man wenig Federlesens. Muſs doch — angesichts der Häufigkeit der Begehung und öffentlichen Sühnung — bereits im Knaben das Bewuſstsein von der Verwerflichkeit dieses Delikts frühzeitig erwachen. Meist läſst man sie im Lochgefängnis oder coram publico vom Nachrichter züchtigen und weist sie aus der Stadt oder schlieſst sie — in späterer Zeit — in die Springer[3]). Ein Beckenjunge, welcher sich beim Plündern eines Almosenstocks in dessen kunstreichem Gehäuse fieng, geht der Ohren verlustig, ein andrer Einbrecher erhält nach Stäupung zehn Jahre Verbannung zuerkannt.[4])

Verkommen und Verderben ist das unausbleibliche Loos solch ausgewiesener Kinder; oft auch — sofern sie nicht Anschluſs an eine Verbrecherbande erringen — Gefangennahme und Richtung beim ersten Versuch, den Hunger zu stillen oder Unterkunft zu erzwingen. 1448 wird ein Taugenichts nach Ohrenabschneidung über die Donau verwiesen, bald darauf von einem Bauern beim Stehlen ertappt und als Rückfälliger aus Gnaden enthauptet[5]). Wir finden Zwölfjährige unter den Verjagten und Gestäupten; bei einem heiſst es freilich: „den hieb man nit auſs, was zu junk"[6]). Bei Betrug sind zehn Jahre vermerkt, bei Tätlichkeiten lebenslängliche Verweisung; ein Junge, der als Diebshelfer ein gestohlnes Roſs eine Strecke weit in den Wald reitet, wird „waidenlich" gestrichen[7]). Nicht selten haben Vater oder Mutter die Freude, die Züchtigung an ihrem wohlerzogenen Sprossen in Gegenwart

---

[3]) den buben im loch noch einmal mit rwten hawen, Rp. 1474, 5, 4; M. Franz Tagebuch; mit neun J. in die Springer (s. Freiheitsstr.) AB 1615—18, 231; 13 Diebsbuben verwiesen, Stark, 1575, i. ü. s. Diebstahl. Eine barb. Miſshandlung auch in Soden, Kriegs- und Sittengesch. N., 1, 425 (1625) verzeichnet.

[4]) Jäger, jur. Mag. f. Reichsst., 1, 333 (1360).

[5]) AB 1448, 5; ähnl. F. in Hegel, Städtechr. Nürnb., 4, 347; hie und da gebietet der Rat den Handwerkern, einen Gestraften in die Lehre zu nehmen, ob auch meist vergebens: „kein Meister wollte ihm mehr trauen und der Junge verkam, man weiſs nicht wohin," Soden a. a. O., 1, 425.

[6]) Hegel, 5, 657.

[7]) Haderb. I, 1503—16, 167.

des Nachrichters oder der Lochschöffen vollziehen zu müssen; zuweilen werden Schüler — eventuell unter gleichzeitiger Verfügung der Ausweisung — dem Lehrer zur Bestrafung überantwortet. Behufs deren übergibt man Kinder auch der „Freundschaft“.[8])

1377 ergeht das Gebot, ein Gefängnis für einen diebischen Jungen einzurichten, was auf längere Unschädlichmachung, wenn auch nicht gerade Einmauerung hindeutet. In der Folge werden indeſs häufig ungeratne Bürgerskinder, womöglich auf Ansuchen der Eltern, für immer eingeschlossen.[9])

Wenn die Karolina — analog dem Schwabenspiegel — Diebe unter vierzehn Jahren nicht getötet wissen will, dabei aber dieses Zugeständnis wieder dadurch illusorisch macht, daſs sie die Richtung zuläſst, sofern der Delinquent groſs und gefährlich ist, die Bosheit also das Alter zu erfüllen vermag, so muſste dies bedenkliche Härten nach sich ziehen. So wurden nun des Öftern junge Burschen — als gefährlich — aufgeknüpft, welche dem alten Prinzip gemäſs höchstens ausgewiesen worden wären; neunjährige schleppten die Springerkugel.[10]) Einer besonders henkersmäſsigen Behandlung erfreuten sich unter der Regierung des Nachrichters Meister Franz (1575) fünf Diebsgesellen von 9—11 Jahren, indem sie vorerst zweimal in den Pranger gestellt und im Lochgefängnis mit Ruten gestrichen, sodann mit einem ältern zusammengekoppelt zum Hochgericht geführt wurden. Dortselbst hieng man jenen auf und zwang die folgenden, die Leiter zu besteigen. Nun baten sie die Priester frei (zum Schein, denn es war nur die Erregung der höchsten Todesangst beabsichtigt), worauf ihnen Stadt und Gebiet verboten ward.[11]) 1540 und 1547 enthauptete man zwei Mörder — kaum dreizehnjährig — und flocht sie auf das Rad; bei Beurteilung von Kindsmörderinnen erweckte nur ausnahmsweise ihre „unbesonnene Jugend“ Beachtung.[12])

Studenten, Schüler und Handwerkslehrlinge verursachten dem

---

[8]) Rtb. V, 122; maidlin Iren freunden zustellen, das sie die strafen, Rp. 1532, 1, 7.

[9]) StR. 1377, 63; Rtb. I, 229; Rtb. VI, 121 StA.

[10]) Schwsp. L. 177; Kar. CLXIV; s. Freiheitsstr.

[11]) Stark, 1575.

[12]) HGB. II, 117; RtB. XXIV, 266, 1549; AB 1604—11, 186.

ehrbaren Rat viel Ärger; meist zeigte er sich doch hier — wenigstens in Bezug auf erstere — zur Nachsicht geneigt, wenn diese auch nach seinem Ausspruch eine heillose Rotte, welche „Polizei und gutes Wesen untergraben und dafür ein ganz Barbarisch Cyklopisch schädlich wildes Wesen einführen" wollen.[13])

Hatte man es, was die Musensöhne anbetrifft, mit immerhin einigermaſsen gesitteten Leuten zu tun, welche in ihrem Altdorf die Ruhe der Hauptstadt nicht so sehr zu gefährden vermochten, so rekrutierten sich die Stadtschüler zum Teil aus sehr fragwürdigem, zuchtlosen Gelichter. Führte auch die Rute ein drakonisches Regiment, von einer Disziplin, wie heutzutage, konnte keine Rede sein, ebenso wenig von einer Überwachung der Rangen auſserhalb der Schule. Nächtlicher Unfug, Prügeln von Nachtwächtern zählten nicht zu Seltenheiten. 1609 erteilte man diesfalls den Tätern lediglich eine „sträfliche Rede": „Sollten sich solcher gestalt weitter nit betretten lassen, do sie Schüler sein, wollten sie aber keine sein, solten sie sich von hinnen hinweg begeben."[14]) 1404 sperrte man mehreren auf ein Jahr das Thor „daz sie dabei warn, da der schulmeister zu sant Egidien gewundet ward." Als noch bedenklicher charakterisiert sich (1500) ein förmlicher Aufruhr in der Sebalder Schule, in Folge dessen der Magister die bewaffnete Hermandad um Beistand anflehen muſste.[15])

Wie Meister und Gesellen der verschiedenen Gewerke „Gefechte" aufführten, so balgten sich auch die Lehrlinge oft in wüstester Weise, so daſs der Rat den Stadtknechten die Ordre gab, bei Rottierung und nächtlichem Rumor einen „Griff" zu tun und die Rädelsführer in das Loch zu werfen. Als bei einem

[13]) Mand. 1627 u. 1713.

[14]) Sie hielten nämlich das Prügeln für erforderlich, da die Nachtwächter sehr bezecht gewesen.

[15]) „da wolten sie nit kumen und sprachen er het vor etlicher zeit zu in gesprochen, sie solten dieb am galgen regiern, er wolt sein schuler wol regiern on sie." In seiner Bedrängnis forderte er andre im Namen des Bürgermeisters auf, welche sodann das Haus mit blosen Schwertern stürmten. „da wolten die schuler ains tails zu den venstern herab, aber die waganten (bachanten, ältesten Schüler) stachen herab mit spieſsen und stangen die statknecht von den steiglaitern. da hieben sie die schultür auf mit gewalt die weil da warn die schuler all herauſs," Hegel 5, 620. Würdig an die Seite stellt sich der 1503 erwähnte Unfug, 5, 659.

„Gestech" der Rotschmieds- und Messerer-Buben einer fast tötlich durch einen Wurf getroffen ward, stimmten die Konsulenten dafür, dem Täter, sofern der Verletzte stürbe, die Faust abzuschlagen, andernfalls, da die Gegner den Streit veranlafsten, ihn für immer zu verweisen. Einer schlug auch vor, der Knabe solle dreimal vor der Kirche stehen, sodann den Nürnberger Meistern mehrere Jahre dienen und nur behufs Besuchs des Gottesdienstes das Haus verlassen.[16])

Sonst gilt mangels einer bestimmten Altersgrenze die äufsere Erscheinung häufig als Mafsstab. So heifst es bei einem rückfälligen Diebsjungen: wenn er „von gestalt eins sollichen ansehens das Er etwas mennlich personirt und nicht gar ein Bub noch sei, dafs m. Herrn gerechtigkeit ergeen" d. h. ihn hängen lassen sollen.[17]) Ein elfjähriges Mädchen stöfst ein noch jüngeres in das Wasser, so dafs es ertrinkt: Da es „an ihme selbs ein Pur Lautters zart Kind, sei desto bedachtsamer zue handeln." Man bringe es in das Siechhaus zur „unterhaltung und straff" und schlage es ohne Schaden des Leibs „zimblicher mafsen" mit Ruten. Trotzdem ordnet man ihm noch Wächter bei, um — der Karolina gemäfs — zu erkunden, „ob nicht etwa die Bofsheit das Alter suppliere."[18]) Ein fast gleichaltriges Mädchen, das seine Stiefmutter bestohlen, wird 1603 der Tortur von zwei guten Schillingen — behufs Eruirung des Grades der Bosheit — unterworfen. Sodann rechnet man ihm, da es — sonst zu Hause zu strenge gehalten — freien Zutritt zum Gelde hatte, Haft und Marter als Sühne an und ledigt es nach Ableistung einer Urfehde.[19])

Bei Rutenstrafe werden Kinder später überhaupt nur zum Lochschilling verurteilt, da „der Jugend halb offenlich vfszustreichen vnglimpflich"; ebenso stellt man sie nicht in den Pranger, indem dies „bei dem gemeinen Pöffel mehr für ein spotth, dann straff würdte gehallten."[20])

So lange die Gattin dem Verbannten ausnahmslos in die Fremde folgen mufste, teilten auch die Kinder dies herbe Loos. Sie mitzunehmen, wurde bisweilen dem Ausgewiesnen ausdrücklich

---

16) Mand. 1592; Rtschlb. XLI, 137.
17) Rtschlb. XIV, 177.
18) Rtschlb. XLVI, 480.
19) Rtschlb. XLVI, 452.
20) Rtschlb. VII (1530), 30; s. u. 18.

geboten.[21]) Es schien solche Maſsnahme wohlbegründet; denn, sofern die Familie zurückblieb, konnte von einem Abbruch des Verkehrs mit der Heimat nicht gesprochen werden, abgesehen davon, daſs der Unterhalt den Bürgern anheimfiel. Mit der Zeit entsagte man freilich diesem drakonischen Prinzip.

Die Hinterbliebnen Gerichteter übergibt man hie und da der Findel und ernährt und erzieht sie auf Kosten der Kommune.[22]) Junge Wiedertäuferinnen rät man (1530) „in ansehung ihrer blodigkeit" auf den Thurm, zum Stadtknecht oder sonstwohin zu bringen „do sie arbeiten köndten und Leuth zu Inen komen möchten, die sie vnterwiesen."[23]) Selbst nach dem rigorosen Zigeunerpatent von 1720, gemäſs dem Erwachsene der Brandmarkung oder Richtung empfohlen werden, sollen „Kinder unter achtzehn Jahren" im Christentum unterrichtet und zu einer Profession „applizirt" werden[24]).

β. Geisteskrankheit.

Vordem waren die witzlosen, unvernünftigen Leute den Gefangenen beigesellt, wie tollwütige Hunde angekettet, der Willkür roher Wächter überlassen. Von einer Scheidung der heilbaren von den unrettbaren, der schwermütigen von den tobsüchtigen, von regelrechter ärztlicher Pflege findet sich keinerlei Nachweis; auch der nur in geringem Grade geistig Getrübte muſste — zusammengepfercht mit unglücklichen Leidensgenossen — der Wahnsinnsnacht bald für immer verfallen. Jedem Ratsherrn konnte ein ähnliches Schicksal beschieden sein; trotzdem erhob sich keine Stimme zur Beseitigung solcher Miſsstände. Es entsprach dies dem Fatalismus jener Zeit: Was sollte man für ein nutzlos Glied der menschlichen Gesellschaft noch Mühe und Kosten vergeuden!

Besaſs der Narr eine Freundschaft, so war sie allerdings zu dessen Unterhalt verpflichtet. Da sich jedoch die Obrigkeit ohne spezielle Klage zu keiner weitern Kontrolle veranlaſst sah, so mochte des Armen Loos mitunter wenig beneidenswert sein.[1])

---

21) s. Stadtverweisung.

22) der Malerin verlassende Kinder auff Ir bitlich anlangen In die findel nemen und sy d. m. deſshalb trösten, Rtb. XXV, 150.

23) Rtschlb. Sim. Clüver, 889.

24) S. 1, L. 539, Nr. 40.

1) von dem narren auszuslahen und zu füren, daz mans seinen freunden

Von angesehenen Bürgern erfährt man, dafs sie, sofern sie vernunftlose Angehörige nicht in ihrer nächsten Umgebung dulden wollten, unweit ihrer Behausung ein eignes Gemach errichteten; aufserdem wurde — wie auch bei bösen Weibern — vom Rat kurzweg die Genehmigung erteilt, sie an die Kette zu legen. Andre vor ihren Insulten zu schirmen, bildete das vornehmste Motiv der Fürsorge für sie.[2])

Fremde Narren schaffte man zum Thore hinaus, oft unter Rutenstreichen, um ihnen die Rückkehr zu verleiden. War letztere trotzdem zu besorgen, so schleppte man sie womöglich bis zur Donau, setzte sie auf ein Boot und liefs es — stromabwärts treiben.[3])

Wie der sinnlose Verbrecher nie der Richtung anheimfiel, so strafte man ihn ebenso wenig an Haut und Haar, höchstens um ihm einen „Denkzettel" zu erteilen. Totschläger z. B. wurden also — abgesehen von einem sehr zweifelhaften Ratschlag der Konsulenten — nur behufs Sicherstellung vor ihnen eingemauert.[4]) Bufse erhob man wohl nie; doch haftete die Sippe für Ersatz, eventuell für das volle Wergeld. Bei Freilassung verzichtete man auf die Ableistung der Urfehde. Bezüglich solcher, welche erst nach oder in Folge der Tat umnachtet wurden, war die Anschauung schwankend. 1519 erst liest man die strikte Weisung, dafs während der Geistesgestörtheit keine Sühne platz greifen dürfe.[5])

Mangels einer zielbewufsten ärztlichen Diagnose, wie eines untrüglichen Kriteriums, welches den Kranken vom Simulanten

---

gen fürt verkundt, StR. 1377, 68; G. aufser fengknus lassen und seiner freuntschaft haimgeben, Rp. 1532, 7, 2.

2) Weib 17 Jahr an der Kette, Rtschlb. VII, 173; den ungesch. M. vff seiner muter kosten in gef. enthalten, Rp. 1532, 12, 18; Rtb. Ib, 1445.

3) gein Newnkirchen füren, Rp. 1475, 7, 13; Rp. 1476, 6, 14; JR. 1381, 36; Else ewiclichen, wann sie ein vnsinnige fraw, AB 317, 8 (1404); Arnoltin aufser fengknus lassen und bis gen Regenspurg füren und auff ein schiff setzen, Rp. 1532, 12, 14; den Torichten gein R. zeschicken und zuuersuchen In auff die Tunaw zu bringen, Rp. 1478, 3, 6.

4) Rtschlb. Sim. Clüv., 220; So legen die Recht dem Synnlosen Menschen wie Vbel er handel kein ander straff auf, dann das er in guter Verwahrung gehalten soll werden, damit er weiter kein schaden thue und sey also der vnsinnig durch sein unsinnigkeit gestrafft genug, 857; civilis actio der Sippe des Getöteten, Rtschlb. VI, 227 (1529); sein Leben lang vermaurt oder sonst verwart auff der freuntschafft costen, Haderb. I, 1516—27, 230.

5) Rtschlb. VI, 227; Rtschlb. II, 1519.

schied, sieht man Konsulenten und Rat oft von wenig erquicklichen Zweifeln befangen; die Sippe sucht, um den Armen zu retten, ihn als möglichst wahnwitzig hinzustellen, während der Kläger sich abmüht, den Gegenbeweis zu erbringen. Geltend gemachte Sinnesberaubung bei Verübung des Verbrechens wird vom Rat fast niemals beachtet. So erwidert er hinsichtlich einer Kindsmörderin „dafs eine Aufregung bei und nach der Tat nicht als eine mildere Verrücktheit angesehen werden dürfe, und gemeiniglich geht selbst zerrüttung nit so gehling daher, noch wider dahin, dafs aber der böse Feind bei ihr gewirkt habe".[6]) Von Interesse ist bei diesem Fall, dafs zu einer Zeit, wo die Kindestötung an Strafwürdigkeit dem Parricidium gleichgestellt war, ein einfältiger Laie die bei dem Geburtsakt obwaltende Erregung als Milderungsgrund berücksichtigt wissen wollte.

Der „böse Feind" figuriert übrigens gar oft als Sündenbock in den Entschuldigungen der Inquisiten; nicht selten tritt er auch in den Fieberträumen der Gefangenen auf.[7])

Sinnlose Selbstmörder werden kirchlich beerdigt, nicht aber „verzweifelte Personen". Die Zurechnungslosigkeit wird stets sorgfältiger Prüfung unterzogen.[8]) Wer Witzlose zum Zorn, ja selbst zu Flüchen reizt, soll „nach Gestalt seines Verbrechens" gestraft werden. Aufserdem verurteilt man ihn zum Schadensersatz an den Verletzten. Auch sonst erfahren Delikte an Vernunftlosen scharfe Ahndung.[9])

γ. Manie.

Diese wird früher zumeist gar nicht beachtet; Kleptomanen — unter ihnen ein Geschlechter — werden ausnahmsweise zur mildern, ehrlichen Schwertstrafe begnadigt.[1]) Aufserdem ist mancher der für Lebenszeit eingekerkerten mifsratenen Patrizier- und Bürgersöhne aus diesem Anlafs unschädlich gemacht worden. Eine, von der man Brandstiftung befürchtet, schafft man als gemeingefährlich aus der Stadt. Der Chronist Stark berichtet (1612)

---

[6]) Rtschlb. XLI, 106.

[7]) AB 1604—11, 20; Hans Unfugs Urgicht,: „und etwouil bösen gaist vmb Ine Swermend und humbsent gesehen", 1494, S. 1, L. 3, N. 27.

[8]) s. Kirchenstrafen; s. a. S. II, L. 85, Nr. 4.

[9]) Mand. 1568; s. Sittlichkeitsdel.

[1]) Mfzb. 1517 u. 1561; M. Franz Tageb., 1615.

über ein Mädchen, das von einer dämonischen Lust zum Stehlen ergriffen ist. Man legt dasselbe nach einer Unzahl Entwendungen in die Eisen, dann in das Loch. Und weil dasselbe zum Richten noch zu jung, wird dem Vater befohlen, es zu Hause an die Kette zu schliefsen und zum Spinnen anzuhalten. Mit Hilfe der Stiefmutter der Banden ledig, verfällt es sofort wieder in das alte Laster. So wird es denn schliefslich zu ewiger Gefangenschaft auf den Fröschthurm gebracht und dortselbst anfangs auf Rechnung des Vaters, später durch halbe Thurmatzung verköstigt „darumb dasselbe mägdlein den tag vmb fünf pfennig mit guten zähnen vbel essen muessen".[2]) Daneben stöfst man beim Durchlaufen der Urgichten der Gefangenen auf mehrere, welche unter diese Gattung einzureihen wären. Ich erinnere an eine Frau, welche mehr als zehnmal verhaftet und gezüchtigt, sodann der Ohren beraubt, gebrandmarkt, der Stadt beim Ertränken und anderer Drohung verwiesen wird, bis endlich die Konsulenten die Wiederaufgegriffene der Milde des Rates empfehlen und — behufs Sicherstellung anderer — einfache Verwahrung anraten[3]). Ja, zuweilen erbittet sich ein „auf den Hals" Gefangener, sich keiner Besserungsfähigkeit mehr bewufst: „dieweil er nunmehr also In der bösen gesellschaft und dem stelen erstarckt, das er nit mehr darnon lassen kann" selbst die Todesstrafe[4]).

δ. Irrtum und Zwang.

Schon nach den ä. PO. bedarf es bei verschiednen Handlungen, um ihre Strafbarkeit zu begründen, des Nachweises, dafs sie der Bezichtigte „mit gewizzen" verübt hat. So kann man wegen Hausens und Hofens von Geächteten, Verbannten und Verbrechern überhaupt nur belangt werden, sofern man sich des Charakters des Bittenden bei der Aufnahme bewufst war. Gleicherweise ist es Voraussetzung der Hehlerei, dafs der Erwerber aus den das Angebot begleitenden Umständen den zweifelhaften Ursprung der Sache mutmafsen mufste. Aufserdem wird unwissentlich sehr oft für identisch mit ungeidlich d. h. unabsichtlich gebraucht.[1])

Unkenntnis des Gesetzes schützt vor Strafe bei bestimmten, vornehmlich polizeilichen Geboten und Verboten, wenn sich ein

---

[2]) Stark, 1612.

[3]) Rtschlb. VII, 213 u. 235.

[4]) AB 1588—93, 57; s. a. M. Franz Tageb., 1613.

[1]) s. Fahrlässigkeit.

Fremder, dem man die Vertrautheit hiemit nicht zumuten kann, gegen dieselben verging. Behufs Erinnerung jener Tatsache mag zuweilen der Eid auferlegt werden. Solche Milde waltet übrigens ausnahmsweise auch Einheimischen gegenüber.

Die Grenzen der „Muntat“ werden auf das Genaueste festgestellt und verkündet, damit sich kein Frevler hinter der Nichtkenntnis des Umfangs dieses Bezirks verschanzen könne. Zu gleichem Zweck verkündet man viele Gebote des Rats in solenner Weise dem Volk durch Verlesung vom Rathaussöller oder von der Kanzel herab.[2])

Bei wirklichen Verbrechen ist selbstverständlich solch Einwand ohne Bedeutung. So wird ein junger Sodomit aus der Landschaft verbrannt, wiewohl er offensichtlich von der Strafwürdigkeit seines Handelns keine Ahnung besafs; Friedbrecher macht man „kopfs länger“, obschon sie sich — kurz nach Erlafs des ewigen Landfriedens — auf ihr Fehderecht steifen.[3])

Bei Wiedertäufern wirkt der Irrtum, dafs ihre Glaubenslehre als die allein richtige sie nicht zu Ketzern stempeln könne, strafmildernd für sie. Zigeunern gegenüber huldigt man einer weniger humanen Gesinnungsweise. Diejenigen, heifst es 1710, welche sich mit glaubwürdiger Unkenntnis des den Eintritt in das N. Gebiet untersagenden Poenalmandats zu entschuldigen vermeinen, sollen durch strenge Tortur examiniert und, falls ihnen hiedurch auch kein Bekenntnis eines Verbrechens zu entlocken, mit empfindlichen Rutenstreichen gestraft, ohne Unterschied des Geschlechts mit dem Galgen auf den Rücken gebrandmarkt und nach Urfehde unter Androhung des Stranges des Landes verwiesen werden.[4])

Rat und Schöffen eines unrichtigen Urteils zu bezichtigen, trotzdem dafs sie es „auf ir aide“ gefällt, ist strenge verpönt. Sie dünken sich über jeden Irrtum erhaben; nur ausnahmsweise, d. h. auf ihre ausdrückliche Erlaubnis hin, darf gegen ihre Entscheidung appelliert werden[5]).

---

[2]) PO. 50; das Gesetz oder Wandelbuch Soll man bey St. Sebald und vber acht Tag hernach bey St. Laurentzen altem gebrauch und herkommen nach in der Kirchen verlesen lassen, Rtb. LI, 19, 1592.

[3]) s. Sodomie und Landfriedbr.

[4]) Rtschlb. Sim. Clüv., 783; S. 1, L. 569, Nr. 40.

[5]) PO. 8; Wo er sich der Appellacion gepranchen werd, ain rat nicht vndterlassen gegen Ime als vngehorsamen verprecher ze handeln, Rtb. IX, 263.

Da gemäſs der Objektivität des früheren Rechts mehr auf den Erfolg der Tat, als auf die Willensrichtung des Täters gesehen wurde, so konnte hinsichtlich der andern Unterarten des Irrtums erst später eine theoretisch durchgebildete, humanere Anschauung zur Entstehung gelangen. Anläſslich einer aberratio ictus — der Nachrichter warf zweimal nach seinem Weib mit dem Messer und traf eine danebenstehende Frau fast tötlich — meinen die Konsulenten (1550): „Der Fall ist etwas disputirlich, dieweil er nit fürsetzlich beschehen und dem vnschuldigen weib nit vermeint worden“. Immerhin solle der Täter nur dann, wenn die Verwundete gerettet wird, von peinlicher Strafe ledig gesprochen werden.[6]) 1584 findet sich sodann der bedenkliche Grundsatz: „Wenn einer den Entleibten nicht gekannt oder jemals vorher gesehen, so kann kein animus occidendi und also auch kein vorsätzlicher Totschlag (bezw. Mord) vorliegen“. Einer, der ein Pferd durch einen Wurf zu treffen gedachte, jedoch den Reiter derart verletzte, daſs er hiedurch und den darauf folgenden Sturz getötet wurde, muſste nur auf einige Zeit die Stadt verlassen. Auſserdem sprach man der Sippe des Entleibten eine civilis actio zu. Von seiten des Rates und Richters wurde bei solchen Vorfällen weder Buſse noch Gewedde beansprucht.[7])

Daſs derjenige, welcher durch Zwang zu einem Verbrechen veranlaſst wurde, ohne Ahndung blieb, ist aus den Quellen nicht ersichtlich. Hie und da wird es Frauen allerdings zu Gunsten angerechnet, daſs sie auf Befehl des Gatten handelten. Solche, die ihre Kinder zum Stehlen erziehen und zwingen, gewärtigen Rutenstrafe, die Verleiteten werden indessen nicht schonungsvoller behandelt.[8])

ε. Zufall.

Für „Unglück und Ungefähr“ haftet an sich Niemand; immerhin ist es mitunter für den Täter rätlich, durch schleunige Flucht etwaigem Miſsverständnis vorzubeugen. So heiſst es 1453: man schoſs mit eiben auf der Schüt, da lief ein kind unter die schuſs, dem schoſs einer die keln ab, und was im gar leit; er kam davon gen Rot in die Freiung“. Ähnliches beabsichtigte wohl der Schütze, der 1485 einer neugierig in den Schieſsgraben hinunterlugenden Jungfer in den Hals traf. Der Bürgermeister lieſs ihm jedoch

---

[6]) Rtschlb. XIV, 137. [7]) Rtschlb. LXI, 369; 92. [8]) s. Anstiftung.

sagen: „er dorft nit fliehen: schiefsen. rennen. stechen und stainwerfen wern freie ritterspiel“.[1])

Es kommt hier also die Frage nach einer eventuellen Fahrlässigkeit gar nicht zum Aufwurf. Gleicherweise ruft man einen Dachdecker, der seinen Bruder aus Ungefähr -- da ihm der Hammer aus der Hand fuhr -- tötete, wieder zurück: „man wolle es auf sein gewissen setzen, sein entleybten bruder zepüssen“.[2]) Noch ein — dem bei aberratio ictus hervorgehobenen — sehr ähnliches Beispiel: Ein Reiter fällt in Folge eines unabsichtlichen Wurfs vom Pferd und zerschmettert sich beim Aufschlagen auf die Strafse die Hirnschale. Es wird hier weder auf Strafe noch auf Schadensersatz an die Familie des Getöteten erkannt.[3])

Was die Haftung für die Verschlimmerung einer an sich nicht gefährlichen Wunde anbetrifft — sei jene durch unvorsichtiges Verhalten des Verletzten oder Ungeschick des Arztes hervorgerufen —, so wird der Verursacher der Verwundung erst nach späterer Praxis hievon ledig gesprochen.

Sonst bekunden die hier einschlägigen Stellen, dafs die Grenze zwischen Zufall und Fahrlässigkeit keineswegs scharf gezogen ist.

b. Die rechtswidrige Absicht.

α. Absicht und Vorsatz.

Bereits in den ältesten Nürnberger Ordnungen findet es hinsichtlich der in ihnen normierten, den Bestand und die Sicherheit der Kommune gefährdenden Handlungen vielfach Hervorhebung, dafs das Bewufstsein der Rechtswidrigkeit, wie die Absichtlichkeit oder Mutwilligkeit der Begehung die Voraussetzungen zur Begründung der Strafbarkeit bilden. Freilich entbehren die den Grad der Willensbestimmung charakterisierenden Bezeichnungen noch der richtigen Präzision. Während man in den früheren Satzungen das „fürsätzlich“ noch nicht verwertet sieht, suchen sie die Absichtlichkeit durch verschiedne, mehr oder minder glücklich gewählte Epitheta oder durch eine Häufung von solchen anzudeuten.

Dem lat. temere dürfte das oft verwendete „frevelich“ (fräuelich, frefleich, freuenlich) entsprechen. Um wegen „Heimsuche“

---

1) Hegel, Städtechr. 4, 206: 375. 2) Rtb. XII, 283.

3) Rtschlb. XLVII, 133.

straffällig zu werden, genügt nicht das Eintreten in die Wohnung des Widersachers an sich; nur „wer den andern heimsucht frevelich, sein teur aufstozet frevelich“, verwundet ihm das Haus. Ferner ist von frevelichen Gotteslästerungen die Rede, von frevelicher Mifsachtung der Gesetze und Widersetzung hinsichtlich der Leistung der Besserung (Bufse). Nicht selten trifft man es bei Injurien; so, wenn einer dem Gegner böse frävele Worte bietet (ihn fr. lugstrafet) oder mifshandelt mit Worten frevelich, wie den Rat beim Kaiser fräuelich verunglimpft und versagt. Ein Hochverräter sühnt seine „fräueliche Mifshandlung“ mit dem Tode. Mit „Frevel“ endlich bezeichnet man vornehmlich die verschiednen Friedbruchsreate, später die geringern Vergehungen überhaupt.[1])

Noch häufiger tritt das „verlich“ (verleich, geuerlich) auf, wie in: verlich gehn auf der Strafse, Messertragen verlich oder verborgen, anlaufen mit verlicher zerwürfnisse, dazulaufen verlich zu einer samenung, den helfer machen verleich. Der Brotherr hat das vom Rat verkündete Friedgebot dem heimkehrenden Befehder mitzuteilen; „verzogt er daz verlich“, so hat er, wie jener im Fall des Ungehorsams, die Totschlagsbufse zu erlegen. In den ältern Verordnungen ist es zudem ein stereotyper Schlufs, dafs der Rat „mochte sich jemand so geverlich halten“ (d. h. gefährlicher, als in der vorhergehenden Satzung angenommen), ihn an Leib, Leben, Gliedern und Gut nach Gestalt der Tat zu ahnden verspricht. Man trifft ferner Vorkehrungen wider das gefährliche „Stellen nach Bürgerstöchtern“, das „hellicglich und gefarlicher weyse Abheyraten“, das gefährliche Umgehen bei Nacht und dgl. mehr.[2])

Das „zu, mit Geuerde“ identifiziert sich entweder mit „verlich“, wie in: „daz er einem ze geuerde beisteht,“ oder mit dem spätern „arglistiglich“. Gegen den Verfertiger künstlicher Edelsteine soll peinlich vorgegangen werden, „wo sich seinethalben einicherley betrigung oder geuerde darinne erfunde.“[3])

---

[1]) PO. 32, 35, 37, 44, 48, 50: da böse frävele wort gebotten, nicht vfs sorgen. Rtb. V, 235, 1490 StA.; Rtb. IV, 137, 1485 StA.: w. freveln mutwilligen todtschlags enthauptet, AB 1448, 23: fr. Mifshandlung, S. VII L. 125 Nr. 297a; PO. 1548.

[2]) PO. 31, 32, 33, 34, 35, 38, 39, 40, 44; Rücklieferung ins Asyl verweigert, da vehrlichen sachen teilhaftig, Rtb. XII, 446, 1524, StA.

[3]) PO. 32 etc., 140.

Auch „heimlich“ sei neben dem bereits genannten „verborgen“ erwähnt. Trägt einer „verbotten swert haimliche“, so haftet er in gleicher Weise, wie der, welcher es „verlich auf jemanes schaden“ bei sich führt.[4])

„Mutwillig“ deckt sich meist mit übermütig; hie und da kommt es indefs dem frevelich gleich. Einer wirft einen Reiter mit einer Schrothacke zu tot: Jedenfalls mutwillig, heifst es, da er es so lange (in der Tortur) geleugnet. Ein Fälscher erfährt mildere Beurteilung, weil er die angefertigten Pfennige nicht in fürsätzlichem Betrug, sondern nur aus „üppigkeit und sondern frechen mut“ in den Verkehr brachte.[5])

Auch „freissam, freidig“ in der Bedeutung von verwegen, kühn ist hier zu nennen.[6])

„Mit wizzen, mit gewissen, wissenlich.“ Verbot ist, einem Bewaffneten mit wizzen Wein zu geben. Geächtete und Verbannte wizzenlich zu hausen und zu hofen, wissentlich Geraubtes zu erhandeln. Als offenkundig findet es sich z. B. in „wissentlich vnlaugenbarer Morder“.[7])

Der Ausdruck „Vorsatz“ hat in den ältesten N. Quellen keine Stelle. Das hie und da gebrauchte „mit verdahtem, mit bedahtem mute“: swelh burger den andern mit verdahtem mute mit dehainer slahte wer jagt — läfst nicht ohne weiteres auf dolus praemeditatus schliefsen.[8])

Doch ist hier eines, dem uorsate des Lübischen Rechts analogen selbständigen Vergehens, des „Verhütens“ zu gedenken. In Cod. I, Art. 91 d. L. R. heifst es: Uorsate probari potest, ubicumque aliquis alii insidiatur in platea. Das insidiari kennzeichnet demnach den Vorsatz; der Nachweis des erstern genügt, um den Widersacher mit Erfolg eines bösartigen Vorhabens bezichtigen zu können.[9])

In den N. PO. nun stofsen wir auf folgende Bestimmungen:

---

[4]) PO. 38, 40: von dez knaben wegen, der heimlichen dermort. JR. 1381, 32.

[5]) PO. 38; Rtschlb. XIII, 103; XVII, 70: sich so geverlich und verachtlich halten, PO. 44.

[6]) Haderb. II, 33; Rtschlb. IX, 282; gantz kün, freydig, frich und frech, H. Sachs, Keller XX, 289.

[7]) PO. 38; kuntleich 32, 37, offenleich 38.

[8]) PO. 31, s. jedoch 32, 35. [9]) John, StR. in Nordd., 71.

Wer in der Muntat „verdechtlich und frevelich verhütet und doch nit hand an ine leget“, büfst der Stadt, dem Richter, wie dem Kläger mit je 100 Pfund; falls er jedoch aufserdem noch durch Raufen, Schlagen und dgl. den Gegner verletzt, so soll er „die gemelten peene des verhütens und darzu den begangen frevel mit vierfeltiger pene ze wandlen schuldig sein.“ Wer ferner in der Muntat unverhütet Wehre zuckt, erlegt der Stadt, dem Richter und Kläger je 20 Pfund, erfolgt es aber „in verdechtlichem verhüten“ so tritt auch die Sühne des letztern hinzu. Bedeutend gelinder ist endlich die Strafe, wenn es aufserhalb des gefeiten Bezirkes der Muntat betätigt wird.[10])

Nicht das Verhüten an sich, das Aufpassen, ist hinreichend zur Strafwürdigkeit, es mufs verdechtlich, d. h. ein tatsächliches insidiari sein, es mufs — wie es in einigen Strafeinträgen heifst — der Beschuldigte „mit verdahtem mute gehut“ haben.[11]) Aus so feindseligem, hinterlistigem Gebahren leuchtet eine offensichtliche Schädigungs- und Mordlust hervor und deshalb wähnt man es mit solch exorbitanter Bufse belegen zu müssen. Das Verhüten ist dabei ein sehr dehnbarer Begriff in der Hand willkürlicher Richter; wie leicht wird zumal ein Bürger Glauben finden, wenn er einen mifsliebigen Gast dieses Frevels zeiht. Freilich, heifst es, solle er nur Ahndung erfahren, wenn er bekenntlich oder sich „des mit seinem rechten nit benemen mochte“; aber wir wissen aus andern Satzungen, dafs es wieder durchaus vom Willen des Rates abhängt, ob er bei Leistung des Reinigungseides diesem Schwur Vertrauen schenken mag oder nicht, so dafs hierbei immerhin die Verweisung aus Stadt und Gebiet zu riskieren ist.[12])

Die Anschauung mancher, wonach Vorsate nur bei Körperverletzungen und wenigen andern analogen Delikten als erschwerender Umstand Berücksichtigung erfährt, trifft für das Verhüten nicht zu. Die Bufse wird lediglich wegen des Nachstellens auferlegt; was der Auflauernde im Schilde führt, — Mord, Beraubung, Ehrverletzung, Gefangennahme, Entführung (Stellen nach Bürgerstöchtern) — kommt weiter nicht in Betracht.

Nur bei den Tötungsdelikten tritt aufserdem die Beachtung des Vorsatzes in prägnanter Weise hervor, weshalb es erforderlich

---

10) PO. 47, 49, 50: „verhüten“ s. Lexer, I, 1375. 11) JR. 1381, 29.
12) PO. 37.

scheint, die einzelnen Entwicklungsphasen des Totschlagsbegriffes selbst kurz ins Auge zu fassen.

Blicken wir in die Zeit der I. HGO.: Heimlichkeit der Verübung, Verwerflichkeit des Beweggrundes kennzeichnen den Mord, alle andern Tötungsarten einen sich unter dem Totschlagsbegriff. Fehlen die Mordmerkmale, so wird die Tötung, sei sie nun in aufbrausendem Zorn, sei sie mit kalter Berechnung betätigt, als gleichwertig qualifiziert.

Zwei markante Fälle aus dem Bereich der Fehde sind hier bemerkenswert: Die Fehde ist angekündigt. Nach mondelangem Erlauern einer günstigen Gelegenheit glückt es dem einen, den Gegner zu überfallen und ihn, der zu keiner Verteidigung fähig, zu Boden zu schlagen. Er läfst den Leichnam am Ort der Tat und flüchtet vor der Sippe des Getöteten. – Die Fehde ist durch Friedgebot und Friedschwur beigelegt. Zufällig begegnen sich die frühern Feinde. Ohne tiefern Anlafs erwacht in dem einen der alte Groll: Er sticht den andern plötzlich vor allem Volke nieder.

Das erste ist „ehrlicher" Totschlag, das zweite Mord. Von Heimlichkeit, wie Verächtlichkeit des Motivs darf bei ersterem Beispiel nicht gesprochen werden. Der Gegner war durch Ansagung der Fehde hinreichend gewarnt, die Tötung nur Befriedigung des Rachegefühls und frei von schnödem Eigennutz. Im andern Fall dagegen mufste sich der versöhnte Feind infolge Friedschwurs vor jeglicher Gewalttat gefeit wähnen. Der Treubruch qualifiziert die Tötung zum Mord.[13])

Im Deutschordensprivileg von 1350 ist nun von öffentlichem und heimlichem Mord die Rede und ihnen der Totschlag in jähem Zorn, in Trunkenheit und gelegentlich eines Auflaufs gegenübergestellt. Dem Totschläger i. l. S., d. h. dessen Tat durch eine vorhergehende Erregung beschönigt zu werden vermag, ist Asylrecht zugesichert, nicht so dem öffentlichen und heimlichen Mörder. Angesichts der Tatsache, dafs „Mord" in den ältern Quellen willkürlich für die verschiedenen, vornehmlich todeswürdigen Tötungsarten Anwendung findet, dürfte wohl der öffentliche Mörder mit dem vorsätzlichen Totschläger zu identifizieren sein. Die Unterscheidungsmerkmale zwischen Mord und Totschlag erweisen sich also noch als die nämlichen, nur der letztere spaltet sich in zwei

---

[13]) s. Fehde, Totschl. und Mord.

Unterarten, in die Tötung im Affekt und den öffentlichen Totschlag.[14]) War es bisher bedeutungslos, ob den Täter die Tötungsabsicht vor dem verhängnisvollen Schlage beseelte, ob er ihn mit kalter Berechnung geplant oder sich nur beeinflufst durch übergrofse Erregung zur Tätlichkeit hinreifsen liefs, so setzt man jetzt den offnen, d. h. vorsätzlichen Totschlag in Kontrast zur Tötung aus Motiven, welche die Aufnahme des Flüchtigen in die Freiung rechtfertigen lassen. Der offne Totschläger verfällt dem Schwert.

Blickt man auf die andre Limitierung des Asylrechts durch Friedrich III. (1480): „Wenn jemand Mord oder „gefährlichen Totschlag beginge, soll ihn die Freiung nicht schirmen“ [15]) — so ist hier der gefährliche als identisch mit dem offenen, d. h. nicht im Affekt verübten, Totschlag anzusehen.

In der Folge fungiert „gefährlich“ neben freventlich, pöse, mutwillig als Epitheton für alle nicht aus entschuldbaren Motiven verursachten Tötungen. Dafs solche aus Notwehr und berechtigter Fehde unter letztere rubrizieren, ebenso die aus „Ungeschick und Ungelück“ bedarf wohl keiner Hervorhebung. Der Mord ist hie und da als „mordlich fährlich“ gekennzeichnet.[16])

„Fürsätzlich“ tritt erst im 16. Jahrhundert bei Tötungen auf. Analog der Rechtsanschauung der Bambergensis — wonach der nicht durch Notwehr, Jähheit, Zorn oder sonstigen Anlafs beschönigte Ableib als Mord gilt — ist unter fürsätzlichem Totschlag stets jener zu verstehen. So erklären die Konsulenten gelegentlich einer Erschiefsung (1556), sie sei ein rechter qualifizierter assassinatus, kein simplex homicidium und nicht aus hitzigem, entzündeten Gemüt oder ex primis motibus, sondern mit wohlbedachtem fürsätzlichen Willen beschehen.[17]) Ebenso wird die mutwillige Verwundung von der fürsätzlichen unterschieden.

Findet der Vorsatz hauptsächlich bei Tötungsverbrechen Hervor-

---

[14]) H. D. 1350; bezgl. der Anwendung von Mord für Tötung überhaupt, s. a. Allfeld, 65.

[15]) H. D. 1480.

[16]) Mit der mehrern menge Raths und Schöpffen, dafs das ein Mordlich fährlicher Mordt sey, H. D. 1331.

[17]) Rtschlb. XIX, 29; wenn Entleibten nicht gekannt, kein an. occid., Rtschlb. LXI, 369; fürsätzliche Beschäd. doch ohne an. occid., Rtschlb. LXI, 95. Das „gech“ (gecheyt) der Karolina viel bei H. Sachs: polrend und gech, X, 399; gech-zorning hadern, XIX, 33; zu gfehrlich und zu gech, XX, 150, gech, kühn, gedürst, XVI, 304.

hebung, so treffen wir statt des fürsätzlich bei andern Delikten zuweilen ähnliche charakteristische Attribute. Ich erwähne nur den böswichtigen Verräter und boshaften Brenner, den Weinbetrüger, der in behender Listigkeit die Fälschung betätigt, den Verführer, welcher arglistiglich in verporgen Schein den Bürgerstöchtern nachstellt, die Hexe, welche wegen ihrer zauberlistigen Verhandlung peinlich befragt wird.[18])

Von Interesse sind die Merkmale, aus denen man den Vorsatz präsumiert. So offenbart er sich ex qualitate armorum, d. h. wenn der Täter mit einer ungewöhnlichen Waffe versehen war, deren Handhabung auf besondere Mordlust schliefsen läfst, wie der, welcher mit einer Büchse vor den Gegner tritt, oder einer, der eine Frau, „die doch zu solch mordlicher were nicht geschickt," mit einem -- Schweinsspiefs zu töten sucht.[19]) Ebenso vermutet man Vorsatz, sofern der peinlich Befragte nach hartnäckigem Leugnen die Tätlichkeit zugesteht, indessen unter der Behauptung, er habe sie nur durch Ungeschick veranlafst. Ruft Trunkenheit sonst Milderung hervor, so erklären die Hochgelehrten in einem Fall den Vorsatz für erwiesen: Die Gattin setzte den „weinig" heimkehrenden Mann zur Rede, „darauf sie ihm auf den Hals zugelaufen und in die (vorgehaltene) wehr." Er sei fürsätzlicher Mörder, da er die wehr nicht weggeworfen.[20])

Fast alle Verbrechen können nur vorsätzlich begangen werden, so auch die Heimsuchung. Zum Tatbestand der Kindstötung genügt grobe Fahrlässigkeit, die Vornahme schwerer Arbeiten vor der Niederkunft, die Verwahrlosung (das Vertun) des Kindes.[21])

β. Fahrlässigkeit.

Bei der allzu grofsen Berücksichtigung des Erfolges wurden ehedem Ungefährwerke wenig milder, als die vorsätzlichen beurteilt. In der Periode, welcher unsre frühesten Quellen entsprungen, ist dieser schroffe Standpunkt indessen bereits überwunden. Gerade auf diesem Gebiete betätigt sich die Billigkeitsjustiz des Rates — vornehmlich seit nach Einführung des Leumundsverfahrens die sorgfältige Abwägung des Für und Wider in seiner Möglichkeit

18) Rtb. IV, 42, StA; X, 29, 1512, StA.

19) Rtschlb. XIV, 99, 1551; VII, 34, 1530.

20) Er wird trotzdem nur enthauptet, Rtschlb. XIV, 137, 1554; HGB. I, 144.

21) s. besondern Teil; Heims. in Aufregung und Zorn, Rtschlb. XLVI, 288.

ruht — in hervorragender Weise. Werden auch Wergeld und Bufse bei fahrlässiger Tötung und Verletzung beansprucht und nur die seitens der Stadt und des Richters bei Vorsatz erhobene Gebühr erlassen, so sieht man doch den Rat eifrig bestrebt, den Geschädigten oder dessen Sippe zur Annahme eines billigen Vergleichs zu bereden, ev. hiezu zu zwingen. Freilich greift vorerst bei Unvermögen, wenn nicht peinliche Sühne, so doch Verbannung platz, wozu man sich auch später noch mit Vorliebe entschliefst, teils der Ahndung wegen, teils, um den Unbedachten für wenige Jahre von seinen vielleicht nicht befriedigten und versöhnten Widersachern getrennt zu halten. Seit dem 15. Jahrhundert endlich dominiert die poena extraordinaria bei fahrlässiger Verschuldung; hinsichtlich der Strafausmessung wird meist die Vorsatzstrafe als Basis erkoren, im Ganzen hiebei sehr mild, oft auch — da nach Ansehen der Person — sehr willkürlich verfahren. Neben kurzer Verweisung liest man nur mäfsige Thurm- und Lochstrafe, Geldbufse, bei grober Fahrlässigkeit auch Züchtigung.

Wurde früher die Gröfse des Ungeschicks nicht weiter in Betracht gezogen, sondern der Einwand einfach geltend gemacht und ihm — wenigstens seitens des Bürgers — durch Einhandseid zum Siege verholfen, so suchte man späterhin, zumal als das Inzichtsverfahren für ungefährliche Tötungsarten eintrat, den Grad der Lässigkeit und des Leichtsinns mit ziemlicher Genauigkeit zu eruiren. In einem Fall von 1526 wird der Nachweis (des Vorsatzes bezw. der Fahrlässigkeit) nach Rat der Konsulenten alternativ dem Kläger und Täter auferlegt: Eine Bademagd brachte eine Frau im Zank durch Auslassen eines Schemels „schwerlich und schedlich" zum Sturz. Die Klägerin sollte hierauf den Nachweis erbringen, dafs die Magd den Schemel „aus mutwillen plotzling faren lassen hat", oder letztere schwören, dafs sie ihn „nit geuerlich oder der meynung, das sy die frawen zum fall fürdern wolt" aus der Hand gleiten liefs.[1])

Das Kulpofe wird meist durch unfärlich, mutwillig, leichtfertig, ungeschickt, unverdacht, liederlich, ungeidlich bezeichnet.[2])

---

1) Rtschlb. V, 199.

2) mochte ein handel so ungeverlich oder liederlich gehandelt sein, ein rate oder die fünff herren wolten darein sehen, PO. 50; ungeidlich oft i. d. Bed. v. zufällig: Hensel, d. d. er dabey waz, daz in dem frawnhawse ein tur

Unbestraft bleibt einer, der gelegentlich eines Streites anderer einen der Raufenden tötete: „er hat nihtz mit im zeschicken gehabt, dann daz er schiedenthalben was zwischen sein und andern gesellen, daz er sie gerne von einander braht het“. Zum Friedgebot war jeder Bürger berechtigt und verpflichtet und deshalb bei Ungehorsam der Streitenden für unbeabsichtigte Folgen seines Eingreifens nicht verantwortlich zu machen.[3])

Um noch wenige Beispiele anzuführen, so wurden Schmähungen gegen den Rat, sofern sie „ungeschickt“ oder „aus unverdachtem mut“ ausgestofsen waren, mit Rutenstrafe oder kurzer Verbannung gesühnt.[4]) Ersterer erfreute sich auch der Lochhüter des Öftern bei fahrlässig verschuldeter Gefangenenbefreiung. 1476 wurde auf Veranlassung der Münchner ein Brandstifter aus Gnaden enthauptet: „man dergraif in an einer dieberei und het ein liecht an ein stangen gesteckt und in ein stuben geleuht zu steln, das dreu zimer wider seinen willen abprunnen.“ Eine Frau, welche 1556 beim Ausgeben eines falschen Thalers ertappt wurde, jedoch sich entschuldigte, dafs sie nicht gewufst, dafs er falsch, und auch diejenige nicht näher kenne, welche ihn ihr gegeben, mufste feierlich angeloben, „wo Sy die berürt Maid alhie ansichtig würd“, sofort deren Verhaftung zu veranlassen. Ein Knecht, welcher (1405) einen Knaben überfuhr, mufste ein Jahr die Stadt meiden, ebenso ein Gefangener weil er „einen laden von einem Turm darin er sazz liezz verlorn werden“.[5])

Bezüglich der exorbitanten Bestrafung der fahrlässigen Kindstötung — unter einunddreifsig Kindsmörderinnen des 18. Jahrhunderts befinden sich vier Verwahrloserinnen — s. den besonderen Teil.

Zuweilen trifft man Vorsatz und Fahrlässigkeit bei einem Delikt vereinigt; 1697 wird ein vorsätzlicher und mutwilliger Fallit enthauptet.[6])

---

treuelich aufgestozzen warde, doch wenn er vngeidlich wz zefure hat (durch Reinigungseid), So möcht er wol hinfür ziehn, AB. 317, 34.

[3]) AB. 317, 9.

[4]) Rtb. VIII, 152; nach PO. v. 1548 heifst es jedoch: darin soll keinen, ob er weinig druncken oder sunst vngeschickt were, nichts fürtragen: s. Trunkenheit.

[5]) Hegel 4, 347; AB. 317, 14, 1405; Rp. 1556, 2, 15; Rtschlb. XLVII, 174.

[6]) S. II, L. 78, Nr. 5.

3. Der Versuch.

In frühester Zeit sehen wir den Versuchsbegriff noch nicht völlig entwickelt, jedoch eine Reihe von strafbaren Handlungen als vollendete Delikte behandelt, welche sich heute zumeist als Versuchsarten charakterisieren würden. Bezüglich der Höhe des Strafmafses stehen sie dabei hinter jenen keineswegs zurück. Begründet ihre Ahndungswürdigkeit hie und da ein gemeingefährliches Gebahren an sich, wie z. B. das Tragen spitziger Messer „ane sache“, oder des Schwertes durch solche, welche des Waffenrechts nicht teilhaftig sind, so ist doch in der Regel zu polizeilichem oder gerichtlichem Einschreiten beansprucht, dafs die gefährliche Handlung mit einer scharf erkennbaren Schädigungsabsicht in der Richtung gegen eine bestimmte Person hin vorgenommen worden ist. Gelangt dieser sträfliche Vorsatz zur sinnlichen Wahrnehmung, so tritt die hiefür genau normierte Bufse ein, welche bei Zahlungsunfähigkeit in eine peinliche Sühne überzugehen vermag; das Ansehen der Person, der Wert des Gutes, deren Verletzung beabsichtigt war, bilden kein strafbestimmendes Moment. Die Art des rechtsfeindlichen Benehmens ist das allein mafsgebende; ob der Täter z. B. dadurch, dafs er das Messer zückte, nur eine Drohung oder in der Folge einen Mord auszuführen gedachte, unterliegt keiner weitern Beweiserhebung oder beeinflufst wenigstens nicht das Strafmafs.

So ist auch das „verdechtliche Verhüten“ genau betrachtet nichts anderes, als eine Versuchshandlung, die als selbständiges Delikt betrachtet und äufserst hoher Ahndung unterstellt ist. Das Tragen spitziger Messer veranlafst eine Bufse von 60 Pfennigen; geschah es jedoch „verlich auf jemans schaden“, so erhöht sich jene auf zwei Pfund. Das Laufen mit verbotner Wehr zu einem „criege“ (samenung, auflauf) ist ferner anzuführen, das Verweilen in eines andern Korn oder Garten, das verräterische ostendere in bona civium, um die Feinde der Stadt zu deren Brandschatzung und Beraubung anzustacheln, das gefährliche Gehen bei Nacht „one sichtig prynent liecht“.[1])

Ist das vollendete Verbrechen des Verführens von Bürgerstöchtern schwerer Sühne unterworfen, so erfreut sich auch schon das „fährliche Stellen nach andrer Leute Kind“ gebührender Würdigung. Wir finden hier neben ewiger und langjähriger Ver-

---

[1]) PO. 38, 22, 55; AB. I, 10.

weisung 1453 sogar Todesstrafe ausgesprochen. Dieselbe wird bei erfolgreicher Verführung **niemals** verhängt.[2])

Noch mehrerer derartiger Handlungen wäre so zu gedenken, welche wir als strafbaren Versuch qualifizieren würden oder nicht einmal als solchen, damals jedoch als selbständige Vergehungen geeignet waren, den Frevler als „schädlich“ i. e. gemeingefährlich zu kennzeichnen. Das „Betreten an verdechtlichen enden und orten“ rubriziert gleichfalls hierunter; um als Wegelagerer bezw. „Beschädiger der heiligen Reichsstrafsen an wahrer Tat“ für richtungswürdig erklärt zu werden, bedarf es lediglich der Voraussetzung, dafs man mit „geuerlichen dingen“ durch die Söldnerstreife aufgegriffen worden ist.[3])

Kann man demgemäfs von einer Beachtung des Versuches als solchen zu Beginn des 14. Jahrhunderts kaum sprechen, so tritt dieselbe bei einigen Urteilen des Aufruhrrates (1349) wohl hervor, doch ist das subjektive Moment immerhin zu wenig berücksichtigt, der Erfolg der verbrecherischen Handlung das Ausschlaggebende. Auf zwei Jahre Verbannung wird erkannt bei einem Mordanschlag auf „erberg leut“, fünf Jahre nur werden einem zuerteilt, „daz er ſein muter dermort wolt haben“. Allein bei wirklicher Verletzung zieht Totschlagsversuch Bufse nach sich. Zu wenig verbürgt ist der Eintrag, wonach 1349 eine Frau, welche einen Juden zu töten suchte, lebendig begraben wurde, denn 1406 liest man nur vierzehn Tage Thurm bezüglich eines ähnlichen Unternehmens.[4])

Bezeichnend ist sodann, dafs bis in das 16. Jahrhundert hinein Strafen wegen Versuchs von Verbrechen in den sogenannten Haderbüchern notirt, d. h. als nicht peinlich zu sühnende Frevel behandelt werden. Dabei ist ihre Zahl sehr bescheiden. Erwähnenswert sind nur ein auf Fürbitte nicht geahndeter Diebstahlsversuch, ein Betrugsversuch, der mit zehn, einige Notzuchts- und Raubfälle, welche mit lebenslänglicher Verweisung, zwei Vorhaben des Meineids, die mit Züchtigung, bezw. fünfjähriger Verbannung bedacht werden. 1517 entschlüpft einer sogar der Richtung, welcher auf einen Förster, der in amtlicher Eigenschaft das „pfandmäfsige“

---

[2]) s. Verführung; Hegel 4, 204.

[3]) s. Schädl. Leute; MS. 581.

[4]) AB. Lochner, 122, 125, 37.

Holz des Täters zeichnen wollte, von hinten mit dem Beil drei Mal „mörderischerweise“ losschlug.[5])

Hatte den Rat schon geraume Zeit das Bestreben beseelt, dem auf die Vollendung der Tat gerichteten Willen mehr Beachtung zuzuwenden und ihn ohne Rücksicht auf den Erfolg mit verhältnismäfsig hoher Ahndung zu belegen, so kann man doch dreist behaupten, dafs erst der Einflufs der Karolina der italienischen Doktrin hierin zum Siege verhalf. Wie sehr sich die Mehrzahl der Konsulenten hiegegen sträubte, bekundet mit Evidenz ein Fall von 1530:[6]) Der Mann wollte sein Weib zwingen, hinsichtlich einiger Schulden vor Gericht zu leugnen. Auf ihre energische Weigerung hin suchte er sie zu erwürgen und mifshandelte sie derart, dafs sie gebärunfähig wurde. „Ob man wohl hierin bedenken wollte, das der will (an sich) nit zu strafen sei — führt ein der neuern Aera huldigender Hochgelehrter aus — Sölle und möge man doch warnemen den Willen, der in das Werck und die that gangen, also dafs an seinem willen nichtz gemangelt, Sy zu erwürgen. Der soll hoher gestraft werden, der den willen zu töten gehabt und die tat nit verpringen möge, dann der ein todt oder mordt gethan und des nit willens gewesen.“ Auch sei die Frau durch die Mifshandlung „zeitlich“ getötet worden, ergo der Täter der lex Cornelia gemäfs zu richten. Dieser Neuling wird jedoch von den andern Konsulenten entrüstet zurückgewiesen: „Ein yde vbelthat soll nach dem Rechte oder geprauch gestraft werden, dieser Fall ist aber vorher in Nürnberg nit zu schulden komen, auch nit gestraft worden, soll er dann itzt anfenclich mit dem schwert gestraft werden, wüfst man nit, ob es einem Richter zu verantworten were.“

Ein andres Mal scheitert das Todesvotum an der Versagung des Zugeständnisses durch den Täter. Der Vorsatz war, eine Frau mit einem Spiefs zu erwürgen. „Wiewohl sie ihn erzürnt“, erklären die Konsulenten, „er sie wol mit der feufst oder ein prüggel können schlagen“ und beschliefsen, dafs dem Beschuldigten angesichts der offenbar kundgegebenen Mordbegier das Leben abgesprochen werden solle. Der Rat jedoch, welcher den modernen Ideen noch weniger Sympathien entgegenbringt, mifsbilligt diesen Vorschlag und macht

---

5) Haderb. I, 76, 130, 112, 229, 182, 224, 221; Tiller 14 tag turm, wann er einen erstochen wolt haben, AB. 317, 24, 1406.

6) Rtschlb. VI, 230.

es vom „Bekenntnis“ des Beklagten abhängig. Dieser leugnet hartnäckig auf der Folter die Tötungsabsicht und wird deshalb nur zu Pranger, Rute und Ersatz für „schäden und schmähe“ an die Frau verurtheilt.[7])

Ob man nach Vorstehendem behaupten darf, dafs die Karolina, durch welche in der Folgezeit die „scheinlichen Werke“ zu einer geradezu exorbitanten Strafwürdigkeit erhoben wurden, die Nürnberger Praxis in ein humaneres Fahrwasser gelenkt hat, oder ob es vielleicht nicht besser bei den „loblichen herbrachten gebreuchen“ geblieben wäre, mag dahingestellt bleiben. Gar bald findet sich die zeitgemäfsere Theorie: Wenn einer in todeswürdigen Verbrechen die Tat zu vollbringen gesucht, aber ohne seinen Willen den Effekt nicht erreicht, so soll er wie der Täter gestraft werden; kommt er aber allein „ad facti remotum, d. i. dafs er zu der Mifshandlung kein sondre that fürnimbt oder übet“, soll er nicht am Leben, sondern extraordinarie: „das ist nach ermessung der Person“ — und hiedurch ist der Willkür Thür und Thor geöffnet — Ahndung erfahren.[8])

1550 schiefst einer auf einen Landsknecht, welcher ihn vorher bedroht und geschädigt, verletzt indefs einen andern unbedeutend. Es fragt sich, ob der animus occidendi dem erstern gegenüber vorlag und demgemäfs ein fehlgeschlagner Versuch anzunehmen sei. „Er ist nit gar unstrafbar, meint die Mehrzahl der Konsulenten, dieweil er ein verpotten wehr getragen. Dann der dolus werde presumirt ex qualitate armorum, zudem das er auch sein Püchsen abgeschossen und also gleich posen fürsatz damit bewiesen.“ Einer sucht indefs die Tat aus politischen Rücksichten zu beschönigen: „Wenn er in diesen Lufften den Landsknecht, dem ers vermeint, gleich gar erschossen gehapt, So wers seins erachtens der zeit halben ein actus impunibilis und vielmehr zu loben und der arm gefangen derwegen wohl mit einem kreuzlein zu ziern gewest.“ Man einigt sich schliefslich zur poena extraordinaria (Konfination).[9])

1556 indefs verweigert man einem, der den Gegner in den Rücken geschossen, den Einlafs auf bürgerliche Strafe, indem man die Tat, trotzdem jener nur eine Verwundung erhielt, für wirklichen assassinatus erklärt.[10]) Wir sehen hiemit die Konsulenten völlig

---

7) Rtschlb. VII, 34. 8) Rtschlb. XXXIII, 244. 9) Rtschlb. XIV, 99.
10) Rtschlb. XIX, 29.

zur neuen Richtung bekehrt; mit grofser Konsequenz beharren sie für die folgenden Jahrhunderte bei diesem Glaubensbekenntnis: In fast allen Fällen des Mordversuchs ist Tod durch Enthauptung ihres Votums Inhalt. 1579 liest man — an die Friedbruchsbestimmungen gemahnend — Handverlust und Rutenstrafe; 1693 wandert eine Frau, welche ihr Enicklein in das Wasser geworfen, in das Zuchthaus auf ungewisse Zeit.[11])

Im Übrigen erscheint es zweckdienlich, den Versuch bei Besprechung der einzelnen Delikte ins Auge zu fassen.

4. Die Notwehr.

Zwei Wege, seine Schuldlosigkeit zu erweisen, eröffnen sich nach altem Recht dem Bürger, welcher den ihn plötzlich Überfallenden für immer zu Boden gestreckt: Entweder er schleppt ihn sofort vor den Richter oder er läfst ihn unbeerdigt an der Unglücksstätte und gewärtigt die Ansprache der Sippe. Keinesfalls darf er — will er nicht des Mordes Vorwurf auf sich laden — die Tat durch Bergung des Leichnams zu verheimlichen suchen.

Kühn und schwer durchführbar scheint das erste Unternehmen. Denn es heifst nicht nur, den Toten vor Gericht zu bringen, sondern auch die erforderliche Eidhelferzahl zu gewinnen, um den unberechtigten Angriff selbstsiebent zu beschwören. Hiezu tritt sodann der eigne Einhandseid, dafs er des schädlichen Mannes nicht anders, als durch dessen Tötung, habhaft zu werden vermochte. Gelingt die doppelte Ausführung, so wird über diesen, wie über einen Lebendigen gerichtet. Der Nachweis der Erhebung des Gerüftes ist bekanntlich nach der ä. HGO. nicht mehr erforderlich.[1])

Andernfalls wird er wohl daran tun, das Weite zu suchen und sicheres Geleit zu erbitten, um gefeit vor der Rache der Sippe die Rechtfertigung zu wagen. Als Mittel zur Durchführung derselben gilt anfangs wohl nur der Reinigungseid; das hierauf ergehende freisprechende Urteil ist dann insofern ein bedingtes, als es auf der praesumptio juris der Unverfälschtheit des Schwurs basiert. Und nicht leichtgläubig vertraut ihm das Gericht. Bei Meineid: „daz daz als kuntlich und alz gewissen wer, daz er der getat

---

11) Mfzb. 1579, 1693. 1) s. Verf. 219, (24).

schuldig," sieht der Vermessene hoher Ahndung entgegen, bei Verdacht der Aufsagung des Bürgerrechts.[2])

Bezüglich der weitern Erfordernisse dieses Einhandseids, ist es dem sich hiezu Erbietenden förderlich, eine Wunde oder Flecken und Schrammen vorweisen zu können, um so seine berechtigte Gegenwehr glaubhafter zu machen; sodann beschwört er „das er keinen gehawen, geworffen oder geslagen vor und ehe er gehawen und verwundet worden sey Sonnder allererst darnach."[3])

Nun zu der Frage, ob denn die Gegenwehr stets erst nach solch tätlicher Verletzung gestattet ist. Den früheren Quellen gemäfs mochte dies allerdings die Regel bilden; doch darf man keineswegs die Vermutung siegen lassen, dafs sich der Rat zu der Zeit, wo er den Normen des Leumundsverfahrens analog Schuld und Unschuld genau abwog und den Akt des Verbrechens, wie die begleitenden Nebenumstände scharf in Beurteilung zog, an eine tote Formel kettete.

Er mafs daher nicht ohne weiteres jedem, der eine Wunde zur Schau trug, Glauben bei, ebensowenig, als er diese für ein notwendiges Requisit zur rechten Notwehr ansah. Immer wird indefs in der Ledigsprechung hervorgehoben, dafs sich der Täter „der leibsnot hat weren müssen", dafs der Gegner „uber vilfeltige rechtpot zur gegenwer geursacht, gedrängt" oder wenigstens „seiner beschedigung ein verursacher" war.[4])

Dafs ferner der Angegriffene, um zum Schlag autorisiert zu sein, sich in so grofser Gefahr befinden müsse, dafs ihm — analog dem Schwsp. — kein Entweichen mehr möglich, wird ebenfalls nicht beansprucht. Gegenüber solchen, welche sich von vornherein als gemeingefährliche Individuen charakterisieren, ist man auf die geringste Bedrohung hin zur Gegenwehr befugt. So bei der „natürlichen Defension" gegen Landfriedbrecher und Wegelagerer — entsprechend den kaiserlichen Privilegien[5]) — oder gegen einen der durch Urfehde im Achtbuch als gemeinschädlich Deklarierten: „ob er einen Burger stechen oder slahen wölte, weret sich der

---

[2]) PO. 37. [3]) Haderb. I, 1454—1521, 194.

[4]) da sich erzeigt, das der abgeleibt vber vilfeltige rechtpot zu der gegenwer geursacht, aufs fare und sorgen, doch für die fraifs 20 Pfund Novi, Rtb. VIII, 19; man sprach, er het sich leibsnot müssen weren, Hegel. Städtechr. 5, 578; Haderb. I, 1483—96, 62; Haderb. II, 1521, 278.

[5]) MS. 960.

wider in und sleht oder sticht in ze tode oder wundet in oder lemt in. der ist im und dem rihter und der Stat und niemanne nith bezzerunge darumb schuldik noch sinen freunden und sin freunde suln den auch nith feinschaft darumb tragen."[6])

Ich hebe diese Stelle ausführlich hervor, um zur Frage hinüberzuleiten, ob denn der Täter — auch in andern Fällen — nach Erbringung des Nachweises der rechten Notwehr keinerlei Strafe oder Bufse zu gewärtigen hat.

Befangen vom alten Kompositionensystem ist der Rat nur selten gewillt, der Sippe die Geltendmachung des Wergelds oder der Bufse völlig zu versagen; es endigt daher trotz des Eides das Verfahren zumeist mit einer „lieblichen" Richtung zwischen den Parteien. Der Rat spielt hier also — seiner sonstigen Vorsicht getreu — mehr die Rolle des Schiedsrichters; er löst zwar den Schwörenden von der Beschuldigung des Totschlages, beordert ihn indefs, ein bestimmtes Wergeld, dessen Höhe ev. der Rat bestimmt, der feindlichen Sippe zu leisten und zwingt die Widersacher zum Urfehdschwur.[7]) Doch hiermit ist der Gerechtigkeit nicht immer Genüge getan. Auch dem Richter und Rat mufs noch eine Bufse — bei Totschlag im Fraifsgebiet das bisweilen beträchtliche Fraifsgeld — erlegt werden, daneben an den Lochwirt die Erstattung der Atzungskosten erfolgen. Endlich ist der Rat gerne geneigt, den Tapfern, sei es, um ihn selbst vor Unbill zu wahren oder überhaupt weiterer Fehde vorzubeugen, sei es, weil dieser sich nach Beurteilung des Falls immerhin als rauflustiger Geselle deklarierte, auf bestimmte Zeit oder lebenslänglich aus dem Gebiet zu verweisen. 1483 gestattet man einem solchen „das er one fare gemeiner Stat halb zu Wendelstein sein wesen haben müg, doch das er die Stat Nürnberg meid." So ist es auch begreiflich, dafs einem die „vbermafs der vnvollbrachten straff vfs gnaden begeben" wird, der aus „Notwere In vergangen tagen einen todslag hie getan" und deshalb zu zehn Jahren Verbannung verurteilt wurde.[8])

---

6) AB. I, 15, 1323.

7) Wo sich E. St. vmb den todslag So er in geursachter Nottwere begangen mit des erslagen weib gütlich vertregt, Sol er vfs sorgen gelassen sein, Rtb. IV, 105; solcher verwundung halb das gellt vff grofse gnad zegeben gestrafft worden, Haderb. I, 103; Rtb. XVIII, 1537, 135; D. und des abgeleibten freuntschaft ein frid lassen schwören, Rtb. VIII, 150, StA.

8) AB. 1448, 20; Rtb. V, 66.

Noch 1532 spricht man trotz vollberechtigter Gegenwehr Verweisung und Zahlung einer „Ergetzlichkeit“ an die Witwe aus; „keine leibstraf, heifst es, dennoch gepür in solchen Sachen ernstlich zu erzeigen, auch weil das factum mali exempli sei.“[9])

Solch rigoroses Vorgehen entschuldigt sich nur, wenn man erwägt, dafs in vielen Fällen die Berechtigung zur Notwehr — ohne ihr die Wahrscheinlichkeit absprechen zu können — nicht nachweisbar war und ja die Bedeutung des Reinigungseides frühzeitig sank.

Als unberechtigte Notwehr gilt es, wenn der Tötende vorher den Gegner gereizt. So 1490: „Nachdem sich vf der zewgen sag erfunden, das derselb Hehel erstlich dem lenker böse, frävele wort gebotten und zu vfrur geursacht het, ist eins Rats fug nicht, den H. deshalb vfs sorgen zu lassen.“[10]) Anderseits weist der Rat den Kläger zurück, sofern der Verwundete oder Getötete seiner Verletzung Veranlasser war: „Darvmb das Sye beide einander geschmecht, sol er die beschedigung tragen und H. Ime darumb zu thun nichts schuldig sein.“[11])

Exzefs der Notwehr ist strafbar. 1529 entscheidet man: „Es sei nit noth gewest, sich gegen den Entleibten so zu wehren. wenn er sagt, der verstorben het werfen wollen, aus dem eruolg, das er nit geworffen hab, und ob er geworffen het, so hab er nit genugsam vrsachen gehabt, daz er sich einer solchen gegenwer het geprauchen sollen.“ Der Täter wird gerichtet, ein Helfer, der nur „vfszogen“, verbannt, „damit es nicht heifse, er wäre bei einem Totschlag gewest und man hätte ihn ungestraft gelassen.“[12]) Ein andrer beging den Ableib in der Vermutung, dafs Metzger, welche sich mit Bleikugeln und Stechmessern bewarfen (!), ihn selbst, der dabei stand, treffen wollten. Dieser Einwand erfährt auch Beachtung: „dazu seyen auch b. und st. böfs mörderische wehr, das dem gefangen nicht zu verargen, ob (dafs) er sich gleich mit zymerhaken als seinen handwerkswaffen dagegen gerüst hab.“ Da er aber, ohne sich von der Stichhaltigkeit seines Argwohns zu vergewissern, auf einen Werfenden losstürzte und ihn tötete, wird er zur Richtung empfohlen „dann er selbs bekenne, das der entleibt ihm kein pöfs wort oder vrsach geben.“[13])

---

9) Rtschlb. VII, 244. 10) Rtb. V, 235. 11) Haderb. I. 1503—16, 178.
12) Rtschlb. VI, 186. 13) Rtschlb. VI, 112.

Nach dem ewigen Landfrieden wird auch die Einrede illusorisch, dafs man sich bei Verübung der Tat in Notwehr befunden habe, weil der Gegner nach Zusendung eines Absagebriefs in feindseligster Weise vorgegangen sei. Der Rat bedauert in solchen Fällen, dafs der Arme soviel Unbill durch die Fehde erduldet, rügt es hierauf, dafs er nicht sofort ihn selbst als ordentlichen Richter angerufen: „er lafs sich der aussag nit irren und gestee Ime nith, das Ime sein genedigst und genedig herrn ye Rechtens versagt,“ beruft sich im übrigen auf das Eingeständnis der Tat und legt ihm den Kopf vor die Füfse.[14])

Als widerrechtlich charakterisiert sich sodann die Gegenwehr gegen solche, welche kraft gesetzlicher Autorität handeln. Ein Beispiel liegt indefs vor, wonach anderseits ein Stadtknecht, der behufs Brechung des äufsersten Widerstandes drei Handwerker niederschlug, trotz seiner guten Sache in eine Freiung floh und vom Rat erst nach eingehender Nachforschung frei gesprochen wurde.[15])

In der Reformation von 1479 ist endlich die „Notwere zu frischer Tat gegen ein Tier“ erwähnt und ausgesprochen, dafs der Bedrohte bei Tötung desselben dem Herrn keinerlei Ersatz schulde.[16])

Was die rechtliche Behandlung der Notwehr n. E. d. Kar. anlangt, so unterscheiden die Konsulenten zwischen berechtigter, bedrangter und unberechtigter, übermäfsiger, ungleicher Gegenwehr. Letzternfalls wird dem Angeschuldigten einmal der Beweis auferlegt, „das im der entleibt zu starkh gewesen und er kein ander mittel gehabt hete, dadurch er von dem entleibten kommen mogen.“[17])

Auch ob die „Ursache“ der Gegenwehr eine genügende gewesen, wird von nun an gewissenhafter abgewogen: Einer stöfst den Angreifer nieder, welcher ihn lediglich bei der Brust gepackt. Jenes sei ungleiche Gegenwehr: „volg nitt, wann einer ein andern rauff, das der ander darumb den erstechen soll oder zuerstechen macht hab.“ Ebenso versagt man einem die Straflosigkeit, der erst stach, als er beworfen, gestofsen und gedrosselt ward: denn er hatte auf andre Weise abwehren können und nicht sein Richter

---

14) HGB. I, 51 u. 53. 15) Rtb. VIII, 255 u. 221.
16) Ref. Tit. 30. G. 3. 17) Rtschlb. IX, 217.

zu sein.[18]) Ein ziemlich grofses Zugeständnis räumt man 1540 ein: Der Gegner zuckt das Messer, verwundet und flieht in eine Stallung. Der Verletzte läuft ihm nach und tötet ihn, wiewohl der Bedrohte um Friede gebeten. Keine Notwehr, doch: „Der Abgeleibte gab occasio damni, zuckte das Messer, um ihn mörderischer weise von rückwärts zu verwunden, der Ableiber hat hiezu kein Ursach gegeben. Dazu folgte die Ableibung uno tumultu gleich in einem Rumor und also In continenti als factum continuum.“ Man erkennt auf Verweisung und Rutenstrafe.[19]) Nicht ohne Interesse ist der Notwehrfall eines Soldaten: Er geriet mit einem Schüler in Streit und stiefs ihn, der in der Hitze auf ihn losging, nieder. Der Soldat, heifst es, sei mehr in terminis defensionis gewesen und habe den Stich animo irritato getan. Dazu war er trunken und wäre — bei seinen Kameraden verkleinert worden, wenn er sich nicht gewehrt hätte. Man empfiehlt Konfination oder Deportation nach Ungarn.[20]) — Ein „sondrer Künstler“ wird von Dirnen angereizt und hierauf mit Messern bedroht. Er wehrt sich anfangs durch Werfen mit Sand, sodann sticht er der ersten in die Stirne, bei weiterem Bedrängen in voller Raserei einer andern durch die Leber. Man konfiniert ihn für einige Zeit in sein Haus.[21])

1563 liest man wegen Überschreitung des moderamen wenige Tage Loch, 1609 indefs lebenslängliche Verweisung. 1619 enthauptet man einen, dem der Nachweis der Notwehr völlig mifslang. Nach einem Akt von 1662 werden regelmäfsig sechs Wochen bei Excefs verhängt.[22])

Das an Stelle des Reinigungseides tretende Inzichtsverfahren bewegt sich im allgemeinen in den Formen des alten Anklageprozesses und ist mit mancherlei Zeremonien, wie Aushängung des Schwertes des Nachrichters, verbunden, läfst sich übrigens die genaue Erforschung der nähern Tatumstände sehr angelegen sein. Es wird eröffnet, nachdem der Flüchtige um Geleit zum und vom Rechten gebeten; es endigt mit Freisprechung oder Todesurteil, das aber fast nie zum Vollzuge gelangt, indem Gefängnis, Verweisung oder Konfination hiefür eintritt.[23]) Besonders auf-

---

18) Rtschlb. XIV, 316. 19) Rtschlb. XI, 15. 20) Rtschlb. XLIX, 37.
21) Rtschlb. XLVII, 24. 22) Inzichtgerichtbüchlein, StA.
23) s. Verf. 515 ff. (123 ff.).

regend war der erwähnte Fall von 1609, bei dem der Inzichter, ein Edelmann, mit Verweisung davonkam, während der Kläger trotzdem noch immer „vf das scharpfe Recht" drang und an das Kammergericht zu appellieren gedachte: „Ist der Stattrichter und die Assessores vfgestanden und ihm keine Appelation gestatten wöllen, darauf der Alte, als er erfahren, das er verlohren, greulich geflucht und gesagt, er glaube bey den tausend Sacramenten nicht, daz ein Recht mehr zu Nürnberg sey."[24])

5. Die Teilnahme.

a. Täterschaft.

Der Täter erfährt nur bei Aufruhr und Landfriedbruch in prägnanter Weise Hervorhebung vor den minder Beteiligten, indem hier das Haupt der Unternehmung als dux criminis, Hauptsacher, Hauptmann, Rädleinsführer, Anfänger, Prinzipal der bindnus etc. bezeichnet wird. Sonst ist bei verschiedenartiger Teilnahme am Verbrechen vielmehr der Beihelfer oder Begünstiger markiert, der Täter allein mit dem ihm nach der Gattung seines Deliktes zukommenden Namen gekennzeichnet. Bei Verbrechen endlich, wo sich Vollendung und Beihilfe in der Sühne völlig decken, wie z. B. bei Verrat, ist ein Unterscheidungsmerkmal überhaupt nur selten ersichtlich. Werden ja dank dem Einfluſs der Landfriedensgesetze als „Beschediger der heilig Reichsstraſsen und an Warer Tat Begriffene" solche gerichtet, bei denen man bei der Aufgreifung Daumenstöcke, Feuerzeuge und andre gefährliche Dinge vorgefunden; auch soll gegen den, welcher „ein andern aufbrennen drohet", ebenso verfahren werden, als ob er „gebrennt het".[1])

Bei Friedbruch und Aufruhr ist der Haupttäter in der Bestrafung vor dem harmloseren Gefolge bedeutend bevorzugt. Anfänger eines Tumultes während des Städtetags droht man „aufzuzucken, vom Leib zu tun und auf das Rad zu setzen". Im ä. Achtbuch sind sie mit ewiger Verweisung bedacht (ejecti sunt). Nach den PO. muſs bei „Samenung" der Hauptmann mit fünf, „der dazu lauffet oder kumt verlich" mit zwei Pfund büſsen. Wird ein Bürger hiebei verletzt, so tritt bei ersterem eine Steigerung bis zu zehn Pfund ein. Jene Ahndung der Samenung greift auch

---

[24]) Stark, Chron. 1609. [1]) MS. 581; H. D. 1331.

Platz, sofern bei einem Zerwürfnis (crieck) unter den Bürgern „zwene oder drei, wie maniger der ist, sich zu ainander verstrickent mit aiden, mit gelübden oder mit versprüchnüsse, daz si den criek niht wöllen lazen ane ainander verrihten oder niht frides ane ainander geben.“ Schliefst der „haubtman des crieges“ friede, so dürfen feine Folger ihn nicht mehr brechen, sonst gilt jeder Frevelnde als „Friedbrech“.[2])

Von Interesse dürfte ferner die Spezialisierung der Aufrührer gelegentlich des Bauernkrieges sein. Die Konsulenten, welche äufserste Milde empfahlen, verlangten energisches Einschreiten nur gegen die offenbaren Unruhestifter, aufserdem „vnderschied nach gestalt der sach“. Die Hintersesser Bauern rührten bei einem Treuschwur „an ein peyel“. Der festgenommene „Prinzipal“ hatte zehn, andere Tumultuanten je sieben Gulden zu erlegen, die, welche nur „an die Hacken gerürt“ je zwei. Strengere Mafsnahmen hatte der Rat nach dem grofsen Aufruhr (1349) erkoren; so diktierte er einem, der „daz banir trug“ ewige Verweisung beim Hals.[3]) Hinsichtlich der Wiedertäufer sollten nur „die rechten hauptsacher“ peinliche Strafe gewärtigen.[4])

1319 ächtet man eine grofse Zahl wegen Beraubung der Stadt an Ehre und Gut; „alle die schuld daran habent mit worte oder werche — und das habent die alle getan in ainem rechten Satze —“ wolle man ohne Urteil richten.[5])

Anlangend die Delikte, welche notwendige Mittäterschaft bedingen, wie Ehebruch, Inzest, Konkubinat, sühnen, sofern ein Verbrechen in Frage steht, beide Täter gleich schwer, während bei Vergehen der passivere Teil zuweilen gelinder davonkommt. Bezüglich des Ehebruchs verfährt man später gegen den Ledigen milder.

Gedenken wir noch der mittelbaren Täterschaft, so ist hier hervorzuheben, dafs die zum Stehlen verwendeten zurechnungsunfähigen Kinder mindestens ebenso streng, als ihre Verführer,

---

2) Anm. 1384; PO. 34 ff.

3) Haderb. I, 1516--1527: AB. Lochner, 39; s. Aufruhr.

4) s. Ketzerei; die rechten hauptsacher sollen nach gestallt Irer handlung zu tod gestrafft, die andern so Iren Irthum weitter ausgebreit, doch keiner argen meinung, defsgleichen die verfürten verwiesen werden, Rtb. XIV, 315 StA.

5) Murr, Journ. f. Kunst und Litt. 2, 368.

bestraft werden. 1487 wird einer enthauptet und verbrannt, da er „seinem elichen weyb beuelh und vnderrichtung geben, Sie auch gehaifsen, dem clagere bey Nächtlicher weyl sein hawfs und gepew abzuprennen.“ Letztere ist nicht unter die Gerichteten eingereiht.[6]) 1504 gerät ein Bürger mit seinem Sohn anläfslich einer Abrechnung derart in Feindschaft, dafs er einen Freund um 50 fl. dazu bestimmt, diesem einen Arm abzuhauen. Der Gedungene verliert jedoch den Mut und miethet zu gleichem Zweck zwei Landsknechte um 14 fl. Der Anschlag derselben mifslingt, der Sohn entkommt und klagt beim Bürgermeister; die Schuldigen ernten hierauf Pranger, Rutenstrafe und lebenslängliche Verweisung. Den Vater aber „hib man wol zwir als vil und hart als die andern, wann er was des pösen wercks ein anfank.“[7])

1534 wird es unter den Konsulenten streitig, ob einer, welcher als vereidigter Zeuge vor Gericht den Angeklagten für schuldlos erklärte, dann aber — auf der Folter — seine falsche Aussage zugestand, als Mittäter angesehen werden solle. Man bestraft ihn indefs nur wegen seines Meineids.[8])

Die häufig auftretende Bezeichnung „verwandt“ deutet darauf hin, dafs einer der Täterschaft selbst verdächtig oder sonst in bedenklicher Beziehung zur Tat steht.[9])

b. Anstiftung und Beihilfe.

Der Verstifter, Verleiter zu einem Verbrechen steht i. a. dem Täter wenig an Strafwürdigkeit nach. So „is, qui seditionem excitauit, der die Verbündnis angestift“. Den Verführer zum Gattenmord trifft sogar ein strengeres Urteil, als die Täterin; während die Freundin, die „das pulvert gelert“, mit einigen Jahren Verbannung entschlüpft. Ein Ehebrecher, der seine Buhlin veranlafst, das Kind in der Kirche auszusetzen, wird nach Bufse und Kostenersatz zur Verpflegung des Kindes gezwungen, während die Mutter auf einige Zeit die Stadt zu meiden hat. Bei der Beliebtheit

---

[6]) s. Sittlichkdel., Jugend; HGB. I, 1. [7]) Hegel, Städtechron. N., 5, 676.

[8]) Rtschlb. VIII, 115.

[9]) s. a. Verdacht; alle die In solichen hendeln glawblich und wernlich verwant, wo die Im feld ankomen anzenemen, Rtb. VI. 365, StA.; welcher einen rechten tichter der schmehschryfften anzaigen hundert gulden zu geben und darzu wann er dem handel verwandt aufs sorgen und gefahr zu lassen, Rtb. XXVI, 166.

und Einträglichkeit des Diebstahls giebt es frühzeitig Lehrer dieser edlen Kunst, deren Honorar in einem Anteil der Beute besteht. Man liest diesfalls regelmäfsig Rutenstrafe und lebenslängliche Verweisung. Ebenso werden in den PO. die „antrager und handler der haymlichen und betrieglichen ee“ mit Thurm und zehnjähriger Verbannung bedroht. Wegen vielleicht vagen Verdachts empfängt eine Behaimin 1391 ein Stadtverbot „d. d. man sie zeh, sie solt irn man ein messer zutragen haben, daz er dez l. sun erstechen solt“.[1])

Sonst erweist sich die Anschauung der Konsulenten — vor, wie nach der Karolina —, nicht selten schwankend; nur bei schweren Verbrechen zeigen sie sich geneigt, den Anstifter dem Täter gleichzustellen. Ein Aufruhrfall von 1601 ist hier erwähnenswert: Der Erreger sollte -- gem. l. Julia — sein Unternehmen mit dem Schwert sühnen. Da es jedoch tatsächlich zu gar keiner Erhebung kam, begnadigte man ihn zu Fustigation und lebenslänglicher Verweisung.[2]).

Aus den Fehdesatzungen, wie den Bestimmungen über Sammung, Aufruhr und Krieg tritt uns das Gefolge entgegen. Es sind dies zumeist die Freunde d. h. Angesippten des Befehders, die ja — als die am Wergeld partizipierenden natürlichen Verbündeten — mehr oder weniger von den entfachten Feindseligkeiten in Mitleidenschaft gezogen sind. Je gröfser die Zahl dieser Genossen, desto furchtbarer wird der Führer seinen Widersachern scheinen, desto theurer wird er sich den ersehnten Frieden abkaufen lassen. Und selbst der Rat hat seine liebe Not, „so gefreunt und gewaltige leute“ zur Ruhe zu zwingen.

Die Folger in der Fehde haften wie der Führer. Eine bestimmte Zahl oder Bewaffnung ist für den Begriff des Gefolges entbehrlich, die Satzung lautet einfach: „ist ob jeman mit jenem geht, der den todslag tut, oder die andern tat lauffet oder get,

---

[1]) s. AB. I, 9: Mfbz. 1558; Elsen 2 j. d. d. sie verlewmunt waz daz sie ein frawe gelert solt haben die irem mann vergeben hat, AB. 317, 15, 1405; Rtschlb. XLVII, 76, 90; s. Aussetzung; Hansel ewicl. b. d. Halse dixit, daz der Koppel zu im kam und lert in wie er steln solt und daz hab er getan und waz er gestoln, daz hab er im nahtes braht und im seinen tayl geben, AB. 317, 2, 1403; Frau Rutenstr. „sie hette die Söhn darzu verreizt, was sie gestollen, Ir zuzetragen, Stark, 1606; PO. 28; AB 316, 33, 1391.

[2]) Rtschlb. XLVI, 346.

es sein sein freunde oder ander sein helfer verleiche mit verdahtem mute, der sol pezzern ze gleicher weize, als der es tut.“ Er mufs also absichtlich, womöglich auf dessen Aufforderung hin, zum „crieck“ gelaufen sein: „getar er ein bresten mit sein ainiger hant, das er unverlich darzu komen sei und niht weste, das es jener tun wolte, so sol er derselben pezzerung ledic sein.“ [3]) Der besondern Fehdeankündigung bedarf er nicht, es genügt die des eigentlichen Befehders; der Widersacher hat eben gleichzeitig vor dessen gesammter Freundschaft auf der Hut zu sein. In ritterlichen Fehdebriefen freilich sind die, welche die Folge bilden, häufig nominatim aufgezählt. So glaubt der Reichsschultheifs Ritter Parsberg zu Beginn der Feindseligkeiten gegen den Markgrafen 1449, diesem trotz der städtischen Kriegserklärung noch besonders — insgesammt mit seinen ausdrücklich benamsten Dienstleuten — ankündigen zu müssen, dafs: „Ich und mein geprött knecht von wegen der von Nürnberg, meine hern, ewr und aller der ewrn und helfern und helfershelfern veint sein wöllen und was wir ewch und allen den ewern und h. und hh. schaden zuziehen mügen, da wöllen wir ewch und allen den ewrn und h. von ern und Rechtz ichtz vmb schuldig sein und ziehen vns des in der von Nürnberg fryd und unfryd und dorften wir icht mer bewarung.“ [4])

Welcher der Folger des Führers Friedgelöbnis mifsachtet, sühnt als Friedbrech. So köpft man 1502 drei: „haben im frideingang den frid geprochen“. [5])

Von Zusammenstöfsen in der Fehde ist scharf die einfache „Samenung“ zu scheiden; hier untersteht, wie bemerkt, der Helfer einer viel milderen Norm, als der Hauptmann.

Soweit die PO. In den spätern Ratschlägen der Konsulenten hiegegen macht sich trotz der strengen Reichsgesetze das Prinzip geltend, dafs bei Rauferei und Schlachtung jeder nur für die von ihm vollführten Tätlichkeiten haften, und bei Ableib im Fall der Nichteruirung des Schuldigen allein der eigentliche „Anfänger des Unrats“, der mit einer Mordwaffe bewehrt nachweisbar zugeschlagen hatte, peinlich, doch nie mit dem Leben sühnen solle. Ganz ungerupft freilich entkommt keiner. [6]) Auch ist solidarische Haftung

---

[3]) PO. 32 ff. [4]) Waldau, N. Beitr., 1, 339.

[5]) PO. 35; Hegel, Stchron. N., 5, 655.

[6]) s. Totschlag, da er jedoch ein Anfenger des unrats gewest, auch be-

für den Schaden keineswegs ausgeschlossen, wie 1510, wo sieben Helden eine Frau derart mifshandelten, dafs sie beinahe einer Hand verlustig ging.[7]) Bei sonstigen Gefechten und Tumulten, wie der Gesellen und Lehrlinge, nimmt man es mit der Ausfindigmachung der eigentlichen Unruhestifter weniger genau. Die Stadtknechte sollen eben einen „Griff" tun, befiehlt der Rat: Mitgefangen, mitgeprügelt!

Des Komplottes ist bei der Täterschaft kurz gedacht. Die Bezeichnung findet sich in den Quellen nicht vor; hiefür, wie für „Bande" wird der Ausdruck „Bündnis, Verbündnus" gebraucht. Je nach ihrer Beteiligung an gemeinsam verübten Untaten treten die Glieder einer solchen Vereinigung in den Urteilen als Räuber und Brenner oder Räubers- und Brenners-Helfer auf; in der Bestrafung sind letztere selten bevorzugt.[8])

Aufserdem figuriert der Helfer als Genosse, Geselle, als der, welcher „hilf, rat, fürschub, fürdrung, beistandt" leistet, mit Worten oder Werken fördert. Er mufs kuntleich, wissenlich, verlich (mit verdahtem mute) unterstützt haben oder sonst der Tat „glaublich, wernlich" verwandt sein. Als Beihelfer wird auch der erachtet, welcher bei einem Angriff den Freund hitzig (fraidig), den Gegner zaghaft macht.[9]) 1381 spricht man einem „d. d. er einen helfet, ein Messer in In (den Überfallenen) gestochen wolt haben und einen andern, der dabey stand, den halse wolt abgestochen haben", zehnjährige Verweisung zu.[10])

Beim fährlichen „Stellen nach Bürgerstöchtern" sehen wir den Helfer als „Handler heimlicher Ehe" tätig, als Bereder der zu Bethörenden, eventuell als falschen Zeugen für das angebliche Verlöbnis, endlich als den, welcher sein Haus zur Abhaltung des mafsgebenden Beilagers (wider Willen des Vaters) zur Verfügung stellt. 1407 liest man fünf, bezw. drei und ein Jahr Verbannung für einen, der seinen Freund „hart genötet sein mume zu der ee zeneme", für die, welche hiezu Beistand geleistet, und für den, in dessen Wohnung die Aufnötigung stattfand.[11])

---

kennt das er ein werh gehapt und In den hauffen geschlagen hab, darumb mit Ruten und landsverweisen, Rtschlb. IX, 34; Rtschlb. VI, 186.

[7]) Haderb. II, 202.

[8]) PO. 35; s. Raub und Brand; Brennershelfer meist Feuer, AB. 1448, 29 HGB. I, 58, Mordh. Schwert und Rad, HGB. I, 14, 15.

[9]) PO. 37, 28, 32; Rtschlb. IX, 282. [10]) AB. 316, 7. [11]) AB. 317, 32, 33.

Dem Spieler leiht der Helfer die Würfel, für den Münzfälscher bringt er das Falschgeld unter das Volk oder steht während des Prägens auf der Lausch, dem Bettler verschafft er ein Kind zum leichteren Erwerb, des Räubers Beute nimmt er als Zahlung und plündert und mordet mit ihm.

Auch der Rathilfe fällt eine gewichtige Rolle in den Strafeinträgen zu. Schwer sind meist Anstiftung und Beihilfe aus einander zu halten. Ich erinnere an den Verführer, der cum spe matrimonii im Entschlusse zur Beseitigung des Gatten bestärkt, an die Freundin, die „daz pulvert lert“, sei es, dafs es jenen vernichten, sei es, dafs es Neigung im Geliebten erwecken soll.

Macht das Gemeinschaft-Pflegen mit gefährlichen Individuen, wie Alchemisten, straffällig, so kann auch lediglich das „Dabeisein“, wie z. B. beim Versetzen eines gestohlenen Rockes, verhängnisvoll wirken. Dies mufste auch ein Stadtknechtsweib erfahren, welches untätig der Befreiung einiger Gefangenen zusah.[12])

Als ohne weiteres der Beihilfe verdächtig gelten die mit dem Täter Versippten. Jagt man früher Weib und Kind mit zur Stadt hinaus, so erachtet man die Frau auch später noch als particeps criminis und erklärt sie aufserdem als nicht zur vollgiltigen Zeugschaft befähigt. Wie oft schwören Brüder den Reinigungseid, dafs sie bei Verübung des Verbrechens weder durch Rat noch durch Tat Beistand geleistet, oder verbürgen sich für den Verbannten, bei Nichteinhaltung der Urfehde sein Feind werden zu wollen, oder versprechen, ebenso wie dieser, kein Leithaus mehr zu besuchen, kein Schwert noch Messer bei sich zu führen. Hie und da veranlafst das Sippenverhältnis freilich mildere Beurteilung. 1605 werden drei Weiber, welche falsches Geld „verschoben“, nur verbannt unter der Motivierung, dafs sie ihre Männer doch nicht verraten konnten. Als natürliche Helferin wird auch der Anhang eines Verbrechers mit ihm gerichtet oder wenigstens für immer verwiesen.[13])

---

[12]) s. Fälschung; Alheyd 3 jar d. d. sie einer Pettelfrau half zu einem kind, daz ir niht waz, AB. 317, 2; Hegel a. a. O, 5, 665; fünf ein jar, d. d. sie dabey warn, da der schulmeister zu s. Egydien gewundet ward, AB. 317, 13; Hanse jur. daz er niht dabey gewesen, da die Pferd genomen wurden, AB. 317, 17; 5 jar d. d. sie bey der Schand warn, da der P. erstochen ward, 9; vrsula d. d. Sy mit und bey gewest, als H. pecker ainen rock vndter die Juden versetzt vier tag panck Rtb. XI, 475 StA.

[13]) Brüder jurav. Ir unschuld, das Sye daran weder Rat noch that haben

Waren Vater und Sohn Helfer, so trifft es zu, dafs jener als der mutmafsliche Verleiter weniger rücksichtsvolle Behandlung erfährt. Knechte und Mägde straft man meist milder, als den Herrn; ebenso Lehrlinge. In einem Fall indefs, wo der Schüler dem Meister im Falschmünzen es gleichtat und sich fast als noch kunstfertiger erwies, folgt er diesem zum Hochgericht.[14])

Daneben macht sich frühzeitig die Anschauung geltend, dafs der Helfer schon deshalb minder strafwürdig sei, weil er die Tat nicht als seine eigne vollführte, also am Erfolge nicht in solcher Weise, als der Haupttäter interessiert war.

Bei schweren Verbrechen verheifst man dem Helfer zuweilen als Dank für den Verrat am Hauptschuldigen Straflosigkeit und hohe Belohnung. Mitverhaftet dient er als vornehmstes Überführungsmittel für letztern, als welches er oft grausamer Tortur unterworfen wird.[15])

Ist es ihm beschieden, sein Genosse auch im Tode zu werden, so verschont man ihn meist mit der Schärfung der Kapitalstrafe oder hat an einer geringern Anzahl Radstöfse Genüge.

Bei Militärdelikten sichert man dem Helfer die volle Strafe zu; bei Bankbruch soll er, wie der Täter, der bürgerlichen Ehrenrechte verlustig gehen.

1575 rädert man einen, welcher einen Jungen, welchen er zum Stehlen dressierte und nützte, — wahrscheinlich aus Furcht vor Entdeckung — jämmerlich ermordete.[16])

c. Begünstigung.

Als noch angesichts des unzureichend entwickelten Sicherheitswesens Bürger und Bauer zu selbsttätigem Eingreifen bei der Verfolgung von Verbrechern verpflichtet waren, stand jegliche

---

darumb aus sorgen, AB, 1448, 2; M. ewicl. von dez mordes wegen den ir man getan. L. irem Sun 10 jar von derselben sach wegen, AB. 316, 33; AB. 316, 12; die frawen eins totslags halben durch Iren brudern gevbt verwandt 10 jare, Rtb. IV, 206; Anhang gerichtet, Rtschl. XLVI, 259.

[14]) Körperverl. Täter 10 sh. und 8 tag loch, zwei Helfer, Vater 10 sh. 4 t. l., Sohn 2 t. l., Haderb. II, 106; so sonderlichen, weil er solcher falschen Müntz in einer so kurtzen zeit schier halb souil als sein Meister gemacht, Rtschlb. XIV, 278.

[15]) Rtb. 0, 45, 1441 StA.; s. Verfahren 494, (102, Anm. 47): Rtschlb. XLI, 111.

[16]) Mfzb. 1575.

Unterstützung solcher unter dem Gesichtspunkt einer schweren Vergehung. Die Begünstigung wird entweder schädlichen Leuten, d. h. Verdächtigen und Gemeingefährlichen an sich zu teil oder offenkundigen Verbrechern und Ächtern oder endlich Verbannten und Ausgewiesenen. Der Tatbestand erfüllt sich durch jede Förderung derselben, die sich nicht als wirkliche Beihilfe charakterisiert, also vornehmlich durch Hausen, Hofen, Tränken, Ätzen.

Das Beherbergen schädlicher Leute ist in allen Landfriedenssatzungen, wie auch in den PO. als besonders strafwürdig hervorgehoben und in der Ahndung zuweilen dem vollendeten Friedbruch gleichgeachtet. Es genügt nicht, dem Schädlichen die Herberge zu versagen; auch der unterlassene Versuch, desselben habhaft zu werden oder wenigstens seinen Schlupfwinkel den Stadtsöldnern kundbar zu machen, wie die Weigerung, diese tatkräftig bei der Aufspürung und Verhaftung zu unterstützen, vermag den Vorwurf der Begünstigung hervorzurufen.

Die Humpelwirte der verrufnen Kneipen an der Heerstrafse, auf Einöden oder mitten im Walde waren fürwahr nicht zu neiden. Schätzten sie doch das Raubgesindel als die vornehmsten, wenn nicht einzigen Gäste, denen sich Küche und Keller bereitwillig öffneten, mochte auch der Zahlungspreis zumeist nur aus geraubtem Gut bestehn! Solch verwegnen Gesellen den Eintritt zu wehren, dieselben gar festzunehmen oder den Söldnern in die Hände zu spielen, wagte wohl keiner, dem das Leben lieb und der rote Hahn unerwünscht war. Befolgte er indefs jenes nicht, so vermochte er nur zu bald in Gefahr geraten, als mitverdächtig torquiert und mit seinen Zechgenossen gerichtet zu werden, zuweilen selbst durch Verrat der letztern.

Wer solche Begünstiger tötet oder verletzt, zieht sich nach dem Landfrieden keinerlei Verantwortung zu. Gemäfs der Frankfurter Reformation von 1476 sind diejenigen, welche schädliche Leute „etzen, trenken, schützen, hinschieben“ für reos criminis laesae majestatis zu erklären und als Aberächter zu richten; derselbe Lohn soll die treffen (g. V. v. 1493), welche den Rat an der Ausführung des Landfriedens hindern. Das Einnehmen, Enthalten und Fördern von „Austretern“ wird nicht gelinder beurteilt.[1])

[1]) MS. 960; Mand. 1555, 1560; 1529 richtet man einen Wirt, der Thom. v. Absberg wissentlich beherbergte, obwohl 500 fl. auf dessen Kopf standen; drumb hett dieser Wirth keine entschuldigung, Waldau, Verm. Beitr. 3, 206.

1529 nimmt man einen an und enthauptet ihn „auff gemeiner stend des lobl. punds zu Schwaben beuelh, da er des punds offene entsagte veindt und beschediger zu mermalen vndtergeschlayfft, gehaust, gehöfft, geetzt, getrenckt und wider des heil. Reichs landfrieden gehandelt hat."[2] Nach der PO. v. 1548 darf kein unbekannter Reisiger, oder „eynicher gast, der verdechtlich geacht und argwenig angesehen, wie auch unbeerbt und unbekandt müfsiggenger, als Spiler, Sauffer oder, wie man die Spitzigen Knecht nennt," beherbergt werden. Als der Rat (1397) mehrere Raubnester zerstören läfst, leisten die gelinder bedachten Raubritter die Urfehde „nichts zu effern und keine verleumbte schädliche Leute in ihren Schlössern unterzuschleifen, noch ihnen fürschub zu tun."[3]

In den PO. ist für den Begünstiger von Frevlern in der Muntat, wie von Aufrührern die Strafe des Täters ausgesprochen. Ja, kommt dieser vor den Rat und gibt seinen Fürschieber an — damit derselb zu vancknus pracht wurde — so soll dem Denuntianten Bufse und Strafe erlassen sein (1471). Ebenso erlegt, wer Verbannte einnimmt, hohe Bufse, wenn er nicht dieselbe Verbannungsstrafe riskieren will.[4]

Ähnliche Grundsätze gelten für den Begünstiger von schweren Verbrechern. So enthält die Ächtung einer Kindsmörderin (1598) das analoge Verbot: „sonst will ein E. Rat an leib oder guet an der Täterin statt dermafsen ernstlich und ohne gnad straffen, dafs Ihrer Erberkeit mifsfallen ein werk gespürt werden soll"[5]. 1574 wird ein Bürger wegen Unterstützung eines Mörders trotz erwirkter kaiserlicher Interzession für immer verwiesen.

Von seltsamer Anschauung ist übrigens ein späterer Ratschlag beseelt: Einer entdeckt in seinem Garten einen Mörder, zeigt ihn jedoch nicht an, sondern versorgt ihn sogar mit Lebensmitteln. An sich sei er als Mörder zu bestrafen, da er aber den Verbrecher nicht in das Haus aufgenommen, auch nicht selbst in den Garten gewiesen, sondern sich lediglich dadurch vergangen, dafs er ihn

---

[2]) HGB. II, 95. [3]) MS. 960.

[4]) PO. 47, 15: si aliquis eundem vllinum hospitaverit vel cibaverit vel auxilium porrexerit intra Ciuitatem vel extra C. dabit 30 Pfund Sculteto et ciuibus. Quod si non habuerit patietur jus vllini predicti AB. I, 10.

[5]) S. 1, L. 578, Nr. 34.

an die Obrigkeit nicht verraten habe, solle man ihm unter Stäupung die Stadt aufsagen.[6])

Wer Mordbrenner haust, macht sich zu ihrem gleichwertigen Komplizen; 1321 ächtet man einen, quia abstulit violentum incendiarum suum nocturnum. Sofern jemand Zigeunern Unterschleif bietet, ihnen Viktualien, Getränke und dgl. überläfst, geraubte Sachen wissentlich abkauft, den Weg zeigt, Anschläge mitteilt, soll er (Mand. v. 1720) ohne weiteres aufgehängt werden.[7])

Da als gemeingefährlich erachtet wird, welcher verbotne (spitzige) Messer oder sonstige Wehr trägt, so darf man einem Bewaffneten „dehaine vaile sache ze kaufenne geben", der Wirt mufs ihm beim Eintritt in die Stube gebieten, die Waffen niederzulegen. Bei Weigerung ist er verpflichtet „dem gaste und den knechten noch iren pferden weder ze essene noch ze trinkene ze geben, er laze denne swert und messer in der herberge." Jedenfalls soll man des gefährlichen Spielzeugs habhaft werden. Trägt einer spitzige Wehr, so ist es Vorschrift, nicht nur ihn zu strafen, sondern auch seinen „vatter oder dez brot er izzet" zu pfänden. Ferner müssen die Wirte eidlich geloben, bedenkliche Spieler anzuzeigen und ihnen sofort die Thüre zu weisen; der Schenk, welcher sie in seiner Taberne duldet, wird zur Rechenschaft gezogen, der auftrager soll ein ganzes Jahr unaufgetragen sein."[8])

Hiezu tritt das Verbot der Aufnahme von Unzüchtern, von solchen, welche nicht Bürger sind, und denen das längere Verweilen im Stadtgebiet nicht speziell gestattet ist, sodann von Juden und Bettlern.

Des weitern macht es straffällig, „mifsglaubige Leute und verführerische Lehrer" zu hofen und sie nicht sofort dem Rat zu denunzieren. Bei der grofsen Vorliebe für Alchamey im 16. Jahr-

---

[6]) Rtschlb. XLVI, 455.

[7]) maientaler abstulit violentum incendiarium nocturnum et interfectorem, pro quo cives voluerunt respicere ad corpus suum et ad omnia sua AB. I, 11; S. 1, L. 569, Nr. 40.

[8]) PO. 39, 51, 53, 63; die wirt, so solche spitzbuben hallten, mitsambt den gesten in's loch, Rp. 1533, 3, 13; was Landsknechte ergartet, dürfen sie nicht bei Wirten verzehren, man soll ihnen Herberge verweigern, Mand. D. 1569—1580 Stbibl; den flachen und des wirts Maid zu red setzen, daz sie den einen gewarnt, Rp. 1449, 3, 11.

hundert war es geraten, jeden Verkehr mit solchen Teufelskünstlern bei Leibesstrafe zu untersagen. 1515 heifst man einen Bürger „seins gasts so mit einer Parillen verpotten hendel und Zauberey treibt, müfsig zu steen und den verner nicht zu enthalten, auch weder mit essen, trinken oder andern sachen ganz kain gemeinschafft zehaben.“[9])

Als Begünstiger werden endlich diejenigen erklärt, welche für die Verurteilten (Verbannten) Fürbitte einlegen, der Stadt deshalb einen Fehdebrief zusenden oder sonstwie die Befreiung des Gefangenen zu ermöglichen streben. Leistet einer bösen Hauswirten und Verschwendern in ihrem Luxus und Schwelgen Vorschub, so wird ihm keine Pfändung wider diese eingeräumt.[10])

Überall ist natürlich die „Wissentlichkeit“ Voraussetzung zur strafwürdigen Unterstützung; um sich von solchem Verdachte zu lösen, leistet der Bürger den Reinigungseid.

Man sieht, der Rat versteht es — sich der Unvollkommenheit seines Sicherheitswesens bewufst —, nicht nur durch Versprechungen, — denn hohe Belohnung winkt zuweilen dem Ergreifer eines Missetäters —, sondern auch durch Drohungen die Seinen zu energischer Beihilfe anzueifern.

II. Die Strafe.

Einleitung.

Weift das älteste Achtbuch noch zahlreiche Fälle auf, in denen trotz Vorliegens der schwersten Verbrechen die Schuldigen in Folge Vereinbarung mit Rat und Klägern durch Selbstverbannung der Richtung entschlüpfen, so sehen sich diese Sühnevergleiche im 14. Jahrhundert auf den Bereich der Fehdedelikte beschränkt. Sonst dominiert bei Missetaten die Kapitalstrafe und, sofern der Täter ein Bürger, die Einmauerung. Bei geringerer Vergehung ist Bufse häufig alternativ mit schärferer Ahndung angedroht, woraus eine bedeutende Begünstigung des Vermöglichen ressultiert; daneben erfreut sich die Stadtverweisung der gröfsten Beliebtheit.

[9]) PO. 1548; Md. 1696; Rtb. X, 418 StA.

[10]) PO. 42; Md. 1561; wer für in bitt, der sol daz reht haben, daz er da hat, AB. Lochner, 124.

Von Verstümmelungs- und Ehrenstrafen sehen wir sie geleitet, welche — wie die peinlichen Strafen überhaupt — in der Folge immer mehr Opfer heischen.

Gegen Mitte des 15. Jahrhunderts entschliefst man sich bei minder bedenklichen Reaten — und zwar vorerst als Korrektiv Einheimischen gegenüber — zur Verhängung der Gefängnisstrafe, welche — sich in der Folge in verschiedne Gattungen verzweigend — die Stadtverweisung allmählig zu verdrängen versteht. Das von nicht geringer Zuversicht beseelte Bestreben, sich schädlicher Subjekte in grofser Zahl auf wenig kostspielige Weise durch Lieferung auf die Galeere zu enthalsen, wird nur zu bald aus finanziellen Gründen in seinen Erwartungen getäuscht. Zu Ausgang des nächsten Jahrhunderts endlich zeigt sich ein seltsamer Kontrast: Während dank dem Einflufs der Karolina hinsichtlich des Ausspruchs von peinlichen Strafen systematische, exorbitante Strenge sich kundgibt und — neben hervorragender Beachtung des Willensmoments — Delikte, welche vordem fast straflos blieben, wie Kindstötung, furchtbarste Ahndung erfahren, gelangen Totschläge im Landgebiet noch durch „liebliche“ Richtung, d. h. durch Taidigung mit der klägerischen Sippe, zum vollgiltigen Austrag.

Indem im Übrigen gelegentlich der Besprechung der einzelnen Strafmittel auch ihre historische Entwicklung berücksichtigt ist, erscheint es hier zweckdienlich, zu prüfen, inwiefern die Talionsidee — das Prinzip der Wiedervergeltung, welches ja, so zweifelhaft seine Berechtigung, sich selbst in unsrer Zeit noch grofsen Einflusses zu rühmen vermag — im alten Nürnberger Recht Verwirklichung erhält.

Vor allem findet die Talion bei den Hauptdelikten Ausdruck, wie — wenigstens später — der Totschläger dem Tod an sich, der Brenner der Vernichtung durch Feuer anheimfällt. Auch der Verlust der Schwurhand bei Meineid, der Zunge bei Gotteslästerung streift nahe an dieses Prinzip. Dem mosaischen Spruche „Aug um Aug, Zahn um Zahn“ entsprechen indefs vornehmlich einige prägnante Sätze, welche die Ahndung von Leibesverletzungen und Verleumdungen betreffen und zugleich die hinsichtlich ihrer noch im 16. Jahrhundert geltende Rechtsanschauung illustrieren.

In den PO. heifst es: „So aber yemant dem andern einen vinger oder zehen oder ein oder mer gelide an einem oder mer fingern oder zehen abslüge oder yemand ein hand, ein arm, ein fuſs oder ein payn gantz abgehauen oder ein aug verderbt wurde, dem oder denselben tettern, die yemant dermaſsen beschedigten, wil ein rath dergleichen glider, finger, zehen, hende, arm, fuſs, payn oder augen irs leibs, wie sie dann die iren widersachern abgeschlagen oder verderbt hetten, auch abhauen oder verderben lassen."

So furchtbar diese Drohung ihrem Tenor nach, so selten sollte sie sich in der Praxis verwirklichen. Salvieren sich doch die Stadtväter selbst durch den milderen Nachsatz: „Doch will ein rath oder die fünff herrn in solche hendel sehen und solichs nach irer erkantnus, nachdem sie solche beschedigung geverlich oder ungeverlich beschehen erfunden, meſsigen."[1]) Viel mehr war man geneigt, die Hand, womit der Friedbruch verübt ward, als Opfer zu verlangen und zwar zumeist nur dann, sofern die alternativ ausgesprochene Geldbuſse nicht erlegt werden konnte — analog dem blutigen Refrain gar mancher Verordnung: Hat er der Heller nit, man slegt im abe die hant![2]) Besonders drastisch bekundet diesen Grundsatz das alte Statut: „Wer einen Ableib begeht." Wird er darüber begriffen und vermag er sich nicht durch Geld zu lösen: „so soll man ihn in einen Thurn setzen auf einen Tram und ihm ein Heller Brod geben in die Hand und — soll ihn lassen sitzen!"[3])

Ist dieses — ohnehin nur für Bürger geltende — Gesetz wohl nie in solcher Weise zur Anwendung gelangt, so wurde bei Verletzung auf Abschlagung der Hand fast ausnahmslos nur dann erkannt, sofern der Bruch eines höhern Friedens, wie Verübung in der Muntat (im Rathaus, vor Gericht), oder die Offenbarung einer hochverräterischen Gesinnung hinzutrat.[4]) Auch riskierte bei solchem Frevel der Gast leichter die Hand, als der Bürger.

Bereits bei der Notwehr ist einer Urfehde des a. AB. gedacht, laut deren der Freigelassene gelobt, weder schädliche Waffen noch Wehr zu tragen: „wer auch ob er deheinen burger stechen oder slahen wölte, weret sich der wider in und sleht in ze tode, der ist nieman niht bezzerung darumb schuldik." Auf die geringste Bedrohung hin ist also der andre zum Äuſsersten befugt.[5])

Im Weiterlesen nun gewahren wir, daſs in der Urfehde eine

---

[1]) PO. 45. [2]) PO. 38, 35. [3]) Ann. 1360. [4]) s. Muntat.
[5]) AB. I, 15, 1323.

Talion schlummert. Am Schlusse heifst es nämlich, es solle bei Übertretung irgend eines Teils des Gelöbnisses dem Schwörenden ewige Turmstrafe beschieden sein. Dieser „Einmauerung“ aber verfällt der Bürger nur bei Begehung eines todeswürdigen Verbrechens. Da hier Messertragen untersagt ist, so haben wir wohl einen an der Tat ergriffenen Totschläger vor uns, dem man aus irgend welchen Motiven Gnade angedeihen läfst und auf seine Besserungsfähigkeit bauend die Rückkehr zur Freiheit verstattet. Erweist er sich indefs als gemeingefährlich, so ist der von ihm Angefallene nicht nur ihn behufs Einkerkerung auszuliefern berechtigt, er vermag auch sofort Wiedervergeltung an ihm zu üben für die an einem andern begangene Tötung. Während sonst Notwehr an sich nicht von Leistung des Wergelds befreit, ist hier ausdrücklich die Verpflichtung zur Besserung an die gegnerische Sippe negiert.

Ebenso soll, wer falsche Anklage erhebt, bei Mifslingen des Schuldnachweises die Sühne des Verbrechens erdulden, das den Vorwurf zur verleumderischen Bezichtigung bildete. Als 1529 H. Linck seine Schwieger ungerechtfertigt eines schweren Deliktes anklagt und ihre peinliche Befragung veranlafst, erklären die Hochgelehrten: „so sey er eben der straff würdig, die die Frau hett leiden sollen, so sie schuldig befunden wehre worden.“[6]) Des Öftern trifft man aufserdem das Erkenntnis, wonach der falsche Kläger dieselbe Zeitdauer hindurch im Gefängnis schmachten mufs, als der von ihm Beschuldigte vordem, und obendrein Schadensersatz zu leisten hat.[7])

In den früheren Urteilen sehen wir nicht selten die Schädlichkeit und zumal bei Diebstahl die Unverbesserlichkeit des Delinquenten als Richtungsgrund verzeichnet,[8]) des Besserungszweckes der Strafe an sich ist bei Leibes- und Freiheitsstrafen, wie bei Verweisung nur nebensächlich gedacht. Erst später wird durch die Springerstrafe, wie den Zwang zur öffentlichen Arbeit tat-

---

6) Rtschlb. Sim. Clüv., 832.

7) d. pawrn vf vrfed ledigl. und sein widerteil an sein stat Ins loch legen, darinne zu liegen so lang der vorder darin gelegen, und die Atzung für den bezalen, Rp. 1458, 3, 12; Rtschlb. XLIX, 420.

8) öfter gestolen, kein pesserung zu erwarten, hinzurichten, Rtschlb. XIV, 177: so schädlich, dafs man billicher richte, HGB. I, 33, 55; wenn man s. Jugend bedenkt, zu bessern, da aber n. s. Aussage eingewurzelter Dieb, Strang, Rtschlb. XLIX, 24.

sächlich auf eine emendatio morum hingewirkt. Einen religiösen Standpunkt finden wir hie und da in den Gutachten der Konsulenten vertreten, indem sie bei Vorliegen von Ehebruch und Gotteslästerung die Besorgnis aussprechen, es möchte die Republik bei nicht energischer Ahndung derselben den Zorn und die Rache Gottes heraufbeschwören.[9]) Dem Utilitätsprinzip huldigt ferner der Rat, wenn er Missetäter auf die Galeere sendet, um den Staat nicht nur auf billige Weise von gemeingefährlichen Individuen zu befreien, sondern auch die Ausnützung ihrer Kräfte im Kriege wider den Erbfeind zu ermöglichen. Ist der Abschreckungstheorie endlich angesichts der Vollzugsart der Richtungen, Leibes- und Ehrenstrafen von jeher eine nicht unbedeutende Rolle zugesprochen, so ist der Abschreckungszweck der Strafe erst seit der letzten HGO. (1526) in der Schlufsformel des Schöffenurteils hervorgehoben.[10]) In anspruchsvoller Weise dominiert die Theorie nach Publikation der PGO., seit dem 17. Jahrhundert zu häfslichen Verirrungen — ich erwähne nur das Aufnageln der Köpfe der Kindsmörderinnen auf das Hochgericht — Veranlassung bietend.[11])

A. Die einzelnen Straf-Mittel.

1. Die Todesstrafen.

Enthaupten. Die poena capitis oder Strafe des Halses, das „scharfe" Richten, das Richten mit blutiger Hand. In den Nürnberger Quellen aufserdem: Mit dem Schwert zu Tode richten, kopfen, decolliren, Kopfs kürzer (oder länger) machen, den Kopf vor die Füfse (zwischen die Beine) legen, den Kopf abmutzen. Nach der I. HGO. bildet es die reguläre Sühne für den Räuber; sonst ist das Scharfrichten Norm bei Totschlag, Landfriedbruch, Verrat, bei schweren Unzuchtsdelikten, wie Notzucht und Inzest, bei Blasphemie. Ferner wird es bei an sich nicht der Todesstrafe unterworfnen Delikten — sei es, dafs es sich um besonders rohe, raffinierte Ausführung, sei es, dafs es sich um Rückfall, Konkurrenz (Urfehdbruch) und dergl. handelt — exe-

---

9) Rtschlb. XLIX, 348; Rtb. X, 195, StA. 10) Verfahren, 549, (157).

11) Rtschlb. LXI, 155; Über das sonst geltende Weltrechtsprinzip s. Verfahren, 499, (107): Dieb, welcher zu Frankfurt und Würzburg gestohlen, Ruthen, ewig über die Donau, Haderb. I, 1483—96, 73; des diebs wegen gen wynn, passaw und Regenspurg sein dieberey zu schreiben dorts. begangen. Rp. 1471, 4, 1, s. auch d. Vollmachten im HGB.

kutiert. Endlich verdrängt es die ursprünglich normierte schwere Richtungsart, sofern die Konsulenten einer mildern Anschauung den Sieg gewähren, oder in Folge von Fürbitten vor oder nach der Absagung des Lebens eine Strafumwandlung platz greift, wenn auch nur insoweit, dafs z. B. bei Ausspruch des Feuertods die Verbrennung erst am Enthaupteten vollzogen wird. Häufig begnadigt man zum Strang verurteilte Diebe zum Schwert, nicht deshalb, weil hier die Erlösung des Armen eine raschere — denn Mifslingen des Streichs zählt nicht zu den Seltenheiten — sondern weil die Enthauptung als „ehrliche“ Todesstrafe gilt, die weder Fürst noch Ritter zur Schande gereicht. Darum ist sie auch für diese die — allerdings nicht unumstöfslich feststehende — Richtungsart. Weibern gegenüber kommt das Köpfen erst nach Abschaffung des Ertränkens, d. h. im Jahre 1580 — dank dem Meister Franz — in Gebrauch. Zuweilen trifft man es in Verbindung mit Abschlagung der Hand (bei Gatten- und Kinds-Mord) oder mit Abschneidung der Zunge (bei Gotteslästerung). Der Arme wird meist knieend — mit verbundnen Augen — gerichtet, Weiber und Kranke im Sitzen. Dem Nachrichter bietet sich hier erwünschte Gelegenheit, seine Kunst zu entfalten. Ist es schon rühmenswert, den Stehenden „kopfs länger“ zu machen, so desto mehr, gleichzeitig die erhobnen Hände vom Rumpte zu trennen, oder gar zwei Missetäter zu köpfen mit einem Streich „das das swert gleich hindurch snurret, das in jeglichs lobet“.[1]) Fällt hiegegen die Richtung „unredlich, ungerecht“ aus, d. h. mifslingt dieselbe anläfslich unbeholfner Handhabung des Schwerts, so geizt der rohe Pöbel freilich auch nicht mit Schmähungen und Steinwürfen, worauf der Rat den Meister in das Loch steckt oder „urlaubt“.

Hängen. Die poena suspendii, suspensionis des a. AB, das Richten ane blutige hand der I. HGO, das hahen, hohen, derhängen, hencken zw tod, hängen an den liechten galgen. Die Sühne des Diebstahls und verwandter Delikte: „Dem Dieb nit ist besser, als an dem Galgen!“ Ob des heimlichen, hinterlistigen Charakters seiner Tat soll durch die Vollzugsart der Strafe seine Schande dem Volke möglichst kundbar werden und bleiben. So dient er vordem der Bluteiche, welche die Heerstrafse überschattet, als traurige Zierde. Ruhelos, des Friedens unter der Erde beraubt,

---

[1]) Hegel, Stchr. 5, 690; Coll. 1645 Stbibl.

den. Launen der Winde preisgegeben. soll er „in der Luft reiten“, sein Körper zerfallen und diebischer Raben Beute werden. Dem geächteten „Waldgänger“ ähnlich, der sich dem friedlosen Wolfe beigesellt. wird er — und zwar für immer — in Unfrieden gesetzt; daher zuweilen der Brauch, neben ihm einen Wolf am Schweife aufzuknüpfen, dem die Nürnberger — wohl der Schwierigkeit wegen. eines solchen habhaft zu werden — den noch verächtlicheren Hund substituiren. Erzdiebe und Juden hängt man an den nördlichsten, obersten, äufsersten Balken (die sog. Judenspitze, „dem darzu verordneten Palcken“) und stülpt ihnen ein Hütlein heifsen Pechs über den Kopf.[2])

Als Exekutionsmittel dient anfangs die zusammengewundene Weidenrute (die wide), an deren Stelle der Hanfstrang und die Eisenkette treten. Wegen des häufigen unredlichen Richtens mit letzterer. ergeht 1471 an den Nachrichter das Gebot „fürbas ein Strick zu der ketten zu halten“.[3]) Bald darauf verschwindet diese völlig aus den Urteilen; ist ja auch beim Strang keineswegs allzu rasche Zuschnürung der Kehle zu besorgen. Meist exekutiert der Löwe das Hängen, wobei er sich ebenfalls zu Kunstleistungen versteigt. Reifsen des Strickes erwirkt ebensowenig Begnadigung, als das Mifslingen des Schwertstreichs.[4]) Die Formel lautet ausdrücklich: „Hängen zum Tod“; der Herabgefallene wird erbarmungslos wieder aufgeknüpft.

Abgesehen von Dieben hängt man auch Wegelagerer und andre bei Streifzügen aufgegriffene Strolche und zwar ev. nach kurzem Prozefs und Stofsgebet — an den nächsten besten Ast. Vordem wurden auch Weiber zum Strang verurteilt oder wenigstens unter Androhung desselben verbannt, bis — propter pudorem — das schreckliche Lebendigbegraben alleinherrschend wird. 1584 knüpft man indefs noch zwei Dirnen auf.[5]) Mit Nebenstrafen ist

---

[2]) hahen, hohen zu tod, HGB. I. 68, 6: soll man uber sie richten mit der wide ane urteil, 1321, Extr. aus etl. Achtb.: alls ein Jude aufserhalb des Galgens an einem sondern darzu verordentem Palcken, AB. 1588—93, 139; pechhäublein, Hegel, 4, 285.

[3]) den züchtiger zu rede halten von des erhangen, den er vbel gericht mit der ketten; dem z. zu sagen, fürbas ein Strick zu der ketten zu haben und die Armen bald zum tode hin zu richten, Rp. 1471, 4, 2 u. 3.

[4]) zwier gehangen, den der Strick gieng entzwey, Stark, 1525, Ann. 1525.

[5]) bernerin propter Incendium ejecta perpetuo, vel quod suspendetur,

es selten vereinigt; sehr oft weicht es dem „ehrlichen“ Schwert. So kommt es Rittern und Patriziern gegenüber nur in Folge ganz verachtungswürdigen Gebahrens zur Anwendung. 1552 wird den Kriegshauptleuten — „damit den knechten ein forcht werde“ — verstattet, innerhalb der Mauern einen Galgen zu errichten; seit 1691, heifst es, wurden Soldaten überhaupt nicht mehr an den Galgen gehängt.[6])

Das Erwürgen, bezw. Garottieren am Pfahl, wird einem Sodomiten und einer Hexe vor dem Verbrennen aus Gnaden zu Teil; ebenso soll ein Losungsbeamter, welcher im Beisein von Schöffen dem Nachrichter eine Maulschelle applizierte, ohne Urtheil stranguliert worden sein.[7])

Rädern. Die poena rotationis ad ultimum supplicium und crurifragio, das Radebrechen. In der I. HGO. Strafe des Mörders, ist sie in der II. als solche verschärft durch Ausschleifung. N. E. d. Kar. wird es auch Norm für Strafsenräuber und Zigeuner. Es geht zuweilen — bei Vater- und Gatten-Mord — Zangenreifsen oder Handabschlagen voraus.

Angesichts der Gröfse und langen Dauer der Marter ist dies neben der Verbrennung, bei der indefs meist bald der Erstickungstod eintritt, wohl die grausamste Strafe. Die Exekution erfolgt von oben oder von unten durch „Zerstofsung der Glieder“, d. h. durch Stöfse mit den Radkanten auf Arme, Beine, Brust, Rücken und den Gnadenstofs auf das Genick oder das Herz. Bisweilen wird befohlen, vor letzterem einige Glieder abzustofsen. Die Zahl der Schläge bemifst sich nach der Schwere des Verbrechens; man liest vierzig. Der Arme wird hierauf (bei der Richtung von unten noch lebend) auf das Rad geflochten (über sich gehoben). Dies widerfährt auch dem — in mildern Fällen — vorher Enthaupteten, während der Verräter ev. die Vierteilung zu gewärtigen hat.[8])

Gerdrudis deprehensa in furto perpetuo sub hac forma, quod suspendetur, AB. I, 9, 8.

[6]) Rtb. XXVI, 294, 1552; Waldau, N. B. I, 263; zu erhalltung der iusticien weil man schon ein Galgen aufgericht, zuelassen ain Schultheissen zu setzen, Rtb. XXVI, 300; Mfzb. 74, 1691 Stbibl.; a. d. G. auf dem SM. niemand gehenkt, endlich durch einen Weinführer umgefahren. Stünd etwa sonst noch, Ann., 1552, 1559.

[7]) Coll., 1654 Stbibl.; Mfzb. 1659, 1668.

[8]) AB. I, 14; Arm und Bein abgestofsen, Jud erstlich zwei Glied, M. Franz Tageb. 1588, 1593; dem Nachrichter beuelhen Ine dem uechsten auf

Verbrennen. Crematio in igne oder poena cremationis, das mit fewer prennen zw tod. Die Sühne der Brenner (Talion), Fälscher, Ketzer und Zauberer. So wird es auch an zwei toten Zauberinnen vollführt, wogegen ein wirklicher Hexenbrand, d. h. die lebendige Einäscherung einer Hexe, für Nürnberg nicht völlig nachweisbar ist. Aufserdem wird auf das Feuer bei schweren Sittlichkeitsdelikten erkannt, woneben es die gewöhnliche Richtungsart für Selbstmörder ist, insbesondere dann, wenn die Entleibung während der Inquisition im Lochgefängnis betätigt wurde. Endlich verfallen dem Feuertod solche, welche als Feinde der Stadt durch Mord und Brand viel Schaden zugefügt, wie Schüttensamen. Auch den Knecht desselben, der sich durch das betrügliche Vorgeben, seinen Herrn erschossen zu haben, den ausgesetzten Preis erschwindelte, trifft das gleiche Loos. Häufig wird der Verurteilte vorher enthauptet oder, wie eine Zauberin, erwürgt.

Der Todeskandidat sitzt oder steht an den Pfahl gebunden auf dem Holzstofs (der Hurd). Die Corpora delicti, wie Safran, werden bei Fälschung gleichzeitig verbrannt, ein Sodomit auf dem Pferde. Der Richtungsplatz ist vor dem Rabenstein; Selbstmörder verbrennt man auf der Wegscheide oder auf freiem Felde. Die Asche zerstiebt friedlos in die Winde.

Das Inölsieden eines Muttermörders (1392) ist zu wenig verbürgt.[9])

Lebendigbegraben. Das „Grab" des ä. AB, das „Zwergraben zu tod". Diese Strafe — älter als Tacitus — wird, wie erwähnt, den Weibern an Stelle des Stranges zuerkannt. Sie entzieht zwar ebenfalls das ehrliche Begräbnis, doch wird die Missetäterin nicht der Schaulust preisgegeben, sondern mit ihrer Schmach vor der Welt für immer verborgen. Wohl auch der raschern

---

das hertz zustofsen und mit der marter nicht lang aufzuhalten, Rtb. XXXVI, 171: schreckl. Exek., Stark 1612; dem Nrichter beuelhen noch heut ain Rad machen zulassen mit anzaig, das man den Armen mit dem Schverdt Richten und dann erst darauff legen werde, doch das ers In gehaym halt, Rtb. XXV, 142.

[9]) AB. I, 6, HGB. I, 18, 58, 77; Schüttensamen, Mfzb. 1479; Ann. 1486; Ann. 1392; dem zuchtiger fur strick und hantschuch und für kyn, Svefel, Stro und holtzz dan man Ir drey verprant wolt haben, StR. 1469, 180 verbrennete man den Hagenbach also todt, den er war erstochen worden, Stark 1396; s. Kirchenstr.

Erlösung wegen stöfst man ihr den Pfahl durch das Herz; bei Gattenmord und sonstigen schweren Verbrechen liest man Schärfung durch Zangenreifsen. Zumeist liegt Diebstahl oder Kindsmord vor. Die Richtung erfolgt im Hochgericht selbst, worauf die Verscharrung der Toten an andrer Stelle betätigt wird. 1513, als sich die „Schellen Clausen tochter so hart gewüst, dafs sie die haut an händen und füfsen so sehr aufgerissen, dafs sie dem nachrichter erbarmet," weigert sich dieser fernerhin, einem derartigen Urteil nachzukommen, worauf 1515 der Rat „in ansehung was grausamlichen tods das lebendig vergraben der weibspersonen, das auch soliche pen des tods an wenig orten im heiligen reich fürgenomen wirdet" das Ertränken einführt. Abgesehen hievon sollen Notzüchter nach altem Statut diese Strafe erdulden, doch findet sich hier stets das Schwert.[10])

Ertränken. Die poena sacci et submersionis in Bacco (das caeno ac palude mergere des Tacitus), das zu Tod Ertränken (Erdrencken), bildet 1515—1580 die reguläre Sühne der Weiber. Gesetzlich steht es sodann auf Bigamie und wird diesfalls sehr oft an Männern vollstreckt, exzeptionell bei Verführung. Bei Gattenmord trifft man die übliche Schärfung. Es steht dem Charakter nach dem Vergraben gleich und ist nicht minder grausam; kann ja in Nürnberg von der „Bequemlichkeit", d. h. der richtigen Tiefe des Wassers, kaum die Rede sein. Die Richtung vermag daher nicht, wie in andern Städten, durch Hinabstofsen von der Brücke — wobei Rettung nicht ausgeschlossen — vollführt zu werden, sondern der die Delinquentin enthaltende Sack wird so lange, bis sich kein Lebenszeichen mehr kundgibt, unter das Wasser gedrückt. 1574 bricht dem Löwen die Stange, worauf „die Arm wider uber sich geschwumen und sehr geschryen auch schier drey virtlstund unter dem Wasser gelebt". Ein Verführer und ein Bigamist kommen nach der Exekution wieder zum Bewufstsein und entgehen weiterer Bestrafung. Vielleicht verursachte eben die Unbequemlichkeit der Pegnitz, dafs man so hartnäckig am Lebendigbegraben festhielt.

10) Ela Vasenbeutelein ewig bey dem Grab, Extr. etl. Achtb., 1347; Cristina mit einer dieberey so schedlich, in forma des gepruachs zuuergraben zu tod, HGB. I, 33; Mfzb. 1502; Rtb. X, 358, 1515; Siebenkees, Mater. 2, 599.

Wie bei diesem, so erwirkt auch dort der Nachrichter (1580) die Abschaffung. Einige vom Rat wünschten freilich die Schwertstrafe vermieden zu sehen: „in betracht das die weibspersonen aus plödigkeit zur erden sinken und den nachrichter verkürzen würden, der sie alsdann auf der erde zermetzeln müsse." Die Konsulenten huldigen hiegegen der Ansicht: „daz ertrenken were ein hartter Todt vnd doch weniger abscheulicher dann mit dem schwert, dann mit dem ertrenkhen sehe man der Persohn nit vnter augen, wie sie sich bifs an das ende verhielt, dargegen könndt mans in dem andern falle und dest mehr ein Exempel sehen." Es ist ihnen also das Ertränken nicht „abscheulich" genug! Kirchlich Gesinnte unter ihnen verlangen sodann die Abschaffung „ad vitandam desperationem, ne anima simul cum corpore pereat: dieweil der böfse gaist sonsten gern sein geferth im Wasser pflegt zue haben." Endlich gibt im fraglichen Fall den Ausschlag „die kälte des wassers und das die pegnitz sehr überfroren."[11])

Vierteilen. Die Strafe der Verräter, nur selten und dann zumeist am Enthaupteten oder Geräderten vollzogen. Wie bei andern schweren Richtungsarten wird der Arme zum Rabenstein geschleift. 1588 hat man, die stuck (vier Teile) vor den Thoren ungeferlich in der weite als daz Halfsgericht defs Galgens steht aufhengen, den kopf aber an einer stangen uber die maurn hinausstecken lassen." 1504 geraten die Nürnberger wegen eines Gevierteilten in Streit mit dem Markgrafen „weilen er diefs Wildpret auf seinem Grund und Boden icht litte, sondern selbige (die Stangen) abhauen liefse."[12])

[11]) Heil de Eger perpetuo sub pena sacci et submersionis, Ditel Ilsung sub pena submersionis in Bacco, AB. I, 20, 21, 13; Bigamus v. Hall, Rtb. I, 215; Rtschlb. XXXIV, 155, XLVII, 199, M. Franz Tageb. 1580; Nachrichter ansagen heynt Abendt die Prucken auff der hallerwiesen In die Pegnitz zurichten, In achtung zu haben, das das wasser des orts die rechte tieffe hab, Rtb. XXV, 3; Schwentterin bei dreiviertl einer stundt Im Wasser gelegen, HGB. I, 151; Nahartin ins Wasser geworffen und durch den Lewen mit der stangen unterdruckt worden, Ist Ime ein stang abgebrochen, die Arm wider über sich geschwumen und sehr geschryen, auch schier dreiviertl stund unter dem wasser gelebt, HGB. II, 60; begrub man lebendig ein frawen, man hat sie vor etl. zeit in den Rein geworfen und sie kam wieder lebendig aus. man fraget sie, warumb sie nicht ertrank, sie sprach: da hab ich vor vier mofs weins getrunken, vor dems. wein kunt kain wasser in mich kumen, Hegel, 5, 614; Siebenkees, Mater. 2, 599; 3, 280.

[12]) Coll. 1654, Mfzb. 74, 1504 Stbibl.; Rtb. LVI, 178.

Erschiefsen. Nur als militärische Todesstrafe an Stelle des Enthauptens. Die Exekution geschieht in der Regel vor der Stadt. 1603 wurden von vier des Mordes Überwiesenen drei begnadigt unter dem Gebot, an ihrem Genossen das Urteil zu vollziehen.[13])

Nebenstrafen: Pfählen. Zuweilen an Lebendigbegrabnen betätigt, hat der Stofs mit dem spitzigen Holz neben der Schärfung der Strafe wohl auch den Zweck, die Qual des Erstickens zu kürzen. Häufig werden Köpfe und Hände Gerichteter auf Pfähle gesteckt oder durch Nägel am Galgen befestigt, weniger der Beschimpfung, als der Abschreckung wegen, wie nach dem Votum der Konsulenten bei einer Kindsmörderin: wenn man auch das Wasser der Verzweiflung wegen fürchte, so hielten sie es nicht für einen bösen Brauch „dergleichen hailloser weiberköpf auf dem hohen Gericht in Eylsernen Negeln zu Längerer gedechtnus vnd gröfsern forcht aufstecken zu lassen. Dann solche abscheuliche anblickh auf dem Landt die Bauersmeidt und andre hin und wider gehendte sich darin zu spieglen bewegt.“ [14])

Zangenreifsen. Das „Ausführen mit glühenden Zangen“. Es wird an dem auf den Wagen gebundenen Armen während der Fahrt zum Richtplatz exekutiert. Die Zahl der Griffe (Zwick) beträgt mitunter zehn, wiewohl sich der Nachrichter einmal weigert, mehr als vier vorzunehmen. Für jede der verifizierten Mordtaten ist ein Griff bestimmt. 1588 empfiehlt man dem Meister „die mifstettigen Personen nit schlecht anzudupfen, sondern ernstlich mit der zangen zu greifen, das sie den schmerzen empfinden“. In den Städtechroniken wird die Vollstreckung der Strafe an einer Gattenmörderin ausführlich beschrieben und bemerkt, dafs sie nach dem sechsten Griff kein Schmerzgefühl mehr äufserte.[15])

Ausschleifen. Der Verurteilte wird auf eine Ochsenhaut oder Holztrage gebunden und durch Rosse vom Rathaus bis zum Rabenstein geschleift. Diese Nebenstrafe greift nur bei schweren

---

[13]) Coll. 1603, Stbibl.

[14]) Rtschlb. XLI, 155: ihrem Verdienst nach Lebendtig vnter die erdten vergraben und ihr ein pfal durchs herz schlagen, Rtschlb. XLI, 106.

[15]) Seubold an vnterschiedlichen orten drey grif mit ainer glüenden zangen, AB. 1588—93, 82; mehr als vier Griff ungebräuchl., Siebenkees, Mat. 3, 281; Rtb. XLVI, 88, 260; für jede der verifizierten Mordtaten ein Griff, Rtschlb. XLIX, 575.

Verbrechen platz; auch Weiber sind dann hievor nicht gefeit. Schultern und Haupt werden der Verletzung durch das Pflaster ausgesetzt. Es gilt hiebei als frommes Verdienst, den Kopf des Armen zu heben. 1453 erwähnt der Chronist bei einem Mörder, dafs ihm niemand jene Wohltat erweisen wollte. 1480 verweigern die mit dem Ausschleifen betrauten Nachtjäger den Dienst, worauf der Rat das „antasten, schmehen oder vnredlich schelten" derselben mit Strafe bedroht.[16])

2. Die Leibesstrafen.

a. Verstümmelung.

Handabhauen. Truncatio manus. Hierauf wird vornehmlich in Friedbruchsfällen erkannt; doch ist meist Lösung durch Bufse zulässig, so dafs also bei Verübung solchen Frevels der Vermögliche die Hand nicht so leicht riskiert. Bei Verletzungen in der Muntat freilich versagt man häufig diese Umwandlung. Bei Mordversuch und Totschlag (im Zorn) wird es später ausnahmsweise ausgesprochen; bei Mord tritt es in Verbindung mit der Schwertstrafe auf. Es gilt für milder, als Zangenreifsen. Das Abschlagen der Schwurfinger oder ihrer vordern Glieder steht auf Meineid und Urfehdbruch. Es ist wohl fast immer die Rechte, welche der Frevler zu opfern hat. Abgesehen davon, dafs dextra sehr oft als identisch mit manus gebraucht ist, kommt jene an sich schon meist in Betracht, da stets die Hand, welche das Delikt begangen, dasselbe auch sühnen soll, also bei Meineid und tätlichem Friedbruch die rechte. Ist ja auch hiebei bezweckt, den Delinquenten zu jeder weitern Eidesleistung, zur Geltendmachung des Waffenrechts, wie überhaupt zur Vollführung rechtlicher Handlungen und sonstiger Befugnisse des Freien unfähig zu machen. Auf beide Hände erstreckt sich das Urteil nie.[1])

Augenausstechen. Die poena excecationis, das Ausbrechen der Augen, welches, wie mit Recht ein Konsulent äufsert „dann

---

16) Rtb. XXXIX, 232; zu vfslayffung hinfüro ein pferd von Bappenheimern oder dem Rudel hirtten vf gemainer Statt Costen, Rtb. IV, 123, StA.: wolt in niemantz nachtragen lassen, Hegel, 4, 167.

1) Swer der haller niht hat, man sleht im abe die hant, PO. 10, 35, 35, 38, 45; Berhtold de Wilstein sententiavit se a civitate sub pena truncationis manus, AB. I, 6, 11, 17, 19, 20, 21, 23 etc.; slug im die rehten hant ab, Hegel, Stchron. 4, 145; s. Meineid.

nit ein geringer straf were, dann kopf abhawen". Es wird sehr oft bei Aufruhr und ähnlichen Delikten gegen die Autorität des Rates, Widerstand gegen die Gerichtsbüttel bei Verhaftung und Pfändung, Verletzung des Nachrichters bei mifslungener Richtung. Ladung vor die Feme und böslichem Austreten, bei Rückfall in Meineid. Falschspiel. Unzucht. Betrug und Diebstahl ausgesprochen, 1515 wegen Vergewaltigung von Gästen durch den Wirt gegen ihn. wie seine Helfer. Die mildere Blendung scheint man in Nürnberg in früherer Zeit kaum zu kennen.[2])

Ohrenabschneiden. Es steht auf gröfserem oder wiederholtem Diebstahl. aufserdem auf Kuppelei. Betrug und Meineid. Eine Urfehdbrecherin verliert das Ohr, da ihr — vermutlich wegen Diebstahls — die Hand bereits abgeschlagen war. Bei einem besonders raffinierten Betrug tritt es in Verbindung mit Zungenabschneiden. 1409 verbannt man einen Klingenschmied, da er eines andern Weib verleumdete durch die Behauptung, sie habe keine Ohren mehr. Angesichts der damaligen Kopftracht (Stürzen) der Frauen. mittels deren sich solch Makel leicht verhehlen liefs. mochte eine derartige Bezichtigung wohl Gläubige finden.[3])

Zungenabschneiden. Nach dem ä. AB werden mehrere verwiesen, „bey der zungen durch den nakk". Später wird das Abschneiden der Zungenspitze sehr oft Gotteslästerern gegenüber beliebt; einmal zum Vorteil des Delinquenten, welcher früher wegen zu langer Zunge nur unverständlich zu stammeln vermochte. Bei schwerer Blasphemie oder Konkurrenz derselben mit andern Verbrechen geht es der Schwertstrafe vorher oder es wird am Toten vollzogen. wie 1529: „Ime auch nachmalen sein Zung hynnden zum Nack herausgerissen V. zu einem zeichen dieser schweren grausamen Tat offenlich aufgesteckt beym stock auf der fleischpruck an einer stangen," d. h. am sog. Ohrenstock, wo zumeist die Verstümmlungsstrafen exekutiert werden.[4])

---

[2]) Lea et Ester Iudee sub pena excecationis per duos annos, AB. I, 5, 4; auf H. R. vrgicht ist der statrichter in Rat erfordert und auf frag desselben erteilt. das demselben R. die augen sollen ausgeprochen werden, Rtb. XIV, 280, StA.: Hegel, 4, 317, 353; 5, 587; Jäger, jur. Magaz. 1, 335; Rtschlb. VII, 5, 1530.

[3]) suspensor 1 Pfund hlr. von drein, den er sechs oren absneyt, JR. 1381, 81; snaid man einer hausdirn paid orn ab, hat vil gestoln, Hegel 4, 352, grub man ain grofse diebin lebendig, hat neur ein or, 385; AB. 317, 55, 1409.

[4]) der p. und der Christein ier gespilen baiden der stat ewiclich verpoten

Nasenabschneiden. Diese Strafe trifft 1347 eine Kupplerin. Sonst spielt es mitunter bei Ehebruch eine Rolle, indem sich hiedurch die beleidigte Ehefrau an der Buhlin des Mannes rächt.[5])

Brandmarken. Das „durch die zene prennen" des ä. AB, worunter ein Durchbrennen der Wangen zu verstehen ist. Späterhin betätigt man es — als erste Weihe zum Feuertod — entweder nur an der Stirne oder zugleich an den Backen und zwar mit „glüenden Nürnberger eisernen Zeichen", d. h. dem städtischen Adler, damit man in der Fremde den Ort der Bestrafung leicht zu konstatieren vermag. Zigeuner brandmarkt man mit dem Bild des Galgens auf den Rücken, ebenso einen Juden, der sich 1682 zum vierten Mal taufen liefs. Als vornehmlich geeignet hiefür sind Betrüger und Fälscher erklärt, daneben ist es Diebinnen und Kupplerinnen zugedacht „damit man sich vor solch Lossen vetteln hütten möge". Endlich wird ausnahmsweise Zauberei und Bigamie, einmal auch Mordversuch durch das heifse Eisen geahndet. Sehr schonend verfährt man gegen Veit Stofs: „man hat nie keinen so lind geprent."

Der Brandmarkung erstanden übrigens später manche Gegner unter den Konsulenten; so war insbesondere der fromme Scheurl der Ansicht „dafs defs menschen angesicht, wölichs nach gottlicher pildnufs erschaffen were, nit belaidigt werden solle".[6])

b. Körperliche Züchtigung.

Sie dominiert als Generalmittel zur summarischen Abwandlung gemeingefährlichen Gelichters, indem man bei der ersten oder wiederholten Ausschaffung Rutenhiebe oder den ausgiebigen Staupenschlag als Denkzettel mit auf die Wanderschaft giebt. Ferner spielt sie eine bedeutsame Rolle bei allen schweren Vergehen, wie (geringem) Diebstahl, Betrug, Urfehdbruch, Blasphemie, falscher

---

dan bei der zungen durch den nakk ob si begriffen werdent, AB. I, 23: dem züchtiger, daz er einem die zungen slitzt, StR. 1392, 29; enthaupt Im auch nach malen sein Zung hynnden zum Nack herausgerissen und offenlich auffgesteckt beym stock auff der flaischpruck an einer stangen, HGB. II, 97; Zunge und Ohr, Jäger, jur. Mag. 1, 334.

5) AB. Lochner, 16; s. Ehebruch.

6) der Slufflinne stat verpoten ain jar, wirt sie begriffen, daz man sie durch die zene prennet, AB. I, 21; Jäger, 334; Hegel, 5, 667; s. Fälschung, Kuppelei, Diebstahl; Rtschlb. VI, 13, 1527.

Anschuldigung. Kuppelei und Unzucht. Dazu wird auf sie erkannt im Fall von an sich todeswürdigen Verbrechen. sei es dafs man sich der Sachlage nach zu milderem Vorgehen entschlofs oder „viel pet“ für den Schuldigen geschah. Es ist hier Totschlag, Entführung, Bigamie, Notzuchtsversuch, ja selbst Verrat zu nennen, wie vor allem von Kindern und sonstigen Zurechnungsunfähigen verübte schwere Delikte.

Der Lochschilling. welcher eine an den Löwen zu entrichtende Geldbufse im Gefolge hat. und zumeist auch die Auspeitschung werden im Lochgefängnis appliziert. Beschimpfend ist die Strafe des Staupbesens, wie überhaupt jede öffentliche Züchtigung, so z. B., wenn der Verwiesne vom Rathaus aus zum Thor hinausgeschlagen wird. Weibern gegenüber begnügt man sich früher mit Prangerstellen, Anhängung des Lastersteins, der Geige u. s. w.; als aber diese jedes Ansehen verloren, ja von Dirnen unter Spott und Lachen erduldet werden, schreitet man um Mitte des 16. Jahrhunderts auch hier zur harten Rutenstrafe, welche sodann sehr oft auf die beschimpfendste Weise zur Vollführung kommt.[1])

Bezüglich der Exekutierung hängt sehr viel von der Willkür des Züchtigers und Löwen ab; in gravierenden Fällen wird seitens des Rates ausdrücklich erbarmungsloses Vorgehen geboten. So wird ein Stockmeister, der einen Gefangenen absichtlich entschlüpfen liefs, derart gezüchtigt, dafs er Tags darauf stirbt, ebenso wird ein dem Strang verfallener Pfänderskuecht bis fast auf den Tod geprügelt. Anderseits verfährt man wieder ungerechtfertigt mild. Jugendliche Delinquenten straft man, sofern sie nicht überhaupt zur Abwandlung ihrer Familie oder dem Schulmeister überantwortet werden, nur selten öffentlich, auch bei Narren und körperlich Kranken vermeidet man dies. Bei letztern verstattet der Rat ev. Aufschub der Ahndung. Nicht minder aber wird die Züchtigung behufs Folterung (welche hier auch bei Jaunern (Zigeunern) von „gutem Effekt“ befunden) gegen Kinder verordnet. Einem dreizehnjährigen Dieb bindet man Hände und Füfse, behängt sie mit Steinen und läfst ihn in solcher Spannung 55 Streiche überstehen;

[1]) man hauete ihn so hardt, das er den andern tags sturbe, Stark, 1578; hieb man des pfenters knecht, man hat keinen so hart gehauen, wann man wolt in gehangen haben Hegel 5, 657, hieb man des glaser sun mit gerten, das man sorg het er stürb sein, das was die vierd weih zum galgen, 660.

ein gleichaltriges Mädchen bedenkt man mit „Abschlagung zweier guten Schillinge“.[2])

Zur Verstümmelung gesellt sie sich häufig; wie jene hat sie nicht selten Verbannung und Ausweisung im Gefolge.

3. Die Freiheits-Strafen.

a. Einmauerung.

Die nahezu einzige in alter Zeit zu Strafzwecken verhängte Gefängnisart. Sich im Fall eines Kapitalverbrechens an Stelle der Todesstrafe die ewige Einkerkerung zu erbitten, gilt als Vorrecht des Bürgers. Dann soll ihn aber „weder gnade noch pet noch kainerlaie sache“ zu ledigen vermögen. Begnadigung ist nur zulässig, sofern der Einheimische nicht wegen Verübung einer Missetat, sondern anläfslich seiner Überschuldung eingethürmt ward. Der Rat wird hier jedoch, wenn nicht die Tilgung der Verbindlichkeiten ohnedies die Endigung der Gefangenschaft gebietet, nur im Einverständnis mit den Creditoren auf Freilassung erkennen.[1])

Dafs Einmauerung auch bei einfachem Totschlag — wenn auch meist nur im Unvermögensfall und nach Ergreifung auf handhafter Tat — ausgesprochen wird, erweisen Einträge des ä. AB. Ein altes Statut droht hier sogar den Hungertod an: „so soll man ihn in einen Thurm setzen auf einen Tram und ihm ein Heller Brod geben in die Hand und soll ihn lassen sitzen.“[2])

Der Verurteilte ist bei Einmauerung der strengsten Art in ein enges Gehäuse eingezwängt, ein vorstehender Balken (Tram)

---

[2]) der Henker war sein Gevatter und haute nicht hart zu, sondern verschonte seiner, Stark, 1658; Rtschlb. VII, 30; nicht Ruten, sonst unredlich, Rtschlb. LXI, 276; Stark 1615; M. Franz, Tageb. S. 127–184: So man hinfüro an Glidern strafft oder mit Gerten vfs hawtt, So sollen die Büttel die Grofsen paucken vor vmb das Rathawse slahen und rüren, Rtb. IV, 16, 1483, StA.

[1]) PO. 15.

[2]) Ann. 1360; AB. I, 15; Seiz bekannt vor offnem Rath, dafs er in den nächsten zehn Jahren in kein Leithaus gehen soll, auch nicht spielen, wo er das überführt, hat er sich selber geurteilt in den Thurm und soll man ihm Wasser und Brod geben, dieweil er lebt in dem Thurm. Wäre aber dafs er irgend eine Bosheit thäte als Diebstal oder sonst, hat er sich geurteilt, dafs man ihn in einem Sack ertränken soll, AB. Lochner, 121, 1351.

dient ihm als Sitz. Der Einlafs ist vermauert, durch eine fensterartige Lucke der erforderliche Verkehr mit dem Wärter ermöglicht. Die tägliche Brotration wird nur allzu bescheiden sein, was einem langsamen Verkümmern und Verhungern gleichkommt. Wenn nicht von Dunkel umnachtet, ermangelt doch der Eingekerkerte der nötigen Luft und Bewegung und hat, sofern er sich im obern Teil des Thurmes befindet, des Sommers viel Hitze zu erdulden, während er des Winters zu Stein und Bein friert. Hat er einerseits keine Begnadigung zu erhoffen, so entsagt er auch vor dem Betreten seines Verliefses durch Urfehde jeder Möglichkeit des Entrinnens. Einflufsreiche Sippe vermag immerhin manche Erleichterung für den Vermauerten zu erwirken. Nach dem Ableben werden die Mauerstücke, die ihn zeitlich tötend von der Mitwelt schieden, aus dem Kitt gefügt, um den Entseelten in eine noch schmalere Kammer zu zwängen.

Vornehme Patriziernamen entleuchten der Liste dieser Eingemauerten, manch nichtswürdiger Verräter seiner Vaterstadt birgt sich unter ihnen. Aus Acht- und Rats-Buch wird uns zuweilen keinerlei Kunde von dem Verbrechen, das sie verübt; nur ein kurzer Vermerk weist darauf hin, dafs sie in jenem silentium aeternum verdarben und starben.[3])

Öfters wird auch die mildeste Gattung, d. h. die einfache lebenslängliche Einsperrung, verhängt.

Noch gegen Ende des 16. Jahrhunderts kommt die Einmauerung zum Vollzug; hier ist auch eine Begnadigung entgegen dem Tenor das Statuts erwähnt.[4]) Als identisch hiemit erscheint es, wenn der Rat es ausnahmsweise verstattet, dafs sich der Verurteilte im eignen Hause an die Kette schliefsen läfst, ja im

---

[3]) Rtb. 0, 474 StA.; Rtb. VI, 254; Fremde indefs nur ausnahmsweise: Vögelein der hie gestolen und auf den hals geuangen lag jur. vrfeh und sol auch vermauret werden und beleiben sein lebtag. Alz auch daz die von gunzenhausen versiegelt und brief d. g. h., AB. 317, 1410, 60; H. Newsesser, Rp. 1504, 1, 31; vermauert oder sonst verwart, Haderb. I, 1516—27, 230; hingerichtet, weil nicht zur E. — mangels der Kostenübernahme durch die Freundschaft — geeignet; auch könnte man ihm kein Handwerkszeug anvertrauen, in dem er dann doch hiemit einen Ausbruch versuchen würde, Rtschlb. LXI, 209, 1583.

[4]) H. Stromer 1554—92; Derrer. Er sollte lebenlang droben ligen. Es ware die sage der ratsherr Derrer, der sein gevatter were Solte das best gethon haben, Stark Chron. 1574.

gemeinsamen Wohnraum eine enge Kemnate zimmern heifst, in der er bis zum Tode zu bleiben durch feierlichen Urfehdschwur gelobt.[5])

b. Zeitliche Freiheitsstrafe.

In der Zeit des Keimens und Blühens der Reichsstadt dienten Gefängnisse vornehmlich zu Untersuchungszwecken, d. h. zur Detinierung von Verbrechern vor Verurteilung zu Leibes- und Lebensstrafe oder Verweisung. Da man auf letztere in geradezu verschwenderischer Weise erkannte — hierin ein völlig ausreichend Korrektiv erblickend, um die Stadt teils vor Einnistung gemeinschädlicher Elemente zu wahren, teils von einheimischen gefährlichen Subjekten reinzufegen — benötigte man der Strafgefängnisse keineswegs. Deren Bevölkerung hätte auch angesichts des noch allzu naiv veranlagten Sicherheitswesens eine zu beträchtliche Zahl von Stadtorganen zu Wach- und Wartediensten absorbiert, wie dem Gemeinwesen die Pflicht aufgebürdet, nutzlos grofse Summen zur Fütterung von Müfsiggängern zu vergeuden. Auch bei Tätlichkeiten in ungerechter Fehde war der Thurm — abgesehen von der Einmauerung — meist nur dazu berufen, die zu einer Besserung (Bufse) Verurteilten bis zur Leistung derselben zu umschliefsen. Das Lochgefängnis endlich beherbergte Sträflinge nur für kurze Dauer und allein bei Vorliegen harmloserer Vergehen, wie Hader und Sammung oder Ungehorsam gegen Ratsgebote. Erst später — mit Verengerung des Herrschaftsbereichs der Stadtverweisung — gestalteten sich verschiedene Gattungen von Freiheitsentziehung, bei deren Ausspruch auch dem Besserungszweck eine gewichtige Stimme verstattet werden sollte. Erwies sich die Behandlungsweise der einzelnen Gefangenen als eine je nach Stand und Ansehn derselben sehr mannigfaltige, so sprach auch beim Entscheid der Frage, ob die Detention der sonstigen bürgerlichen Stellung des Damnifikaten einen ehrenmindernden Makel auszuprägen geeigenschaftet, der Ort der Verbüfsung mit, bei dessen Wahl wieder die Persönlichkeit des Schuldigen, wie der Charakter des Delikts den Ausschlag gab.

---

[5]) Götz der sein frau gestochen in seinem haufse in einem besondern stüblein an vier ketten angelegt worden, Stark Chron. 1612; tötlich verwundet, in s. Haus bannisiert s. Leben lang, Rtschlb. LXI, 259, 1583; Pasquillant, Ann. 1588; Rtschlb. XLI, 187.

Als Gefängnisarten sind hervorzuheben:

1. der Thurm,
2. die Eisen,
3. die Prisaunen,
4. das Loch,
5. der Stock,
6. die Springer,
7. das Zuchthaus,
8. das Stadtknechtsstüblein,
9. das Rathaus,
10. das eigne Haus des Delinquenten,
11. besonders erbaute Haftlokale,
12. Laiengefängnisse in Klöstern,
13. das Gefängnis des Eigenherrn,
14. die Findel und das Siechhaus.

Als Thürme kommen hier vor allem der Luginsland, der Wasser- und Fröschthurm in Betracht. Auch von den mit zeitlichem Thurmverhaft Bedachten stellen die Patrizier — worunter mehrere Glieder des Rats — ein stattliches Kontingent. Ebenso schlofs man diese für die Dauer der Inquisition lieber in den Thurm, als in das Lochgefängnis. Auf dem Luginsland, der auf dem Hügel der Burg die Mauerthürme überragend einen weiten Fernblick gewährt, safsen Derrer und der berüchtigte Gülchen, welcher auf dem Schaffot enden sollte. [1]) Als Tetzel des Verrats bezichtigt in der Ratssitzung verhaftet war, brachte man ihn Glock zwei in der Nacht auf verhängtem Wagen zum Luginsland, in dessen oberen Stüblein er arrestiert wurde. Der dort wohnende Stadtknecht mufste — da man Bestechung besorgte — nebst seiner Familie seine Behausung verlassen; zwei Knechte sperrte man zu Tetzel in die Kammer, sechs andere besonders beeidigte hielten unten vor dem Thore Wacht. [2]) Auch für Kriegsgefangene wurde der L. oft als Verwahrer erkoren. Die Flucht aus ihm war weniger leicht zu bewerkstelligen, als aus den andern Thürmen, indem er einerseits unter Aufsicht der Burgwache stand und anderseits ein Herablassen, wie ein Hinaufklimmen aus dem Graben ein tollkühnes Unternehmen war. Das „obere Stüblein" ward bei Tetzel der gröfseren Sicherheit wegen gewählt; es galt aber auch als Vergünstigung. So warf man 1382 einen Gotteslästerer vor der Verbannung auf vier Wochen „unten in den Thurm." [3]) In dem Wasserthurm, welcher beim Siechhaus stand, schmachtete der diebische Kastner Imhof bis zu seiner Richtung. [4])

War auf das „versperrte Kämmerlein" erkannt, so war die Haft, statt im gemeinsamen Raum in einer engen, verschlossenen

[1]) Stark Chron. 1608 u. 1616; Soden, Kriegs- und Sittengesch. 1, 58
[2]) Rtb. X, 286. [3]) AB. 316, 12, 1382. [4]) Mfzb. 74, Stbibl., 1672.

Keuche zu verbüfsen. Es charakterisiert sich dies als eine vornehmlich gegen Verläumder und Ehebrecher (unter Verurtheilung zu Wasser und Brot) beliebte Verschärfung.[5])

1536 liest man den Eintrag: „auf etlichen Thürmen noch zwey oder drey Stüblein gepaut, darin dj gefangen zur winterszeit vor frofst und leibschaden verhütet werden mögen." Doch mufs immerhin eine ganz respektable Kälte in ihnen regiert haben.[6]) 1377 besteht das ganze Inventar für einen inhaftierten Diebsjungen aus einem Pelz, einer Kotze (Decke) und Stroh.[7]) Dafs indefs späterhin wenigstens in den geräumigern Gemächern Öfen errichtet wurden, erweist ein Vermerk von 1603, wonach infolge Zertrümmerung eines solchen Wärmespenders ein Eisengitter als Schutzwehr angebracht werden sollte. Aus einem Dekret von 1442 geht die Absicht hervor, die Thurmhäftlinge von einander isoliert zu halten.[8])

Sonst galt der Thurm als mildes Gefängnis; manche erlangten auf die Intervention Einflufsreicher hin oder wegen Krankheit die Vergünstigung, aus andern Hafträumen auf ihn transferiert zu werden. Dortselbst Erkrankte schaffte man hingegen in die Eisen, einen Steinleidenden in das Stadtknechtsstüblein.[9]) Er war das eigentliche Bürgerverwahr, von Fremden wurden nur die Ritterbürtigen auf ihm detiniert. Eine spätere Klassifikation schied unter den Einheimischen Sträflinge höheren und niederen Standes. Von letztern geniefsen noch das Vorrecht des Thurmverhafts: a) Verheiratete: 1. Handwerker, welche Genannte sind oder zugleich Händler heifsen, 2. Verleger, wenn sie statthaft (d. h. vom Rat anerkannt), 3. Söhne der Ratsfreunde; b) Ledige: Alle, deren Väter wenigstens den Titel Erbar und Fürnehm besitzen und keiner geringern Profession huldigen.[10]) Rücksichtlich der Delikts-

[5]) Haderb. I, 1503—16, 183; Haderb. II, 1462, 19; Rtb. II, 116, StA.

[6]) Rtb. XVIII, 93. [7]) StR. 1377, 63. [8]) Rtb. 0, 1442, StA.

[9]) fund man das er so kranck were auf Ein Thurn, Rp. 1449, 8, 1; die metzkerin aufs dem thurn In die eysen legen weyl sie schwach Ist, Rp. 1533, 8, 10; (Hexen) „auf ein Turm oder in die Eisen, da sie im Loch In der finstern allein weren, möchten sie vielleicht erst in noch mehr Melancholien gerahten und vom böfsen feindt noch schwerer bethört werden, Rtschlb. XLVI, 103; Fürleger seiner krankheit halben am Stain aufs der prifsaun in das Statknechtsstüblein gelegt, Rtb. VIII, 103.

[10]) Ratsverlafs: Classifikation wegen Verweisung der Sträflinge von geringen Standt in Thurn.

arten rubrizieren unter die Eingethürmten: Ehebrecher, Wucherer, Bankbrecher, Fälscher (Veit Stofs), Pasquillanten, Verläumder, Friedbrecher, Aufrührer, Gotteslästerer u. s. w.

Auf die nicht sofortige Erlegung von Bufsen oder Mifsachtung von Urfehdbestimmungen war zuweilen Thurmstrafe gesetzt, wie der Verbannte ev. mit ihr bedroht wurde für den Fall, dafs er vor Ablauf der Frist unberechtigter Weise zurückkehren sollte. Gleicherweise kam es vor, dafs der Verwiesne entweder vor Verlassen des Stadtgebiets oder nach erlaubter Heimkehr noch eine bestimmte Reihe von Wochen oder Jahren im Thurme schmachten mufste. Auch Einthürmung auf ungewisse Zeit (bis an der burger gnade) wurde ausgesprochen. [11])

Die Eisen — zwei Thürme an der Schuldbrücke, das Männer- und Weiber-Eisen — dienten ihrer ursprünglichen Bestimmung nach als Schuldgefängnisse. [12]) Die in ihnen Inhaftierten waren weniger vornehm, als die Thurmgefangnen; nach erwähntem Schema zählten zu ihnen: 1. Die mit Ehr- und Tugendsam Titulierten, 2. Fremde nicht vorzüglichen Standes, 3. Söhne ehrbarer Väter ohne Profession, 4. Mägde nicht gemeiner Eltern, 5. Barbierer und andere Gesellen, deren Väter nicht Doktoren, Geistliche, Stadtschreiber oder Offiziere. Die Verpflegung in den Eisen scheint indefs besser gewesen zu sein, als im Thurme, da Leidende von dort übersiedelten. 1535 wird sogar über „unmäfsiges Prassen" geklagt und das von den Gefangenen gesammelte Almosen zu Ratshanden genommen. [13]) Das untere Gemach fungierte nämlich als Bettelstock, aus dem die Vorübergehenden um milde Gaben angesprochen werden durften. [14])

Die Prisaunen charakterisierten sich mehr als Aushilfsgefängnisse und bargen hauptsächlich jüngere männliche und weibliche Sträflinge. So wurden 1615/16 vom Luginsland gegen den Frösch-

---

[11]) zu dem stocke schlahen untz er des schulthaizen und des rates friuntschaft gewinnet, PO. 89; s. Stadtverweisung; in dem turn lazzen ligen biz an der burger gnade, AB. I, 21, 1385.

[12]) Männerschuldth. erbaut, 1328, Ann.; die Eisengefängnufs neu erbaut und erweitert, 1594, Ann., Stark Chron.

[13]) Rtb. XVII, 54, 1535.

[14]) Else in den weiber schuldthurn geführt und vnten in den Stockh gelegt, darumb sie die vorvbergehenden leute vmb Ihr gut willig Allmosen schreyen und betteln müssen, Stark Chron., 1612.

thurm zu sechs Prisaunen gebaut, welche — wie Schwalbenmester an der Mauer klebend — durch die Buchstaben A—F gekennzeichnet, mit Thüren, Eisen, Gittern und Riegeln wohl verwahrt, des Winters einen keineswegs beneidenswerten Aufenthaltsort darboten. Wohnlicher gestalteten sich die beiden Prisons, welche 1601 im Rathaus eingerichtet wurden; die Häftlinge genossen Licht und Wärme, wenn sie auch sonst von jedem Verkehr sorgfältig abgeschlossen waren.[15])

Als sehr zweckmäfsig und heilsam erwies sich die Strafe des Schliefsens in die Springer unter Anhaltung zu öffentlicher Zwangsarbeit. Viel unnützes Gelichter, wie mancher, der den Strang des Henkers gestreift, fand hier erspriefsliche Beschäftigung bei magerer Kost. Die Züchtlinge, welche auf wenige Monate oder Jahre ad operas publicas verurteilt waren, umschlofs an Hals und Füfsen je ein Eisenring; auf dem Halseisen stand ein Reif, der den Kopf umrahmend Glöckchen trug, an den Fufsringen schleppten sie Kette und Kugel. Sie hiefsen die Springer- oder Schellen-Buben; während ihrer Ruhezeit hausten sie im Zuchthaus oder andern Gefängnissen.[16]) Minder gefährliche Streuner und fahrende Dirnen wurden, ohne dafs man sie in die Springer schlofs, zu öffentlicher Arbeit verwendet. Selbstverständlich kamen hierbei jüngere kräftige Leute in Ansatz und vornehmlich Fremde; Bürgerskinder durften nur auf ausdrücklichen oberherrlichen Befehl „wegen ihrer Verbrechen" hierzu gezwungen werden. Die Tätigkeit äufserte sich meist als Arbeitsleistungen niedrigster Gattung, wie Strafsenreinigen, Aufeisen, Sandausführen, Palissadenausbessern, Weiherausheben. Die Springerbuben sollten von freien Taglöhnern getrennt gehalten und nur auf „ungewöhnlichen" Plätzen und Gassen beschäftigt werden. Die Aufsicht führten Stadtschützen. Der sehr geringe Verdienst wurde auf die Verköstigung ange-

---

15) Siebenkees, Material. 4, 507; 1601 zwei neue Prisaun auf dem Rathaus 8 schuh weit 13 sch. l. auch mit einem schlot, so die öfen nebeneinander kommen gemacht werden und mufste man in der einen ein fenster ausbrechen, in der andern hatte es zuvor eins und kommen gedachte fenster in des Hauswirts hof ob der Küchen, also dafs kein Mensch mit den gefangen reden könnte, S II, L 5, Nr. 56.

16) S II, L 5, Nr. 59; s. a. Wagenseil, Comment. succincta, 187, Dannreuther, Nemesis Norica etc.

rechnet; die Annahme von Almosen war gestattet, nicht jedoch offizielles Betteln.[17])

Auch wirkliche Bauten erstehen durch Zwangsarbeit, wie der Bau von Kirchen und Stadtmauern, die Reparierung der Gräben, Schanzen und Aufsenwerke. Gar oft geht der Rat den Baumeister um Anweisung von Arbeiten an. Als dieser 1664 geltend macht, dafs die Wiederherstellung der Bärenschanze durch Taglöhner zu kostspielig sei, wird der Almospfleger beordert, gemeinsam mit dem Profosen täglich nach Thorsperre auf den Gassen und in den Garküchen die Faullenzer und Gartbrüder aufzugreifen, die Männer in das Streunerloch und die Springer, die Weiber in das Spinnhaus zu schaffen und sie des Morgens in die Schanzarbeit zu senden.[18]) Den Bauern soll diese anstatt der Lochstrafe zuerkannt werden. Daneben gesellen sich vom Tod Erbetne, Wildschützen, Diebshelfer, Spieler, Gotteslästerer — darunter neunjährige Knaben — zu der Schaar der Springerbuben.

Die Einsperrung auf dem Rathaus geschah meist interimistisch bei Ratspersonen, deren Schuld zwar wahrscheinlich, jedoch noch nicht mit Evidenz erwiesen war. So detinierte man Tetzel nach der Verhaftung unter Bewachung von zwei Ratsgenossen und zwei Reisigen in der ‚neuen', den Ankläger Holtzschuher in der Bauernschöffen-Stube. Jedoch auch Strafgefangene erhielten — in den erwähnten Prisons — Aufnahme. Ein Schneider war 1609 über dreifsig Wochen auf dem Rathaus arrestiert.[19])

Unter den Bezeichnungen: „eins erbern Rats Fronvest und eins Rats (des heiligen Reichs) Gefängnus" ist das Lochgefängnis ‚unter' dem Rathaus zu verstehen.[20])

Das Stadtknechtsstüblein war hauptsächlich für junge und kranke Häftlinge ausersehen. Sofern neue Verdachtsmomente gegen sie erstanden oder ihr Leiden sich hob, riskierten sie freilich, wieder in das Loch zurückgeführt zu werden.[21]) Ebenso schaffte

---

17) S II, L 5, Nr. 69, 4, 6, 14; Collect. Stadtbibl., 1606, 1608; Mfzb. 1655, 1659; Rtschlb XLIX, 570.

18) S II, L 5, Nr. 69, 7, 9, 42.

19) Rtb. X, 284; Collect. Stadtbibl. 1609.

20) solang in fronvest bis er sie bezahlt, Haderb. I, 1469—83, 55; Rtb XXI, 268, 1543; In des heil. Reichs fanngknus, AB. 1448, 7.

21) verwundeten diep beim Statknecht Ins loch zefürn und In guetlich zu rede halten, Rp. 1584, 8, 7.

man liederliche Dirnen behufs Besserung zum Stadtknecht; 1530 rieten, wie erwähnt, die Konsulenten, junge Wiedertäuferinnen zum „Stadtknecht an ein Schellen oder dergleichen Orth zu bringen, do sie arbeiten köndten und Leuth zu Inen komen möchten. die sie vnterwiesen".[22]) Es scheinen demnach die Sträflinge beim Stadtknecht zu Handarbeiten veranlafst worden zu sein.

Hier ist einer Detentionsart zu gedenken, auf welche mit Vorliebe in Hadersachen erkannt wurde, nämlich des Schliefsens an die Bank. Wegen Beleidigung, Unzucht oder sonstiger geringer Vergehung wurden Weiber für wenige Tage „an ein panck geschlossen." 1466 sühnten Bruder und Schwester und ebenso Eheleute wegen wechselseitiger Liebenswürdigkeiten, die Männer mit dem Lochgefängnis, die Frauen mit der Bank. Sehr oft liest man auch Bank und Eisen.[23]) So konnten nach der Fünfergerichtssatzung die fragliche Anzahl Tage und Nächte an Bank und Eisen ‚aus Gnade' mit Geld abgelöst werden.[24]) Wo diese Haft verbüfst wurde, ist nicht klar ersichtlich; doch scheint nach obiger Stelle (zum Stadtknecht an ein „schellen") das Stadtknechtsstüblein selbst hiefür verwendet worden zu sein. Der Thurm kommt nicht in Anbetracht, indem dieser, wie das „kemerlein" im Haderbuch genau von der Bank geschieden sind, ebensowenig gemäfs des Eintrags von 1466 das Lochgefängnis.

Selbst das eigne Haus des Bürgers vermochte ihm zum Kerker zu werden. 1533 schlofs man einen Stromeir in seiner Wohnung an die Kette, 1513 ein verrücktes Weib (für siebzehn Jahre), 1511 eine Kleptomanin. Es geschah dies — sofern es sich nicht um eine seitens des Rates verhängte Strafe handelte — mit dessen Genehmigung auf Veranlassung der nächsten Verwandten. Um das Gefängnis zu markieren, wurde, wie erwähnt, in der gemeinsamen Stube ev. ein besonderer Käfig gezimmert. Ebenso verurteilte man mitunter Besserungsfähige nach Ledigung aus Loch oder Thurm noch zu Hausarrest auf unbestimmte Zeit. Ausnahmsweise gestattete man auch Gefangenen während der Feiertage im Kreise ihrer Familie zu verweilen. Bei Inzichtern war es meist Vorschrift, dafs sie bis zum Ausgang ihres Prozesses

[22]) Rtschlb. Sim. Clüv., 889.

[23]) Ehebrecherin, an ein panck und eisen gestrafft, Rtb. XXII, 394; Haderb. I, 1508—16, 196; Haderb. II, 20; Rp. 1449, 3, 8; Rtb. ., 48.

[24]) Ms. 617.

die Behausung nicht verlassen sollten, oft zum eigenen Vorteil, indem sie so am besten vor einem Überfall durch die Sippe des Getöteten gefeit blieben.[25])

Daneben wird von für den Einzelfall errichteten Haftlokalen berichtet. Gewöhnlich bildete ein ungeratner Patrizier- oder Bürgersohn die Verursachung hiezu. So wurde auch 1611 P. Volkamer erlaubt, in der Nähe seines Hauses eine Prisaun für den unvernünftigen Sohn zu bauen.[26]) Der Freundschaft machte man dann zuweilen die Auflage, den Ungeratnen zu keiner Arbeit zu zwingen.

Die Laiengefängnisse, welche in einigen Klöstern, wie bei Egydien und in der Karthause, eingerichtet waren, dienten ihrer Bestimmung nach zur Aufnahme von lediglich dem Kloster untergebenen Leuten. Der Rat stand ihnen abhold gegenüber, wohl weil sie sich seiner Überwachung entzogen.[27])

Nicht minder waren die Eigenherrn befugt, ihre „armen“ Leute bei geringer Vergehung einzulochen, bei Verbrechen nur bis zur Überantwortung an den Rat. Jedoch wurde es ihnen selbst in Bagatellsachen „verwent“, jene auf ihre Kosten in das Stadtgefängnis zu legen.[28])

Zur Unterbringung in der Findel oder im Siechhaus empfehlen die Konsulenten junge Wiedertäuferinnen, Zigeunerinnen und die zwölfjährige Mörderin eines noch jugendlicheren Mädchens. In erstere schafft man auch öfters die Sprößlinge von Gerichteten.[29])

Das Zucht-, Spinn- oder Werkhaus deckt sich seinem Charakter nach nicht völlig mit dem heutigen Gefängnis gleichen Namens. Ursprünglich nur für schwere Verbrecher errichtet, kam es später auch bei Vergehen zur Anwendung, welche man sonst mit mäßiger Loch- oder Thurmstrafe zu sühnen pflegte. So

---

25) Rtschlb. VII, 173; Rp. 1582, 10, 18; Rtschlb. XLVII, 24; Rtb. II, 215; Inzichter absolviert, aber im Haus verrarrestirt und ihm außzugehen bey leibsstraff verbotten, Stark Chron. 1612; am Inzichtgericht zulaßen doch daß er Innittels In seinem hauß bleibe und außer deß Gottsdiensts nicht außgehe, Rtb. LXII, 312; eine seltsame Bürgschaft (1486) s. Verfahren, 509, (117).

26) S I, L 5, Nr. 56, 13; Rtb.K, 165.

27) bei den Karthäusern und Schottenm., RtbO, 286 (1448), StA.

28) Rtb. II, 31 u. 35, StA.

29) Rtschlb. Sim. Clüv. 889; Rtb. XXV, 150; Rtschlb. XLVI, 480.

finden wir unter den Zuchthäuslern Söldner, welche mit knapper Not dem Erschiefsen entrannen, die Hinrichtung von Kameraden mit ansehen oder das Spiefsrutenlaufen überstehen mufsten. 1739 bleibt eine zum Tod Verurteilte bis zur Geburt eines Kindes dortselbst, um dann in's Jenseits befördert zu werden. Daneben trifft man liederliche Weiber, welche die gesetzliche Bufse nicht zu erlegen vermochten, wie ja solche, welche unehelich niederkommen, verordnungsgemäfs für einige Zeit in das Spinnhaus wandern müssen. Ja, Arme, welche die Not zum Betteln zwang, verfallen bei zweifelhaftem Ruf ohne weitere Prüfung dem gleichen Loos.[30])

Noch 1798 werden bei der durch die kaiserliche Subdelegation vorgenommenen Visitation schreiende Mifsstände aufgedeckt. Unter die Zuchthäusler reihte man Kinder ein, welche bisher unter dem Bettelvogt stehend wegen Krätze u. dgl. hereingeliefert wurden, Bauern, deren sich die Herrschaft mit dem Auftrag, jene „hart zu halten“, für einige Zeit entledigt, Söhne und Töchter von Bürgern, die dem ausdrücklichen Wunsch ihrer Eltern gemäfs in diesen Räumen kampieren sollten. So liegen sie in zwei Zimmern in buntem Durcheinander, der raffinierte Verbrecher neben dem Neuling, harmlose Kinder zwischen verworfnen Dirnen. Halbnackt kauern sie im feuchtkalten Gemach, die Fenster mit Lumpen geflickt, die Betten zerfetzt, die Kost und Behandlung erbärmlich und roh. Um wegen der zahlreichen Todesfälle nicht in Verdacht zu gerathen, setzt man Schwerkranke vor dem Auslöschen in Freiheit. Die Konsulenten berücksichtigen allerdings die schrecklichen Zustände insofern, als sie Verbrecher selten zur Einsperrung in das Zuchthaus vorschlagen; doch ressultiert hieraus nichts anderes, als zu strenge oder zu milde Bestrafung der letztern. Daneben erläfst der Rat ein Mandat, welches dem Zuchthaus den infamierenden Charakter abspricht. Dies vermag aber keineswegs die Volksanschauung zu beeinflussen; auch fürderhin erlangt der Entlassene nur ausnahmsweise bei einem der städtischen Meister Aufnahme und Beschäftigung.[31])

Die Tätigkeit der Gefangenen besteht hierselbst in Spinnen, sowie in Glasschleifen für die Brillenmacher. Gelegentlich der Revision wird der Verwalter bezichtigt, dafs er in gesundheitlicher,

---

30) S. 4., Rentk., 1124. 31) S. 4., Rentk., 1942.

wie moralischer Beziehung seine Schützlinge auf unverantwortliche Weise schädige und ihnen hiebei auch noch den kärglichen Verdienst entziehe. Schwangere und stillende Frauen, Kinder und Greise werden erbarmungslos zur Arbeit gezwungen; ein blödsinniger, vom Schlage halb gelähmter Mann mufs mit der einen Hand bis zur Ohnmacht schleifen, eine Mutter kurz nach der Entbindung an vierhundert Gläser die Woche, so dafs sie bald darauf vor Entkräftung stirbt. Beschwerden finden kein Gehör; die Aufsichtsbehörde des Rates weist sie entrüstet zurück: „Wer das Zuchthaus tadelt, tadelt dessen Deputierte!" Der geringe Erwerb verbleibt natürlich nicht den Gefangenen, sondern wird seitens des Verwalters als Entschädigung für die Verpflegung angesehen.[32])

Originell ist eine Eingabe des Brillenhandwerks i. J. 1764: Man solle alle im Loch inhaftierten, nicht zur Richtung qualifizierten Verbrecher, wie sämmtliche arbeitsfähigen Bettler in den Pflegämtern in das Zuchthaus schaffen und zum Glasschleifen verwenden, damit das N. Brillenhandwerk nicht durch die Fürther Konkurrenz erdrückt würde.[33])

Die Gefangenen werden auch, wie vorbemerkt, durch Schanzarbeit ausgenützt und bei schlechter Führung in die Springer geschlossen. Auch sonst ist die Disziplin sehr strenge; wer Tätlichkeiten verübt, mufs den Lochschilling erdulden. Dadurch, dafs die Zuchthausstrafe öfters auf unbestimmte Dauer verhängt wird, soll sie sich als wirkliches Korrektionsmittel bekunden.

1672 wird das (abgebrannte?) Gebäude wiederhergestellt; von dort an scheint dessen regelmäfsige Benützung zu Strafzwecken zu datieren.[34])

Und doch ist das Loos dieser Zuchthäusler im Gegensatz zu dem der Lochgefangenen ein geradezu beneidenswertes zu nennen. Mochte am Ausgang des Mittelalters das Ratsgefängnis im Vergleich zu Burgverliefsen mancher Vorzüge sich rühmen, so dokumentieren Schilderungen aus den letzten Jahren der Reichsstadt den gewissenlosesten Indifferentismus gegen jeglichen Fortschritt.

Wohl nirgends in aller Welt, ruft der verdienstvolle Dr.

---

[32]) Abdr. des Ger. d. Control. Sörgel Nr. 1/1170, StA.

[33]) Rep. 78 Nr. 18, StA. [34]) Es lag an der Barfüfserbrücke.

Eichhorn in seinem Gutachten 1799 aus, ist der Zustand der Gefängnisse, die Behandlung der Gefangenen so übel beschaffen, als in Nürnberg. Als das Allerschrecklichste zeichnet sich aber das Loch aus. Hier verfährt man gegen jeden ohne Unterschied des Verbrechens unmenschlich: Eingekerkert in einem gruftigen Keller ohne genügenden Schutz gegen den Frost und zumeist ohne Licht, des Winters von athembeengenden Kohlendunst umhaucht, schmachtet er — womöglich mit seinen schuldlosen Kindern vereint — oft Jahr um Jahr, jeder menschenwürdigen Pflege beraubt. Beschäftigung oder sonstige Zerstreuung, Trost von Freunden preist er als seltne Gunst des Glücks. Für den geistig und seelisch Kranken geschieht nichts zu seiner Heilung, während der Gesunde durch die Vorzüge dieses Kerkers der Schwermut und dem Stumpfsinn verfällt. Dabei die ekelerregende (im Lochgedicht durch die Bezeichnung „leichenübel“ charakterisierte) Verfassung der engen Keuchen, die des Monats nur ein- oder zweimal geöffnet und gereinigt werden. Zumal die Untersuchungsgefangenen erdulden das herbste Geschick, da sie zum Teil noch um den Leib und an den Füfsen in Ketten geschmiedet — ob schuldig oder nicht — in die hintersten, düstersten Gelasse eingepfercht sind. Kein Wunder, dafs hie und da längere Haft „loco torturae“ mildernd in Anrechnung kam. [35])

Sonst ist das Lochgefängnis bereits im Verfahren eingehend besprochen. Von den einzelnen Kammern mag das Kindbettstüblein eines der erträglichsten, die Judenprisaun weniger luxuriös ausgestattet gewesen sein. [36])

Auch hier treffen wir Sträflinge mannigfachster Art. Sehr oft macht sie nicht der Charakter des Delikts, sondern ihr Stand, ihre Herkunft zu des Lochwirts Gästen. So zählen hiezu alle nicht ritterbürtigen Fremden (selbst des Königs Koch), wie die in

---

[35]) S 4, Rentk. 1124; dortselbst auch eine Statistik der Gefangenen incl. der wahnsinnigen. Die Behandlung letzterer äufserst roh; so wird ein solcher mit Riemen auf einem Stuhle festgebunden, bis der unvermeidliche Brand eintritt. Der sehr verdienstvolle Physikus Preu reicht 1802 ein Gutachten über die Errichtung eines Irrenhauses ein. Über die nicht minder traurigen Zustände in andern Gefängnissen d. Z. s. Arnim, Bruchstücke über Verbrechen und Strafen, 1803. Bezgl. des bek. Lochgedichts, Waldau, N. Beitr., 1, 482, s. übr. H. Sachs, Keller, XIV, 249.

[36]) Rp. 1534, 5, 18; s. Verfahren, 88; Mummenhoff, d. Rathaus, 16 ff.

der Stadt beschäftigten auswärtigen Gewerbsgesellen, ferner die Schutzverwandten Nürnbergs, die von gemeinen Eltern stammenden Ehehalten. Bei gemeinsamer Verübung kommt, wie bemerkt, zuweilen die Frau an die Bank, der Mann in das Loch. Auch die aus Thurm oder Eisen Flüchtigen erfreuen sich dort gröfserer Sicherung. Eichhorn führt noch unter den Häftlingen solche auf, welche lediglich im Interesse(!) ihrer Verwandten gegen ein unverhältnismäfsiges Rezeptionsgeld lebenslänglich eingekerkert sind.

Endlich ist noch der Stock zu nennen, welcher bereits in den ältesten Ordnungen als Strafmittel fungiert. Man hat hierunter sowohl die Holzklemme, in welche die Gefangenen „daz sie mit dem leib swebten“ gespannt, als auch den Raum ihres Standorts zu verstehen. Daneben bedeutet er, wie in „Bettelstock“, lediglich ein Haftlokal.[37])

Noch einiges Erwähnenswerte über die allgemeine Behandlungsweise. Über die Art und Zusammensetzung der Gefängnis-Atzung besitzen wir erst aus der letzten Zeit der Reichsstadt genaue Aufzeichnungen.[38]) In der Regel besorgt der Lochwirt die Verköstigung. Er hat monatlich die Atzungszettel einzureichen und bezieht seit 1509 eine bestimmte Gebühr für den Unterhalt jedes Gefangenen; für den Fall, dafs der Verurteilte die Haftstrafe ganz oder teilweise durch Geld ablösen darf, erhält der Lochhüter keinerlei Ersatz für den Entgang der Verpflegungseinnahme. Vermögliche bestreiten die Atzung selbst, andere stellen bei ihrer Entlassung eine Art Schuldschein aus.

Die ärztliche Pflege läfst sehr viel zu wünschen übrig. Bei der Tortur entscheidet über die Frage, ob ein Wunder oder Kranker einen noch schärferen Grad zu überstehen vermag, lediglich der Nachrichter. Abgesehen von einem Antrag hinsichtlich der Zuträglichkeit des öfteren Aderlassens und Purgierens aller

---

[37]) PO. 39; Vlrich wider in die prifsaun geen lassen und nicht in den stok slahen, Rp. 1449, 7, 10; die sieben ins loch dem stokmeister zu geben, Rp. 1449, 9, 20; dem st. antwurten und schatzen und hart zu halten, Rp. 1449, 10, 6: was pöser puben gefangen wurden, liefs man in dem stock mit gepunden henden, daz sie mit dem leib swebten, Hegel, Städtechron. 2, 267.

[38]) Sie läfst qualitativ wenig zu wünschen übrig. Ein halbes Pfund Fleisch trifft auf j. G.; i. übr. steht das Lochgef. hinter dem Eisen, Wasserthurm u. Luginsland zurück, S. 2, L. 54, N. 7.

Gefangenen giebt sich nur selten ein energisches Eingreifen der Ärzte kund.[39])

Ist sonst zerstreuende Beschäftigung den Gefangenen kaum versagt, erweist sich im Loch die Übertragung einer solchen wegen des dort meist herrschenden Dunkels als zwecklos. Wohl im vordern Stüblein lernte einer, wie es heifst, völlig Lesen und Schreiben.[40])

Einstweilige Entlassung ist denkbar, vornehmlich dann, wenn die Beachtung gewisser Urfehdartikel die Voraussetzung zur unwiderruflichen Ledigung bildet. Urfehde leisten alle Fremden vor Endigung der Haft, Einheimische, sofern sich Stadtverweisung daran knüpft oder — als urpheda de non ulciscendo — wenn man ihnen ungerechter Weise mit der Tortur hart zugesetzt hat. Die Gestorbenen überläfst man der Freundschaft, Schwerbezichtigte oder Selbstmörder verscharrt oder verbrennt man.[41])

Was die Gefängnisverwaltung anlangt, so stand die Aufsicht früher dem Reichsschultheifsen und den Viertelherrn zu. In der Folgezeit sind alle Gefängnismeister der eigentlichen Kriminalbehörde, dem Schöffenamt, unterstellt, vor dem sie (bei jeder österlichen Amtsänderung) den Diensteid abzuleisten und die erforderlichen „Relationen" zu erstatten haben. 1799 ernennt man einen Kontroleur, jedoch nur für das „oeconomicum"; er erhält nicht bei allen Gefangenen Zutritt, Einmischung in die Inquisition ist ihm untersagt. Sonst befinden sich die Sträflinge bezüglich ihrer Verpflegung unter der Obhut der Rentkammer.[42])

Die Thürmer werden ursprünglich nur für ein Jahr gedungen. Ihre Verantwortlichkeit ist nicht gering, indem sie daneben auch im Dienst der öffentlichen Sicherheit tätig sind. Jeden neuen Insassen sollen sie mit Angabe der Haftdauer dem Rat anzeigen. Die Eisen beaufsichtigt der Eisenmeister. Die Stadtknechte beherbergen harmlosere Missetäter in der eigenen Wohnung; die ihnen aufserdem zur Bewachung überwiesnen Räume

---

39) S. 2, L. 54, Nr. 7, S. 4, Rentk. 1124. 40) Rtb. LX, 162.

41) s. Kirchenstr., hat Urfeh gesworn, daz er aller gut frewnd wolt sein, die an seiner vanknuz schuldig sein, AB. 316, 17; AB. 317, 68; M. daz er von seiner vanknufs wegen nyemant veind er sey, 78; Aufbewahrung der Urfehden, Rtb. VI, 148, 1496; Hegel 2, 268.

42) Wölckern, Comm. Succ., 275; v. Interesse: die Gedanken und Vorschl. über die N. Criminaljustiz, 1800, StA.; S. 4, Rentk. 1124.

haben sie allwöchentlich besonders genau zu revidieren „ob ichzit geuerlichs bey den gefangen sey“. Der Zuchthausverwalter steht dem Rang nach den übrigen Wärtern gleich, doch ist seine Machtvollkommenheit eine ausgedehntere. Ein beträchtlicher Teil des Arbeitsverdienstes seiner Schützlinge gleitet ihm in die Tasche. Des Lochwirtes ist bereits gedacht. Wegen des wichtigen Postens, mit dem er betraut, wird er am strengsten beaugapfelt. Er hat Kaution oder Bürgschaft zu leisten, muſs verheiratet sein, Lesen und Schreiben verstehen. Er deponiert auch die bei den Verhafteten vorgefundenen Wertgegenstände, ist indeſs nicht zur Annahme von Buſsen befugt, da hierfür allein der Haderschreiber kompetent. Im Stock endlich waltet der Stockmeister seines wenig erfreulichen Amtes.

Unter diesen Würdenträgern befinden sich mitunter sehr zweifelhafte Individuen; sträfliche Reden, Einsperrungen und Urlaubungen seitens des Rates sind häufig vermerkt. Mancher Lochhüter wird gestäupt und davongejagt, ein Stockmeister derart gezüchtigt, „das er des andern tags sturbe“, ein Thürmer wegen Miſsbrauchs einer Gefangenen gerichtet.[43])

Ausbrüche liest man in groſser Zahl; so eine abenteuerliche Flucht aus dem Lochgefängnis i. J. 1578, ferner mehrere zum Teil gelungene Versuche aus dem Wasser-, Frauen-, Frösch- und Männerschuld-Thurm, wie aus den Springern. 1588 verunglückt ein markgräflicher Kastner, indem er sich — das Bett um sich gegürtet — vom Schuldthurm am Leintuch herabzulassen vermaſs. Er fällt „so hart“, daſs er bald darauf als „verzweifelte Person“ durch Bettelrichter verscharrt wird.[44])

c. Galeerenstrafe.

Herzog Albrecht von Bayern schreibt am 7. Aug. 1571 dem Nürnberger Rat, er habe die in seinem Lande auf die „Galeen“ verurteilten Delinquenten dem Ambrosius Spinola von Genua überantwortet, damit er sie nach Italien verbringe und zum Ruderdienst verwende. „Weil es Im aber den Vncosten mit wenigen nit abtrueg“, habe dieser ihn gebeten, die Nürnberger und andre Nach-

43) Stark Chron. 1573; Rtschlb. XLVII, 150.

44) von Ausbrüchen folg. erwähnensw.: Lochgef. 1554, 1578 Ann.; Schuldt. 1503, Hegel 5, 631; 1573, Stark; 1588, Ann.; 1602, Coll. Stadtbibl.; Frauent. 1522, Rtb. XII, 112; Fröscht. 1597 Coll.; Wasserth. 1558 Ann.

barn anzugehen, ob sie nicht gleichfalls mifstätige Personen der Republik überliefern wollten: „Dann es anders nicht als fur ein christlich gut werk zu achten. Das nemlich das Land von dergleichen leuten gerainigt. Das Vbel gestraft vnd Sie die Verbrecher Inen zu Züchtigung dem Erbfeindt zu wider gebraucht werden".

Sodann lesen wir von einem Vertrag, den Spinolas Bevollmächtigter, Peter Panzer, mit dem Rat geschlossen. Hienach solle jener die ad remos Condemnirten vom Tag des Urteils ab verköstigen und den Transport auf seine Gefahr und Rechnung betätigen. Keinem der Missetäter dürfe von der Stadt weniger als drei Jahre Galeerenstrafe zudiktiert werden; nach Ablauf der Frist müsse er jedoch mit einem Passe abgefertigt und, sofern er nicht alsbald an die Genuesische Küste gelange, wie andere Galeoten gelöhnt werden.

Die Nürnberger dekretieren hierauf, dafs über jeden Delinquenten Rat zum Rechten gehalten und ein ordnungsmäfsiges Urteil gefällt werden solle. Bis zu seiner Abführung sei er in ein besonderes Haftlokal zu schliefsen, kurz vor dieser mit dem Sakrament zu versehen, sowie ihm eine Urkunde seiner Tat und Strafe zu übergeben.

Panzer trifft im November ein, um die sechs ersten zu fünf Jahren Verurteilten zu übernehmen und vorerst nach Onolzbach zu bringen. Der Rat läfst sie nach der Kommunion „In den eingeschlagen Eisen" in die Landpflegstube zum Urfehdschwur führen, sodann den Wagen, auf dem sie angeschmiedet, „Damit sich das Volck samlen und den Actum und die Personen sehen konnen" vom Rathaus über den Markt zum Thor hinaus fahren und noch bis auf die Höhe vor Onolzbach durch Einrosser und Schützen geleiten.

Mit Beginn des neuen Jahrs werden abermals vier durch Panzer abgeholt und über Friedberg nach Genua geschafft; und so folgen bis Ende 1573 noch mehrere Lieferungen. An vierzig Missetäter befördert man für drei bis fünf Jahre auf die Galeere, nur wenigen hievon gelingt es unterwegs (zu Friedberg) zu entwischen. Aufser Dieben und sonstigem gemeingefährlichen Gesindel erklärt man Gotteslästerer, Teufelsbanner, Ehebrecher, Inzestuose, auch einen Mörder und einen „vf seiner Mutter und freundschaft begern, als verschwender und hailosen menschen" dieser Strafe für würdig. Dem Rat aber eröffnet sich die Perspektive, die Stadt von vielen schädlichen Leuten zu säubern und hiebei nicht geringe Kosten zu ersparen.[1])

Diese Erwartung sollte jedoch nur allzubald Ernüchterung erfahren. 1576 findet sich nämlich ein Gutachten zweier Konsulenten, aus dem hervorgeht, dafs die Genuesen des Abholens müde seien.[2]) Jene schliefsen mit dem Antrag: Man solle die Galeoten, da sich zur Zeit keine andre Gelegenheit zu ihrer Verbringung nach Italien ergebe, dem Kaiser zu Grenzbauten in Ungarn anbieten. Doch gelangt man wegen der langathmigen Verhandlungen des Regensburger Reichstags hierin zu keinem erfolgreichen Resultate und der Rat, der Fütterung der Gefangenen überdrüssig, entschliefst sich endlich dahin, ihnen nach feierlichem Urfehdschwur das Stadtgebiet und zehn Meilen „hindan" auf Lebenszeit zu versagen. Aufserdem erhält der Ratsgesandte in Regensburg den strikten Befehl, dem Kaiser das Angebot abermals zu unterbreiten. Über den Erfolg indefs schweigt sich das Ratsbuch gründlich aus.[3])

Man versucht später nochmals dies Experiment: 1699, wie 1708 werden Missetäter auf die Galeere nach Morea und Venedig gesandt.[4])

Wie hart übrigens die Galeerenstrafe den Hochgelehrten dünkt, geht daraus hervor, dafs sie in einem Ratschlag mit der Enthauptung nahezu auf gleiche Stufe gestellt ist.[5])

4. Die Stadtverweisung.

Verschwistert mit der Acht, erscheint sie gleichsam als die mildeste Äufserung derselben. Lange haftet ihr jedoch der recht- und schutzlose Charakter der einstigen Entfriedung an: wie viele der aus der Heimat Verstofsenen verkommen im „Elend", wie wenigen glückt es, in der Fremde Wurzel zu fassen, für sich und die Ihrigen eine gesicherte Existenz zu erringen.

Angesehene Bürger freilich danken oft verwandschaftlichen

[1]) Rtb. XXXIV, 168 ff.—322; Stark, Chron. 1573; Siebenkees, Mater. 2, 597; Ann. 1571; Rtb. XXXIV, 307.

[2]) Rtb. XXXV, 243. [3]) Siebenkees, Mater. 2, 599.

[4]) Rtschlb. XLIX. 575.

und kommerziellen Beziehungen, sei es, dafs sie solche in andern Städten bereits besitzen, sei es, dafs sie sich ihnen erst eröffnen, nutzbringende Förderung. Selbst für den in das Welschland Verwiesnen ergibt sich leicht Gelegenheit, in fremde Kriegsdienste zu treten oder einen einträglichen Handel zu beginnen. Sein Vermögen verfällt ja nicht, wie ehedem das des Ächters, der Beschlagnahme und Einziehung; und auch hinsichtlich der räumlichen Erstreckung des Aufenthaltsverbots berücksichtigt der Rat nicht selten die Wünsche des Verbannten, zumal, wenn er hiedurch recht weit dem Stadtbereich entrückt wird. So läfst sich denn die Strafzeit sorglos und erspriefslich durch einen fröhlichen Fehdezug, durch eine Palästinafahrt, durch Studien auf Bononiens Hochschule, durch Gründung neuer Stapelplätze erfüllen und kürzen. Zudem gilt er — sofern ihm nicht die Verächtlichkeit einer thörichten Tat den Stempel der Ehrlosigkeit aufprägt — immerhin als Sohn der mächtigen Reichsstadt, die ihn selbst als Gesandten und Boten nützen, mit wichtigen Missionen betrauen kann. Im Falle hochverräterischer Bestrebungen wider Stadt und Rat greift man daher bei Patriziern — ihren Einflufs im Ausland mit Recht als Gefahr für das Geweinwesen würdigend — nur höchst selten zur Verbannung: Geratner ist es, sie hinter Schlofs und Riegel, in zeitigen oder ewigen Thurmverhaft zu bringen.

Nicht so glückverheifsend scheint die Zukunft derer, welche von „gemeinen" Eltern stammend, mittellos, gezeichnet vielleicht mit dem entehrenden Kainsmal der Verstümmelung, hinausgeworfen werden und des Elends bittern Kelch bis auf die Neige leeren. Selten erreichen sie als ehrliche Knechte Nahrung und Unterkunft, nur zu bald sinken sie physischem, wie moralischem Verderben in die Arme. Jedes Unterfangen, sich aus dem furchtbaren Notstand loszuringen, wird zum Verbrechen und dies ein willkommener Anlafs, solch Erbarmungswürdige, welche ja doch nur als lästige Landplage erscheinen, völlig unschädlich zu machen. Nur von nebensächlicher Bedeutung sind für diese auch Art und Dauer des Stadtverbots: selbst ein für wenig Jahre Verbannter darf kaum die Wiedergewinnung der einstigen gesicherten heimischen Stellung erhoffen. Und schon lange vor Ablauf der Frist vielleicht schleppen die ihn auf der Streife aufgreifenden Söldner als „Schädlichen" wieder zum Thore herein und dann hinaus zum — Rabenstein!

Die Stadtverweisung äufsert sich als Verbannung und Ausweisung i. e. S. Ist jene vornehmlich mit Strafnatur begabt, so erweist sich diese als polizeiliche, administrative Mafsregel, wiewohl beide rücksichtlich ihrer strafwirkenden Folgen als ziemlich homogen erscheinen. Die Ausweisung, welche meist als perpetuelle auftritt und sehr oft en masse erfolgt, trifft, wie die Verbannung, Bürger und Fremde; doch bilden bei ihr letztere das Hauptkontingent. Besonders summarisch verfährt man hier: wie rasch entdecken die städtischen Censoren einen Makel, der den Vorwand zur Aufsagung des Gastrechts bildet.

In der Entwicklungsepoche der Reichsstadt, wie des anfangs lediglich auf Selbst- und Beihilfe basierten Sicherheitswesens fungieren beide Gattungen als beliebteste Strafmittel. Erstere tritt Einheimischen gegenüber auch bei todeswürdigen Verbrechen in Anwendung, hauptsächlich deshalb, weil zu dieser Zeit die Strafgewalt des Rates die Befugnis zur Handhabung des Blutbanns keineswegs in sich schliefst, daneben seine noch nicht völlig zur Reife gelangte Autorität den Einflufs der Sippe des Täters nur allzu sehr berücksichtigen mufs. Ein Sühnevertrag wird demgemäfs zwischen den Widersachern vor des Rates Forum geschlossen, der die Selbstverurteilung des Delinquenten zur Verbannung im Gefolge mit sich führt. Für den Fall des Vertragsbruches, d. h. der unerlaubten Heimkehr, unterwirft er sich von vornherein der durch sein Verbrechen verwirkten Kapitalstrafe. Sein Name wird im Achtbuch verewigt und ev. der von Schöffen, Bürgen, Zeugen beigefügt.

Späterhin greift bei schweren Missetaten, wenn nicht Fürbitte oder mildere Anschauung der Richter obsiegt, die Todesstrafe platz. Die Stadtverweisung sieht sich mehr und mehr auf den Bereich der geringern Delikte, hauptsächlich dem der Polizeivergehen zurückgedrängt, woneben sie als Präservativ gegen gemeinschädliche Elemente an Bedeutung gewinnt.

Nach Erweiterung des städtischen Territoriums endlich und Erstarkung der Sicherheitspflege, wie Verbesserung des Gefängniswesens werden Leibes- und Lebensstrafen rigoroser gehandhabt; bei Verbrechen schreitet man nur ausnahmsweise zur Verbannung, bei Vergehen ist sie durch Haft und Bufse ersetzt. Die Ausweisung indefs erreicht ihren Höhepunkt, als man nicht mehr allein auf Säuberung der umliegenden Landschaft, sondern — verbündet mit Nachbarfürsten — des Reichskreises selbst Bedacht nimmt.

In den Achtbüchern sind die Verwiesnen als exclusi, eliminati und ejecti bezeichnet, später wird ihnen die Stadt „versagt", und vornehmlich in den PO. „verboten".[1])

Was den räumlichen Bereich anbetrifft, welchen das Aufenthaltsverbot in sich begreift, so heifst es: Stadt, Wald, Stadt und Wald, Stadt und Flecken, Flecken und Gebiet oder extra iurisdictionem et civitatem — alz verre daz gerichte reichet.[2]) Zuweilen sind gewisse Ortschaften des Territoriums untersagt oder erlaubt, wie aus hervorragender Nachbarlichkeit das „Wesen" in andern Städten ausdrücklich verstattet.[3]) Oft greift freilich hiegegen eine Vereinbarung mit solchen ein, so dafs ihres Namens bei dem Verbot gedacht ist oder generell sämmtlichen aus diesen Orten Verwiesnen das Gastrecht aufgekündigt wird.[4]) Hinsichtlich der beigesetzten Meilenzahl erweckt es oft Zweifel, ob nur die Stadt als solche als Anfangsgrenze zu betrachten ist, oder ob der Verbannte die zu beobachtende Strecke von der äufsersten Markung des ganzen Territoriums an zu rechnen hat. Es darf wohl, sofern nicht auch das „Gebiet" ausdrücklich versagt ist, das erstere als Regel gelten.

Dreifsig Meilen bilden die äufserste Grenze, darüber hinaus dienen Flüsse und Gebirge als Markzeichen: Donau, Rhein, Thüringer Wald, Lombardisches Gebirge. Bisweilen befiehlt man, er solle über einen der „vier weld" ziehen. Auch die Ungarische Grenze findet Erwähnung.[5]) Einmal tritt auf Fürbitte Umwandlung (Donau-Thüringer Wald) ein, weil sich wohl dem Exilierten dortselbst

---

[1]) eliminati, exclusi, AB. I, 6 19: verboten, 22, 26; PO. 11, 14, etc.; versagt, AB. I, 12.

[2]) Haderb. I, 1503—1516, 186; 1483—1496, 127; 1516—1527, 223, 216; m. herrn Revier, Rtb. XXIV, 47; AB. I, 15.

[3]) Wendelstein AB. 1448, 22; Hailsprunn AB. 317, 74; Babenberg, AB. Lochner, 40, 1350.

[4]) fast 70 Namen: omnes Ruffiani, kopperi et virharten, cum his excluduntur omnes exclusi a Civitatibus, ab Augusta, a Ratispona, ab Eistauia, ab Herbipli et a Babenberg sub ea pena sicut exclusi in illis Civitatibus sunt, AB. I, 6, 1315.

[5]) AB. Lochner, 28, 1349: Donau Thür. W. Rtb. IV, 9 StA; Thür. W. Haderb. I, 1483—1496, 65: vier weld, Hegel, Städtechron. 5, 589; Rhein, Haderb. I, 1469—1483, 56; Don. od. Rh., Hist. dipl. Mag. f. d. Vaterl. 495, 1414; ungar. Gr., Wölckern, Comm. succinct., 335, Stark, 1599; über das Lampartisch gepirg, AB. 316, 29; vber daz gepirg varn, AB. 316, 18.

zum raschen Erwerb eines Unterhalts eine hilfreiche, opferwillige Hand darbietet.[6]) Daneben mangelt es nicht — dank einflufsreicher Verwendung — an Kürzung und Linderung der Verweisung; selbst Ablösung des Zeitrestes durch Geldbufse ist denkbar.

Wird nun der Gast oder der „so zum Gesindlein" zählt, ohne weiteres aus der Stadt geschafft oder geschlagen, so ist dem Geschlechtersohn zumeist noch eine Frist vergönnt, innerhalb deren er seine Familien- und Vermögensverhältnisse zu ordnen und auf brieflichem Wege eine ehrenvolle Aufnahme in seinem zukünftigen Domizil anzubahnen vermag. Als letzter Termin ist dann eine Tagszahl oder ein Fest (Weihnachten) hervorgehoben. Andernfalls liest man den lakonischen Bescheid, er solle „bei Sonnenschein" die Stadt verlassen.[7])

Vordem teilt auch die „Wirtin" das Loos des Gatten; erst als Wittwe soll ihr die Rückkehr gestattet sein. So nach den PO.; öfters wird zudem ausdrücklich die Mitverweisung von Weib und Kind verfügt, so bei Ausschaffung von Gaunerbanden oder z. B. 1349 der politischen Widersacher durch die Aufrührer, wie durch den zurückkehrenden Patrizierrat. Soll die Frau des Exilierten für immer, d. h. selbst noch nach dem Ableben desselben, die Stadt meiden, so wird dies besonders betont. Jene herbe Bestimmung zessiert indefs 1487 gemäfs dem Dekrete: „so des gestrafften weibe hie beleiben und Ir losung und anders wie ander burger tun und geben wolt und Souerrn Sie Irs mans mifstat nicht verwandt ist, Sol Sie hie geduldet werden doch vorbehalten dem Mann, ob er Sie mit geistlichem gericht zu eelicher beiwonung vordern wolt." Es ist also stets in die Willkür des Gatten gesetzt, ob er sie in der Heimat zurücklassen oder in das Elend mitfortreifsen will. Aufserdem gilt ja jene Vergünstigung nicht für Vermögenslose, welche der Kommune zur Last fallen könnten. Die Bestimmung scheint übrigens schon früher praktische Bedeutung gehabt zu haben, denn bereits 1464 droht man einigen Weibern: sofern für ihre verbannten Männer „vf ir anbrengen" gebeten

---

[6]) Rtb. IV, 9, StA.

[7]) bis sein weib auz dem kindpett kombt und darnach acht tag, AB. 317, 65, 1410; wenn er wider aus der Raifs k., Haderb. II, 190; in vier tagen den nechsten, Rtb. XI, 549; bey Sonnenschein Rp. 1533, 12, 6; sol vor nahtz auz AB. 316, 13; a festo penthecostes proxime venture, AB. I, 9.

würde, müfsten sie auch von hinnen.[8]) Den „Anhang" von Verwiesnen, vornehmlich professionellen Gaunern führt man stets mit zum Thor hinaus, mit dem Ehebrecher oft die Mitschuldige, mit dem Verführer die Verführte.[9]) Zuweilen wird die Frau auf haltlose Verdächtigung hin als „verwandt" der Untat des Mannes bezeichnet und mit ausgewiesen. Sind sie vom Stadtverbot umschlossen, so geniefsen Weib und Kind keine weitere Schonung, weder Alter noch Jugend erwecken Erbarmen. Nur rühmt sich die Bürgerin einiger Vorzüge vor der Gastin.

In der Urfehde, welche der Verwiesne beim Abschied zu leisten hat, verspricht er neben der Beachtung von Zeit und Grenze die Einhaltung oft sehr drückender Bedingungen. So gelobt er, der Stadt gegenüber nie als Feind aufzutreten, seine Ansprüche nur vor des Rates Forum zu verfechten, bezw., vor ihm durch bevollmächtigte Scheinboten zu handeln. Auch Fürbitten behufs Kürzung der Exilsdauer soll er entgegentreten. Dazu verpflichtet man ihn zur Zahlung seiner Schulden und — um die Bande, welche ihn an die Heimat ketten, völlig zu zerreifsen — zur Verschleuderung seiner Güter. Endlich darf er ev. bestimmte Zeit keine Kaufmannschaft, kein Handwerk ausüben, die Wirtschaft wird ihm geschlossen (inhibite taberne), damit er „ungeschenket" bleibe. Dies Alles gelobt er bei seinen Treuen, bei seinem Eid zu erfüllen und zu wahren und „verschwört" die Stadt.[10])

In Ansehung der Dauer der Verweisung ist ein genaues System nicht ersichtlich; es wird ja hiebei nicht nur das fragliche Delikt allein, sondern auch des Täters Persönlichkeit, sein Vorleben, ev. auch seine sonstige Gemeinschädlichkeit ins Auge gefafst. Neben ewiger Verbannung liest man meist zwanzig Jahre als höchste Strafe; 1348 diktiert der Aufruhrrat einem allerdings vor-

---

[8]) PO. 14: sin wirtin ist versagt ewichlich oder vnz ob er nicht were, AB. I, 12; 11; ewiglichen mit Weib und kinden, Extr. etl. Achtb. 1350; hiegegen Rtb. IV, 85, 1487: Rtb. I, 134, 1464.

[9]) fritze dem vngesaltzen der stat verpoten ewiclichen — dez Arnoltes tohter ew. von dez vorgen. v. wegen do si mit vmb gat, AB. I, 23.

[10]) soll er sich des Güttleins verzeihen und aufgeben, Haderb. I, 1503—16, 198; durch eynen Anwalt sein gut verkauffen, Rtb. XIV, 230; kein Kaufmannschaft treiben, Hist. dipl. Mag. f. d. Vaterl., 495, 1414; inhibite sunt taberne, AB. 1, 17, wider den durcken gebrauchen lassen, doch aber zuuor seine schulden richtig machen, Stark, Chron. 1599; ungeschenket sein ein Jahr, PO. 204.

läufig Flüchtigen „d. d. er wider kristeinlichen glauben gepredigt" 100 Jahre zu. Erlaſs eines Teils der Zeit kann eintreten, sofern sich der Sühnende „redlich hält", die durch ihn Geschädigten für ihn bitten, oder e contrario jede Verwendung für ihn unterbleibt.[11])

So steht neben den Jahren häufig „mit gnad, halb auf gnad", nicht seltener freilich „absque gratia", einmal ausdrücklich „annos continuos".[12]) Manchmal — bei schlechtem Lebenswandel, Zauberei, Alchemisterei und dgl. — findet der Rat in der einfachen Androhung der Verweisung sein Genüge.

Für gewöhnlich wird nun nach Verzeichnung des Namens im Achtbuch oder Verrufung von der Kanzel der Verurteilte durch Stadtknechte über die Grenze gebracht. Häufig schlägt man ihn jedoch mit Ruten bis zum Thor oder läſst ihm vorher die Pranger-, Ruten-, Steinstrafe überstehen, brennt ihm das Diebszeichen auf oder beraubt ihn behufs besondrer Empfehlung bei den Nachbarn der Hand, der Ohren, der Augen. Ebenso kann ihm der Abschied noch durch Einthürmung und Spannen (Schlahen) in die Springer versüſst werden. Von Vermögenskonfiskation ist (wenn nicht auf Antrag von Gläubigern) nur selten die Rede; keineswegs tritt sie als unmittelbare Folge der Verweisung auf. Geldbuſsen kommen öfters noch zur Einziehung. Endlich soll nach späterem Ratschlag die einjährige Verweisung für den Verurteilten infamierend wirken.[13])

Wie Hausen und Hofen von Verwiesnen, so macht auch Fürbitte für sie den PO. gemäſs straffällig. Bürger und Büttel haben bei Erblicken eines solchen innerhalb des ihm untersagten Rayons sofort zur Verhaftung zu schreiten oder wenigstens den Rat in Kenntnis zu setzen. Flüchtet er in eine städtische Freiung, so beginnt die Verweisung von neuem und die Zeitdauer vermehrt sich um so viel Jahre, als er sich Tage (vom dritten an) in jener aufhält.[14])

Ergreift man ihn „innerhalb des zils", so gewärtigt er die Strafe des Urfehdbrechers (s. u. Meineid) oder es tritt — bei Selbstverurteilung — die im Achtbuch verzeichnete, von vornherein

---

[11]) AB. Lochner, 124, 1348; Rtb. I, 134.

[12]) non habentes graciam Regis et Ciuium, AB. I, 9; per biennium absque gratia AB. I, 9; zehn Jar von hynnen halb auf gnad, Rp. 1449, 4, 8; annos continuos AB. I, 11.

[13]) Rtschlb. XLIX, 10. [14]) PO. 15.

ausbedungene Sühne (sine sentencia) in Kraft. Neben der bunten Menge von Kapitalstrafen ist hier oft generell ein „respicere ad corpus et omnia sua“ angedroht. Friedbrechern wird bei Rückkehr Verlust der Hand zugesagt, einem mancus der der Linken. Mitunter soll der Ertappte noch einige Zeit im Thurm schmachten: donec anni fuerint completi.[15])

Bei Unvermöglichkeit, eine Bufse zu erlegen, versperrt man des Öftern dem Schuldigen das Thor, bis er seiner Verpflichtung gerecht wird. Aber auch bei nicht verfrühter Heimkehr soll er ev. erst nach Zahlung einer Summe den Eintritt erlangen, wenn man ihn nicht noch einthürmt „bis an der burger gnade“, um so von seiner ernstlichen Besserung überzeugt zu werden. Nicht geringeres Mifstrauen dokumentiert es, wenn es heifst, er dürfe nach Fristablauf nur non sine verbo civium — mit des Rates Willen und Wort — die Stadt betreten.[16]) Dafs übrigens Totschläger nach erlaubter Rückkehr auf Protest der Sippe des Getöteten oder der Gemeinde zu nochmaligem, endgiltigem Verlassen der Heimat gezwungen werden, wird gleichfalls überliefert. Ja 1530 verbannt man einige Gesellen für fünf Jahre beim Hals, weil „die Meister ires hantwerks haben gesagt auf ir eide, daz sie bezzer sein von der stat denn darbei“.[17])

Eine Übersicht zu geben über die Deliktsarten, welche mit Verbannung und Ausweisung bedacht werden, ist wegen der mannigfachen Anwendung der letztern nicht ausführbar. Schwere Verbrechen sucht man später natürlich vergebens, ebenso die Androhung der Todesstrafe. Die ganze Zeit der Reichsstadt durchziehen jedoch die zahllosen Verletzungen in der Fehde und Friedbruchsreate: Totschläge und Verwundungen. Sie sind es, welche vornehmlich mit Verweisung bedacht werden. Oft jagt man den Missetäter nur deshalb aus dem Stadtgebiet, um ihn vor der Rache

---

15) Quod corpore priventur si aliquis ipsorum redeat, AB. I, 9; absque omni sentencia punientur, AB. I, 4; respicere ad corpus suum et ad omnia sua, AB. I, 11; quam captiuitatem sustinere debet secundum ratam temporis, quo deprehendetur in Ciuitate AB. I, 14.

16) J. T. sol nymmer herein komen on der Burger wort und ob er mit vnsern Burgern hie iht zeschicken hat, sol er reht hie nemen vor der Stat Rihter und niendert anders mit einem scheinboten, AB. 316, 47.

17) AB. Lochner, 39, 1350; l. sch. von Vellden der dieberei halben gestrafft. dhweil sich die von V. defs hoch beschweren nit mer eingelassen werden soll, Rtb. XV, 127; Stark, Chron. 1611.

seiner Widersacher zu retten oder sämmtliche Ruhestörer, um ernstern, das Geweinwesen gefährdenden Tumulten vorzubeugen. Sodann sind Vergehen wider den Rat zu nennen, Widerstand gegen Stadtknechte und Nachrichter, verbotnes Appellieren u. dgl. Massenhaft wandern ferner Unzüchter, Kuppler, Spieler, Bettler und andere gefährliche Subjekte — darunter mancher „frumbe" Landsknecht — zum Thore hinaus, Diebe, Betrüger, Fälscher, Brenner, Eidbrüchige, Sektierer, Zauberer, Gotteslästerer, zum Teil vom Tode begnadigt und mit den schrecklichsten Verstümmelungen bedacht. Hieran reihen sich Fälle der Beihilfe und Anstiftung, des Versuchs und schweren Verdachts, sowie zahlreiche Polizeivergehen; vermochte ja selbst von den Fünfherrn Verbannung verhängt zu werden. Narren sind endlich beizufügen und nach Haft und Tortur als schuldlos erkannte Fremde, deren Verweilen in der Stadt man für allzu bedenklich hält. Sie geloben urfehdlich Nichtahndung und Verschweigung der im Gefängnis erduldeten Mifshandlungen.[18])

Noch ist der Aufkündung des Bürgerrechts zu gedenken, welche der Rat übrigens nicht allzu oft betätigt. Er entschliefst sich nötigen Falls lieber zur Ausweisung. Bereits im ä. AB. sind mehrere als privati, exclusi a jure conciuatus verzeichnet; sie bleiben es für immer „nisi de gratia Ciuium recipiantur". „Gastesweise aus- und einzuziehen," sind sie stets befugt. Nach den PO. soll man des Bürgerrechts für immer verlustig gehen, wenn man es zeitweise aufsagt, um Nürnberger vor fremden Gerichten belangen oder nach einer Münzstätte in der Vaterstadt streben zu können. Für Fremde ist in früherer Zeit, wo der Rat eifrigst auf Mehrung seiner Bürger bedacht ist, die Erbittung der Aufnahme nicht, wie später, mit beträchtlichem Geldopfer verbunden; es genügen zwei einheimische Bürgen, welche hauptsächlich dafür einstehen, dafs der Petent zur Entrichtung der jährlichen Losung befähigt ist. Es wird daher jeder, welcher längere Zeit als Gast in der Stadt verweilt, zur Erklärung aufgefordert; weigert er sich, Bürger zu werden, so verfällt er einer täglichen Bufse von einem Pfund von der Warnung an, der in kurzer Frist die Ausweisung folgt.[19])

---

[18]) daz er auch den Stephan mit dem einen awge niht warnen sol und auch nymant sagen, wie man mit im vmbgangen sey, AB. 317, 68.

[19]) PO. 24 ff.; Hegel 2, 507; AB. I, 6.

5. Die Eingrenzung.

Das Widerspiel der Stadtverweisung, bezweckt sie — ähnlich der Einmauerung —, den Schuldigen für immer an die Stadt zu fesseln. Sie wird entweder aus besondrer Gnade oder aus Politik und Eigennutz des Rates bei oft todeswürdigen Verbrechen verhängt. Origineller Weise trifft sie auch Bauern der Nürnberger Landschaft. So heifst es 1499 gelegentlich eines Totschlags im Fraifsgebiet: „zu weiter pufs der fraifs soll er (der Täter) sein lebtag lang hie in die Stadt gestrafft sein. Also das er one eins Rats wissen, gunst und erlaubnus aus der Stadt nit kommen soll.“[1]) Aus weniger selbstlosen Motiven zwingt der Rat einen fremden Büchsenmacher, sowie auch einen Büchsenschützen, für immer in Nürnberg zu bleiben und durch Anfertigung von Feuerwaffen und als Kriegsknecht dienstbar zu sein.[2]) Dafs man Konfinierte, um ihnen Beschäftigung und Unterhalt zu verschaffen, unter die Stadtbediensteten einreihte, ist noch öfters erwähnt.

Besonders egoistisch verfährt der Rat dem Urkundenfälscher Veit Stofs gegenüber. Ohne dafs dessen Verbrechen gegen das Gemeinwesen gerichtet war, sucht es doch jener zu seinem Vorteil auszubeuten. Von einer Richtung des Künstlers wird angesichts seiner Bedeutung und einflufsreichen Fürbitter abstrahiert; in der hieraus ressultierenden Verbannung erkennen jedoch die Stadtväter eine empfindliche Schädigung Nürnbergs. Ihr Bestreben ist daher, ihn völlig an die Heimat zu fesseln. Aber Veit Stofs entkommt, unbekümmert um seinen Eidbruch und die zu gewärtigende schwere Ahndung. Unterwirft er sich auch vorübergehend wieder seinem herben Geschick, bald lodert in ihm von neuem der alte Freiheitsdrang, bis endlich sein mächtiger Gönner Maximilian die Rehabilitation und Freizügigkeit des in seiner Schaffensfreudigkeit so sehr beeinträchtigten Meisters erzwingt.[3])

Die Eingrenzung gilt stets für Lebenszeit; die Gestattung selbst längern Verweilens in der Fremde — wie bei Veit Stofs — verstöfst nicht gegen ihren Charakter. Die zu leistende Urfehde ist ihrem Tenor nach mit dem Schwur des Einzumauernden wohl ziemlich identisch.

---

1) Haderb. I, 119. 2) Rtb. VIII, 320; Rp. 1449, 2, 2.
3) Rtb. VIII, 143; s. Urkundenfälschung.

6. Die Ehrenstrafen.

Schon früher ist einiger ehrverletzender Strafen gedacht. w. z. B. der Brandmarkung und des öffentlichen Staupenschlags. Sonst ist der Rat in vielfacher Weise bestrebt, dem Übermut und Leichtsinn Dehmüthigung widerfahren zu lassen oder verächtlich Handelnde der Schaulust des Pöbels bloszustellen und hiermit auf letzteren zugleich abschreckend zu wirken.

An Verweisen, bzw. „sträflichen Reden“ und Verwarnungen ist kein Mangel; sie sind als gelindeste Ahndung teils bei geringfügiger Vergehung und jugendlichen Delinquenten im Schwange, teils vornehmlich gegen die Bediensteten der Stadt, wie Söldner, Stadtknechte, Schützen, Thürmer, Nachrichter, ja auch Ratsherrn und Schöffen wegen Unfugs, Unfleifses und Ungeschicks gerichtet.

Die Abbitte bei dem Verletzten oder dessen Sippe ist selten der Erwähnung gewürdigt, wiewohl der Rat in seiner Stellung als Schiedsrichter oft genug hierauf erkennen mochte.[1])

Hinsichtlich der Anlegung der schimpflichen Tracht ist, — abgesehen von der den Juden auferlegten Kleidung, welche indefs mehr zu ihrer Kennzeichnung dienen sollte — zu erwähnen, dafs 1514 der Rat durch Verordnung den „ehrbaren“ Frauen, sofern sie als rückfällig des Ehebruchs erkannt würden, die Entziehung der „Stürze“ androhte. In einem Fall, wo eine unrechtmäfsig eingegangene Ehe nicht mehr von Obrigkeitswegen getrennt zu werden vermochte, entschied man dafür, den Schuldigen für ein ganzes Jahr die ehelichen Zusammenkünfte und die eheliche Kleidung zu untersagen.[2])

Der Strick um den Hals spielt in der gewifs nicht völlig der historischen Basis entbehrenden Sage vom goldnen Becher seine Hauptrolle. Ihn trägt der Patrizier, welcher durch voreilige Verdächtigung eines Dieners dessen Richtung veranlafste, lange Zeit als zweifelhafte Ehrenkette. Später wird ihm verstattet, den Strang aufsen an der Thüre seines Hauses aufzuhängen, von wo aus er des weitern auf die Innenseite derselben gelangt, um endlich für immer beseitigt zu werden. Zu Beginn des 16. Jahr-

---

1) Eine Ehebrecherin wird zur Urfehde veranlafst, in feierl. Weise von den drei obersten Theologen Absolution zu erbitten, Rtschlb. XXXIII, 6; s. Verl. an der Ehre: Siebenkees, Mat., 1, 54.

2) Rtb. X, 195, StA.; Rtschlb. XLIX, 287.

hunderts ist — vielleicht mit dem Büfsenden identisch — ein Eyb verzeichnet, der „wegen seines Verbrechens“ mit dem Strick einherwandeln mufs. Ja, noch 1662 unterwirft sich dieser Ehrenstrafe κατ ἐξοχήν ein Wirt, welcher der Stadt viel Umgeld „abgestohlen“.[3])

Eine minder beschimpfende, jedoch weit unbequemere Halskette ist der Lasterstein. Er ist nur für Weiber bestimmt bei Vorliegen von Betrug, Kuppelei, Spiel, Verleumdung und Blasphemie. Seit 1485 ist er verordnungsgemäfs der rückfälligen Ehebrecherin beschieden. Von 1581 an bevorzugt man indefs die Rutenstrafe und 1608 tragen die zwei letzten Steine um den Markt wegen Fluchens auf die Bürgermeister und Schlagens ehrbarer Leute. Auch den Wöhrdern spricht man 1478 einen Stein zu „die frawen zu zeitten in fräuenlichen hendeln mit zymlichen zu straffen“. In den Malefizbüchern ist der Weg, auf dem sich die Exekution abspielt und der zumeist den Bereich der alten Muntat umkreist, auf das sorgfältigste vermerkt. Dafs sich der Janhagel, wenn die Arme, unter Vorantritt des pauckenschlagenden Löwen von Stadtknechten „in der Farbe“ geleitet, daherkeucht, in Spottreden besonders gütlich tut, bedarf keiner Hervorhebung. Weil die Weiber sich hierbei stets durch umfangreiche Kopftücher zu verhüllen streben, wird mitunter ausdrücklich dekretiert, dafs die Delinquentin den Stein mit unverdecktem Antlitz tragen solle. Sofern diese Strafe, wie oftmals, lebenslängliche Verweisung nach sich zieht, endigt der Kreuzweg erst vor dem Stadttor. Einmal wird die Gedehmütigte, eine Gotteslästerin, hierzu noch mehrere Stunden vor die Kirche gestellt.[4])

Eine ähnliche, wenn auch mildere Bufse, ist das Geigentragen. Es wird ebenfalls nur weiblichen Sündern auferlegt, „zur straffe Ires ungehaltenen Waschmauls“. 1615 führt man eine Frau, welche auf dem Rathaus einer jungen Zeugin, die

---

[3]) Der Mohrenköpflein kam wieder nach Haus, mufste aber lange einen Strick am Hals tragen, Mfzb. 1662; ein junger M., der einem Kleriker 80 fl. gestohlen, mit Strick um den Hals, Rute in der Hand auf den Pranger gestellt, 1668.

[4]) Siebenkees, Mat. 3, 383; Diebin Stein mit unverdecktem Gesicht tragen, Haderb. I, 1516--27, 230; Diebin Stein, ewig Donau, wiewohl sie merkliche straff an Irem leibe oder Irer oren, wo sie die noch gehabt, verwürckt hette, 148; s. Kuppelei, Betrug; Mfzb. 1531, Stark, 1573.

gegen sie aussagte, in das Antlitz schlug, in die Geige gezwängt in feierlichem Umzug durch die Stadt und gebietet ihr, jene noch drei Tage lang mit kreuzweis verschränkten Armen umherzuschleppen. Erst als sie in heftige Krämpfe verfällt, erreicht ihr Gatte ihre teilweise Ledigung aus dem Torturwerkzeug. Die doppelte Geige, in die man zwei Widersacherinnen gleichzeitig zu spannen vermag, ist für Nürnberg nicht verbürgt. 1548 erfolgt auch an den Pfleger von Gostenhof die Überlieferung etlicher Geigen „die pösen vngehorsamen Weyber damit penntig zu machen“.[5])

Symbolisiert die Steintragung die im alten Strafrecht gegen Frauen übliche Steinigung, so soll die Rute in der Hand des Missetäters bei Prangerstellung und Kirchenbuſse auf die verdiente Züchtigung hindeuten.[6])

Das Tragen von Hunden, wozu im Mittelalter mit Vorliebe Edle verurteilt wurden, ist in Nürnberg nicht gebräuchlich, wiewohl gemäſs einem bei Grimm verzeichneten Sprichwort das Führen von solchen in dortiger Gegend verhängt worden sein soll. Oft dienen indeſs Hunde neben dem Gehenkten als sonderbare Galgenzierde.[7])

Beschimpfend wirkt ferner die Anschlagung des Namens an den Galgen. Flüchtige Verbrecher werden hiedurch gleichsam in contumaciam gerichtet. Auch soll sie die öffentliche Verrufung deklarieren und zur Verfolgung und Ergreifung des Täters auffordern. Neben dem Gerichteten bringt man hie und da gleichfalls eine Blechtafel mit Angabe seines Verbrechens an. Die Schandtafel der Bankbrüchigen rubriziert ebenfalls hierunter.[8])

Auf Amtsentsetzung wird unzählige Male verfügt. Sie trifft den Ratsherrn, Schöffen und sonst zu einem Amte Geschwornen, sofern er wider Eid und Pflicht gehandelt, wie auch bei entehrenden Verbrechen. Ebenso geht sie der Einmauerung eines Ratsgenossen vorher. Stadtdiener niedern Grads werden lediglich „geurlaubt.“[9])

Das Zerschlagen des Wappens, wie der Rüstung von

---

5) Siebenkees, Mat. 1, 54; Rtb. XXIV, 2, 1548.

6) Mfzb. 1668; s. Kirchenstr.; eine Vagabundin wegen Pechscharrens mit Umhängung eines Stückes Pechs zur Stadt hinausgeführt, S 4, Forst A. Laur., Nr. 951.

7) Grimm, RA. 717; s. Hängen.

8) Rtb. LVI, 178; s. Bankbruch. 9) s. Amtsdel; Ehebruch.

Patriziern und Edlen soll (abgesehen davon, dafs es bei Aussterben eines Geschlechtes der Brauch) Ehrlosigkeit dokumentieren; das zum Schelmen machen (Zerbrechen des Degens etc.) ist lediglich militärischen Charakters und kommt Stadtsöldnern gegenüber zur Exekutierung.[10])

Das Prangerstellen — meist vor dem Rathaus — geht häufig dem Vollzug der Körper- und Verbannungs-, seltner der Todesstrafe voraus. Der Delinquent wird auf einer Holzbühne (in mildern Fällen auf einem Brett vor derselben) zur Schau gestellt, in ein Halseisen geschlossen und ihm eine Tafel mit Ankündigung seiner Vergehung, ein Corpus delicti umgehängt oder eine Ruthe in die Hand gegeben. Hie und da erfolgt auch eine „Verlesung" vom Rathausfenster herab. Die Dauer der Ausstellung ist eine verhältnismäfsig kurze (in der Regel eine Viertelstunde). Wiewohl der Pranger von Stadtknechten umstellt ist, so glückt doch zuweilen ein Entschlüpfen aus ihm, wie einem der Augenberaubung Gewärtigen, welcher unvermutet aus dem Eisen sich zwängte und in das Augustinerkloster flüchtete.[11])

Für Soldaten dient ein Pfahl in der Kaserne als Pranger. Eine Zauberin bindet man an ein auf dem Markt errichtetes Kreuz und bekrönt sie mit einer Teufelsmütze.

Der dortselbst 1622 aufgeschlagene Bauernpranger war für betrügerische Händler bestimmt. Nachdem er bereits schon einmal abgebrochen war, beseitigt ihn der Rat 1704 endgiltig zu Ehren der Ankunft des Kaisers.[12])

Die Strafe des Wippgalgens (Schnellgalgen, Kack) wäre vielleicht mit besserem Rechte den Leibesstrafen einzureihen. Die Exekution ist äufserst schmerzhaft. Der Delinquent wird mit auf den Rücken gebundenen Armen — an denen der Strick befestigt

[10]) fürete man ihrer drey für, die machte man zu Schelmen, Stark. 1553; durch Henker z. Sch. gem., Degen mit Füfsen zerbrochen, Mfzb. 1672.

[11]) Diebin vnder den pranger auff das pennсklein gestellt, Haderb. 1, 1516—27, 229; AB. 1448, 41; Kinderverwahrloserin eine Stunde Pranger und Stein, Haderb. 1, 1483—96, 68; vff dem Pencklein v. d. Pr. biss zu aufslesen der berufung, Haderb. I, 1503—16, 168; 2 sh. hlr. pütel de opere suo eine aufszuruffen am pr. von scheltens wegen, StR. 1430, 56; Hegel 5, 604; eine Art Pr. war auch das „Kärnlein für die vollen Leut" unter dem Fünferhaus, Waldau, Verm. Beitr., 3, 253, 1557.

[12]) Einbrecher, Soldat, zwei Stunden am Pfahl, Mfzb. 1674, 1678; Hegel 4, 306; Siebenkees, Mat. 3, 26.

ist — mit Hülfe eines Haspels zum Querbalken aufgezogen und hierauf plötzlich fallen gelassen, indeſs nur so weit, daſs es ihn über der Erde schwebend erhält. In Nürnberg scheint dies 1619 zum ersten Mal betätigt worden zu sein; die Wiedereinrichtung der verrenkten Glieder der Gestraften nahm Meister Franz im Männereisen vor. Da sie das Vergnügen des „Fallens“ dreimal durchkosten muſsten, so war es nicht zu verwundern, daſs bei jedem ein Arm aus der Pfanne gerückt war. Nur einer blieb unversehrt, weil er den dabei „üblichen Vorteil“ bereits kannte. Lediglich Söldner wurden hiezu verurteilt wegen Desertion und andrer schwerer Delikte.[13])

Das Spieſsrutenlaufen gilt mutmaſslich als weniger hart, indem es gleichzeitig bei Desertionsversuch verhängt wird, daneben auch bei Aufruhr, Widerstand, Einbruch und andern militärischen und sonstigen Verbrechen und Vergehen der zuchtlosen Soldateska.[14])

Das Reiten auf dem hölzernen Esel (oder Röſslein) — auch eine Art Pranger — hat ebenfalls stets ein Militärdelikt zur Voraussetzung. Ich erinnere jedoch hier der Kuriosität wegen an den Asinus und Lupus der Nürnberger Schulreformation. Auf diese beiden Holztiere verdammt man behufs Verspottung durch die Kameraden unfleiſsige Schüler, um sie hernach einer Züchtigung zu unterwerfen. Bis hierher also fristet der Wolf, der alte Haidetraber, als Symbol der Friedloslegung sein Dasein![15])

Die Beschränkung des Waffenrechtes des Freien (d. h. die Untersagung des Tragens von Schwert und Messer) wird — abgesehen von den generellen Verboten der PO. — öfters ausgesprochen und auch im Achtbuch verewigt. Sie erfolgt für immer oder für bestimmte Zeit. Hiermit ist mitunter die Untersagung des Besuches der Leithäuser (Wirtshäuser) und des Spielens vereinigt. 1611 soll ein aus dem Gefängnis entlassener Fallit aller ehrlichen Zusammenkünfte sich enthalten und am Markt nicht weiter, als bis zum Schönen Brunnen hinauf gehen.[16])

Zum Schlusse noch wenige Worte über die Infamie an sich. Jede Verurteilung zur peinlichen Sühne, wie überhaupt Strafe an

13) Soden 1, 518; Mfzb. 1662; s. Militärdel. 14) Mfzb. 1676, 1677.

15) zwölf Sold. auf das hölz. Röſslein auf d. Schütt gesetzt, 25 Pfd. schwere Steine an den Füſsen, Soden 2, 52, 1621.

16) S. Schädl. Leute, Bankbruch; Soden 1, 238.

Haut und Haar wirkte infamierend. Lediglich der Lochschilling bildete hierin eine Ausnahme. Hinsichtlich der Freiheitsstrafen waren Zuchthaus und Springer ehrenmindernd und blieben es, wiewohl der Rat es bezüglich des erstern verneinen liefs. Bei andern Detentionsarten, wie Einmauerung, hing es allein von der Ursache der Einsperrung ab. Das nämliche galt von der Konfination und Verbannung. Ein wegen Schulden mit ewigem Gefängnis Bedachter oder wegen Totschlags Konfinierter und Verbannter sollte an seiner Bürgerehre keine Einbufse erleiden. Anders verhielt sich dies z. B. bei Diebstahl. Pasquill oder Ehebruch. Hie und da spricht es der Rat, um Mifsverständnissen vorzubeugen, ausdrücklich aus. dafs der Verhaftete „nachuolgend für redlich solle gehalten werden". Später infamiert die einjährige Verbannung. Wiewohl der Ehebruch meist nur allzu milde Ahndung erfuhr, wurde gerade bei ihm des Öftern der infamierende Charakter hervorgehoben und eingeschärft. So erklärt man einem Patrizier, dafs er durch die Tat an sich seiner Ratsstelle verlustig sei. einen Altdorfer Professor entsetzt man aller Ämter und Ehren. Ein Geschworner des Handwerks verliert wegen Ehebruchs diese Würde. Bei einem, der in der Folge durch Urteil von seiner Frau geschieden ward. heifst es. dafs er nun „infamis. id est tot" zu erachten sei.[17])

Eine Besprechung der „Unredlichkeit". soweit ihr Eintritt bedingt ist durch Zugehörigkeit zu einem verrufnen Gewerbe oder Tätigkeit bei einem unredlichen Meister u. dgl. mehr. überschreitet das strafrechtliche Gebiet.[18])

---

[17]) s. d. betr. Kap. im bes. T.; Tetzel, der des Rats gehaimbt eroffent: Aber von wegen der Infamia. dhweil in crafft der geschriben recht gedachter T. als ein verwürklicher der Eren ainicher seiner getragen ämpter, Stend oder wirdigkayten nicht mer vehig sein mag, Rtb. X, 297, StA.: H. p. ebruchs halben geschieden, meisterrecht ableynen, so er sich wider versönt, das sie gutwillig bei Ime wonen will, mag er wider ansuchen. Rtb. XV, 169, StA.: Dekr. v. 21. V. 1760: dafs hies. Zuchth. nicht infamiere; Relegation über ein Jahr infam., Rtschlb. XLIX, 10; Dieb unter fünfzehn J., der nur poena extraord. erhalten, soll zum Handwerk zugel. w. und Redlichkeitsurkunde erhalten, Rtschlb. XLIX, 350; durch Widerruf und Urfehde unredlich, Soden 1, 483; Turm, nachuolgend für redlich, Rp. 1532, 10, 11; den meistern sagen. Welcher G. nit für redlich halten woll, dem soll die Statt verpoten sein, Rp. 1532, 6, 21; Soden 1, 320, 1613: Rtschlb. V, 180.

[18]) auf unredl. Werkstatt zu Prag gearbeitet. Soden 1, 105: für redlich

7. Die Kirchenstrafen.

Die von Bamberger Klerikern veranlafste und geleitete Ketzerinquisition des Jahres 1332 heischt von Nürnberg noch kein Menschenleben: Der Rat gewährt den Gesandten des Bischofs zwar freien Einlafs, doch nicht den erwünschten Zugriff, wenn auch eine stattliche Reihe von Waldensern zum Verlassen der Heimat gezwungen wird. In der Folge beseelt ihn nicht die gleiche Energie. Feuerbrände lodern zu Ende des 14. Jahrhunderts empor. Und auch sonst strebt er bis zum Hereinbrechen der Reformation jeden offnen Konflikt mit der Kurie — nicht zum wenigsten wegen der hieraus erwachsenden kostspieligen Streitigkeiten — zu vermeiden, wie er auch einer Bannifizierung keineswegs gleichgiltig gegenübersteht. Dies erweist z. B. ein Gutachten des Konsulenten Clüver, welches die Festnahme von fürsätzlichen Totschlägern in Kirchen und Klöstern ängstlich widerrät,[1]) oder ein Erlafs, durch welchen ein Einheimischer beordert wird, „das er sich mit der frawen, die In zu pan pracht hatt viertrag, damit der pan abgestelt und nicht Interdikt gelegt werde, oder das er die Stadt meyde, dann ein Rate die prozefs und geistliche beswerde nicht erleyden möge".[2]) 1515 steckt man eine Frau, da sie mit Bann und Interdikt belegt wurde, in das Lochgefängnis, entledigt sie jedoch bald wieder der Haft mit der Warnung, sich nicht vor Aussöhnung mit der Kirche in die Heimat zu begeben.[3])

Über die Bedeutungslosigkeit des Bannes für den neuen Glauben handelt ein interessantes Schreiben Luthers an den Rat, auf dessen Anfrage hin verabfafst.[4])

Auslieferung von Priestern an die geistliche Behörde — auch wegen weltlicher Verbrechen, wie Diebstahls — wird des Öftern betätigt. Hie und da geben sich freilich tonsurierte Schwindler für Kleriker aus, wie z. B. ein sehr verwegner Kirchenräuber. Aus Vorsicht läfst jedoch der Rat, auch sofern er die Angabe des Ertappten für leere Ausflucht hält, denselben in einem verhängten

---

halten, trotzdem sein Vater Leb, Rtb. XI, 299, StA.; das Redlichmachen von Gesellen, Soden 1, 238; ein Geiger hat durch Zufall einen Hund erschlagen und bittet, ihn durch eine Strafe wieder redlich zu machen, 238.

1) s. Verfahren 514, 122; Rtschlb. Sim. Clüv. 139.

2) Rtb. IV, 35 StA. 3) Haderb. I, 1503—1516, 200.

4) Waldau, Verm. Beitr., 4, 310; s. ind. Westermayer, n. Kirchenordn. 137.

Wagen nach Bamberg transportieren, wo dann nach Entlarvung des Betrügers auf ebenso sorgfältige Rücklieferung Bedacht genommen wird.[5])

1379, als mehrere Ketzer dem Feuer zur Beute wurden, nehmen viele Bürger das Kreuz und unterwerfen sich der Kirchenbufse. In den Städtechroniken ist eine derartige höchst seltsame Prozession geschildert.[6])

Das Stehen vor der Kirche während des Gottesdiensts im Büfserhemd, die Rute in der Hand, ist häufig das Loos reuiger Wiedertäufer; ja es scheint hier allgemeine Strafnorm zu sein, indem z. B. 1530 einer Bekehrten befohlen wird, dafs sie tags darauf vor ihrer Pfarrkirche „laut der ordenung" stehen und dann ihr Kind taufen lassen solle." 1553 dekretiert man sogar dreimalige Kirchenbufse, damit jedermann sehe, dafs der Zurückgekehrte seinen Irrthum öffentlich bekannt.[7]) Dafs ihre Anwendung auch bei Blasphemie Anklang findet, ist nicht zu verwundern; die Zahl der der Bufse unterworfnen Lästerer ist sehr beträchtlich. Hiezu gelangt sie bei Unzuchtsdelikten in Gebrauch; 1565 wird sie hierfür als Strafbestimmung zum ersten Mal vom Rathaus herab verlesen. 1596 verbescheidet man einen Antrag, diejenigen hiezu zu verurteilen, welche sich „selbsten verwunden und wiederumb

---

[5]) Hegel 5, 559; So wird 1490 ein Clericus, welcher in der Frauenkapelle ein vergoldetes Kreuz gestohlen und unter die Juden versetzt, nach Bamberg geliefert, Ann. 1490, s. Haderb. 1483—1496, 84: des Techants zu Bamberg anbringen In acht zu haben, der ersten von der wegen, die hie zu gefengnus komen, die dann ein Rate noten sol. vor In und nynderd anders recht zu suchen. Zum andern das ein Rate auch die priester hie noten soll vor In zu recht zu steen, Rp. 1459, 9; als der Stattknecht d. f. anhangk zu gefengknufs füren wollen, hat obben. priester an den st. freuenlich hand gelegt, plutrünstig gestofsen und gedrosselt -- auff aim verhangen Camerwagen mit ainer schrifft solcher seiner verhandlung gein B. schicken, Rtb. X, 264; in Frevelsachen zwingt man sie meist zur Anerkennung des N. Gerichts, s. Geistliche. Vogel von Eltersdorf: man hat ihn nit gen B. geschickt, die Weyh ab zu nehmen, der Nachrichter hets ihm hier abgenommen, Waldau, N.B. 2, 268.

[6]) etlich manspild giengen plofs pis auf den Gürtel, etlich trugen plofse schwert, etlich kolben gestell als die prent, etlich püchsen, etlich spiefs, etlich helmparten, nachdem und damit er gemört het, etlich verpunden das antlitz; etlich offenbar, etlich plofs und dennoch verpunden. die frawen gingen in frawenmenteln etc. s. Hegel Städtechron. 5, 555, 489.

[7]) s. Ketzerei.

aufkommen" mit dem Beschlusse „wenn es wieder zu schulden kumbt, eingedenckh zu sein".[8])

Rom- und Ach- (Aachen) Fahrten sind hie und da erwähnt; mitunter bildet das Gelöbnis einer solchen Wallfahrt einen Teil der Urfehde des Totschlägers.[9]) Sonstige kirchliche Zeremonien, wie Abbitte am Grab des Getöteten, scheinen nicht üblich.

Die schwerste Kirchenstrafe ist — wie heutzutage noch — die Versagung des kirchlichen (ehrlichen) Begräbnisses. Aus dem Verfahren (I. u. II. HGO.) erhellt, dafs man vordem über den Toten ebenso urteilt und richtet, wie über einen Lebendigen.[10]) 1396 wird Hagenbach verbrannt „denn er war erstochen worden.[11]) Wiederholt liest man Einträge, wonach dem Nachrichter Geldbeträge zuerkannt werden, „do er vber einen toten richtet".[12]) Es handelt sich hier um einen bei handhafter Tat (bei der Verhaftung — aus Notwehr) Getöteten, oder einen solchen, der, eines schweren Verbrechens wenigstens nahezu überwiesen, im Lochgefängnis starb oder sich selbst entleibte, oder endlich überhaupt um einen Selbstmörder. Verschwindet auch der geradezu lächerliche gerichtliche Formalismus mit der III. HGO., die Versagung des Begräbnisses wird stets aufrecht erhalten. Man verbrennt entweder den Toten zu „Pulver" auf freiem Feld oder einer Wegscheide, ebenso kommt das Werfen in das Hochgericht vor. Der Name des Verbrannten wird auch im Achtbuch verewigt. Ein Begräbnis nicht minder schimpflichen Charakters ist endlich die Verscharrung an gewissen verrufnen Plätzen, wie im Wespennest, am Studentenplätzlein, bei der Gemeingrube. Zum Hundschlager schleift der Pöbel einen Kleriker, welcher beim Schatzgraben verunglückte.[13]) 1520 gebietet der Rat die in das Hochgericht Begrabnen nach

---

[8]) Rtb. LVI, 171; Mfzb. 1565, 1576, 1617, 1655, 1657, 1659, 1660 etc.

[9]) erstach der von Sachsen koch in dem frawenhaus eins nadlers sun erpaten in sein herrn gar kaum. must ein Romfart und ein Ochfart im tun und der muter 15 fl geben, Hegel, Städtechron. N., 1487.

[10]) s. Verfahren, HGO. I, 251, (56) und HGO. II, 542, (150).

[11]) Stark Chron. 1396.

[12]) Susp. 2 Pfd. hlr. zu lon do er vber einen toten richtet, JR. 64, 1382.

[13]) Collect. Stadtbibl., 1530; erstach sich mit willen selber Ot Sulmeister. man verprent in nicht, Hegel 4, 352; den jungen knecht, der sich erhangen hatt, fürderlich verprennen zu lassen und solich geschicht in das Achtbuch zu schreiben, L. Mülich dem leben vier tag in das loch, d. d. er den erhangen dem Burgermeister zuuerkünden verhalten, Rtb. IV, 72 u. 79.

der Herausnahme bei s. Peter im Siechgraben, nicht, wie früher, in der Stadt oder im neuen Gottesacker, zu verscharren.[14]) Dies ist Pflicht der Bettelrichter und des Löwen; erstere versagen öfters ihre Beihilfe.

Von vornehmen Gerichteten genehmigt man Muffel ein ehrliches Begräbnis in der Familiengruft zu Eschenau. Imhof beerdigt man im Steinschneidergärtlein bei s. Rochus, Gülchen neben der Grube bei s. Johannes. Gar oft besteht des Armen letzte Bitte darin, ihn nicht Beute der Raben werden zu lassen. Der Rat nimmt hiebei Rücksicht auf die Familie oder das Handwerk des Gerichteten. Ev. „erlaubt“ er schon im Urteil den Kirchhof.[15])

1544 wird bereits offiziell einem Augenarzt gestattet, „des Armen sünders kopf zu anatomisiren, damit er die aigenschafft desto pesser erlernen möge“, ähnlich 1548, was dann häufig durch den Nachrichter, welcher ja auch meist in der Heilkunst sehr bewandert ist, betätigt wird, bis die Anatomie in Altdorf ein Anrecht darauf erwirbt.[16])

Bei Selbstmördern prüft man stets, ob es sich um einen Wahnwitzigen oder nur um eine „verzweifelte Person“ handelt. 1486 stellt es der Rat — dem in allen Fällen die letzte Ent-

---

[14]) Rtb. XI, 508.

[15]) Beck ertränkt sich; er wurde durch das Handwerk erbeten, daſs man ihn auf dem Gottesacker begrub, Stark Chron. 1557; C. v. Hall, dem von dem Richter der Kirchhof erlaubt wurde, Rtb. I, 215.

[16]) Rt. XXII, 1544, 112; Magister Heypeln zulassen der Armen ainen so gericht worden In S. Peters Kirchen zuschneiden, doch das nit vil volks darzu kome Ime auch ain knecht zu geben, Rtb, XXIV, 1548, 9; dem Nachrichter auf sein ansuchen erlauben den enthaupten Cörper zu schneiden und was Ime zu seiner artzney dienstlich deruon zu nemen Rtb. XXXVI, 1578, 258; den hab ich Adonamirt und geschnitten, M. Franz. Tageb., 1578, 1581, 1590 etc.; 1641 wird der Körper einer Kindsmörderin von Dr. Beſsler und den beiden Stadtapothekern arte Pharmaceutica et chimica cum laboribus industriis mediante vulcans, manualibus operationibus elaborirt; Sodann erteilt das theatrum anatomicum in Altdorf das Anrecht auf die Gerichteten. 1682 sandte man eine solche dorthin „weilen sie aber den Kopf nicht mitgebracht, haben die Herren Professores Medicinae Selbige nicht angenommen und wieder hereingeschickt, Mfzb. im Bes. d. H. Geuder; 1717 wird ein Dieb nicht in die Anatomie verbracht, sondern von einem Barbierergesell erkauft, um sich an ihm „exerziren“ zu können, Mfb. MS. 556a. Öfters liest man, daſs schwer Leidende sofort nach der Richtung das warme Blut der Armen tranken. s. a. Reubold, zur Gesch. der gerichtl. Sektion (Friedreichs Bl. f. ger. Medicin, 1893).

scheidung obliegt — dem Pfarrer frei, ob er einen Erhängten in geweihter Erde begraben wolle, und zwar unter dem Beifügen, dafs man nach gewissen Wahrzeichen auf einen Selbstmord nicht schliefsen könne.[17])

8. Die Vermögensstrafen.

„Der frevel, bufsgelt, straff und wandel,
Die schergen und das artzetgelt
Die haben meiner taschen gstrelt."
H. Sachs.

Eine Vermögenseinziehung als Straffolge eines bestimmten Verbrechens (wie von Reichswegen des Hochverrats) kennen die städtischen Quellen nicht. Im ä. Achtbuch wird nicht selten ein respicere ad corpus suum et ad omnia sua, ein respectum habere ad hereditatem illius angedroht, jedoch nur zur Sicherung der bei ev. unerlaubter Rückkehr verwirkten Summe.[1])

Das Gut Flüchtiger mit Beschlag zu belegen, bezw. einzuziehen, war früher des Schultheifsen Befugnis; ja es soll sogar einen Hauptbestandteil seines Einkommens gebildet haben.[2]) Eine Verordnung des 14. Jahrhunderts modifiziert dies anfangs wohl ziemlich uneingeschränkte Recht hinsichtlich der einheimischen Bürger insofern, als sich der Richter des liegenden Gutes (erbe oder eigen) derselben nur nach Ausspruch der Ächtung (Verrufung) und, nachdem es den Salleuten und Erbherrn rechtskräftig abgesprochen ist, unterwinden darf. Innerhalb dieser Frist erweist sich die Vornahme einer gerichtlichen Anleite als wirkungslos, der Täter vermag inzwischen sein Grundstück an jeden Beliebigen zu verkaufen oder zu verschenken. Der Erbteil eines Kindes soll ferner bei Totschlag überhaupt nicht der Einziehung unterliegen. Auch können sich die richterlichen Mafsnahmen nur auf Güter beziehen, welche innerhalb des Jurisdiktionsbezirkes liegen.[3])

---

[17]) So sich erhenkt hatt halb zu erfarn, und wo erfunden werd, das er wanwitzig gewest, In auffm andern gotzacker zu begraben, Rp. 1500, 6; schneider so die Hauptsucht gehabt und sich erhenckt hat auff den Gotzacker begr., dhweil er andern tags dauor wolgeschickt gewest und mit dem heil. Sacrament versehen ist, Rtb. IX, 394; Rtb. IV, 168; Siebenkees, Mater. 2, 598.

[1]) Maientaler incendiarium abstulit, pro quo cives volunt respicere ad corpus suum et ad omnia sua, AB. I, 11.

[2]) Stromer, Reichsschultheifsenamt, 105, 106, contra Priv. Ludw. 1331 (Ann.)

[3]) PO. 41.

Was das Eigen Fremder anbetrifft, so verblieb es jedenfalls bei der früheren Rigorosität.

Hinsichtlich des Verfahrens ist hiebei folgendes hervorzuheben: Gelangte die Flucht eines Verbrechers oder Verdächtigen zur Kenntnis des Rates, so begaben sich — nach ordnungsmäfsiger Erlassung des Achtausspruchs oder der Verrufung — Richter und Schreiber in des Flüchtigen Wohnung und zeichneten den Güterbestand in Gegenwart von Zeugen und Interessenten auf. Dies galt als Akt der Beschlagnahme. Häufig ging indefs der Rat gar nicht selbständig vor, erteilte jedoch (bei Totschlag) der Freundschaft des Abgeleibten oder andern Gläubigern auf Ansuchen einen dinglichen Arrest. Verfolgte dies einerseits den Zweck, den Täter zur Gestellung und rechtlichen Ausführung zu veranlassen, so sollte anderseits hiedurch dem Verletzten oder dessen Sippe Bufse und Wergeld, dem Gericht Ersatz der Kosten werden. Der Ungehorsame erfuhr wiederholte Citation, ev., sofern er sich in einer Freiung oder einem Geleitshaus aufhielt, durch den kompetenten Amtmann oder Pfleger. Und wenn man, heifst es 1565, eigentlich erst nach einem Jahr die Güter konfiszieren sollte, so steht es doch in der Willkür der Obrigkeit, es vorher zu tun und gegen die Person mit der Mordacht fortzufahren.[4])

Interessant war das Vorgehen in Fraisfällen, d. h. bei Verbrechen im sog. Fraisgebiet — einem Territorium von strittiger, bezw. gemeinsamer Jurisdiktion, in dem lediglich Prävention (Vorgriff) zu Gunsten des einen der Grenznachbarn entschied. Als Handhafte dienten hier gleichsam die Fraiszeichen, d. h. der Leichnam, ein Finger des Ermordeten, Kleidungsstücke oder andre Habe des Getöteten oder Täters, Späne von ihren Häusern. Wurde der Tote alsbald wieder den Hinterbliebenen zur Beerdigung verabfolgt, so erstattete man andre beschlagnahmte Objekte erst bei Ergreifung des Verbrechers oder Abtragung des Fraisanspruchs durch Geld wieder zurück. Meist aber mifslang es, den Täter zu fahen, oder er geriet in andre Hände, worauf dann, sofern nicht Einlösung seitens der Freundschaft erfolgte, der Rat die Pfänder behielt und in der Kriegsstube aufstapelte. Nach geraumer Zeit schenkte man sie weg oder verkaufte sie.[5])

[4]) PO. 41; Defs abgeleibten freundschaft Ist ein verpott vff der thettern güttern begünnt vff ains Rats widerrufen, Rtb. IV, 242.

[5]) ableib geschehen, dem pfleger zu bezalhen, von des entleibten Haufs

Der Einziehung unterlagen ferner die Corpora delicti, d. h. die sowohl zum Verbrechen dienlichen, wie durch dasselbe hervorgebrachten Gegenstände. Die dem Aufgegriffenen abgenommenen Waffen verteilte man meist an die die Verhaftung ausführenden Söldner. Sonst zum Delikt benützte Objekte wurden nicht nur eingezogen, sondern auch beseitigt oder ev. mit dem Täter vernichtet. Die den Räubern entrissene Beute erstattete man dem ermittelten Eigentümer zurück; hinsichtlich der herrenlosen Werthstücke erwirkte der Rat bereits 1484 durch den Bischof Julian von Ostia die Befugnis, den Erlös aus denselben zu Almosen zu verwenden.[6]) Verfälschte Waaren, wie „schädlich Weingemächte", schlimmes Bier u. dgl. werden beschlagnahmt und zuweilen unter grofsem Pomp dem Untergang geweiht, der Pseudo-Safran oft mit dem Fälscher zugleich verbrannt.[7])

Auch die Wegnahme und Zerstörung der Handwerks-Zeuge und Erzeugnisse bei unbefugter Ausübung eines Gewerbes — was übrigens regelmäfsig durch die beleidigten Meister selbst besorgt wurde — fällt unter diese Rubrik.

Was nun die Geldstrafen, vornehmlich die Bufse und ihre Arten anlangt, so sind Bufse und Besserung (puz, puzze — pezzerung) als gleichbedeutend behandelt. Als die „alte" Bufse präsentieren sich der „Frevel" und die „Êschillinge"; sie deklarieren sich als Friedbruchsühne, wie als Poen bei Ungehorsam gegen ein richterliches Gebot.[8]) Bufse und Besserung bezeichnen aber auch die an den Kläger zu betätigende Leistung und endlich Strafe überhaupt, wie man z. B. einen zur „puz und peen" (z. pezzerunge) verbannt oder in den Thurm wirft. Einer ebenso willkürlichen Verwendung erfreut sich „Wette"; während sie in der Bedeutung der Wadia prozessualen Charakter trägt, wird der zu einer Wette verurteilt, welcher nach der Feierglocke ohne Licht auf der Gasse betroffen wurde.[9]) Seltner ist „Wandel" als Bufse gebraucht, meist als

ein span zu aim fraifspfand zu nemen, Rtb. XVII, 1535, 73; auf Agnesen R. supliciren in Ansehung Ihrer Armut und kranckheit Ir die kue so irem haufswirt als fraifspfandt genomen widerzustellen abgeleint, 98; dem entleipten ein Leibzeichen nemlich ein finger abgeschnitten, 101; so der kranck todts hingen solt, starck dahin ze eilen und den Cörper zu fraispfandt hinzenemen, 196, s. Verfahren, 264, (69).

[6]) Ann. 1484. [7]) s. Fälschung.

[8]) PO. 8; HGO. I; Verfahren, 246, (51); Thurm ze pezzerunge, PO. 22; waz puz im di scheppfen erteilen, der ist man im schuldig, 37.

[9]) PO. 20, 40.

Strafe an sich, in gerichtlicher Beziehung (Wandel dingen) als Holung.[10])

Besafs der Burggraf 1273 noch ein Anrecht auf zwei Drittel der gerichtlichen Bufsen, so beschwerte er sich 1392 vor dem König, dass der Rat die Kläger zumeist vor sein forum zu ziehen wisse und ihm so grofsen Nachteil zufüge, bis er endlich mit Verkauf der Burg jeglichen Anspruchs verlustig ging.[11]) Rücksichtlich des Reichsschultheifsen ist in den PO. hervorgehoben, dafs diese Satzungen ihm, bezw. dem Richter an seinem alten Recht nichts schaden sollen. Bei mehreren der angedrohten Bufsen ist aufserdem die Anordnung getroffen, dafs vier Teile derselben der Stadt zufallen, der Rest jedoch dem Richter. Aber auch seine Bezüge erscheinen im 14. Jahrhundert als nicht mehr völlig gesichert; so „teydingt" z. B. 1377 der Rat mit ihm „vmb alle vel von diesem Jar" und opfert eine nicht allzu grofse Summe, worauf der Schultheifs „die burger ledig und lossagt".[12])

1427 geriet er völlig in der Stadtväter Dependenz, leistete ihnen den Gehorsamseid und verlor jegliches Anrecht auf die gerichtlichen Gefälle. Seit Bestehen des — angeblich 1362 — errichteten Fünfergerichts wurden die Geldbufsen der Mehrzahl nach nicht mehr vom Rat, sondern von den Fünfherrn verhängt und in den sog. Haderbüchern verewigt. Die Verurteilten sind in ihnen zumeist mit dem ganzen Namen verzeichnet, bei den „in der Stille abgestraften" Personen hatte man indefs an einem Buchstaben Genüge.[13]) Auch das Spital erhielt zuweilen den verwirkten Betrag; im Landgebiet fielen die Frevelbufsen dem Eigenherrn zu.[14])

Hinsichtlich des Vorrangs bei mehreren Bezugsberechtigten ist hie und da vermerkt, dafs der Richter sein Recht voraus empfangen solle; nicht so bei Totschlag und Frevel durch Gäste. Diese „richten" sich, um das Stadtgebiet wieder betreten zu dürfen, vorerst mit den Bürgern und dann mit dem Richter.[15]) Auf das Fraifsgeld verzichtet mitunter der Rat, um die Bezüge, welche dem Verletzten zugesprochen sind, nicht zu verkürzen. Letztere hat

---

10) Verfahren, 246, (51). 11) Stromer, 5, 47.

12) PO. 31, 8; StR. 1377, 66; Stadt soviel geben, als dem Kinde, PO. 21; ebenso bei Heimsuche, 37.

13) S. 1, L. 202, Nr. 18.

14) MS. 617; ein Betrüger mufs 1000 fl an Spital zahlen, Soden 1, 239.

15) Stromer, 105.

der Verurteilte sofort zu erlegen oder Bürgen zu stellen. Vermag er dies nicht, so wird er in den Schuldthurm gesetzt für so lange, bis der Kläger „vergnügt“ ist.[16])

Bei Friedbruch verliert der zur Zahlung der Bufse Unvermögliche die Hand; zuweilen tritt auch Gefängnis (der Stock) hiefür ein, noch öfter Verweisung. Wer Verbannte haust und hoft und die Strafsumme nicht zu entrichten weifs, verfällt selbst dem Exil.[17])

Jeder Gefangene hat seine Verköstigung, die „Atzung“ selbst zu bestreiten. Bei Einmauerung schliefst behufs dessen die Freundschaft mit dem Wächter des Thurmes, in dem der Verurteilte sein Leben verkümmern soll, einen Vertrag.[18]) Wie man bei Freilassung auf der Ableistung der Urfehde besteht, so hinsichtlich der Mittellosen auf der Ausstellung eines Atzungsscheines, worin sie für den Fall dereinstigen Vermögens die Tilgung ihrer Schuld geloben. Unzüchter sollen einem spätern Dekret gemäfsbis zur Abarbeitung derselben im Zuchthause bleiben.[19])

Daneben wären noch mancherlei Verpflichtungen erwähnenswert. Ich nenne nur das „Fahgeld“ für die Gefangennahme, das „Bietgeld“ (pietgeld) für die Vorladung des Beschuldigten vor Gericht, den Lohn für den „Anzeiger“ und für die „Kundschafter, welche hinausgesandt werden, die nähern Umstände des Verbrechens zu eruiren, den „Lochschilling“, d. h. den vom Löwen beanspruchten Sold für die Vornahme der Züchtigung.[20]) Die Exekutierung der öffentlichen Strafen erfolgt auf Rechnung der Kommune, das schimpfliche Begräbnis eines Selbstmörders jedoch auf Kosten der Freundschaft.[21])

---

16) PO. 49.

17) PO. 8, 34, 38, 39, 15; pezzerung niht, so lang von stat, 31.

18) doch hier auch ev. durch den Rat, wie bei Christan v. Eybach, 1496; wasser zu drinken und einer schlechten weyfs zu essen geben lassen mit dem turmer vffs nechst abkomen die wochen vmb fünff oder sechs groschen, Rtb. VI, 254 StA.; sein lebenlang vermaurt auff der freuntschafft costen, Haderb. I, 1516—27, 230; Rtschlb. LXI, 209.

19) on bezalung der atzung ausser fangknufs, Rp. 1532, II, 22; wo sie die atzung nit het sol man derohalben einen schein machen, Haderb. I, 180; wenn er zu pessern vermögen khom, das er dann s. a. zale, 141; R. Verl. 18. 9. 1711.

20) Bezalung der atzung und fahgelt, Haderb. I, 212; pietgeld, Haderb. II, 313, gebietgeld, PO. 48; Rp. 1532, VI, 6.

21) Stark, 1612.

Der Schadensersatz an den Verletzten repräsentiert oft einen hohen Betrag. Gemäfs den PO. schuldet der Täter, sofern der Verwundete beim Arzt liegen mufs, für jeden Tag ein Atzungsgeld von drei Schillingen in Gold.[22]) Abgesehen hievon kommen die „Vergnügung" des Arztes, die Bufse wegen der Verwundung oder Leme, bei tiefgehender Schädigung, wie Beraubung der Sprache, das „Interesse", die Entschädigung für Versäumnis und — wenn die Kläger aus der Landschaft stammen — für Zehrungskosten während des erforderlichen Aufenthalts in der Stadt in Betracht.[23]) Ist der Verletzte unfrei, so mufs auch der Eigenherr entschädigt werden oder, z. B. bei Lähmung eines Armes der Magd, die Hausfrau, damit sie jene fürderhin im Dienst behält.[24]) Häufig sind die Einzelleistungen im Urteilstenor nicht genau hervorgehoben, sondern nur angeordnet, dafs der Schuldige eine „Ergetzlichkeit" oder eine Vergnügung für Schmähe und Schmerzen an den Mifshandelten zu prästieren habe.[25]) Bei falscher Anklage oder Ladung vor fremdes Gericht hat der Kläger abgesehen von der Bufse an den Rat den Gekränkten durch eine Geldsumme zu versöhnen.[26]) Gestohlnes ist bei Entwendung in der Fehde „zwispilden" zurückzugeben, eventuell hat der Täter bis zur Erfüllung dieser Obliegenheit im Thurm zu kampieren.[27]) Hauptleute und Dorfgemeinden, welche sich in der Nacheile lässig erweisen, werden zum Ersatz des Geraubten verpflichtet.[28])

Wer eine Kirche durch Friedbruch entheiligt, mufs sie wieder auf eigne Kosten weihen lassen.[29])

Im Fall der Verbürgung, deren Wortlaut mitunter sehr abenteuerliche Bestimmungen umfafst, haftet der Bürge regelmäfsig im vollen Umfang für den Hauptschuldner. Besonders häufig wird sie — neben der Kaution — bei schwerer Bedrohung von Amtswegen auferlegt.[30])

---

22) PO. 47. 23) PO. 48. 24) Haderb. II, 91.

25) Rtschlb. Sim. Clüver, 832; Rtb. VI, 232 StA.

26) Haderb. I, 1483—96, 129; PO. 20.

27) PO. 36, 49; Haderb. I, 172.

28) Rtschlb. 1524—84, 561.

29) PO. 38; soll er den Kirchoff widerweichen lassen vf sin selbscosten, Rtb. I, 220 StA.

30) s. Verfahren, 509, (117), AB. I und Bedrohung: Bezügl. der „Münzverhältnisse" s. d. ausführl. Abh. in Hegel, 1, 224 ff.

Exkurs: Volksjustiz.

Ungerecht und oberflächlich bekundet sich die Volksmeinung in ihren Worten, wie in ihren Taten.

Gar viele der in diesem Werke als Verbrecher Gezeichneten sind lediglich traurige Opfer der Volksjustiz, einer nichtssagenden Verdächtigung Verfolgung, Tortur und Richtung dankend. Legte ja doch das alte Verfahren übergrofse Bedeutung auf das Gerüfte und Gerüchte, war doch der böse Leumund einer der Hauptfaktoren der mittelalterlichen Beweisaufnahme, verdachterweckendes Aussehen und Gebahren der Freibrief für summarische Aburteilung. Und wenn sonst gerade im Kleinwesen das Unkraut der schlimmen Meinung und Verleumdungssucht rascher Wurzel zu fassen und üppiger zu wuchern vermag, so trieb es auch in den Jahren des Verkehrsreichthums der Reichsstadt noch manch düsterrote Blüte. Der Anzeichen sind es genug, dafs es der Rat nicht immer verstand, offenbar vage — gegen Hohe oder Niedere — gerichtete Gerüchte kategorisch niederzuzwingen.

Und auch in ihren Taten geberdet sich die Volksjustiz zuweilen so urwüchsig und elementar, dafs ihr die allzu wenig disziplinierte und energische Hermandad indolent gegenübersteht. So ist insbesondere der Nachrichter während der Exekution im Fall des Mifslingens derselben vogelfrei; kein Friedgebot, keine Strafdrohung vermag dieser Anschauung entgegenzuwirken. Gegen einzelne Frevler geht man freilich oft mit unerbittlicher Strenge vor; aber wenn, wie mitunter, der Pöbel sich in Masse mit Hämmern, Beilen und andrer Wehr bewaffnet bei der Richtung zusammenschaart und selbst die Kapläne und Stadtknechte mit Würfen und Hohnreden zu begrüfsen nicht zagt, mufs man sich lediglich darauf beschränken, den gefährdeten Nachrichter zu „retten“, jeglicher Verfolgung der Friedbrecher entsagend.[1])

Nur einiger prägnanter Auswüchse der Volksjustiz will ich noch gedenken. So der Steinigung des Boten Simon, den man — wohl unbegründet — für einen Verräter hielt. Nachdem er im Vorjahr mit knapper Not dem Verderben entronnen, wurde er 1611 sammt seinem Weibe von den Handwerksbuben tot geworfen „ohne Barmherzigkeit, wie ein toller, rasender Hund!“ Der Rat wähnte, der Gerechtigkeit Genüge geleistet zu haben, da er einige

---

[1]) s. Verfahren, 533, (141).

der Mörder in das Loch steckte, die übrigen aber für „unredlich“ erklärte.[2]) 1657 wurde die „Kösslin“ wegen ärgerlichen Wandels barhaupt und barfuss, mit der Rute vor die Kirche gestellt und durch Stadtknechte zum Thor hinausgeführt. Hinter dem Hochgericht überfällt sie unvermutet der Pöbel, bewirft sie mit Unrat und jagt sie bis hinter den Hummelstein in den Wald. Sie dichtet selbst ein Lied hierüber und gelangt später durch Geldsühne wieder in die Stadt.[3])

Zwei Diebsbrüder wurden gehenkt, ihre Mutter Kordula strich man mit Ruthen. Nach Überstehung der Strafe „ist sie von den bösen Buben hin und her getriben, gerissen und gezerret worden, dass sie wider ihren Willen um das hohe Gericht herumgehen und ihre pflänzlein anschauen, ja den hügel hinaufsteigen müssen. Sie ist so geplagt und gemartert worden, dass sie denselben Tag über im graben nicht weit vom hohen Gericht gelegen und schier verschmachtet ist“.

Lakonisch lautet auch (1536) der Eintrag: „Hosenstrickers Ursul ausgehaut, hernach wurde sie mit Steinen zu tot geworfen, hat vorher gebeichtet“.[4])

B. Die Strafzumessung.

1. Die Strafzumessung im Allgemeinen.

Handhafte Tat und Verdacht.

Gemäss den Einträgen des ältesten Achtbuchs sehen wir häufig deprehensi in furto, in homicidio auf Grund eines mit Genehmigung des Rates zwischen Täter und Kläger abgeschlossenen Sühnevertrags mit Selbstverbannung entschlüpfen.[1]) Sonst legitimierte zur Zeit der Herrschaft des Anklageverfahrens das Ergreifen auf frischer, handhafter Tat zur sofortigen Richtung des Verbrechers, bezw. Einmauerung.

---

[2]) Stark, Chron., 1611. [3]) Mfzb. 1657.

[4]) Mfzb. 1636; 1558 findet sich eine Verrufung wegen einer Bettelfrau, die unter dem Verdacht, dem Rat einen Totschlag angezeigt z. h., vom Pöbel fast gesteinigt worden wäre, Mand. 1558.

[1]) Klaiber deprehensus in homicidio vxoris perpetuo vel quod suspendetur, AB. I, 8; 9 etc.

Im neuern Prozeſs ist dieses Princip seiner früheren Autorität fast völlig entkleidet. Der bei Begehung einer Missetat Aufgegriffene wird ebenso, wie der lediglich in Folge einer Verdächtigung zur Verhaftung Gebrachte, der Tortur unterworfen. Wiewohl dort die Schuld „so klar, wie die mittägliche Sonne", so scheut man sich meist doch, ohne die Urgicht des Armen zu besitzen, zur Verurteilung zu schreiten. Freilich wird es diesfalls auch dem Verstocktesten kaum möglich werden, mit dem Bekenntnis zurückzuhalten, denn die Lochschöffen werden zur Entlockung desselben die äuſsersten Folterqualen ersinnen.[2])

Wider Placker und Wegelagerer geht man der Mahnung der Landfrieden entsprechend summarischer zu Werke; nach ihrer Niederwerfung auf der Reichsstraſse werden solche Staudenhechte durch die Söldner ohne weiteres an die nächste Tanne geknüpft.[3])

Mit Einführung des Leumundsverfahrens gelangt das gemeine Gerücht und Geschrei, mag es auch auf offenbar feindseliger, nichtiger Verdächtigung basieren, zu exorbitanter Bedeutung. Wiewohl das Ludwigs-Privileg, kraft dessen des Rates Majorität über jeden übel Beleumundeten das Todesurteil zu fällen für befugt erklärt wird, sein willkürliches Regiment nicht lange aufrecht erhält, indem bald die peinliche Befragung auf der Folter Anklang findet und hiemit als Erfordernis zur Richtung die Urgicht, so mangelt es immerhin nicht an durch Verleumdung veranlaſsten Justizmorden, so trifft doch die im Zweifelfall ausgesprochene Verdachtsstrafe (poena extraordinaria) den Schuldlosen noch schwer genug. Bei Bezichtigung mit einem todeswürdigen Verbrechen wird häufig auf lebenslängliche Verweisung erkannt. Daneben liest man — meist kurze — Haft, hie und da auch Rutenstrafe. Rücksichtlich des Strafmaſses sind das Vorleben des „an verdechtlichen orten" Betretnen, sein Gebahren nach Entdeckung der Tat, das Ergebnis der Kundschaft, welche man zur Eruirung

---

2) In der nacheil sambt dem getragenen diebstal ergriffen gefenglich angenumen, Rtb. XXX, 365, 1565; den auf warer that bedrettenen dieb soll man auf seinem diebstal zu rede halten und wehe tun, Rtb. XLIX, 192; dieb der heut an Warer that betreten we zethun, Rp. 1486, 1, 8; Streifen auf Placker z. frischer Tat, s. Verfahren 262, (67).

3) Wirt aber er an der hantat begriffen, so sol man vber in one vnderlas richten, Landfr. Ludw. 1323; Schuster von Rauberei wegen vff der Reichsstraſs geübt an warer that begriffen und gerichtet, AB. 581, 9; Richtung des Kronzagel durch Pörtling der Feme, Ann. 1439.

seines Leumunds pflog, vornehmlich ausschlaggebend. Zuweilen sichert man dem Verbannten die Erlaubnis zur Heimkehr zu, falls es ihm glücken sollte, den wahren Täter ausfindig zu machen. Nicht den verdienten Erfolg erringt die Forderung der Konsulenten niemand auf verdächtiger Personen Aussage hin zu foltern.[4])

Anlangend das Vorrecht des Bürgers, sich bei „inziht" durch Einhandseid zu reinigen, so wird dies später überhaupt nicht mehr gewürdigt. Auch vordem hängt es lediglich vom Rate ab, dem Schwur Glauben beizumessen: bei Argwohn des Meineids tritt Verbannung oder Verlust des Bürgerrechtes ein.[5])

2. Die Strafmilderung.

a. Reue und Geständnis.

Ersterer ist selten Erwähnung getan; nur hie und da taucht sie in den Fürbitten der Delinquenten, in Urfehden der zur Verweisung Begnadigten auf. Verächtliche Diebe nehmen zu dieser ihre Zuflucht, weniger Räuber und Brenner, welche die Tortur, wie der Räderung Marter mit heldenhafter Ausdauer erdulden und auskosten. Vom Rat wird sonst der reuige Sünder nicht gelinder, als der trotzige behandelt. 1604 ledigt man indefs auf hohe Geldbufse hin einen Studenten, der seinen Diener im Zorn erstochen „auf seine grofse Bereuhung und unterthenige hochflehenliche bit vmb genedige Verzeihung und Fristung seines jungen Lebens".[1])

Das Geständnis (Urgicht) des Inquisiten erwirkt regelmäfsig den Vorzug, vor weiterer Folterung verschont zu bleiben; häufig wird hiegegen behufs Eruirung andrer Verbrechen, wie der Genossen des Täters mit derselben nicht inne gehalten. Oft legt die Urgicht grundlos ein des Befragens, wie des Lebens Müder ab; deshalb besteht die Vorschrift, dafs man der Wahrheit der

[4]) Nach befundne Sachen weil ein Zweifel bey den Richtern eingefallen, ob L der Rechte thetter gewefsen, Ihme ein Extraordinari straf, Rtb. XLVI, 357, 1588; Wernher acht jar, als die Burger wol wizzen, AB. 317, 1406; die Stat meiden und ist verwent, wo er den rechten thetter geubten todschlags einbring, das Ime dieselb straff sol begeben sein, Haderb. I, 99; AB. 317, 37, 55, 68; AB. 1448, 4.

[5]) PO. 37.

[1]) Rtschlb. Cons. Crim., 1604.

Aussage stets sorgfältig nachforschen solle. Die Lage des durch sein Bekenntnis dem Tod Geweihten wird, sofern er auch dem Torquieren ein Ziel zu setzen vermochte, keineswegs erträglicher; während der kurzen, ihm noch beschiednen Galgenfrist wird er in schwere Ketten geschmiedet und auf das Schärfste bewacht. Die in solenner Weise erfolgende Einholung der „letzten Urgicht“ durch Reichsschultheifsen und Lochschöffen bildet — als inhaltslose Formalität — die unerläfsliche Voraussetzung zur Abhaltung des peinlichen Rechtstags.

Hie und da stöfst man auf Milderung. So entschlüpfen einige Diebe mit Ausweisung, ebenso ein Meineidiger, welcher nach Ableistung des falschen Schwurs noch vor Gericht sein Verbrechen eingestand. Ein Ehebrecher jedoch, welcher, trotz gelobter Besserung rückfällig, dies offen zugibt, sühnt mit Pranger, Rute und ewiger Verweisung.[2])

b. Hohes Alter.

Alter schützt vor Thorheit, wie vor Strafe nicht. Manch häfsliches Delikt wäre hier anzuführen, das jede Schonung für den Wüstling mit Recht verbietet. Auch sonst sänftigt sich die Leidenschaft nicht. Man liest von einen 78jährigen Rebellen, einem 76jährigen, der einen 80jährigen auf dessen Verleumdung hin ermordet, einer alten Zuchthäuslerin, die eine andre schwer verwundet.[1]) Ebensowenig lindert sich die Strafe: Man verbrennt einen 80jährigen, rädert einen um zehn Jahre jüngern, enthauptet einen Greis, der auf Stelze und Krücken geht, wie eine bejahrte Kindsmörderin.[2]) Bei einem findet es Hervorhebung, dafs man ihn mit der Tortur verschonte; anläfslich der Folterung einer alten, der Hexerei bezichtigten Frau bekunden (1591) die Konsulenten ihre Entrüstung durch einen sehr kategorischen Ratschlag.[3])

---

2) Slegel bede Orn hat sich geurteylt v. d. St. ewiclichen von dyeberey wegen der er bekant, AB. 317, 1406, 23; 24; Meineidiger, vor gericht Geständnis, ewig ü. d. Donau, Haderb. I, 1469—1483, 41; 1528—1531, 263.

1) Mfzb. 1666; M. Franz Tageb., 1605; HGB. II, 30.

2) verprent man ein alten 80 jar, Hegel, Städtechron. 5, 647; Thumb Inzest. und demnach Er seins Alters bei Sechzig Jarn und darüber. Auch nur einen Schenkel und am andern ein stelzen gehabt, Rtb. XXXIII, 223, 1568; Ann. 1568; HGB. II, 146.

3) Rtschlb. 1591.

c. Krankheit.

Grofs ist die Zahl derer, welche siech und vom Fieber durchglüht zur Richtstatt geschleppt werden; die lange Dauer der Gefängnishaft, die ausgestandne Tortur, die Todesangst, ein mifslungener Selbstmord vielleicht schalten sie oft in die Reihe derer ein, welche man als „verzweifelte Personen" bezeichnet. Wohl sind sie des ärztlichen Beistands nicht völlig beraubt, auch bringt man sie zuweilen in wohnlichere Räume. Beispiele gelinderer Bestrafung oder gar Begnadigung treten uns selten entgegen. So wird ein Pferdedieb seiner „Schwachheit" halb verbannt, statt gehängt, aus gleichem Anlafs der Vollzug einer Züchtigung um wenige Tage verschoben.[1]) Kommt die erlittene Tortur als Sühne in Anrechnung, so geschieht dies, weil entweder durchaus kein Schuldbeweis zu erholen oder eine peinliche Strafe überhaupt nicht zu gewärtigen steht. Epileptische Delinquenten unterwirft man nicht dem öffentlichen Staupenschlag.[2]) Blinde geleitet man unter strenger Drohung zum Stadtthor hinaus; die Richtung eines solchen ist nicht vermerkt. 1587 enthaupten sie eine Mörderin aus Gnaden „weil sie ein armes Mensch und einen krummen Hals gehabt".[3])

Dafs Schwangere frei werden, zählt zu den Ausnahmen; sie werden indefs meist der Ketten entledigt und nur mit dem Daumenstock gefoltert.[4]) Ist ja, wie erwähnt, ein Kindbettstübchen im Lochgefängnis, das sich aber an Helle und Geräumigkeit wenig vor den übrigen Gelassen auszeichnet. 1510 läfst man eine des Totschlags Verwandte „mit der pflicht, Ir leib und gut nicht zuverrucken" ledig, 1496 eine des Diebstahls Verdächtige ohne Urfehde. Der Rat hofft nämlich bei dieser auf Unverbesserlichkeit

---

[1]) Sein schwachheit wegen erst am freitag, Haderb. I, 1503—1516, 178; Ime ain wechter zu ordnen, dieweil er klainmütig ist, Rtb. XXV, 102.

[2]) da er in der Tortur viel gelitten, man die angelegte Tortur für ein straf rechnen solle, Rtschlb. VIII, 115, 1534; epil. D. Jäger, jur. Mag. f. Reichst. 1, 331.

[3]) die plintte frawen hinaufsschicken nit mer herein zu kommen, oder ein Rate werde sie swerlichen straffen, AB. 317, 28, 1406; M. Franz Tageb., 1587.

[4]) m. d. daumenstock, Rp. 1534, 9, 25; die verstrickte Linckgin wird mit der Lochgefängknus und scharpffen frage des Daumenstocks bifs zur erledigung der geburt zuuerschonen sein, nit woll an Kette geschlossen, aber sonsten in guter Verwahrungk gehalten, Rtschlb. Cons. Crim., 1606.

und baldiges Wiedersehn.[5]) Dem Todesvotum entrinnen sie früher wohl stets (Schwsp. 256), wenn sie auch die Stadt verlassen müssen. Erst die Karolina ruft hierin eine strengere Praxis hervor: Die Verurteilte wird im Zuchthaus detiniert und nach der Niederkunft enthauptet.[6])

d. Trunkenheit.

Diese erfährt vielfach schonende Berücksichtigung. Trunkne Gattenmörder begnadigt man zum Schwert, einen „durstigen“ Pferdedieb zur Verweisung.[1]) Nach Einführung der Karolina macht sich die Anschauung geltend, dafs Tötung per ebrietatem straflos sei, allerdings nur dann, wenn der Täter hiedurch seiner Vernunft gleichsam beraubt gewesen.[2]) So verzeiht der Rat auch „ungeschickte“ Reden und Flüche von Weinigen; ein „Diebheifser“, wie einer, der sich „voller trunkner weifs berümbt, er hab mit etlichen messerer weybern gehandelt“, ziehn sich kurze Haft zu. Ein Fuhrmann, der berauscht ein Weib vom Karren warf, zahlt nur Schadensersatz, gleicherweise einer, welcher drei Personen gefährlich mit dem Spiefs verletzte. Unverbesserliche Trunkenbolde schafft man als gemeingefährlich aus der Stadt.[3])

Scharf äufsert sich die verneute PO. von 1548 gelegentlich der Verwarnung wegen Haders, Schlachtung und Verwundung: „Es möcht sich auch einer so gar vngeschickt und freuentlich halten, ein Rath wolt ihm an leyb und gutt straffen und darin soll keinen, ob er weinig, drunken oder sunst vngeschickt were, nichts fürtragen, sondern, wo das gefunden, mer denn sunst ge-

---

[5]) AB. 1448, 36; sehen ob sie nach Geburt nicht wieder stiehlt, dann annehmen, Haderb. I, 1483—96, 107.

[6]) Rtschlb. XLIX, 54.

[1]) Gttmrd. HGB. II, 148, 1555; Pferded. Rtb. IX, 363, 1511.

[2]) totschlag per ebrietatem ohne fürsatz ohne Lebensstrafe, Rtschlb. XXXIV, 85; wenn einer durch t. nicht gleichsam seiner Vernunft beraubt, keine Entschuldigung bei Verbrechen; bz. d. Soldaten soll nach der Reiterbestallung die Strafe sogar verdoppelt w., Rtschlb. XLVII, 15; Trunkner verwundet drei mit dem Spiefs; er zahlt jedem 4 Pfd. Entsch.; Haderb. I, 1503—1516, 176.

[3]) bey dem Wein und sunst vil ungeschickter red des hab ain Rat mifsfallen, Rtb. VIII, 152; J. W. das er in voller trunkner weyfs sich berümbt und gesagt, er hab mit etl. messerer weybern gehandelt, 3 T. Turm, Rtb. XI, 211, 1518; betr. ein Weib vom Karren geworfen, 5 Pfd., ir als vill und dem Richter sein Recht, Haderb. II, 87.

strafft werden". Analog erklären die Kriegsartikel von 1730, dafs gegen einen berauschten Frevler unerbittlicher vorgegangen werde. 1575 enthauptet man einen Säufer, welcher sinnlos einen Totschlag verübt, nachdem er schon früher in gleicher Verfassung ein ähnliches Unheil veranlafste.[4])

e. Andere Milderungsgründe.

Armut, zahlreiche Familie, Unkenntnis des Gesetzes vermögen sowohl strafausschliefsend, als strafmildernd zu wirken. Ebenso wird Rustizität berücksichtigt; so verweist man eine Bauernfrau, die „ihr Kind vertan" nur beim Sack aus der Stadt. 1659 verbrennt man indefs einen jungen Sodomiten, wiewohl er sich, zur Rechenschaft gezogen, verwunderte: er habe gemeint, es wäre kein Sünd.[1])

Berechtigte Fehde ist als Einwand vordem von Erfolg gekrönt, nicht mehr nach des ewigen Landfriedens Erlafs. Trotzdem erkiesen die angesprochenen Strauchritter dieselbe noch oft zum Gegenstand ihrer Verteidigung. Geringfügigkeit des Objekts verringert -- auch v. d. K. -- das Strafmafs, nicht aber bei Vorliegen von Rückfall. Ebenso kann Ersatz des Gestohlnen Beachtung erwecken.[2])

Gegenseitigkeit bei Zufügung von Schmähungen und Schlägen ruft zuweilen mildere Ahndung, selten Ledigung beider Frevler hervor.

Selbstgestellung. Dieselbe spielt im Inzichtsverfahren eine grofse Rolle; selbst bei erwiesner Schuld schliefst sie die peinliche Strafe meist aus. Auch sonst verfügen sich durch Volksgerücht Verdächtigte freiwillig in das Lochgefängnis, um der Ungnade und Strenge des Rates die Spitze abzubrechen oder — bei Grundlosigkeit der Bezichtigung — der tatsächlichen Anklage und Tortur vorzubeugen. Daneben stellen sich freiwillig Delinquenten der

---

[4]) Verneute PO. S. 1, L. 212, Nr. 24ad, 27; Wölckern, Com. succinct. 74ff., de Re militari; M. Franz. Tageb. 1575.

[1]) sein armut halb gnad bewisen, Haderb. 1, 1483--1496, 118: Gottesl. man solle ihn nicht verbannen, sondern nur mit Lochgef., seine Frau und Kinder bedenken, die sonst Bettler würden, Rtschlb. XV, 73; So ferr die zwen anrüren, das sy das gesetz nitt gewisst, soll in die straff nachgelassen werden, Rp. 1532, 6, 1; Inzest. weil sie ein einfeltige unverständige Kuhhirtin ex causa rusticanae simplicitatis lebensl. verweisen, Rtschlb. XLIX, 515: s. Sodomie.

[2]) HGB. I, 51 u. 53: s. Diebstahl.

Landschaft. So begibt sich ein Knecht „vmb freueln vngehorsam und mutwillens wider sein Herrschaft geübt auf gnad wilkürlich in fengknus“, lediglich deshalb, um nicht dem Zorn der letztern geopfert und um gerechter beurteilt, wie verurteilt zu werden. Um Selbstgestellung zu erreichen, taidigt man endlich mit dem in eine Freiung Geflüchteten: Man versichert ihn des Halses, sofern er sich freiwillig den Häschern überliefert.[3])

Die Strafmilderung äufsert sich auf mannigfache Art. Sie tritt entweder vor oder nach der Verurteilung ein. Letzternfalls charakterisiert sie sich als teilweise Begnadigung; so, wenn man z. B. einem auf zehn Meilen Verbannten auf drei heranzukommen verstattet. Sie bekundet sich meist in Herabsetzung des Mafses oder Änderung der Gattung der Strafe oder in Zulassung von sonstigen Erleichterungen. Sie stellt sich als Aufschub der Sühne dar bei Einräumung einer Frist; so „wenn er wider aus der Raifs kombt“ oder bis „sein Weib eines Kindes genesen“.[4]) Mehr als Unterbrechung der Inquisition dokumentiert es sich, wenn man unter dem Vorhaben, weitere Erhebungen zu pflegen, den Verhafteten unter der Auflage der Wiederstellung freiläfst. Die Rückkehr in das Gefängnis am bestimmten Termin wird hiebei eidlich gelobt. In der Regel entschliefst sich der Rat nur dann hiezu, sofern er von der Schuldlosigkeit gegründete Überzeugung besitzt. Ähnlich verhält es sich, wenn man fremden Gefangnen die Thüre öffnet mit dem Befehl, noch einige Zeit in der Stadt umherzugehen.[5]) Daneben kennt man auch zeitweilige und einstweilige Entlassung von Verurteilten. So gestattet man Eingethürmten, ihre Kemnate behufs Besuchs des Gottesdienstes auf wenige Stunden zu verlassen, einem ehebrecherischen Patrizier — auf Bitten seiner Wirtin —, Ostern über in seiner Wohnung zu verweilen. Veit Stofs erlaubt man unbedachter Weise, die Frankfurter Messe zu beziehen. Sehr oft auch erlangt der Gefangene — dank dem Einflufs seiner Freunde — dem Urteilstenor entgegen früher die Freiheit.

[3]) vmb freueln vngehorsam und mutwillens wider sein Herrschaft geübt auf gnad wilkürlich In fengknus gangen, Haderb. I, 1469—1483, 11: Anna, d. Mp. tochter, auf Bitten im Gef. gel., AB. 1448, 37: s. Asylrecht.

[4]) s. Stadtverweisung.

[5]) den pauern vergönnt In der Stat vmbzugeen, doch das sie aufs d. St. nit komen, Rp. 1532, 7, 8.

Hinsichtlich der Sühne des Fünfergerichts, dessen Spruch an sich inappellabel ist, vermag man pro mitigatione bittweise einzukommen. Erklärt man sich indefs mit der Herabsetzung nicht zufrieden, so tritt die ursprünglich erkannte Strafe wieder in Kraft.[6])

3. Die Strafumwandlung.

Als Milderung tritt sie auf, wenn die Rad- oder Strang- in die Schwertstrafe, Tod in Verweisung, diese in Geldbufse umgeändert wird. Gemäfs der Praxis der Fünfherrn dürfen Verstümmlung und Züchtigung in Thurm, Eisen, Loch oder Zuchthaus umgewandelt werden. Ebenso heifst es häufig, dafs Haft mit oder halb mit Gnade zu verbüfsen sei, d. h. ganz oder zur Hälfte durch klingende Münze abgelöst werden könne. Andernfalls ist jene „völlig mit dem leibe zu vollbringen". Es hängt die Umwandlung übrigens lediglich von der Gunst des Rates, nicht vom Wunsch und Willen des Verurteilten ab. Im Fall des Unvermögens tritt Haft an die Stelle der Geldsumme, und zwar vermag bei späterer Zahlungsfähigkeit ein Teil wieder Ablösung zu erfahren.[1])

Abänderung ohne eigentliche Milderung liegt endlich vor, wenn z. B. dem über die Donau Verbannten eingeräumt wird, statt dessen über den Rhein oder „vf dem Töringerwalde und hinüber" zu sein.[2])

4. Die Strafschärfung.

a. Muntat.

Unter Muntat versteht man den Bezirk der innern Stadt, welcher sich — den Markt und das Rathaus umschliefsend — mit dem Machtbereich des ehemaligen Marktbannes und Markgerichts identifiziert. Es mag wohl als keine zu kühne Hypothese gelten, wenn wir in der (nach Will mit dem Beil bewehrten) Hand,

[6]) MS. 617. Endlich auch der Ankläger mafsgebend: Mörder durch Verwilligung des Ankl. enthauptet, AB. 1448, 8; der ancläger In keinen lindern weg bewilligen mögen, Rtb. XXVI, 108, 1551.

[1]) Ist sein straff In gellt verwechselt, Rp. 1532, 4, 25: MS. 617: Rtb. I, 42; Ist s. straf mit verweisung des lands verendert, das er e. e. Rát zu straff zalen sol 10 fl, Haderb. II, 284.

[2]) Rtb. IV, 9 StA.

welche an einigen die Muntat begrenzenden Häusern angebracht war, den Handschuh des Königs zu erkennen glauben, mit dem der Königsbann verliehen und das gleichfalls als Symbol errichtete Marktkreuz geschmückt wurde. Jeder in diesem Bezirke verübte Frevel galt als im Hause des Königs begangen und daher als Majestätsverletzung. Und später, als die eigentliche Bedeutung der Muntat entschwunden war, wurde trotzdem im Umkreis des Rathauses und auf den vom Marktverkehr belebten Strafsen und Plätzen das Walten eines erhöhten Friedens mit grofser Strenge aufrecht erhalten. Damit sich kein Frevler mit Unkenntnis der Grenzen der Muntat entschuldigen könne — die wenigen Hände an den Häusern erschienen nicht als genügende Kennzeichen —, wurden sie in den PO. genau beschrieben und überdies alljährlich durch öffentliche Verkündung eingeschärft.[1])

Die Muntat heifst auch häufig: die mit Handabhauen verpeente Freiung. In der ersten Epoche des Marktgerichts mochten tätliche Frevel dortselbst den Verlust der Hand unnachlässig nach sich ziehen, später nur bei Unvermögen: „Wer einen schlecht in der Muntat, der ist dem Richter verfallen 50 Pfd. hlr., hett er des Gelts nit, so soll man ihm ein Hand abhauen.“ Ist die Tat endlich so „geuerlich, liederlich oder freuelich,“ so wird ein Rat oder die Fünfherrn dareinsehen und die Sache „nach irer gestalt“ entscheiden.[2])

Zuweilen wurde auch die Lösung der Hand trotz Zahlungsfähigkeit des Täters versagt. Aufserdem sollte jeder Friedbruch in der Muntat doppelt so schwer gesühnt werden, nach späterer Norm sogar vierfach. Wer den andern „verdechtlich und frevelich verhütet und doch nit handt an im leget“, soll der Stadt, dem Richter und dem Kläger je 100 Pfd. erlegen, kommt es jedoch zur Verwundung, so tritt noch die vierfache Frevelbufse hinzu. Analog bei Wehrzucken und falls einer dem Gegner „an sein ere und glimpf redet oder ine frevelich lugstraffet“. Bei Insolvenz aber soll immer „eine sein handt abgeslagen oder an andern seinen glidern oder leib darum gestrafft werden“.[3])

---

[1]) PO. 50; 1481 slug man die gemalten hend uberal umb den Mark an, als weit geet die Munta und die freihait, Hegel, IV, 365; Munt = Hand, s. a. Schröder, Rgesch., 58.

[2]) PO. 49ff. als in der mit handtabhawen verpenten freyung, Stark, 1615.

[3]) Hand, Haderb. II, 17; PO. 50.

Urteilte über jene Fälle vordem stets der Rat. so sind später die auf der „Mundhat i. e. In loco privilegiato (oder in locis publicis) verübten Realinjurien vor dem Fünfergericht abzuwandeln, sodann aber dem Rate noch per expressam legem die satisfactio publica reserviert.“ Auch hat der Richter seine Bufse zu beanspruchen. „wie die vor den Fünfen zu geben erteilt werden.“ und soll hierin keine Gnade gewähren. Ja, selbst. wer in der Muntat ein Eigen salt. mufs dem Richter die vierfache Verkaufstaxe preisgeben.[4])

Nach der Änderung im Strafensystem liest man zehn Jahre Verweisung bei Messerzucken, wenige Tage Loch bei Schmähen auf dem Markt, vierzehn bei gegenseitiger Verletzung. aufserdem bei sonstiger Tätlichkeit Gefängnis oder Verbannung in höherem Mafse, Geldstrafen und — Abschlagung der Hand. 1414 schlägt einer einem Patrizier in (an) den Hals. was ihm Thurm und Verweisung zuzieht; des Königs Auftrager wird fünf Jahre verbannt, weil er einen Knaben in der Muntat hart gezüchtigt.[5]) Neben Mifshandlungen sind Fluchen, Diebstahl und Spiel als Muntatfälle hervorgehoben. Das Stehlen eines Schleiers auf dem Markt trägt 1407 die hohe Strafe des Ohrenabschneidens und ewige Verweisung ein; auf letztere erkennt man gegen einen, welcher dortselbst um drei Pfennige spielte.[6])

Unter strengster Norm stehen die auf dem Rathaus verübten Frevel; wegen Schlagens unter die Augen liest man zehn Jahre. Eines Selbstmordversuchs ist bereits gedacht. Was die Gerichtsstätte an sich anlangt, so ist 1382 Unbescheidenheit und Übelhandeln vor Schöffen und Frager mit einem Jahr normiert. 1416 tritt Handverlust und ewige Verweisung ein, da einer dem Prozefsgegner eine Urkunde entreifst, so dafs das Siegel sich löst. Ähnliches ist 1454 verzeichnet. Wegen der etwa in Betracht kommenden peinlichen Sühne kann im Fall des Leugnens stets mit Tortur vorgegangen werden.[7])

---

[4]) MS. 617: Rtb. III, 187, StA.: Stromer, Gesch. d. Reichsschultheifsenamts, 106.

[5]) Hist. dipl. Mag. f. d. Vaterl. 495, 1414; AB. 317, 56, 1409.

[6]) Hist. d. Mag., 495, 1407, 1415; 5 jar, d. d. er an dem markt öffenlich droet und Mezzer zuckt, AB. 317, 1410, 63; 2 tag loch auf M. gröbl. geschmäht, Haderb. II, 150.

[7]) Bürger, so sich in Ratstuben erstechen wollen, drei Jahr, Ann. 1393;

Der Bruch des Kirchenfriedens fällt ähnlicher Beurteilung anheim, so, wenn man den Feind bis in den Kirchhof verfolgt, ja selbst den dorthin flüchtenden Dieb zu ergreifen und zu verhaften strebt. Dazu mufs der Täter die hiedurch entweihte Stätte auf eigne Kosten reconciliiren lassen. Noch Ende des vorigen Jahrhunderts wird es bei einem Mord als erschwerend erachtet, dafs er auf dem Kirchhof verübt ward.[8])

Höher ist ferner der Diebstahl im Badehaus zu entgelten, wohl, weil dort der Schutz des Eigenthums schwerer zu ermöglichen, ebenso Mifshandlungen im Frauenhaus angesichts der Wehrlosigkeit seiner Bewohnerinnen.[9])

Über den sich als Mord qualifizierenden Totschlag in nova pace s. d. Kap. Fehde. Als doppelter Friedbruch (Idealkonkurrenz) erscheint dann die Verwundung „in hayligthumbs freyung ober ein gelobten frieden".[10])

b. Rückfall.

„Sie hetten mich wol mit ehren gehangen,
Weyl ich vor hab zwo weyh entpfangen."
H. Sachs.

Dieser bereits in mehreren Reichsgesetzen, vornehmlich bei Friedbruch, Diebstahl, Hehlerei und Raub hervortretende Schärfungsgrund erfreut sich auch in der Reichsstadt eingehender Würdigung. Gekennzeichnet wird der Rückfall in den Quellen durch die Angabe der Zahl der Begehungen, durch die Worte „viel" und „oft", durch besondere Epitheta wie z. B. vermehrter, alter, verleumter,

---

het einen auf dem rathaus unter die augen gespirzt, 10 jar, Hegel, 4, 306; Mertein 3 j., d. d. er einen im Rat vmbgezogen und geslagen, AB. 317, 18, 1405; Frau Geige, da sie ein meidlein, welches wider sie zeugen sollen, ins Angesicht geschlagen vf dem Rathause, Stark, 1615; ein jar, vntzuht an dem gericht, AB. 317, 1406, 21; Haderb. II, 17; stewber ein jar, d. d. er vnbescheiden an dem gerihd, AB. 316, 11, 1382.

8) nachdem er H. G. in die kirchen zu S. Catherin gejaget, als er selbs bekennt, so solt er den Kirchoff doselbst widerweichen lassen vff ein selbs costen, AB. I, 220.

9) s. Diebstahl, Frauenhaus; kathrey ewiclich, d. d. sie ein Padhemde in der Padstuben gestolen, hat man ir ein Ore abgesniten, AB. 317, 10, 1405.

10) 20 lib. und 14 tag in versp. kämmerl. des fräuels halb So er in hayligthumbs freyung ober ein gelobten friden an s. Sweher verübt hat, Rtb. II, 21, StA.

waidlicher Dieb.[1]) Markant zeigt sich seine Berücksichtigung nur bei wenigen Deliktsarten und selbstredend allein bei solchen, welche nicht schon bei einmaliger Erfüllung des Tatbestands als todeswürdig gelten. Der Rückfall charakterisiert sich ja früher i. a. nicht anders, wie heutzutage; d. h. um die hiefür normierte Sühne zum Ausdruck zu bringen, ist nicht wiederholte Verübung ausreichend, sondern auch eine frühere Bestrafung Erfordernis. Bekennt der Inkulpat mehrere Mordtaten, so kommen diese freilich bei der Exekution dadurch zum Ausdruck, dafs der Damnifikat vor der Räderung eine bestimmte Anzahl Zangengriffe zu überstehen hat; doch deklariert sich dies lediglich als Folge der vorliegenden Realkonkurrenz und nicht des Rückfalls. Diese beiden Schärfungsmotive sind daher für das 15. Jahrhundert noch sehr schwer getrennt zu halten, weil in ihm sich die Strafaussprüche meist sehr nüchterner und kurzer Fassung rühmen, und ein Dieb, welcher — ohne schon bestraft zu sein — mehrere Entwendungen einräumt, für ebenso galgenreif, als ein einohriger oder im Haderbuch früher unter die Gestäupten Eingereihter, erachtet wird. Dabei hindert das Hereinragen noch andrer Gesichtspunkte an der Aufstellung eines festen Systems. So kommen viele, welche bereits nach der ersten Tat angesichts ihrer offensichtlichen Verworfenheit, Subsistenzlosigkeit, ihrer Abstammung aus verbrecherischer Familie u. dgl. für „unverbesserlich" gelten, gar nicht dazu, rückfällig zu werden. Man knüpft sie auf oder jagt sie beim Hals aus der Stadt. Bei Konkurrenz mit Urfehdbruch, welche nur zu oft in Rede steht, ist die Eruirung, ob die Schärfung wegen der unbefugten Rückkehr oder anläfslich des Rückfalls verhängt wurde, nicht minder schwierig.[2])

Hinsichtlich des Diebstahls wird es erst später und dann keineswegs bindende Praxis, dafs der Ertappte nur, sofern er nachweisbar ein oder zwei „Weihen" zum Galgen empfangen, in die Schlinge schlüpfen mufs.[3]) Wo er diese Vorbestrafung er-

---

1) Sch. ein waidlicher dieb der offtermals durch mancherlay auch vber empfangen straff gest. HGB. I, 108, 1533: weidlich s. H. Sachs, Keller, XXI, 280.

2) Dreimal. Dieb als Meineidiger (also w. Rückkehr) Finger und Ruten, Rtschlb. XIV, 166.

3) verpot im die stat über die vier weld, da kom er wider herein und stal noch viel mehr haimlich, Hegel 5, 589, 1496: haberstroynn zu dreyen

rang. ist ohne weiteren Einflufs. Ergreift man den Einohrigen oder mit dem Diebsmal Gezeichneten auf der Tat, beim Versuch, als Helfer oder als Hehler, so verfällt er sicher dem Strang. Es braucht also — sowohl für den ersten Fall, wie für die Wiederholung — weder das vollendete Delikt vorzuliegen, noch die Beteiligung des Bezichtigten als Täter; es genügt, dafs er irgendwie „der Tat verwandt". Gleicher Inhalt ist ebensowenig benötigt, Gleichartigkeit (Diebstahl — Hehlerei) durchaus hinreichend. Raub könnte an sich als diesen koordiniert angesehen werden; doch würdigt man den Räuber, trotzdem er bereits als Dieb bestraft, immerhin der ehrlichen Schwertstrafe.

Analoges gilt für Unzucht und Kuppelei; auch sie scheinen völlig gleichberechtigt. Die vorher schon der Begehung des ersten Reats überführte Kupplerin schlägt man ebenso, wie die öfters bestrafte Dirne, als „unendlich" aus der Stadt, bei Unverbesserlichkeit erkennt man sogar auf das Grab oder, wie 1584, auf den Strang. Sonst unterstehen hinsichtlich des Konkubinats, der Kuppelei, wie des Ehebruchs die Rückfallsstrafen schon vor der Karolina genauer Normierung. Dasselbe bekundet sich bei Urfehdbruch und Gotteslästerung.[4])

Nach E. d. PGO. huldigt man auch hier gröfserer Strenge. Selbst für die Alchemie wird anläfslich des bedenklichen Hangs der Bürger und zumal der Patrizier zu dieser gefährlichen Kunst durch Mandat von 1696 eine Strafschärfung bei wiederholter Betretung angedroht. Am unerbittlichsten jedoch verfährt man gegen die Zigeuner, indem sie nach dem Patent von 1710 bei Wiederergreifung im Gebiet „ohn alles Mittel" gehenkt werden sollen.[5])

Aufserdem verweise ich auf den besonderen Teil.

---

malen v. h. beym hals geweist, und am leib gestrafft, wider eingieng und dieberey pflog, darumb man yetzo bede augen aufs stach u. b. hals v. h. gewist, StR. 1440, 65; das was die vierd weih zum galgen, Hegel 5, 660, 1503; achtmal. Dieb gerichtet, Mfzb. 1566; zehnmal. Diebin, Rtschlb. VII, 285; s. a. Manie; es wird meist die Besserungsfähigkeit in Betracht gezogen, s. Rtschlb. XIV, 177; Einsteigen, Einbrechen erst bei Wiederhol. todeswürdig, Rtschlb. XLVII, 200, ebenso Bienendiebstahl, Rtschlb. LXI, 159; s. a. Diebstahl.

4) s. Sittldel., Meineid, Gotteslästerung.

5) Mand. 1696; S. 1, L. 569, Nr. 40.

5. Die Strafausschliessung.

a. Schuldlosigkeit.

Dem alten Verfahren gemäfs vermochte der eines Verbrechens bezichtigte Bürger durch Einhandseid seine Unschuld zu erhärten. Dies Vorrecht verlor später seine Kraft, in Inzichtsfällen forderte man genaueren Nachweis. Ebenso suchte der Rat auf ein Bekenntnis in der Tortur hin die Wahrscheinlichkeit des Behaupteten zu erforschen. War diese verbürgt, so konnte den Armen nur noch Fürbitte retten; Widerruf der Urgicht errang nur ausnahmsweise Berücksichtigung.[1]

Sonst erhielt der als schuldlos Erkannte bei der Freilassung eine „Urkunde seiner Unschuld“ und, sofern ihm durch Tortur schwere Verletzungen zugefügt waren, ev. noch ein mäfsiges Schmerzensgeld.[2] Der falsche Ankläger haftete für Schadensersatz und Zahlung der Atzung. Nie wurde ferner der Freigesprochene ohne feierliche Urfehde (de non ulciscendo) entlassen. Schien hiegegen der Verdacht begründet, ohne dafs ein Schuldbeweis zu erbringen, ein Geständnis zu erzwingen war, so verwies man ihn stets des Landes und gab ihm mitunter eine Züchtigung (poena extraordinaria) als Denkzettel mit.[3]

---

[1] Wie er dann bemelts tags vngeacht das Er vf dem Rabenstein die That widerrvffen und darauf gestorben, das er daran vnschuldig mit dem Rad gericht worden, Rtb. XXXIII, 163, 1567: Im folg. Jahr beschwört nach beschehener Vrgicht ein gew. Volland, dafs ihm nur die furchtbare Tortur das falsche Bekenntnis entlockt habe. Hier treten die Konsulenten tatkräftig auf: Das Geständnis durch Marter erprefst habe keine Kraft. Man solle nach Notorien und weitern Beweisen fahnden, gelingt dies nicht, ihn nach dem Prinzip „lieber zehn Schuldige frei“ ledig lassen; s. jedoch den Fall „Schönin“ (1716) b. Waldau, Verm. Beitr. 2, 174 ff., wo zweifellos ein Justizmord vorliegt. Hiegegen werden freilich wieder hohe Summen zur Erkundung der Wahrheit der Aussage geopfert. 1441 wird z. B. wegen eines später als Dieb gerichteten Gauklers nach Eichstätt, Gunzenhausen etc. gesandt „von vil mörde wegen, der er bekant der man kein erfarung kund noch mochte und er auch ders. mörd am letzten gantz in lawgen trat“: erfaren, ob es grundt hab, Rp. 1471, 1, 6.

[2] kreutzer vrkund seiner vnschuld geben, Rp. 1533, 3, 27; s. Verfahren 505, (113).

[3] s. Verdacht.

b. Tod und Verjährung.

Tod des Verbrechers schlofs, wie bekannt, die Sühne nicht aus. Dafs sie auch noch zur Geltung kam, wenn der Täter während der Ausführung des Deliktes verunglückte, darauf deutet mancher Vorgang hin.[1])

Die Rechtswohltat der Verjährung kennen oder anerkennen die Ehrbaren nicht, wenigstens nur als unverdiente Gnade. War im Anklageprozefs Verwirkung des Anspruchsrechts in Folge verspäteter Geltendmachung denkbar, so findet dies fürderhin keine Beachtung mehr. Die Verjährungsbestimmung der PO., wonach man nicht länger im Gerichtszwange sein sollte, als ein Vierteljahr „ez sei denne ob man niht anheime sei“ ist rein civilen Charakters.[2])

So ist auch die Verjährung nur selten einer Erwähnung gewürdigt, höchstens, dafs bei geringfügigen Vergehen diesfalls Straferlafs erwirkt wird. 1490 weist man die Fürbitte des Herzogs Albrecht von Bayern für einen Diener, der vor zwanzig Jahren eine Tötung verübt, zurück „nachdem der todschlag geuerlich gewesen“.[3])

1529 fragt es sich, ob man gegen einen, der vor vierzehn Jahren in landfriedbrüchiger Weise Güter geraubt haben sollte, vorgehen wolle. Aufserdem dafs nur ein Verdacht vorlag, welcher nach so langer Zeit nur sehr schwer mehr Begründung versprach, war auch der Aufenthaltsort des Bezichtigten völlig unbekannt. Civiliter hatte der Anspruch des Geschädigten noch Wirksamkeit, wenn dieser auch nicht, wie ursprünglich, auf vierfachen Ersatz hoffen durfte. Man entschlofs sich nur zu bald zum Verzicht auf die Verfolgung. Der Landfriede von Worms, erklärten die Konsulenten, gibt zwar Macht, den Flüchtigen behufs Purgation zu zitieren, und, falls er dies „verwidert oder aufsen bleibt“, gegen

---

1) Wenigstens versagt man ihm das ehrliche Begräbnis. So wird ein Schatzgräber, der in eine Kloake stürzte, mit seinem Handwerkszeug und seltsamen Schriften schimpflich beerdigt, Soden, N. Kriegs- und Sittengesch. 1, 239; i. e. ähnl. F. zieht der Pöbel einen Kleriker zum Hundsschlager, Coll. Stadtbibl., 1530.

2) PO. 18.

3) Rtb. V, 173, StA.; wegen todschlag vor viel Jahr verübt zur Reinigung 14 tag gleit, Haderb. I, 1503—1516, 192.

ihn, als einen Friedbrecher zu handeln, „das ist aber bey aynem Rath nit gebreuchlich“.[4])

Ausschlufs der peinlichen Strafe greift auch beim Inzichtsverfahren Platz, demgemäfs trotz erwiesner Schuld der im Schirm freien Geleites stehende Inzichter ungefährdet über die Grenze gebracht werden mufs. Doch schärft man 1515 ausdrücklich ein, dafs man „nachuolgend (d. h. nach Endigung des Geleits) wol peinlich gegen ainen solhen zehandeln hab“.[5])

Nichtvollzug findet zuweilen auch in Fraifsfällen statt unter der Bedingung der Entrichtung des Fraifsgeldes an den Rat und ev. des Wergelds an die Sippe.[6])

c. Asylrecht.

Vom alten Recht des Verbrechers, nach begangener Tat in einer Freistatt Zuflucht zu suchen, um dort, zeitweise vor der Rache seiner Verfolger gesichert, sein Leben zu fristen und sich durch abermalige Flucht oder Taidigung mit des Getöteten Sippe zu retten, wird auch in Nürnberg — bis über das Reformationszeitalter hinaus — ausgiebiger Gebrauch gemacht. Keineswegs aber waren hier die Freiungen so zahlreich, wie in Bamberg, wo die Muntat und das eigne Haus vor Verhaftung schirmte.[1]) Stand letzteres sonst im Bann eines höheren Friedens, indem Heimsuche strenge Ahndung nach sich zog, so war doch der Verbrecher vor den Schergen des Rates in ihm nicht gesichert. Aus einem Erlafs von 1497 geht übrigens eine Respektierung der bewohnten Stätte insofern hervor, als den Söldnern geboten wird, alle Verdächtigen im Betretungsfall auf freiem Feld aufzugreifen, solche aber, welche in „Haus, Hof, Herberge oder Tafern“ geflohen, nur dann „wenn sie auf frischer Tat ertappt sind“.[2])

Neben der Kaiserburg rühmten sich nur kirchlich geweihte Stätten des Vorzugs der Freiung. Die Wohnungen der Könige sind von jeher als Asyle bekannt; der kirchlichen Freistatt lag weniger die Intention zu Grunde, den Verbrecher vor Gewalt zu feien, als den gefriedeten Raum selbst vor Entweihung zu schirmen.

Auf Grund solcher Privilegien erwarben das Schotten- und Deutschordens-Kloster den Freiungscharakter. Für jenes ist der

---

4) Rtb. VI, 271. StA.

5) Rtb. X, 376 StA.; s. Verfahren, 515, (123 ff.). 6) s. Totschlag.

1) Zöpfl, D. alte Bamb. Recht, 157 ff. 2) Rtb. VI, 365, StA.

Brief Heinrichs VII von 1227 mafsgebend, wonach Verbrechern jeglicher Art Schutz zugesichert ist.[3]) 1331 wird er jedoch für Mörder ausgeschlossen. Während man nie von einer Differenz mit den Schottenmönchen anläfslich der Auslieferung eines Verbrechers liest, gelang es der Stadt den Deutschherrn gegenüber trotz wiederholt erwirkter kaiserlicher Privilegien meist nur auf dem Wege der Gewalt und hier nicht immer, die Ergreifung von dort sich bergenden Mördern zu ermöglichen.[4])

Als der Rat über ausgedehnte Jurisdiktion gebot, mufste er die Geltung solcher Asyle, welche Raubgesellen und Freibeutern sichern Unterschlupf boten, wie jede Einmischung der Kirche auf Grund derselben als bittern Hohn empfinden. Nach dem Privileg von 1341 soll kein Mörder auf der Burg, bei Egydien und den Deutschherrn Friede und Freiheit geniefsen, der „von Unzucht oder Gelds wegen" Flüchtige nur drei Tage lang. 1347 wird der Verüber eines „mördlichen und fehrlichen Mords" für vogelfrei erklärt. 1530 sollen die Deutschritter nur zur Aufnahme von Totschlägern aus Zorn, Trunkenheit oder wegen Auflaufs befugt sein; Räuber, Diebe, Mörder und Notzwinger werden ausdrücklich ausgeschlossen. 1480 darf der Rat, sofern es sich um gefährlichen Totschlag oder tötliche Verwundung, Notzucht, Verrätherei oder Geldschuld handelt, die Verhaftung betätigen. Doch hat er jedesmal vorher des Komthurs Genehmigung zu erholen, auch jeden Bürger, welcher bei der Ergreifung irgendwie Gewalt gegen Ordensbrüder begeht, auf deren Geheifs festzunehmen und auszuliefern.[5])

Aufserdem erliefs noch der Rat, wie erwähnt, in den PO. strenge Bestimmungen hinsichtlich Verbannter und sonstiger Missetäter, welche sich in einer Freiung zu bergen suchen.

Auch noch andre kirchliche Stätten mafsen sich das Asylrecht an; so z. B. die den Deutschherrn zugehörige Jakobskirche, das Augustiner- und das Frauenbrüder-Kloster, die Sebalder- und Wöhrder Kirche, die Kirchen in Fürth und Roth.[6])

---

[3]) Reus fugiens habebit pacem in eisdem locis, Priv. 1227, H. D. 1, 50.

[4]) das kein Mörder, der defs überwunden wird, mit der mehrern menge Raths und Schöpffen, dafs das ein Mordlich fährlicher Mordt sey, in der Stadt oder vor d. St. keiner Freyung nicht geniesen sol, Priv. 1331. H. D.; s. Verfahren, 515, (123).

[5]) Pr. 1341, 1347, 1350, 1480, H. D.

[6]) PO. 40; Ann. 1440; Rtb. VIII, 431, KA.: Rtb. I, 215 StA.;

Über den Mörder, der auf die Vestè (Burg) floh, las man „die hohen eht (das hohe Acht- oder Veldbuch): wer in hauset, hofet, etzet oder trencket, da wolt man alle dy reht zu wartend sein, dy man zu dem morder het".[7]) Dorthin retteten sich indeſs nur wenige; war ihnen doch jeder Unterhalt versagt, ein weiteres Entkommen undenkbar.

Hie und da „taidingt" man mit dem Flüchtling, indem man ihn des Lebens sichert, falls er die Freiung freiwillig verläſst, einmal aus Furcht, in ihm, sofern er entwischt, einen „schweren und gewissen veind" zu erhalten. Ein vermeintlich Ertränkter, welcher im Bahrhaus wieder auflebt, wird ohne Urfehde entlassen.[8])

Sonst sucht man durch Umzingelung der Freiung ein Entrinnen unmöglich zu machen und durch Verhandeln mit den Klosterleuten die Auslieferung zu erzwingen. So wird 1517 das Frauenbrüderkloster vier Wochen lang durch Stadtknechte umstellt. Anderseits erstreben die Mönche die Rettung ihres Schützlings, da beim Glücken derselben dem unerquicklichen Streit mit dem Rat, der doch schlieſslich zu der Kleriker Nachteil enden dürfte, so am raschesten ein Ziel gesetzt ist.[9])

Rtb. XII, 112, StA.: Nach Wöhrd flüchtete ein aus dem Frauenthurm Ausgebrochener: Ist in bedacht, das sein sach nicht mer peinlich, sonder allein von wegen ainer caucion verlassen, das man in auſs der kirchen neme. hat sich der pfarrer zu werd ganz vnschicklich gehalten; die Kirchen lassen zusperren und gesagt, er wollt nicht mer darinnen meſs lesen. Sy würd dann zuuor wider umgeweicht, Rtb. XII, 112, StA.: der Gattenmörder Nützel: saſs auf ein pferd und rant gen Rot in die freiung, Hegel, Städtechron. N., 5, 582.

[7]) Hegel, Stchr. N., 1, 388.

[8]) da hungret in, wann es giengen die schutzen mit im in den sagrer. da kom Ulman Stromer taidingt in herauſs, das er gern mit in herauſs ging, Hegel, 5, 690; Rtb. 1, 215, StA.: 1524 verweigert der Rat den Deutschherrn die Zurückgabe eines im Kloster festgenommenen Totschlägers, da dieser sich „vehrlichen sachen tailhafftig und verwürklich gemacht. darum ain rat dises aingriffs nicht vnfug gehabt, Rtb. XII, 446, StA.

[9]) darümb so lof der Eysenhut zu den parfüsern in die kirchen und staig das eisengitter hinauf und viel eben hin über das e. in dem komen die munch und trugen in hinein, Hegel 5, 689; zuweilen liefern indeſs die Mönche selbst einen der Ihrigen aus: den Carteuser münch im loch gütl. z. r. h. und des Closters gesandten, so Ine annemen lassen, dabey zu sein zu vergönnen, Rp. 1535, 11, 11.

d. Begnadigung.

Dafs von jeher von der Gnade seitens des Rates ein verschwenderischer Gebrauch gemacht wurde, bezeugen die zahlreichen, im Achtbuch verewigten Selbstverurteilungen der Missetäter zur lebenslänglichen Verbannung unter Einwilligung des Klägers, wie der Stadtbehörde.[1])

In den ä. PO. ist — die damals noch ziemlich bescheidne Autorität des Rates kennzeichnend — häufig von der Bürger Gnade die Rede und ihr Verlust dem Übertreter eines Gebotes zugesagt. Er mufs sich bis zu ihrer Wiedergewinnung in den Stock schlagen lassen oder die Stadt verlassen, ev. behufs Erreichung der Versöhnung eine Geldbufse erlegen. Zuweilen ist auf die Vergebung des Erzürnten überhaupt nicht mehr zu rechnen, so dafs er der Heimat und des Bürgerrechts für immer verlustig geht.[2]) Im 13. Jahrhundert verheifst — wie wohl auch früher — die Kirche in Nürnberg öfters einen Ablafs sowohl für verzeihliche (venialium), als für kriminelle (criminalium) Sünden, sofern die Reuigen am Marienfeste zur Krypta von s. Sebald wallen. Inwiefern die weltliche Obrigkeit diesen Ablafs respektierte, ist nicht überliefert; immerhin kommt es vor, dafs ein Totschläger „aus sorgen" gelassen wird, weil ihm für seine Tat bereits eine Kirchenbufse auferlegt ward.[3]) Die schrankenlose Befugnis der Gnadenspendung errang der Rat zweifellos erst im folgenden Jahrhundert. Zu einer Zeit, wo sich so manches schuldlose Opfer dem Todesstreich beugen mufste, erschien es als wohltätiger Ausgleich, dafs von jenem Recht öfter, als heutzutage, Gebrauch gemacht wurde. Freilich standen diese Ausnahmen in keinem Verhältnis zu der Masse der vollzognen grausamen Richtungen; auch war es weniger eine plötzliche Anwandlung von Milde bei Beurteilung des Verbrechens, weniger die Persönlichkeit des Delinquenten, die des Rates Mitleid erregte, als vielmehr die Gewichtigkeit und Zahl der Fürbitter, gepaart mit dem Zufall, der kurz vor dem Strafvollzug irgend einen hohen Herrn in die Mauern der Reichsstadt führte. Man

---

1) AB. 1. 2) PO. 39; AB. 1.

3) L. N. Jahrbücher, 68, Abl. 1283; 72, Abl. 1285; Maurer der C. von leben zum todt bracht und doch sein geistlich pufs darumb empfangen, aus sorgen, AB. 1448, 13; die Strafe der Symonie der taufften Judin zu begeben auf fürbete Dr. Kil. v. Bibra, Rp. 1475, 9, l. Bl.

begnadigte also nicht nach bestimmten Normen, sondern durchaus nach Willkür.

Beehrte der Kaiser Nürnberg mit seinem Besuch, so war dies gewöhnlich zum Vorteil der im Loch schmachtenden Todeskandidaten, welche von jenem Augenblick an seinem Forum unterstanden. Ich erwähne den Fall des Eckhart von Merkingen, der 1430 zum Feuertod verurteilt durch Sigismund seinem Kläger zur Einmauerung überantwortet wurde. 1469 begnadigte Friedrich einen Dieb; auch der Papst fungierte einmal als Fürbitter für einen solchen. 1290 verwies man mehrere Aufrührer unter dem Beisatz: non habentes graciam Regis et Ciuium.[4])

Aufserdem ist es noble Passion der fürstlichen Herrn, nach ihrem Einritt arme Sünder aus Meister Hänflings Schlinge zu ziehen, und zwar sehr zum Mifsvergnügen des Rates. Die „vier Orden“ figurieren ferner unter den Bittstellern, wie auch öfter das Handwerk des Verurteilten. Bei gemeinen Verbrechen beschränkt sich dieses darauf, dem Armen die ehrliche Schwertstrafe und den „Kirchhof“ zu erwirken. Von der Bürgerschaft zeichnen sich die „erbern“, bisweilen auch die „schönen“ Frauen durch Mitleid aus, freilich auch für die verabscheuungswürdigsten Gesellen. Ein Landsknecht, der zwei Weiber geehlicht, erhält sechzehn andre und seine rechtlich angetraute Gattin als Fürsprecherinnen. Grofs ist ferner der Einflufs einer mächtigen Sippe; Begnadigung, wie Milderung weifs sie zu erzwingen, und — um Mittel hierin nicht verlegen — behufs dessen Kaiser und Reich zu molestieren.[5])

Dem Verletzten stand früher überhaupt ein Recht auf Gnade zu, auch später fällt seine Fürbitte noch sehr ins Gewicht. 1453 wird von fünfzehn Plackern einer von der Klägerin losgebeten „darumb das er die frawen pei irn cleinoten behielt, die sie ir

---

[4]) Hegel a. a. O. 1, 377; StR. 1480, 64; AB. I, 9: Als 1611 der Kurf. v. Mainz nach N. kam, hielten sich sieben „mifsthätige“ Personen, denen die Stadt verboten war, am Wagen fest. Sie suchten auf solche Weise wieder herein zu kommen. Einige erwirkten auch des Rates Begnadigung. Derselbe Vorfall ereignet sich nun 1612 beim Einzug d. K. Matthias, Soden 1, 169, 258.

[5]) Fürb. d. Bettelorden, Anz. f. K. d. Vorz. 1864, 441; Handwerk, Stark Chron. 1557; Coll. Stadtb. 1608; Rtb. XI, 266; Fürb. Melanchthons, Rtb. XXVI, 1552, 173; Nachrichter: Pitt Ime zu vergennen, W. den dieb mit dem Schwerdt zurichten, sol man Ime wilfarn und die verlesen vrteil endern, Rtb. XXX, 1563, 214. s. a. Verfahren 510, (118 ff.).

genumen wolten haben und darzu geschlagen, das widerwandt er, das behielt in bei dem leben". Zumal wird auf Veranlassung des Geschädigten hie und da das Schwert erlaubt.[6])

Ist in mancher Stadt das Recht des Nachrichters auf den zehnten Mann in Kraft, so rühmt er sich dieses Privilegs in Nürnberg nicht. 1525 rettet er eine Kindsmörderin vom Ertränken dadurch, dafs er sie sich zum Weib erbittet. Öfters tritt übrigens Erlafs einer Bufse ein, sofern der Täter die Verletzte zu ehelichen gelobt.[7])

Anläfslich des Übermafses von Fürbitten publiziert der Rat mehrere Verbote, welche ansehnliche Geldstrafe darauf setzen. Im Urteil des Armen, in der Urfehde des Verbannten findet sich nicht selten der Vermerk, dafs jede Fürsprache nutzlos sein solle.[8])

Die Zahl der zurückgewiesnen Bitten ist trotzdem Legion; vornehmlich, wenn es gilt, einem adligen Staudenhecht das Tragen der Halsberge unnötig zu machen, sehen wir des Rates Brust von dreifachem Erze umpanzert. Fehde- und Brandbriefe, Gelöbnisse der Sippe, Versprechungen der Spiefsgesellen prallen oft wirkungslos von ihm ab, nicht minder die Intervention von Fürsten und Städten.

Sonstige Motive bilden die erwähnten Milderungsgründe, erduldete Haft und Marter, Widerruf des Irrthums (bei Wiedertäufern), besondere Verdienste um das Gemeinwesen. Das Erbieten zur Taufe, wie Mifslingen der Richtung ist an sich irrelevant. 1552 erbittet man einen Giftmörder „da sechs Wochen kein Nachrichter da war".[9])

---

[6]) Hegel a. a. O., 4, 1453; AB. 1448, 8.

[7]) Ann. 1525; Rtb. XII, 486 StA.: die Gerhaws storchin der heut ein ernstl. rechttag gesetzt gewest, ist auff statl. fürpet des nachrichter von Rotenburg des lebens begnadt und im ergeben Sy zu elichen und von hynnen zu füren. 1553 ist er ebenfalls, um sich um die NR. Stelle zu bewerben, in N.; er wird indefs abgewiesen unter dem Beisatz: Henkers Weib soll aus Nürnberg (das sie sich thue)!, Rp. 1533, 4, 28. Es ist überhaupt die Regel, dafs Begnadigte die Stadt verlassen müssen, gem. der übl. Formel: aus m. Herrn Landgrenze und Fraisch machen, wo du aber darüber wider ergriffen und eingezogen würdest, so soll dir kein Gnad mehr nit gedult werden, darnach hastu dich zu richten.

[8]) PO. 42; Haller ob yemant für in bet daz sol in niht furtragen, AB. 317, 1407, 33.

[9]) Ann. 1552.

Neben völliger Freilassung kommt Herabsetzung in der Strafe und Milderung in der Strafart in Betracht. Seit Mitte des 18. Jahrhunderts tritt Zuchthaus an die Stelle der lebenslänglichen Verbannung bei Erlafs der Todesstrafe. Oft bleibt bei der Begnadigung noch das Richten zu freundlichen, minneclichen Rechten mit der Sippe des Widersachers in Vorbehalt. Bei Verrufung von Flüchtigen verspricht man Mithelfern des Täters für den Fall ihres Verrates an diesem nicht nur völlige Vergebung, sondern auch den auf seinen Kopf gesetzten Preis.[10])

6. Rücksicht auf persönliche Verhältnisse.

a. Weiber.

Dafs sich das schwächere Geschlecht keiner zartern Behandlung rühmen konnte, ist hinreichend beleuchtet; hinsichtlich der Todesstrafen dokumentiert sich bis in das 16. Jahrhundert eine geradezu erbarmungslose Praxis. Das hartnäckige Verharren beim grausamen Lebendigbegraben — und nicht nur in Nürnberg — bekundet vornehmlich die Gefühllosigkeit unsrer Vorfahren.

Reizlos und nüchtern verflofs das Dasein auch der bessern Bürgersfrau des Mittelalters. Übertraf die Wirtin des Ehrbaren, was Wohlhabenheit ihres Hauswesens, Pracht ihres Kleiderputzes anbetrifft, um vieles die Ritterfrau, sie vermochte in engherzige bürgerliche Verhältnisse eingezwängt nach aufsen nur wenig Beachtung zu erringen. Mitunter ohne Neigung einem oft rohen und leichtfertigen Gatten angetraut, mochte ihr selbst der einzige ihr beschiedne Wirkungskreis verleidet werden. Ertrug manch Ehewirtin — als ihr vom Himmel auferlegt — geduldig solch Hauskreuz, strebten andre in dieser verführungsreichen Zeit darnach, dem engen und geradezu unauflöslichen Ehebund zu entschlüpfen: Ehebruch und Gattenmord tauchen als Nachtseite dieses Ehelebens in unheimlicher Anzahl vor uns auf.

Streifen wir durch die untersten Schichten der Bevölkerung: Hier finden wir vorerst solche, welche wegen gemeiner Geburt

[10]) Ob auch desselben Tetters gesellen ainer so dozumal bey im gewest Ihne solher massen einpringen oder anzaigen würde, der sollt diser tat halben gesichert und aufs sorgen gelassen sein. Und im darzu die hundert gulden volgen, Rtb. XI, 1516, 77 StA.

und Berufsrichtung Frau Sorge als stetige Tischgenossin haben, sodann die Bauerschaft, welche bedrückt durch Zins und Zehnt, dem Plündern und Brennen der Stadtfeinde stetig ausgesetzt, von der Hand in den Mund lebt, endlich das zahllose fahrende Volk, das armselig um das Dasein ringend hinsichtlich seines längern Verweilens im Stadtgebiet durchaus von der Laune des Rates abhängt: Aus diesen Klassen rekrutiert sich die stattliche Reihe von Diebinnen und Kindsmörderinnen, letztere vornehmlich im 17. und 18. Jahrhundert in den Malefizbüchern dominierend.

Von Todesarten sind im ältesten Achtbuch Strang, Schwert und Feuer neben dem Grab gegen Weiber angedroht. Bald wendet man — propter pudorem — fast nur dieses an, bis der Henker sich ihrer erbarmt und die Säckung durchsetzt, welche nach nahezu siebzig Jahren dem Schwert weicht. Das lebendige Einäschern ist im 14. Jahrhundert bei Ketzerinnen erwähnt, bei Hexen indeſs nicht völlig verbürgt. Einige Zauberinnen verbrennt man nach der Exekution. Sonst gereicht die feierliche Vollführung der Ausschleifung und Richtung von Sünderinnen, zu welcher tausende von Schaulustigen von weit her herbeiströmen, der Abschreckungstheorie zu besondern Befriedigung. Nirgends wurde diesem Prinzipe mehr und mit geringerem Erfolge gehuldigt, als bei Kindsmörderinnen, deren Köpfe man mit Nägeln an den Galgen heftete, damit sich die „Bauersmaid darin zu spiegeln vermöchten.“ Neben den sonstigen Todesstrafen trifft man auch die Einmauerung nicht; dies Vorrecht stand nur männlichen Bürgern zu.

Im Gefängnis sind sie durchaus nicht bevorzugt, man schlieſst sie ebenso in Ketten; bezüglich der Tortur begnügt man sich nur deshalb mit geringern Graden, da man der äuſsersten Gewaltmittel eben nicht bedarf. Leibesumstände bewirken hie und da Milderung, selten Ledigung von Haft und Todesstrafe. 1604 unterläſst man das Einziehen einer Amme des Kindes wegen. Hie und da wird Bürgern gestattet, ihr böses Weib an die Kette zu schlieſsen.[1])

---

[1]) Schwangere mit dem Daumenstock gefoltert, Rp. 1534, 9, 25; Linckgin mit der Lochgefängknus und scharpffen frage des Daumenstocks biſs zur erledigung der geburt zu uerschonen. Weil d. L. in procinctu partus wirdt sie nit woll an Kette geschlossen aber sonsten in gutter Verwahrung gehalten, Rtschlb. Cons. Crim., 1606; Rtschlb. XLVI, 519; dem schneider mit dem bösen weib Ist vergönnt dasselb an ein ketten zu legen und daran

Angesichts der Zunahme der Leichtfertigkeit wendet man später auch die öffentliche Rutenstrafe rücksichtslos an. Bei Verbannung des Mannes wird die Frau früher mit ausgewiesen, bei einer Untat desselben fällt sie leicht einem unbegründeten Verdacht zum Opfer.[2])

Verbrechen gegen Weiber stehen unter keiner höhern Norm, die Tötung einer Schwangern qualifiziert sich indeſs als Doppelmord. Fürbitten der Ehefrau werden, sofern die Vergehung, wie bei Ehebruch, gegen sie selbst gerichtet war, des Öftern beachtet. Endlich hat sie Anspruch auf Wergeld bei Totschlag an dem Gatten.

b. Bürger und Fremde.

Wie im Verfahren, so erfreuen sich jene auch im materiellen Recht gewisser Vorteile. Die seitens des Rates erlassenen Fehdebestimmungen bestehen an sich nur für Einheimische; nur ihnen ist es verstattet, die Friedbruchsreate durch Geld zu sühnen. Für Fremde verbleibt es bei der strengern Satzung; eine besonders hohe Buſse gewärtigt der Gast, welcher einem Bürger in das Haar greift. Abgesehen vom Einmauerungsprivileg wird auch sonst der Insasse, da ja das Ansehn der Person nur allzu sehr in das Gewicht fällt, — in Konkurrenz mit dem Fremden — gelinder behandelt und der Gnade für würdiger erachtet. Miſsratne Bürgerskinder, wie einheimische Narren erfahren eine wenigstens nach damaliger Anschauung humane Behandlung; fremde Diebsbuben schafft man ohne weiteres als unverbesserlich aus der Stadt, Wahnsinnige gibt man dem Elend preis. Gemäſs den Pönalpatenten des 18. Jahrhunderts sollen Zigeuner und sonstige Streuner ev. durch den Strang unschädlich gemacht, einheimische Bettler hingegen zur Arbeit angehalten und, sofern sie krank, gepflegt werden. Auswärtige verfallen auſserdem bei Aufdeckung eines Verbrechens

---

zu erhalten, Rp. 1532, 1, 26: Weib siebzehn Jahran Kette, Rtschlb. VII, 173; nach der Niederkunft gerichtet, Rtschlb. XLIX, 54.

[2]) Weib eines betr. Falliten soll nimmer zum Bürgerrecht kommen, Ann. 1398: mit ihm gefoltert, Rtschlb. XXXVIII, 152: Originell die Zeugschaftbest. in der Egyd. Ordn.: Ob aber ain frau In sachen Ires manns zu Zewgen zugelassen werd, Ist sie ain fraw ains bloden gemuttes, die Iren man furcht, soll man sie verachten. Ist sie aber ain menliche fraw, also daſs sie Iren man blodigkeit halben des gemuttes schlahen möcht, die soll man zulassen, so sie ains guten Lewmunts, Hist. dipl. Mag., 2, 317.

leichter dem Verdacht und der Inquisition, schon ein längerer unerlaubter Aufenthalt kann sie als „schädlich“ qualifizieren. Erscheint auch solch drakonische Behandlung der Fremden als ungerechtfertigt, so ist sie doch durch die analoge Praxis der benachbarten Städte und Fürstenthümer bedingt und in Anbetracht der unsicheren Verhältnisse dem Notstandsprinzip gemäfs geradezu geboten.

Patriziat und Adel. Der Geschlechtersohn erfreut sich, zumal wenn er unter den Stadtvätern thront und sich keiner Handlung, welche wegen ihrer Verächtlichkeit zugleich seine Ratsfähigkeit vernichtet, schuldig macht, mannigfacher Begünstigung. Zählt er nicht selbt zum Kollegium, so doch einflufsreiche Verwandte von ihm, welche, wie es der Chronist bisweilen boshaft vermerkt, wider Recht und Gerechtigkeit die Freilassung erwirken. Unerbittlich verfährt jedoch das Stadtregiment auch gegen seine eignen Glieder, wenn Hochverrath oder offner Widerstand, Treulosigkeit oder Mifsbrauch des Amts ihnen zur Last gelegt werden. Die Zahl der eingethürmten Patrizier ist durchaus nicht unbedeutend; scheint eine solche Verwahrung wegen des Einflusses des Missetäters (sei es, dafs er „so gefrünt oder gewaltic“ were) unzureichend, so schreitet man, wie bei Muffel, zum Äufsersten.[3])

Den Ratserlassen gemäfs sind Patrizier „um so schärfer zu bestrafen, weil hohe Personen den andern mit gutem Exempel vorgehen müfsten“.[4]) Dies letztere ist bei den Ehrbaren — wenn sie sich auch im grofsen Ganzen eines ziemlich würdigen Benehmens befleifsigen — nicht immer die Regel; manch Fehltritt gegen die Sittengebote wäre hier zu verzeichnen. Sehr oft ist auch über den Luxus und die Genufssucht der Geschlechter Klage geführt.

Sehen wir sie sonst angesichts ihrer achtunggebietenden Stellung als Vertreter der stolzen, mächtigen Republik von einem gewissen Nimbus umflossen, so leistet ihnen auch das Strafgesetz Gewähr für höheren Schutz. Ehrverletzungen wenigstens kommen zuweilen dem Frevler theuer zu stehen.[5])

---

3) Stark, 1616, s. Hochverrat und Amtsdelikte.

4) Verlafs d. H. Ältern, Nr. 50, 1658, s. Ehebruch.

5) zwei Monat Thurm und ewige Verbannung: weil er Tuchers Hausfraw Irer eren und guten gerüchts und lewmunds fräuelich entsezt hatt, Rtb. V, 106; Patrizier Schalk geheifsen 2 t. l. Haderb. II, 72, s. Verl. an Ehre.

1568 machen die Konsulenten hinsichtlich eines Ehebrechers geltend; dafs „quoad mitigandam poenam ductus doctoratus in den Rechten befreyet seyen, das si nit, dann In grossen delictis als in crimine lesae Majestatis peinlich gestraft werden“. Ob dies etwas egoistische Gutachten seitens des Rates gebührend berücksichtigt wurde, ist nicht beigefügt.[6])

Der Adelige wird, wenn er auf friedlichem Zuge den Bannkreis der Stadt berührt, vom Rat ehrerbietig empfangen und durch die üblichen Gastgeschenke bewillkommnet. Für den Raubritter jedoch kennt er, — wenn ihm nicht der Einflufs desselben bei Kaiser und Reich, die grofse Zahl der Genossen und Macht seiner Sippe Vorsicht gebieten — wenig Schonung; ist er sich ja bewufst, dafs dies sein gleiches Schicksal, falls er in die Hände dieser rechtlosen, übermütigen Gesellen geraten würde. Im übr. s. u. „Landfriedbruch“.

c. Söldner und Kriegsknechte.

Sie stehen in der Regel unter strengerer Norm, als der Nichtsoldat, was der Praxis in andern Territorien durchaus entspricht, wie der Tatsache, dafs die bewaffnete Macht der Stadt zu der Zeit, wo an die Stelle der Bürger meist fremde geworbene Knechte getreten waren, aus sehr fragwürdigem Gelichter zusammengewürfelt ist. Verweise ich sonst auf das Kap. „Militärdelikte“, so sei hier nur hervorgehoben, dafs bei Vorliegen anderer Straffälle die Konsulenten häufig zu der mildern römischen Rechtsanschauung hinneigen und den Söhnen des Mars Zugeständnisse wider das geltende Prinzip einräumen.

Bereits trafen wir auf ein derartiges Beispiel gelegentlich der Notwehr. Noch markanter erweist dies ein sehr bedenklicher Bigamieprozefs. Der Landsknecht ist dieser völlig geständig und entschuldigt sich lediglich damit „er habe gedacht, seine erste Frau sei tot“. Trotzdem verweist man ihn nur der Stadt (wo er herkommen, da sollte er auch wieder hinziehen): „Dieweil er ein kriegsmann v. diese den legibus so genau nit astringiret und angebunden sein wöllen, möchte man etwas leiser und milter mit ihm vmbgehen“, meinen die Hochgelehrten.[7])

---

6) Rtschlb. XXXIV, 24. 7) Rtschlb. LXI, 439.

d. Geistliche.

Die Frage, ob und inwieweit ein Kleriker dem weltlichen Forum unterworfen sei, wurde nicht überall in gleich befriedigender Weise für die Kirche gelöst. In vieler Hinsicht berücksichtigte man in den Städten den Stand der Geistlichen nicht. Auch zwischen Nürnberg und Bamberg mangelt es nicht an Differenzen; der Bischof beraumt wiederholt Tagshandlungen an, die Auslieferung aller sich vergehenden Tonsurierten zu veranlassen. Und der Rat kommt diesem Verlangen in der Folgezeit selbst in Fällen nach, wo es sich offensichtlich nur um Betrüger handelt.[8]) Vor dem Fünfergericht läfst man indefs keinen Unterschied zu. Als dort einer 1517 unter Hinweis auf seine Tonsur nicht zu Recht stehen wollte, ergeht das zornige Dekret: „das er sich noch vor nachts aufs der Stadt thue, wo nicht, werd ihm dann etwas begegnen".[9])

Die protestantischen Priester unterstehen selbstverständlich durchaus des Rates Jurisdiktion; 1613 wird ein Pfarrer wegen Ehebruchs seines Predigtamtes, wie auch seiner Professur zu Altdorf entsetzt „aller Ehre und Reputation verlustig erklärt".[10])

e. Juden.

Jude zu sein, gilt in manchen Territorien geradezu als Strafschärfungsgrund, weniger jedoch in Nürnberg, wo auch die Injurien gegen sie nicht gelinder, als die gegen Christen geahndet werden. Die Zahl der Gerichteten ist eine verhältnismäfsig geringe.

Dem ältesten Achtbuch gemäfs werden 1309 Ester und Lea sub pena excecationis auf zwei Jahre verbannt.[11]) 1510 enthauptet man einen, welcher sich für christlich ausgab. 1406 verweist man Mardochaeus für immer, weil er im Frauenhause Umgang pflog, 1346 eine Christin auf ein Jahr beim Thurm, da man einen Juden bei ihr fand. Ebenso darf eine Christin nicht Judenamme werden. Beherbergung eines Juden ist nicht minder strafbar, als der entgegengesetzte Fall; doch ist jener befugt, christliches Gesinde zu dingen.[12])

In den PO. lesen wir von Handelsbeschränkungen, wie auch Gebote behufs Abstellung des „Judenunfugs"; letztere, heifst es,

---

8) s. Kirchenstr. 9) Rtb. XI, 140, StA. 10) Soden, 1, 320.

11) AB. I, 5.

12) Mfzb. 1510; Ann. 1406; Extr. etl. AB., H. und Stbibl., 1346; PO. 325.

seien auf Bitten der Gemeinde selbst erlassen.[13]) Verletzungen an Glaubensgenossen sind hier so ziemlich den gewöhnlichen Frevelbufsen analog normiert; bis zur Leistung der Strafe tritt Verbannung ein. Der Rat schreitet jedoch nur dann gegen den Täter ein, wenn er sich nicht freiwillig mit dem Verletzten auseinandersetzt oder nicht in Gegenwehr gehandelt hat. Bei falschem Verdacht steht ihm Ledigung von der Klage durch Ableistung des Reinigungseides zu. Judenkinder unter fünfzehn Jahren können sich ungestraft balgen, wie auch durch Erwachsene gezüchtigt werden. 1497 schlägt man einen Juden wegen einer Übeltat an Mitbrüdern aus der Stadt und verweist ihn für ewig über die Donau. Statt der Urfehde schwört er den Judeneid.

Häufig scheinen sie auf ihr Risiko hin als Kundschafter zu Kriegszwecken, wie zu Habhaftwerdung von Verbrechern, vornehmlich Wildpretschützen, zu dienen. 1569 läfst der Markgraf einen solchen vierteilen und neben ihm am Hochgericht eine Blechtafel anschlagen mit der Inschrift: Michael Jud Nürnberger Verräter. Der Rat fordert nun ihre Beseitigung, da auch der Karolina gemäfs diejenigen, welche die Obrigkeit zur Einbringung von malefizischen Personen gebraucht, nicht als unredlich oder Verräter gehalten werden sollen.[14]) 1411 verweist man eine der Kundschaft auf Kaufleute bezichtigte getaufte Jüdin. Ob der 1463 am nördlichsten Balken gehenkte Verräter, dem man ein Pechhäublein über den Kopf stülpte, Kundschafter gewesen, ist nicht vermerkt. Der Chronist glaubt hervorheben zu müssen: „man hieng keinen Hund zu ihm!" Nach den Annalen sollte 1590 einer an den Füfsen aufgeknüpft werden; er wurde jedoch erbeten, d. h. „christlich" gehenkt.[15])

Öfters bedroht und bestraft man sie wegen Ankaufs entwendeter Waaren. Sie sollen vornehmlich auf kein blutig Gewand, Mefskleid, auf keinen Kelch Geld ausleihen. Einer weigert sich, einen solchen herauszugeben: „er habe als Jud Macht gestohlene Güter zu kaufen." Als sich jedoch herausstellt, dafs er von dem Sakrileg nicht nur Kenntnis besafs, ja hiefür sogar eine Summe vorstreckte, hängt man ihn neben den Dieb. Häufig hat hiegegen die Weigerung der Herausgabe Erfolg, ja die Bestohlenen flehen

---

13) PO. 322. 14) Rtb. LVI, 178.
15) Hegel 4, 285, Ann. 1590.

den Rat an, ihnen die in Händen des Juden befindliche Habe wieder zu verschaffen.[16])

Auch einiger Bekehrungen ist gedacht; einer riskiert die Taufe des hiemit verbundnen Geschenkes wegen zum vierten Mal. 1590 proponiert man dem Moscha vor seiner Richtung dieselbe. Er entgegnet: „das sein Weib ein Arme Tröpfin were und weil er ihr sonsten nichts Als nur kleine Kindlein verliefse Also das sie Ihr Nahrung bey nyemants anders als bei den Juden suchen müsse. so köndte er sich auf ein andern Glauben nit begeben." Vorher vereinten sich übrigens die Konsulenten zu einem Ratschlag, der die Gründe darlegt, warum ein Verurteilter durch die Taufe nicht von der Todesstrafe geledigt werden könne.[17])

Ziemlich streng ahndet man Delikte gegen die Juden. Hie und da sind Judenmörder erwähnt, auch eine feierliche Ächtung anläfslich eines Nördlinger Mordes publiziert.[18]) 1381 verweist man eine des Diebstahls an Juden Bezichtigte, 1472 tritt Ohrabschneidung ein. Das Schlagen eines Juden „an den Hals" trägt fünf Jahre ein; zwei erkennt man 1418 zu, da einer in der Fasten drei Juden mit dem Knüttel bearbeitete unter dem Vorgeben: er müsse die Juden ölen.[19]) Ähnlich verfährt man bei Verbalinjurien.

1381 versetzt eine Frau bei einem Juden ein Paternoster; sie und ihr Gatte sühnen mit fünf Jahren. 1411 trägt es einem ebenfalls Verweisung ein, da er die Juden bezichtigte: „Sie heten im ein Kint eingetan."[20]) 1447 endlich bietet ihnen, wie der Chronist berichtet, eine Frau ihr Kind um 30 fl. feil. Es erfolgt Anzeige beim Rat, die Rabenmutter begräbt man lebendig.[21])

7. Verbrechenskonkurrenz.

Wie oft sich auch das Bestreben kundgiebt, bei Vorliegen zweier ungleichartiger Delikte verschiedne Strafarten kumulativ zu verhängen, so erfreut sich doch das Exasperationsprinzip nicht geringerer Beliebtheit.

[16]) Rtschlb. IX, 282; Rtb. L, 463; AB. 1604—1623, 390; PO. 322.

[17]) AB. 1588—1593, 139; Rtschlb. XLI, 39. [18]) AB. 316, 28.

[19]) s. Verl. an d. Ehre.

[20]) AB. 316, 8; von der Juden wegen, daz er sie zeh. Sie heten im ein kint eingetan, AB. 317, 68.

[21]) Hegel 4, 168, 206.

Indem es — angesichts der Richtung über den Toten — gar nicht in Betracht kommt, ob dem Verurteilten die Strafe auch fühlbar, sondern nur, dafs der Gerechtigkeit völlig Genüge getan wird, so gilt auch später noch die doppelte Exekution, z. B. durch Rädern und Verbrennen, als zwiefache Bestrafung. Erwägt man freilich, dafs der Arme durch das Rad an sich nicht sofort getötet wird, so kann diesfalls von einem bewufsten Erdulden der zweiten Strafe gesprochen werden. Meist aber macht ihn der letzte „Gnaden"stofs leblos und der darauf folgenden Verbrennung wohnt ein nur mehr beschimpfender Charakter bei. Dazu bietet sie für das Publikum ein Furcht und Schrecken erregendes Schauspiel und ist nicht ohne religiösen Beigeschmack.

Hinsichtlich der Kumulation ist hervorzuheben:

1. Am Gehängten wird eine zweite Strafe fast nie vollzogen. Den Dieb zu verbrennen, widerspricht dem Zweck der für ihn erkornen Sühne: Im Kontrast zur Heimlichkeit seiner Tat soll er Allen sichtbar „im Winde reiten". Den Enthaupteten flicht man hiegegen ev. auf das Rad, den Geräderten vierteilt oder verbrennt man noch. Bei Weibern liest man Begraben und Pfählen, Ertränken und Verbrennen. Das Feuer wird aber auch durch Zangengriff markiert, die Schwertstrafe durch Abschlagen der Hand.

2. Meist folgt die schwerere Strafe der gelinderen. Bei Verbrennung versteht sich dies von selbst; bei Gatten- und Kindsmord findet man Zangenstrafe, Begraben und Pfählen, eine diebische Zauberin wird des Ohrs beraubt und gebrandmarkt.

3. Ist die Sühne bei beiden Delikten die nämliche, so tritt diese und sonst keine ein. Bei Mordversuch und Raub verhängt man Schwertstrafe, bei Falschmünzerei und Falschspiel Feuertod.

4. Ob Real- oder Ideal-Konkurrenz vorliegt, ist irrelevant. Wer Ehebruch oder Notzucht in Verbindung mit Inzest verübt, ist zweier Delikte schuldig.[1])

5. So ist auch mehrfacher Mord an einer Person denkbar: 1552 tötet ein Wildmeister einen Knecht „nit allein mit einer Mordwehr, sondern auch etlichen eingeladenen Schröten, daz dann vil ein mehrers zu achten, denn wenn er mit einer Kugel entleibt worden. Also daz solches ein Drippelmord und mer denn ein andrer straffpar".[2])

---

[1]) Rtschlb. V, 213. [2]) Rtschlb. XIV, 170.

6. Zuweilen exekutiert man nur die schwerere Strafe: cum poena maior absorbeat minorem — ein für den Delinquenten sehr ungünstiges Prinzip. So bei einem Räuber und Mörder Räderung statt vorheriger Enthauptung.[3])

Das Exasperationsprinzip ist nicht jünger, als das der Kumulation. Es kommt von jeher zur Anwendung:

a) bei besonders roher und grausamer Begehung des Verbrechens.

b) bei Betätigung desselben an nahestehenden oder hochgeachteten Personen (Vater-, Gattenmord).

c) bei häufigem Auftreten einer Deliktsart (Ehebruch, Kindsmord).

d) bei Realkonkurrenz der nämlichen Verbrechensgattung.

So wird ein Dieb bei Vorliegen mehrerer Entwendungen der Begnadigung zum Schwert nicht für würdig erachtet. Auf mehreren Mordtaten steht das Rad und dazu ebensoviele Zangengriffe, als ihre Zahl beträgt, wiewohl sich der Nachrichter einmal weigert, da höchstens vier gebräuchlich seien.[4]) Gleicherweise sucht man die Marter des Armen bei der Räderung möglichst auszudehnen, sofern Wiederholung des Verbrechens oder eine besonders ruchlose Tat in Frage steht: Bis dreifsig und vierzig Stöfse gehen dem Gnadenstofs voraus.

Einen seltsamen Schärfungsgrund veranlafst ein Vorgang, bei dem zwei Leute mit einer Hacke schwer verwundet und hierauf noch mit Drohreden mifshandelt werden. Wegen der atrocitas, heifst es, sei der Grundsatz conatus absque effectu nicht anwendbar und zwar propter multiplicata et atrocia delicta cumulata. Die Konsulenten proponieren Schwert, ev. Galeere.[5])

Ein Fälscher hat 1593 mehrere Missiven uud Siegel von Fürsten geschickt imitiert und damit Betrug verübt. Die Gelehrten raten: Er solle sowohl als Fälscher, wie als Dieb bestraft werden und keinen „schlechten" Tod erleiden, insbesondere, da er das Verbrechen gegen hohe Personen verübt. Sie entscheiden sich für

---

[3]) Rtschlb. XLVII, 31.

[4]) Rtschlb. XLIX, 575, da per convenientiam magistratus der Ehebruch so überhand genommen, solle man auch mit der Strafe steigen, denn ein jede Obrigkeit dem Allmächtigen ihrer Administration Rechnung zu geben verbunden, 348; Rtschlb. XLVII, 55; Siebenkees, Mat. 3, 281.

[5]) Rtschlb. XLIX, 214.

Strang und Abschlagung der Faust; der Rat läſst sich hieran nicht genügen, er erkennt auf Schwert und Feuer.[6])

Der Grundsatz ne bis in idem ist erst nach der Karolina anerkannt, wenigstens riskiert vorher der Täter in Fraiſssachen, sofern der Markgraf bereits strafend vorgegangen, bei Verhaftung durch die Nürnberger nochmalige Ahndung bezw. Verurteilung zur Erlegung des Fraiſsgelds.

1579 sticht einer seinen Genossen mörderischer Weise öfters mit dem Dolch, so daſs jener kaum mit dem Leben davonkommt. Trotzdem erhält er von den Münchnern nur zwei Wochen Thurm, „deshalb wohl — meinen die N. Konsulenten — weil man Ihne für wahnwitzig angesehen oder doch, da vermerkt worden, daz er durch den bosen gaist getrieben, daſs er seiner selbst nicht mechtig wehre, wie er denn In sein vrgicht selbst bittet Ihne zu strafen". Sie erklären sodann, es läge zweifellos Mordversuch vor, veranlassen jedoch den Rat, den Verhafteten, weil er bereits für seine Tat gebüſst, ungeahndet der Freiheit wiederzugeben.[7])

[6]) Rtschlb. XXXV, 27. [7]) Rtschlb. XXXIII, 1.

B. Besonderer Teil.

I. Verbrechen wider den Rechtsfrieden.

1. Fehde und Friede.

In dem Erlaſs der Satzungen, in denen sich das älteste Stadtrecht Nürnbergs wiederspiegelt, bekundet sich eine selbstbefreiende Tat des Rates, einer der letzten energischen Schritte zur Losschälung von der Superiorität des Reichsschultheiſsen. Ist am Kopf derselben auch seiner Mitwirkung Erwähnung getan, so genügt ein oberflächlicher Einblick, um der untergeordneten Rolle, welche ihm in ihnen zugedacht, bewuſst zu werden.

Mancherlei Elemente umschlingt dies Stadtrecht durch ein einendes Band: Erbangesessene Grundbesitzer, freie Handelsleute, Handwerker, welche nach dem Grundsatz „Stadtluft macht frei" durch längern Aufenthalt im Gemeinwesen fremder Abhängigkeit entrannen, Hörige der Klöster, Dienstleute des Burggrafen, welche, wenn sie auch sonst andrer Jurisdiktion unterstehen, doch in mancher Hinsicht sich des Rates Forum beugen müssen.

Und die Stadtbehörde, sei es, daſs sie von Anfang an durch Wahl aus alteingesessenen Bürgern hervorging, sei es, daſs auch Zugewanderte in sie aufgenommen werden konnten, vermochte nicht mühelos der vielgestalteten Menge Herr zu werden. Auf thönernen Füſsen ruhten ihre Würde und Integrität: ein Aufruhr, ja eine bedenkliche „Sammung" waren befähigt, ihr Selbstgefühl bis in's Innerste zu erschüttern. Die Erreichung der schrankenlosen Kompetenz für Frevel- und Friedbruchsfälle erschien daher als dringendstes Erfordernis.

Wir stehen am Ende der kaiserlosen Zeit; das Faustrecht waltet ringsum im Lande. Nicht nur behufs Wahrung der altgepriesnen Mannheiligkeit greift man zur todbringenden Wehr;

meist ist es lediglich die Lust am Balgen, die Gunst des Zufalls, einen Mifsliebigen kalt zu machen, ohne eigne Gefährde zu plündern, zu erbeuten.

Um solchem Treiben ein Ziel zu setzen und den durch den Königsfrieden gefeiten Markt zum Asyl der Ordnung und Sicherheit zu erheben, bedarf es nicht nur erhöhter Straffestsetzungen, strikterer Handhabung der Landfriedensgesetze fremden gemeinschädlichen Elementen gegenüber, als auch, um den Bestand des Marktes, die Autorität der Wahrer des Friedens nicht in Frage zu stellen, Unterdrückung jeder Fehde, jedes Rachegelüstes unter den eignen Bürgern.

Von Familienfehden, welche in manch kleinerer Republik in Folge erbitterter Feindschaft alteingebürgerter Geschlechter die Bevölkerung gleichsam in zwei Lager teilen, ist Nürnberg wenig gefährdet. Beugt es sich ja — nicht gefördert durch der eigenen Scholle Freigebigkeit — nur zu bald dem merkurischen Flügelszepter, das die Bürgerschaft stetigem, frischpulsierenden Wechsel unterwirft, die Söhne der Stadt in fremde Emporien entführt, aus diesen selbst die Leistungsfähigsten gewinnverheifsend anlockt. In solch fluktuirendem Verkehr löst sich die Starrheit altväterischer Sippenverbände, die an andern Orten noch in schroffem Gegensatze eifersüchtig auf Wahrung ihrer Gerechtsame bedacht einander gegenüber stehen. Immerhin spricht die Familie sonst noch manch gewichtiges Wort in dem bescheidenen Gemeinwesen, das seitens des Rates nur zu oft Berücksichtigung findet.

Hingegen rühmen sich in der die Stadt umrahmenden Landschaft Rache und Fehde noch manch blutigen Opferfests; nicht nur bei Ableib und Verwundung, sondern auch geringfügigem Anspruch sehen wir den Schuldigen von der Sippenmeute des Berechtigten gehetzt und umdräut.

Dafs die — nur für die Bürger erlassenen — Satzungen, welche die Vorsorge für die Unterdrückung auch der weitgehendsten Feindseligkeiten beseelt, in Anlehnung an einen Landfrieden verabfafst wurden, ist unfraglich. Dem Stadtbuche ist der Albrechtinische Friede in seinem ganzen Umfang einverleibt. Für Fremde sollen an sich die strengeren gemeinrechtlichen Normen, vornehmlich die kaiserlichen Privilegien behufs Einschreitens wider schädliche Leute in Kraft erhalten bleiben.

Innerhalb des durch das Kreuz oder den die königliche Investitur symbolisierenden Handschuh gekennzeichneten Machtbereichs — die Muntat — ist auch berechtigte Fehde nicht verstattet.[1]) Jeder, der diesen Bezirk betritt, unterwirft sich stillschweigend dem dort waltenden höheren Frieden, sowie der Strafe, die sein Bruch nach sich zieht. Diese ist für den Fremden, wie den Bürger Ausschliefsung, welche jedoch durch Erlegung der Bufse meist abgewendet oder wenigstens in zeitweise Verbannung umgewandelt werden kann. Beim Erstarken der Gerichtsgewalt dominieren im Unvermögensfall die körperlichen Strafen (vornehmlich Handverlust); immer mehr Delikte, welche früher zur Schultheifsengerichtsbarkeit ressortieren, werden, weil während der Marktzeit begangen, als Friedbruchsfälle behandelt und geahndet. Der Ort wird zum immerwährenden Markt, das Marktrecht dehnt seine Kompetenz bis zur Mauergrenze, ja über die umliegende Landschaft aus; der frühere Marktbezirk wird einer höhern Strafnorm unterstellt.

Die zur Wahrung des Stadtfriedens seitens des Rates entwickelte Tätigkeit äufsert sich im Erlafs des Friedgebots — wozu übrigens jeder Bürger befugt ist — in schiedsrichterlichen Handlungen, in Erzwingung der verwirkten Bufsen und Verhängung von Leibesstrafen und Verbannung. Der Schultheifs tritt, wie erwähnt, wenig in den Vordergrund, wenn ihm auch sein Gewedde bleibt. Der Burggraf hat durch Ausübung seines Geleitsrechts zur Sicherung der Reichsstrafse und somit auch des Marktverkehrs beizutragen.

Vermögenslose Gäste sucht man, wie sie auch — wenigstens in der innern Stadt — nur schwer Bürger zu werden vermögen, tunlichst von der Teilnahme am Handel zurückzuhalten. Dafs sie aufserdem rücksichtslosere Behandlung, als die Einheimischen erfahren, ersieht man aus den wenigen auf sie hinzielenden Bestimmungen. In eine Fehde mit jenen verwickelt, wird der Gast meist den kürzern ziehen. Nach Verlassen des Stadtgebiets, was immerhin rätlich sein dürfte, wird ihm auch der Rat nicht vor Auseinandersetzung mit seinen Widersachern die Rückkehr gestatten. Um sein gutes Recht durchzufechten, steht es ihm frei, durch einen Scheinboten sicheres Geleit zu erbitten, welches ihm sowohl dem Bürger, wie dem in der Stadt verweilenden Fremden gegenüber

---

[1]) PO. 49.

auf höchstens acht Tage erteilt werden kann. Zu den Gästen zählt auch der fremde Knecht, der weniger als ein Vierteljahr in Dienst steht. Wie bekannt, werden mitunter Bürger zu Gästen degradirt.[2])

Der Bereich der Friedbruchsfälle ist ein weitbegrenzter. Frauenraub, Entführung, Ehebruch, Unzucht, ja selbst Diebstahl anläfslich der Fehde rubrizieren hierunter.

Als Voraussetzung zum Beginn der rechten Fehde bedarf es lediglich des Nachweises einer „verlichen zerwürfnifs“ und dafs man acht Tage vor dem ersten Angriff jene angesagt mit „gewizzen zwair erbern manne“.[3]) Sind diese Essentialien gegeben, so vermögen die Fehdelustigen — bis das Friedgebot des Rates Ruhe heischt — nach Willkür Schädigung an Person und Eigentum zu betätigen; selbst bei Totschlag hat der Täter keine Sühne des Rates, sondern nur die Blutrache des Angesippten des Abgeleibten zu gewärtigen. Jeder Schein des Rechts, jede Mifsachtung eines Privatanspruchs rechtfertigt hiebei die Fehde. Im Gebiet der Muntat ist ihr Schweigen geboten; auch innerhalb seiner vier Pfähle soll jeder vor Unbill gefeit sein. Dafs man sonst bestimmte gebundne Tage, während welchen die Feindseligkeiten ruhen, sowie einen höheren Schutz gewisser Personen, analog den Landfrieden, annehmen darf, hiefür bürgt keine Stelle. Die Kirche und ihre Diener schirmt an sich ein höherer Friede; aufserdem wird Verletzung des Rates und der Schöffen strenger geahndet, wie Fehde unter diesen selbst untersagt ist.

Der Rat hat, sofern ihm Kunde von solchem Zerwürfnis wird, dasselbe sofort im Keim zu ersticken, oder, wenn die Feindseligkeiten schon in loderndem Feuer flammen, mit allen ihm zu Gebote stehenden Mitteln die erhitzten Gemüter zu besänftigen und dem Geschädigten zum Recht zu verhelfen. Er erläfst vorerst das Friedgebot, dessen Nichtbeachtung die hohe Ahndung von 100 Pfd. (die Totschlagssühne!) nach sich zieht.[4]) In solenner Weise wird es von zwei Ratsgenossen den Widersachern verkündet, ev. in deren Behausung den Brotherrn oder Mitbewohnern derselben, welche bei gleicher Bufse zur Mitteilung des Befehls verpflichtet

---

[2]) PO. 25, 35, 57: der nickel hat sich mit den Burgern gerichtet. So hat der h. fur in gesprochen etc. AB. 317, 15; s. Stadtverweisung.

[3]) PO. 31 ff. [4]) PO. 33.

sind. Alle Teilnehmer an der Fehde haben gleichzeitig und unverzüglich die Waffen niederzulegen. Wer gegen einen, welcher „schiedenthalben“ vorzugehen versucht, Feindschaft äufsert, erlegt die Totschlagsbufse. Seltsamer Weise sind hier „gefrünte“ oder „gewaltige“ Leute begünstigt: Man heischt Friede bei 5 Pfd.; erweist sich dies als erfolglos, so versucht man es Tags darauf mit Wiederholung der Mahnung und so Tag für Tag bis zur Erreichung des Ziels. Während also bei weniger einflufsreichen Sterblichen sofort 100 Pfd. bei Ungehorsam verwirkt sind, ist es jenen — bis sie die nämliche Bufse riskieren — vergönnt, sich drei Wochen widerspenstig zu zeigen. Der so erwirkte Friede besitzt eine Giltigkeitsdauer von vierzehn Tagen; ist eine Einigung bis dorthin nicht erzielt, so ergeht ein neues Gebot. Erscheinen die Bemühungen der beiden Ratsglieder als völlig ergebnislos, so rufen sie den gesammten Rat zu Hilfe. Dieser Autorität gegenüber ist kein Widerstreben mehr geduldet; das Kollegium fällt den endgiltigen Entscheid und zwar — da jetzt Uneinigkeit verhängnisvoll werden könnte — nach dem Majoritätsprinzip.[5])

Die Strafbefugnis des Rates äufsert sich in dreifacher Hinsicht. Sie steht ihm zu gegen den, welcher unberechtigt, d. h. ohne Zerwürfnis und Ansagung Fehde erhebt, gegen den, welcher diesem Erfordernis gerecht wird, sich aber dem Friedgebot und schiedsrichterlichen Spruch des Rates nicht beugt, endlich gegen den, welcher nach beschworner Taidigung den Frieden (nova pax) mutwillig bricht und von Neuem zu Gewalttaten schreitet.

Die erstern Falls verhängte Sühne ist nicht geringfügig zu nennen. Wir lesen hier: für das Anlaufen 10 Pfd., das Verwunden 30 Pfd., das Lähmen 50 Pfd., den Totschlag 100 Pfd. hlr. Bei Zahlungsunfähigkeit gewärtigt der Frevler den Thurm; erst wenn durch Intervention Dritter (der Sippe) die erforderliche Summe aufgebracht ist, erlangt er Aussicht auf Ledigung. Es tritt jedoch ev. noch die eigentliche „Besserung“ d. h. der Schadensersatz (Wergeld) an die Verletzten hinzu, so dafs, wenn auch dies bei Berechnung der Haftdauer Berücksichtigung erfährt, für den unbemittelten Totschläger die lebenslängliche Thurmstrafe oder „Einmauerung“ hieraus ressultiert, der ja Bürger ohnedies bei todeswürdigem Verbrechen verfallen. Ergreift man ihn endlich auf

[5]) PO. 34.

frischer Tat (an der tat), so soll ihm — nach altem Statut — geradezu das Loos Ugolino's beschieden sein. Analoges gilt für den Helfer.[6])

Um aufserdem so kampflustige Söhne der Stadt wenigstens auf einige Zeit für das Gemeinwesen unschädlich zu machen, erkennt man auch bei geringerer Vergehung auf Verbannung. Und dies entspricht dann der ursprünglichen Friedbruchsühne, d. h. der Ausschliefsung aus dem beleidigten Rechtskreis.

Wer sich der Zahlung der Bufse widersetzt, verfällt ebenso der Verweisung. Die Höhe jener, wie auch des Ersatzes festzusetzen, ist Sache der Stadtbehörde. Dieser Schiedsspruch ist vornehmlich von Bedeutung, wenn eine gröfsere Anzahl Bürger feindselig einander gegenüberstehen, d. h. das Zerwürfnis zum „crieck“ wird und „so gefreunt, gewaltige und unrihtige leute“ angeht, „daz si sogetan pezzerunge niht wolten tun und nemen von ander der pezzerunge.“ Wer sich hier dem Votum nicht beugt, für den tritt die Totschlagsbufse in Kraft, „het er der haller niht,“ der Thurm.[7])

Bei der Festsetzung des Wergeldes, wie des sonstigen Schadensersatzes aber offenbart sich — wenigstens in früherer Zeit — des Rates ängstliche Politik nur zu häufig. Jedenfalls scheint es vor Angehung des letztern für den Geschädigten ratsam, sich genau über den Einflufs seines Widersachers zu informieren und — wenn es sich um „so gefreunt und so gewaltige und unrihtige leute“ handelt — lieber Faust in der Tasche zu machen, d. h. selbständig einen Vergleich anzubahnen, als vor dem Rat einen kargen Gewinn zu erfechten. Ich erinnere hier an das Gutachten der Nürnberger an Ulm, da der Barbier Herzog seine Frau und den Ehebrecher auf der Tat ertappte und erschlug: Der Familie des Getöteten stehe rechtlich keinerlei Anspruch zu, weil sie aber vielleicht „in einem tapfern ansehen und etwas Statthafts sein mögen und darumb der Thäter von ihnen Schaden und Sorg gewarten müsst,“ sollte der Ulmer Rat einen Vergleich hinsichtlich des Ersatzes erwirken.[8])

---

[6]) PO. 32; 5 jar d. d. sie vnzeitlich krieg heten daran sie den burgern niht wolten volgen, AB. Lochner, 40; 5 j. niht frid wolten halten, dann der Stadtknecht gebot. AB. 317, 1411, 67.

[7]) PO. 32. [8]) Frauenstädt, 30.

Sieht man ja nur zu oft die mittelalterlichen Gesetze und Urteile durch zwei Motive beeinflufst: Die Rücksicht auf das Ansehn, wie das Vermögen. Mächtige Freundschaft innerhalb des eignen Rechtskreises, grofser Anhang bei fremden Potentaten üben häufig als besänftigendes Agens bei der Strafnormierung, während den Schutzlosen die ganze Wucht des Gesetzes zermalmt. Anderseits vermag sich der Reiche rascher, als der Arme, zur Schädigung des Gegners zu entschliefsen: Dieser riskiert seine Existenz, jener opfert der Befriedigung seiner Rache bereitwillig die Summe, die das Lösegeld für Leib und Leben bildet.

Die Taidigung, der Sühnevergleich zwischen den Parteien selbst, ist in den Nürnberger Quellen zumeist als das Vertragen oder Richten mit minneclichen, freundlichen Rechten bezeichnet. Ihre Bedeutung ragt für Totschlag und Verwundung bis in das 17. Jahrhundert herein. Dieselbe anzubahnen steht sowohl dem Täter, wie dem Verletzten, bezw. der Freundschaft beider zu. Von jenem wird die Initiative ausgehen, wenn er bei gewichtigem Einflufs der gegnerischen Sippe gegründeten Anlafs hat, für seine Sicherheit besorgt zu sein, d. h. wenn er sich vor des Getöteten Freunden „nyndert bafs enthalten kann.“[9]) Auch bei erreichter Taidigung wird er indefs den Rat hievon in Kenntnis setzen, um einerseits vor dessen etwaigem Eingreifen gefeit zu sein, anderenteils den Vertrag nochmals vor dem Stadtforum bestätigen zu lassen und so die Urfehde des Gegners zu erlangen.

Für die Folgezeit kommen hauptsächlich Totschlagsfälle der Landschaft in Betracht, wo der Rat, häufig durch den Vorgriff benachbarter Gerichtsherrn bedroht, geringere Bufse für sich beansprucht. Wenn ihm hinsichtlich des Wergelds der Antrag auf Entscheidung von vornherein zugeht, so trifft er diese nicht ohne Verständigung mit der Sippe des Getöteten. Zuweilen ergeht freilich von jenem an den Schuldigen die direkte Aufforderung zur Taidigung unter dem Bedeuten, dafs ihm bis zur Realisierung derselben der Eintritt in die Stadt versagt sei. Ja, es kommt

[9]) Rtb. Ia, 9; deiding bei H. Sachs: Keller, XIII, 281, deidung, 498, taiding, X, 435; nicht ohne Interesse ist auch die Bestimmung: ob zwen der geswom ainen friede machen oder gebuten und daz sagten auf ir eide, ob der dem der fride geboten ist, dafür geswern müge oder niht, der mag dafür niht geswern, wol mag er swern, daz er dez fridez niht gebrochen habe, PO. 36.

vor, dafs ihm ein Termin hierfür gesetzt wird; anderseits genügt wieder die Verbürgung, dafs man sich „richten“ wolle. Einmal bringt des Getöteten Witwe den Täter „zu Bann“; sofort erhält er seitens des Rates das Gebot zu unverzüglicher Taidigung, damit nicht das ganze Land vom Interdikt betroffen würde.[10])

Die Höhe des Wergelds zeigt sich, indem ja ein gütliches Übereinkommen vorliegt, sehr variirend. Der Totschlag gilt nicht selten 50 Pfd. hlr. oder 50 fl., woneben noch an den Rat das Fraifsgeld, zuweilen ein Fünftel, fällt. Gerechte Notwehr befreit, wie bemerkt, nicht immer vom Ersatze.

Allerdings liest man auch das strikte Verbot der Taidigung oder die Zurückweisung des Ansinnens, den Täter zu verfolgen. Der Habgier der Gegner tritt die Behörde später energisch entgegen, so dafs dann der Schuldige oft sehr gelinde davonkommt. Ja, man öffnet ihm bei „zu hart halten“ seitens der feindlichen Sippe ohne weiteres die Stadt und wirft diese, um eine bescheidnere Anforderung zu erzielen, in das Lochgefängnis. Ist dagegen der Totschlag „fährlich,“ so bekundet der Rat, dafs er den Frevler trotz seiner Auseinandersetzung mit der Sippe nicht „aus sorgen“ lassen werde, und dieser daher bedacht sein solle, ewig Stadt und Flecken zu meiden. Diesfalls wird den Klägern auch ein „Verbot auf des Täters Gütern“ eingeräumt.[11])

Schlichtung des Streites, wie Anbahnung der Taidigung ist Pflicht jedes Bürgers. 1403 bleibt einer straflos, der „schiedenthalben“ zwischen zwei Kämpfende trat und einen totschlug. Unter erhöhter Sühne steht eine Verletzung, die während der Taidigung zugefügt wird.[12])

Ob beim Akt der Versöhnung gewisse Formalitäten platz greifen, insbesondere der Täter die Rolle des Büfsenden spielt, wie des Getöteten Freundschaft die des Verzeihenden, hievon verraten die Quellen nichts. Der wichtigste Teil und Schlufs der Taidigung, ohne den sie für fruchtlos gilt, ist jedenfalls die Urfehde, das Geloben des „lauten“ Friedens durch beide Parteien. Der Täter schwört hiebei nicht immer eine „schlichte“ Urfehde, sondern unterwirft sich zuweilen noch drückenden Bedingungen.

---

[10]) Rtb. IV, 35, 1484, StA. [11]) s. Totschlag.

[12]) AB. 317, 9; d. d. er einen famulum mit verdahtem mut geshlagen in dem geleit daz im der froger geben. AB. Lochner, 28.

wie zeitweiser Verbannung, einer Rom- oder Aachen-Fahrt für des Getöteten Seelenheil. Oder er verspricht, in Zukunft weder Schwert noch Messer zu tragen, kein Leithaus mehr zu besuchen, wo er etwa mit einem der gegnerischen Sippe zusammentreffen und hiedurch ein neues Auflodern der Fehde veranlassen könnte.[13])

Um bedenklichen Ausschreitungen dieser kampflustigen Gesellen möglichst vorzubeugen, ergingen auch generelle strenge Waffenverbote. Nach den PO. sind nur der burggräfliche Landrichter, der Reichsschultheifs, ihre Diener und die Stadtbüttel befugt, Schwerter und spitzige Messer zu tragen. Wer dieser Satzung zuwiderhandelt, zahlt 60 Pf. Bufse; wer sie „verlich tregt auf jemans schaden“ 2 Pfd. hlr. Trägt er sie heimlich unter dem Rock, in der Hose, in den Schuhen, so büfst er ebenso hoch: „swer dez geltes niht hat, man sleht im abe die hant.“[14]) Dasselbe gilt für den, welcher mit verbotner Wehre „verliche zu ainem criege“ läuft. Man soll auch mit einem also Bewaffneten keinen Handel abschliefsen, der Wirt darf ihm, sofern er nicht den „Stock“ riskieren will, keinen Wein kredenzen, da gerade in den Leithäusern bei der mafslosen Trunksucht der Zeit die wüstesten Metzeleien an der Tagesordnung sind. Nur bei weitem Ritt mag sich der Bürger zur Schirmung mit dem Schwert umgürten.[15]) Das Verbot schärft sich nach dem Aufruhr (1350) insofern, als auf dem offnen Tragen 1 Pfd. hlr. steht, bei Unvermöglichkeit ein Tag Stock und ein Jahr Verbannung „tregt er ez aber heimlich, man sleht im ab ein hant“. Und zwar ist diese Satzung vornehmlich für Handwerksleute erlassen.

Eine Ausnahme wird 1479 getroffen: „so ein Erber man des nacht vfs isset oder sunst geschefft hett und mit offem liecht geet, wo danne er, sein diner und knecht zu beschützung lange Messer tragen. So sollen die fünff Herren die für vngeuerlich halten.“ Sonst aber untersagt man lange, wie kurze Degen und „alle were mitsampt den pleien kugeln“, später auch „feuerschlahendt oder zündtpüchsen, creutzparten, wurfhacken und dgl. mehr“. Unter

---

[13]) sie baide ein lawten frid geloben lassen, Rp. 8, 11; sieben zu K. haben geschworn gegen einander frid zu hallten mit worten und werkhen, Haderb. II, 200; Gebhart aufs den eysen lassen, doch das er zuuor gegen seiner muter und andern seinen Widerteilen ainen frid schwere, Rp. 1532, 8, 23; AB. I, 15.

[14]) Cod. 228, 21; PO. 38. [15]) PO. 39.

noch schärferer Ahndung steht das Messerzucken selbst, d. h. sofern es der Frevler im Wortstreit aus dem Gürtel oder der Tasche reifst.[16])

Ist der Friede beschworen, so mufs jede Gewalttat gegen den dem Gelöbnis vertrauenden Gegner als heimtückisch und hinterlistig erscheinen. Defshalb verfällt der Totschläger in nova pace der Strafe des Mörders, dem Rad. Sonst sühnt ein unlaugenhafter Friedbrech mit 100 Pfd. oder der Hand. Vielfach sind derartige Frevler unter die Geächteten eingereiht; man verfährt also ziemlich schonungslos gegen sie. Ein zanksüchtiger Gatte der dem Frager „sein treu“ gab und doch seine Frau und zwar auf dem Kirchhof stach, wird auf ewig verbannt.[17]) Aufserdem hat das freventliche Überlaufen, Schmähen oder Schlagen in nova pace zeitliche Verweisung oder Gefängnis im Gefolge.

So mufsten Rache und Fehde, das unholde Geschwisterpaar, bei stetigem Wachstum der öffentlichen Autorität, Rücksichtslosigkeit der Gesetze, Besserung und Stärkung des Sicherheitswesens, nachdem ihrem Herrschbereich immer engere Schranken gezogen waren, bald völlig den Bannkreis der Stadtmauer fliehen. Noch Jahrhunderte indefs vermochten sie auf dem Boden der Landschaft ihrem gewalttätigen Treiben zu fröhnen. Endlich aber erkannte auch der Fehdelustigste, dafs es geratner sei, von vornherein des Rates Forum anzusprechen, statt den Schuldner mit Raub und Brand zu umdräuen und hiebei selbst Unbilden zu gewärtigen, die zu dem Wert des angeblichen Rechts in keinem Verhältnis stehn. Langer Dauer rühmte sich ja die Fehde späterhin niemals, der Rat erstickte sie im Keimen; meist rief der schwächere der Gegner ihn um Beistand an noch vor dem ersten Angriff.

Fehden zwischen ihren Bürgern und dieser mit Fremden in andern Territorien suchte die Stadt möglichst zu steuern; so war auch das kämpfliche Ansprechen eines Gastes bei 18 Pfd. hlr. untersagt, wie anderseits der Rat seitens des Reichs das Zu-

---

16) AB. Lochner, 41; Rtb. II, 430, StA.; Mand. 1549: s. Körperverl.

17) s. Mord; 5 jar, friede gelobt, nicht gehalten Haderb. I, 1473, 17; 14 t. loch, geschlagen wider angelobten frieden, Haderb. I, 1516–1527, 228; 8 t. loch, friede gel. und geschmäht, Haderb. II, 49; M. Beheim 10 jar, d. d. er einen fried brach und einen stach mit einem spiezz, AB. 316, 1382; Rtb. II, 21, StA.: AB. 316, 37.

geständnis für die Seinen erlangte. keiner Herausforderung Folge leisten zu müssen.[18]) Deshalb war auch jedes Dingen mit einem „schädlichen Mann“ verboten. ja genau der Preis bestimmt, den der Bürger behufs Ledigung aus der Gefangenschaft zusagen durfte, um Fehden aus solchen Ansprüchen zu vermeiden, — eine Zumutung freilich, der mancher der goldnen Freiheit willen kein Gehör verleihen mochte.[19])

Dafs übrigens hinsichtlich der Familienfehden die Spurfolge eine ziemlich weitgehende zu nennen, erweist ein Fall aus dem 17. Jahrhundert. Ein Totschläger, durch des Mainzer Kirchenfürsten Intervention begnadigt und nach Nürnberg zurückgekehrt. wagte es am Haus des Bruders des Entleibten vorbeizugehn: „haben der Bruder und freundte solch fur einen freuel angezogen. Als ginge er ihnen zum trotz und aufs Hochmuth vor der thur und gesicht vmb und derwegen so offt und vill bey einem E. Rat angehalten, das Ime die Statt vf ein Neues verbotten.“[20])

---

2. Heimsuchung.

Altheidnisch ist des Hausfriedens Heiligung. Man soll den Gegner auf offnem Felde stellen, nicht in seinem Heim suchen; hier sei er gefeit vor Gewalt und Hinterlist. Wer trotzdem unter bösem Vorsatz — denn fahrlässige Begehung ist undenkbar — die Schwelle überschreitet, der „verwundet“ das Haus.

So ist die Heimsuche, auch wenn sie mit keiner Tätlichkeit verbunden, eines der vornehmsten Fehdedelikte. Nicht soll dem Bürger bei Anschuldigung die Möglichkeit zustehen, sich durch Leistung des Reinigungseides straffrei zu machen. Aber auch die Ansprache ist erschwert; bevor der Kläger den Beschuldigten zu übersiebnen versucht, hat er den Würderungseid zu leisten, „daz er im niht mit mutwille und in durch cheine rachsal noch feintschaft anspreche, ane allez geverde, und daz er wenn, daz er zu der sache reht habe.“[1])

---

[18]) PO. 18; nemo aliquem civem loci illius duello impetere debet in toto Rom. Imperio, Priv. 1219, H.D.: doch fand vornehmlich vor dem kais. Landgericht N. manch Kampfgericht statt, an dem Patrizier beteiligt waren: bzgl. d. Ladens vor fremd. Ger. s. Hochverrat; über einen Kampf zu Fürth, Hegel a. a. O., 2, 9.

[19]) PO. 23. [20]) Stark, Chron. 1611. [1]) PO. 37.

Aufser der einfachen „Verwundung“ des Hauses ist in den PO. als Heimsuchung bezeichnet: Das Mifshandeln des Wirtes (Besitzers) und seiner Familie im eignen Haus durch Raufen, Schlagen oder Verwunden; das Jagen derselben, ihrer Ehehalten (Dienstboten) oder selbst Fremder in das Haus, sowie das Nachfolgen in dieses; das Herausfordern des Besitzers aus seiner Wohnung, das Hineinschmähen und Hineinwerfen. Die Geldbufsen variiren zwischen drei und dreifsig Pfund; letzternfalls wird hiermit halb die Stadt und halb der Verletzte bedacht. Heimsuchen ist indefs ebenso zwischen Mitbewohnern denkbar: Wer dem andern sein „beschlützet gemach aufstotzet oder sein teur aufstozet frevelich,“ der erlegt dreifsig Pfund.[2])

In den Strafbüchern treten meist Verbannung, ev. auch Loch- und Thurmstrafe an Stelle der Bufse, sowohl als von vornherein ausgesprochene Ahndung, wie bei Unvermögen des Frevlers. Die Beispiele sind sehr mannigfacher Art. So gilt es zweifellos auch als Heimsuchuug, sofern einer in fremdem Haus mit der Tochter oder Magd ohne Willen des „Wirtes“ Unfug treibt. 1341 werden zwei Frauen gelegentlich eines Eindringens in die Wohnung verwundet, eine sogar mit einem Basler durch (in) das Haupt geschlagen; der Täter erhält zehn Jahre Verbannung als Lohn. 1503 köpft man einen Söldner wegen eines ähnlichen Reats, mit Verweisung straft man andre, welche ihrem Hauptmann vor das Haus liefen und ihn freventlich herausforderten. Unter denselben Gesichtspunkt fällt die Tat eines Händlers, welcher seinen Feind in dessen Mefsbude zu Leipzig angefallen.[3])

Vor Verhaftung schirmt das eigne Haus an sich nicht, trotzdem scheint man dies in andern Städten dominierende Vorrecht des Bürgers, wie erwähnt, hie und da beachtet zu haben und nur im Fall der handhaften Tat rücksichtslos vorgegangen zu sein.

---

[2]) PO. 37, 38.

[3]) Extr. etl. Achtb., 1341; Peselt 5 j., fenster aufgestossen und jr thür und hat sie heimgesucht, 1345; 1 j. d. d. er einer frawen ein tor aufstiezz und sie slug und vbel handelt, AB. 317, 6, 1404; AB. 317, 17, 1406; H. ewigl. d. d. er einer Judin in irem hause drey wunden gestochen, AB. 317, 71, 1411; Haderb. I, 1469—83, 7; ewig, Rumor und widerwillen angefangen und sie aus den hewsern gefordert, Haderb. I, 1516—27, 210; Haderb. II, 31; ewig beim Sack, d. d. er heimgesucht und in durch den Kopf warf und im s. wirtin stiez und slug und trat, AB. Lochner, 124, 123. Heims. in Zorn und Aufregung, wen. Wochen Thurm und Urfehde, Rtschlb. XLVI, 288, 1600.

Die auch für das Gemeinwohl so heilsamen, zum Schutze des Hausfriedens erlassenen Satzungen werden nur zu oft mifsachtet und ebenso vom Rate nicht energisch genug vor Verletzung gewahrt. Mafs schon das Christentum überdies dem Hausfrieden geringere Bedeutung zu, als die germanische Zeit, so verliert sich jene — trotzdem doch die Landfrieden sonst der Rache- und Fehdelust die Zügel immer straffer spannten — immer mehr und mehr. Im 15. Jahrhundert sind nur noch wenige Bestrafungen verzeichnet; die Bambergensis würdigt die Heimsuchung keines Artikels.

3. Bedrohung.

Bestand vordem die regelmäfsige Ankündigung der Fehde in einer Drohung, welche, wie furchtbar auch ihr Inhalt sein mochte, beim Rat nur insofern Beachtung erweckte, als er nach Kenntnis hievon sofort das Friedgebot ergehen liefs, so belegte er bereits im 14. Jahrhundert solch Drohwort, wenn es innerhalb der Mauern einem Bürger gegenüber ausgestofsen wurde, mit Strafe. Der Frevler wurde verhaftet, womöglich unter Beiziehung seiner Sippe zur Kaution, wie zur Urfehde gezwungen, dafs er seine Drohung dem Gegner gegenüber niemals wahr machen wolle, und endlich zu Thurm oder Verweisung verurteilt. Letzteres trat hauptsächlich dann ein, wenn sich der Bedroher als eine derartig „unrichtige“ Person dokumentierte, dafs man seinem Friedgelöbnis kein Vertrauen zu schenken vermochte. So urteilte sich 1392 Conrad Heydung von der Stadt, da sein Geschäftsvormund „vnsicher vor im waz,“ sein eigner Bruder aber schwur: also ob C. H. dez niht hielt als vorgesriben stet, so woll er im als veint sein als die Bürger und daz er bey dem ayd nach im stelln woll und getrewlich darzu tun on geuerd.“ [1]) In ähnlicher Weise wies man öfter Bürgern, vor denen ein andrer oder die Stadt selbst in Folge frevelhafter Drohungen „unsicher war,“ das Tor. Für solch zweideutige Elemente, welche unter der Bauerschaft durchaus keine seltne und auffällige Erscheinung bildeten, war später innerhalb

---

[1]) AB., 316, 35; Haderb. I. 1516—1527, 223; dem pauern ist zugelassen, das Ime sein widerteil so Ine mit ainem briefe bedroet hat Caution thun mag, das er vor Ime sicher sein mag, Rp. 1532, 5, 3.

der Mauern, im strengen geordneten Gemeinwesen keine Stelle mehr; im Fall ihrer unbefugten Rückkehr schieden sie sich in nichts von den wirklichen schädlichen Leuten. Die Ankündigung des roten Hahns war die beliebteste Drohung, vornehmlich in der Form eines zugesandten oder an das Haus gehefteten Brandbriefs.[2]) Aufserdem enthielten diese Drohzettel mitunter die abenteuerlichsten Zusicherungen. Aber auch die wörtlichen Verheifsungen entbehrten nicht der Originalität. So suchte einer eine Verheiratete zur Flucht zu bereden, indem er sie einlud, „mit im vom lande zu gen, tet sie dez niht, er wollt ir alle viere abhauen." Man verwies ihn auf zwei Jahre, für die nämliche Drohung einem Bürger gegenüber ist später acht Tage Thurm zugesprochen.[3]) Unter höherer Norm stand das bereits erwähnte Messerzucken, wie die Gefährdung von Ratsdienern.

Nach dem ewigen Landfrieden steigerte sich angesichts der schärfern Mafsnahmen gegen die Befehder überhaupt auch die Ahndung der Bedrohung. Gemäfs der Anschauung der Konsulenten sollte die Zusendung eines Fehdebriefs an sich noch nicht die Todesstrafe bedingen, in ein grelleres Licht fiel jedoch solche feindselige Kundgebung, wenn sie eine schwere Drohung, zumal die Zusicherung des roten Hahnes enthielt. Sollte ja bereits nach früheren Landfrieden derjenige, welcher zu brennen droht, als Brenner sühnen.[4]) Trotzdem gewärtigten nur die, welche der Republik selbst gegenüber in solch kecker Weise vorgiengen, das Schwert; bei Bedrohung von Privaten trat lebenslängliche Verbannung über die Donau oder unter Rutenstrafe ein, in gravierenden Fällen Augenverlust. So verweigerte auch der Rat 1533 der Stadt Bamberg die Richtung eines in Nürnberg verhafteten Bauern, der seinem Nachbarn, da er ihn in einer Geldforderung nicht befriedigte, einen derartigen Brief gesandt: Man könnte ihn, indem er nicht eine ganze Landschaft oder Kommune, sondern nur eine Person gefährdet, höchstens des Gebietes verweisen oder zur Sicherung eine Kaution von ihm begehren. Man wisse ja auch

---

[2]) Man sandte Brandbriefe (Pasquille) sogar auf die Kanzel, Mand. N. (1688—1705), 141. Stbibl.

[3]) AB. 317, 34; C. H. 8 tag in ein versp. kämmerlein, d. d. er gesagt hatt, Hans Reichen alle viere abzuhawen, Rtb. II, 124, StA.

[4]) Wenn einer ein andern aufbrennen drohet und nicht recht von ihm nehmen will, über den soll man richten, als ob er gebrennt het, Priv. 1331, H.D.

gar nicht „ob nit der Arm vrsach zw solchem seinen furnemen gehapt.“ [5])

1522 stach man einem die Augen aus, welcher durch Drohung eine Erpressung bezwecken wollte. Es ist dies die nämliche Strafe, die darauf stand, sofern einer den vom Rat nicht anerkannten Anspruch durch die Ladung des Gegners vor die Feme durchzusetzen strebte.[6])

Mancher Nötigungsfall wäre hier auch zu erwähuen, welcher schwere Ahndung im Gefolge nach sich zog. 1558 mifshandelte einer seine Frau und nötigte ihr allerlei abscheuliche mündliche, wie schriftliche Bekenntnisse ab. Er wurde gerichtet, hat „den Schöffen seine siben kynndlein beuolhen.“ 1392 urteilte sich ein Hans von Eyb „von der Stat ewiclichen, d. d. er lewt erstochen wolt haben verlichen und sie benotigt, daz sie im swern musten vff einem plozzen messer.“ [7]) Ähnliche „Scherze“ der adeligen, wie gewöhnlichen Placker, wodurch es nicht nur auf die Erregung der Todesangst bei den harmlosen Überfallenen, sondern vielmehr auf die Verbreitung von Furcht in der ganzen von der Rotte bestrichenen Gegend abgesehen war, sind übrigens des Öftern überliefert.

---

4. Landfriedbruch.

Wer gern hadert, wirtt offt geschlagen.
Und wer gern mit dem schwerdte ficht,
Der wirt auch mit dem schwerd gericht.
H. Sachs.

Die Freveltaten des fränkischen Plackerthums der Reichsstadt gegenüber aufzuzählen, die eingeäscherten und geplünderten Dörfer, die „armen“ Leute der Landschaft, die von ihnen „gezwackt, geplackt, gestöckt und geplöckt“ und im Burgverliefs „erfault“ wurden, die beraubten Handelszüge, deren Führer und Geleite sie niederschlugen, die sonstigen kecken und tollkühnen Taten, die sie vor den Mauern, im Reichswald und auf der Heerstrafse ver-

---

[5]) Man wifs ja der oberkeit zw Bamberg herttikeit gegen den Armen lewten, Rtschlb. VII, 287.

[6]) Haderb. I, 1516—1527, 233; 1511, Jäger, Jur. Mag. f. Reichsst. 335; Enthauptung, 1404, Mfzb.

[7]) HGB. II, 152; AB. 316, 39; das Messer-Beschweren b. H. Sachs, XXI, 282.

übten — die Rachezüge der Ratssöldner sodann, die Zerstörungen der Raubnester nach Herausnahme der Dohlenbrut vorzuführen und zu schildern, sei des Chronisten Feder überlassen. Die Feststellung genüge hier allein, dafs der Nürnberger Ruf, zahllose dieser edlen Herrn ins Jenseits befördert und mit dem Räuberunwesen gründlich aufgeräumt zu haben, ein wohlverdienter ist. Viele der vornehmsten fränkischen Rittergeschlechter vermögen sich zu rühmen, einen ihrer Ahnen zu denen zu zählen, welche die Nürnberger des Schwertes für würdig befunden. Aber nicht nur mit Eisen, auch mit Feuer glaubten sie vorgehen zu müssen, um den Genossen des Gefangenen einen „heiligen“ Schrecken einzujagen, wie dem Talionsprinzip entsprechend gerechte Wiedervergeltung zu üben für die vielen Feuersäulen, die der Ritter mit seiner sengenden, brennenden Horde in der Landschaft auflodern liefs. Dies das Loos Schüttensamens. Andre nicht minder furchtbare Feinde reihte man unter die Raubmörder ein und flocht sie auf das Rad, wie Eppelein und Leonrod. So entschlofs man sich bei Vorliegen schwerer Greueltaten und zumal wenn des Plackers Gefangennahme des Bluts und Goldes genug gefordert, von der ehrlichen, ritterlichen Enthauptung zu abstrahieren. Ja, selbst der Strang spielte seine Rolle. Allerdings sprach im Gegensatz zu dem oft mitleidlosen Verfahren gerade auf diesem Gebiet die Fürbitte ein gewichtiges Wort; verwendeten sich ja meist die gesammte Ritterschaft, die Fürsten oder selbst der Kaiser für den Todeskandidaten, welche Intervention, so grundlos sie auch war, der Rat nicht immer zurückzuweisen wagte. Aber noch öfter bot er solchen Mahnungen Trotz und dann gewifs nicht mit Ungrund: Nannten sich doch mehrere der auf dem Rabenstein Sühnenden bereits früher Gefangene der Stadt. Bei ihrer Freigebung hatten sie jede Feindschaft feierlich verschworen, vielleicht auch ein bestimmtes Lösegeld zu erlegen, Bürgen für ihr friedliches Verhalten zu stellen versprochen, ihre Burg der Stadt offen zu halten, für eine Reihe von Jahren Kriegsdienst zu leisten gelobt und — dies Alles in den Wind geschlagen. Was Wunder, wenn der Rat, nach Bruch des Eids und neuem Friedbruch ihrer habhaft, nur ungern ihres Kopfs entraten mochte. Liefs er sie nochmals frei, so mufste er gewärtigen, sie in Bälde wieder als noch rachdurstigere Feinde begrüfsen zu dürfen; bei lebenslänglicher Einthürmung jedoch wäre der Angriffe auf die Mauern kein Ende geworden.

Sonst genossen sie ritterliche Haft; der peinlichen Frage unterwarf man sie — wie Schüttensamen — nur ausnahmsweise; war man auch eifrigst bestrebt, die mit ihnen Verbündeten, wie deren nächstdem zu erhoffenden Anschläge zu eruiren.[1]) Strenger verfuhr man gegen die mitgefangenen Knechte.

Einer förmlichen Urgicht, wie bei andern Verbrechern, bedarf es überdies zur Abhaltung des Rechtstages nicht; der Rat ist dank den Landfriedenssatzungen, — nach denen der Frevler mit der Tat sein Leben verwirkt —, und eignen Privilegien, die ihm gebieten, mit den Feinden der Stadt nach Willkür zu handeln, zu summarischem Vorgehen befugt: Das Urteil ist oft vor der Habhaftwerdung gefällt, wenige Stunden nach dieser legt man — um jeder Belästigung durch die Freundschaft rasch ein Ziel zu setzen — dem Armen den Kopf vor die Füſse. Deshalb liest man auch im Halsgerichtsbuch bei vielen derselben lediglich den Namen und die Sühne. Ist der verhaftete Ritter eines Landfriedensbundes oder mehrerer Städte Feind, so hat derjenige seiner Gegner, dessen Söldner ihn überwältigt und gefänglich eingebracht haben, die Befugnis zur Richtung. Die übrigen müssen ihn jedoch gleichfalls durch Deputierte ansprechen und die durch die Verfolgung und Exekution erwachsenen Kosten teilweise übernehmen. So kommt den Nürnbergern z. B. die Räderung Eppeleins von Geilingen zu Neumarkt ziemlich hoch zu stehen.[2])

Wie nach dem ewigen Landfrieden — der doch jeder Fehde Schweigen gebot und jeden Täter als der Reichsacht verfallen erklärte — in Nürnbergs Landgebiet das Unwesen noch geraume Zeit dominiert und zahllose Entleibungen heischt, so bedrohen die ritterlichen und bürgerlichen Feinde in ihren Absagebriefen die Bürger auch fürderhin mit Nom und Brand. Während indeſs der Rat in ersterer Hinsicht übergroſse Duldung zur Schau trägt und die Widersacher, sofern kein gefährlicher Ableib in Frage steht, lediglich zur Taidigung anhält, verfährt er letztern gegenüber strikt nach der Friedenssatzung. Unter Hinweis auf dieselbe wird nun fast jeder gefangene Feind der Stadt gerichtet, wie nicht minder jeder, der seitens eines Fürsten oder einer fremden Kommune

---

1) die sage Schüttensamens zu rechtuertigen, den Sch. zu rede halten und Im wee tun, Sch. baſs zu rede h. und nit wee tun vff Eritag schierst ein ernstlich recht tage, Rp. 1474, 8, 3 u. 4.

2) JR. 1381, 19; StR. 1378, 51.

Ansprache erfährt. Im Gerichtsbuch finden sich mitunter langathmige Verteidigungen, welche die Berechtigung zur Fehde erweisen sollen, verzeichnet. Doch fallen sie stets in Nichts zusammen durch den Einwand, der Angeklagte hätte, statt zu rauben und zu brennen, den ordentlichen Ritter suchen sollen.[3] Einmal spricht Bamberg einen Friedbrecher an, der vor der Stadt B. „Im lager gewest, geraten und fur gut bedacht, das man für das Schlos Nurmbergk soll ziehen und das nit steen lassen, die weil man die andern alle zerprochen hat“. Der Bischof durfte diesfalls der Gewährung der Richtung seitens Nürnbergs von vornherein ziemlich sicher sein.[4])

Nicht ohne Interesse sind einige nach dem Landfrieden von den Konsulenten geltend gemachte und durchgeführte Maximen:

1. Obwohl ein Landfriedbrecher „mit der Tat in die Acht fällt“, mag er doch vor Erklärung als Ächter nicht gestraft werden. Er soll aber nach Ausweisung seiner Übeltat „in ander Weg“ büfsen: „sonst würde aufserhalb erclerung der echt kein räuber mer gerichtet“.

2. Durch Ankündigung der Fehde an die Stadt sei noch kein todeswürdiger Friedbruch veranlafst: „denn so gleich einer feindt oder abclag thue, hat er damit das leben nit verwürckt, Er kom denn zu der that“.

3. Wo ein Friedbrecher oder Übeltäter „einkompt, da werd er gerichtpar“ — auch von Amtswegen ohne Ansprache.

4. Insofern das Übel überhand nimmt, sei die Strafe desto härter.

5. Der Geschädigte kann den Friedbrecher nicht vergleiten; dieser soll ebenso nicht ohne des ersteren Genehmigung Geleit erringen. Aufserdem darf dies dem ungehorsamen Untertanen nicht durch einen fremden Landesherrn zugesagt werden.[5])

---

[3]) HGB. I, 51, 58. Hinsichtl. der zahlr. Richtungen s. d. Mlfzb. Auch nichtadel. Friedbrecher finden sich viele unter ihnen. Apfelbach, das er hieuor vber etliche mal bescheen fridpot ein handt vafst gar abgehauen, damit er erstlich wider den gemein artikelbrief daruf er neben andern eins Rats bestellten dienstl. geschworn gehandelt, darumb er leyb und leben verwirkt, HGB. I, 130; s. a. H. Sachs, Keller III. 565, XII 443, XIII 4, XXI, 5 u. d. treffl. Schw. v. frommen Adel, XVII, 276.

[4]) HGB. II, 82.

[5]) Rtschlb. V, 84, 1521; Rtschlb. III. 83; Rtschlb. I, 43, 1515.

Noch währte es übrigens geraume Zeit, bis auch hier im Sinne der Reichsgesetzgebung die alten Gebräuche zu Grabe getragen waren, und die Dezision der Hochgelehrten eine der modernen Anschauung entsprechende genannt werden konnte. Waren doch auch die ungerechtfertigt milden Urteile des Rates hinsichtlich der Totschläge in der Landschaft sie hierin nicht zu fördern geeignet. 1537 wird einer, welcher den Betzensteinern den Absagebrief an das Thor genagelt, enthauptet, da er zu der „vhede kein redliche ursach gehabt“.[6])

Bemerkenswert ist noch ein Entscheid des 17. Jahrhunderts: Ein Friedbrecher sendet einem Wirt den Fehdebrief, droht die Ortschaft an vier Enden anzuzünden und schiefst sodann in dessen Stadel, so dafs dieser ein Raub der Flammen wird. Der Geschädigte verteidigt sich und verwundet den Befehder. Er wird hierauf verurteilt, die Heilungskosten des letztern zu übernehmen, jedoch unter der Befugnis Ersatz für den abgebrannten Stadel zu fordern. Aufserdem trifft den Fehdelustigen ewige Verweisung.[7])

Die Bezeichnung Landfriedbrecher ist noch hie und da dem Austreter, dem Bankbrecher, wie auch dem Einbrecher als Epitheton beigefügt.

Austreter sind solche Personen, welche unentledigt ihrer bürgerlichen Pflichten das Gebiet verlassen und sich in einem andern Territorium niederlassen. Von den vielen Verordnungen ist das von Karl V. verliehene Privileg wohl die bemerkenswerteste. Dies berechtigt den Rat, die fremde Herrschaft, welche Austreter aufgenommen, aufzufordern, sich ihrer binnen Monatsfrist zu entschlagen, ihnen Geleit und Beistand zu versagen und sie anzuhalten, sich ordnungsgemäfs von der Stadt zu lösen. Andernfalls soll er sie als unentledigte Untertanen niederwerfen, festnehmen und wider sie als Pflichtbrüchige, Vergewaltiger und Beschädiger verfahren. Wer solchen Vorschub leistet, gilt als Landfriedbrecher.[8]) 1483 wird eine Patrizierin auf drei Jahre

---

[6]) Rtschlb. X, 260; Wifsner vber das er zuvor sich an freuntlich Recht gegen Inen genügen zulassen geschworn, ein schriftlich abclag zugeschickt eins Rats Vnterthanen zum Petzenstein, Rtb. XX, 54, 1539.

[7]) Rtschlb. XLIX, 508.

[8]) MS. 960; nach Mand. v. 1629 sollen sie als treulose, pflichtvergessene, untüchtige Leute geachtet, bei ihren Handwerksgenossen als unredlich gelten; man will ihnen Weib und Kinder nachsenden und sie und ihre Nachkommen

verbannt „weil sie etlichen trunigen personen Ir habe und guter den schuldigern zu geuerde verstofsen, verhalten und entfrömbdet hatte".[9])

Die Landzwinger und Wegelagerer zählen teils zu den wirklichen Friedbrechern und Räubern, teils zu den harmlosern schädlichen Leuten. Zu letztern stellt nach Kriegen und grofsen Heereszügen der gartende „frumbe" Landsknecht ein stattlich Kontingent.[10])

---

5. Raub.

Wie? hat geraubet diser jung
Die kauffleut schon auff dem Spessart
Und er ist doch nicht edler Art?

H. Sachs.

Vertocht der Befehder, zumal der ritterliche Landfriedbrecher, welcher mit den Pfeffersäcken stets in offenkundiger Fehde lebte, den Raub als althergebrachtes Vorrecht, das ihn hoch über den gemeinen Strafsenplacker erhob, so waren die Reichsfriedenssatzungen mit Erfolg bestrebt, beide Gattungen, die gleich edel an Art das deutsche Land zum Hort des Verbrechens und der Unsicherheit gestalteten, ohne Zulassung irgend welchen Unterschieds der nämlichen Ahndungswürdigkeit zu unterstellen.

Gedachten wir des ritterlichen Räubers gelegentlich des Landfriedbruchs, so ist hier vornehmlich der gewöhnliche, nicht minder verwegene Schnapphahn in's Auge zu fassen, der meist mit mehreren Genossen zu einer Bande vereint und des Öftern nicht weniger, als der Adelige, mit Waffen und Rossen für sein kühnes Unternehmen gerüstet, das Rauben nicht nur als edlen Sport, sondern als tatsächlichen Erwerbszweig betrachtet und betätigt.

Die gewaltsame, wie hauptsächlich die offene Verübung seines Verbrechens scheidet den Räuber vom Diebe, wenn auch der Überfall des erstern immerhin etwas Ungeahntes an sich trägt.

---

nie mehr in die Stadt aufnehmen; gem. Mand. v. 1717 droht man, sie wie flüchtige Falliten zu behandeln.

[9]) Rtb. III, 344, StA.

[10]) dieweil sich die Landsknecht so gewalltsam gegen den armen leuten hallten mit dem streiffen an solch orten stercker anzestehen und solcher l. zu schwören aufzulegen, sich bey sonnenschein weckzupacken, Rtb. XXIII. 31, 1545; s. insb. PO. 1572, S. 1, L. 212, Nr. 24.

Dadurch, daſs der Raub des verächtlichen, heimlichen Charakters entbehrt, dessen sich der Diebstahl rühmt, ist auch die mildere, ehrliche Schwertstrafe für ihn begründet. Dazu die Wehrlosigkeit letzterem gegenüber: Für eine räuberische Gewalttat muſs jeder Reisende der guten alten Zeit, der langgedehnte, menschenleere, waldbesäumte Straſsen reitet, jeder Waarenzug der Pfeffersäcke sowieso gewappnet sein; doch selbst, wenn die Thorbrücke der ersehnten Stadt sich grüſsend vor ihm niedersenkte, feit ihn nichts vor des Diebes Hinterlist.

Trotzdem würdigt man den Räuber oft zu diesem herab und henkt ihn an den nächsten Ast, wie es dem berüchtigten Kronzagel ergeht durch drei Nürnberger Söldner, Wissende (Pörtlinge) der Feme. Einmal hängt man fünfzehn Placker.[1])

Es sind überhaupt zwischen dem gemeinen Räuber und seinem vornehmeren adeligen Gewerbsgenossen mancherlei Unterschiede hinsichtlich ihres Gebahrens, wie ihrer strafrechtlichen Behandlung zu konstatieren:

Ein geborner Feind der Städter, d. h. Neider ihrer Wohlhabenheit, ist der Adelige auf reiche Waarenbeute lüstern und die sie geleitenden Handelsherrn, welche er als gewichtigen Fang bis zum Eintreffen des beträchtlichen Lösegelds in sein Burgverlieſs schlieſst. Er wird sich daher — freilich sind der Ausnahmen viele — nicht an jedem harmlosen Wanderer vergreifen und den Wehrlosen in der brutalen Weise abschlachten, wie dies beim Straſsenräuber die Regel. Bei letzterem handelt es sich ferner stets darum, durch solche Freveltaten die nötigen Existenzbedingungen zu erringen, beim Edeln oft lediglich, um einem noblen Sport zu huldigen. Kündigt der Ritter meist der Stadt den Beginn der Feindseligkeiten an und vermag an ihm durch Stürmung und Einäscherung seiner Burg Wiedervergeltung geübt zu werden, so geht dem Überfall gemeiner Räuber keine Drohung vorher, ihre Verfolgung ist nicht selten unmöglich. Endlich charakterisiert diese eine besondere Raffiniertheit und Gewissenlosigkeit in Anwendung ihrer Mittel. Stürzt sich der Ritter mit seinen Gesellen am lichten Tage auf das der Plünderung verfallene Dorf, den Bedrohten nicht jede Gegenwehr benehmend, wird von jenen der Anschlag sorgfältig vorbereitet, nach Aussendung von Kundschaftern die günstige

---

[1]) Ann. 1439.

Gelegenheit erlauert. Nachts, wie die Diebe, schleichen sie in den Hof und überfallen die Ahnungslosen, furchtbare Greueltaten bei der Plünderung vollführend.

Gönnt man dem Adeligen ritterliche Haft, so entrinnt der gemeine Placker nicht der Folter. Ist des erstern Gefangenschaft stets von kurzer Dauer, sei ihm Freiheit oder Tod beschieden, hat der niedrige Räuber manche peinliche Frage auszukosten, indem man ihn noch wegen unzähliger, auch von Genossen begangener Untaten inquiriert. Droht jenem bei Verurteilung fast immer das Schwert, sieht dieser bei Erpressung eines auf Mord oder Brand lautenden Bekenntnisses der härtern Sühne, ja selbst bei grofsen Raubtaten schon der Räderung entgegen. Endlich darf er nie auf Gnade hoffen, die dem Edlen oft unverdient gespendet wird.

1572 unterscheidet man bei drei Brüdern derart, dafs der eine gehenkt, der andre gerädert, der dritte verbrannt wird. Ein getaufter Jude erduldet die Räderung; einer, der einen Juden beraubt, geht nur der Ohren verlustig.[2]) 1523 liest man Enthauptung; der Täter hatte der überfallenen Frau, um sie am Schreien zu hindern, die Zunge abgeschnitten. Auch auf Verweisung erkennt man in milden Fällen, über Rhein und Donau, mit Pranger und Rute. So wird 1462 der Räuber Hans Sachs auf zehn Jahre verbannt; 1474 einer für immer wegen Erbeutung von elf Zentner Kupfer.[3]) Die einzelnen Arten des Raubs werden, abgesehen von Strafsenraub und Raubmord, selten hervorgehoben; hie und da liest man Kirchenraub, trotzdem es sich nur um Diebstahl handelt.

Beihilfe steht der Vollendung gleich; einer, den Räuber in der Tortur als ihren Wirt bezeichneten, wird eingezogen und enthauptet. Ein Raubversuch auf zwanzig Pfennige trägt ewige Verweisung ein; dasselbe widerfährt einem nur Verdächtigten und vergebens Gefolterten. 1405 kostet es einem hiezu das Augenlicht „d. d. er sich zu boser gesellschaft verpunden und auch bechant, daz er wille hat ze tun rawberey und andere vntat". Ebenso blendet man einen Placker, der einen Juden an den Baum band

---

[2]) Bei Kirchenraub und Mord ist auf Rad und Feuer erkannt, HGB. II, 45, 1571; Mfzb. 1721; s. i. übr. die zahllosen in den HGB. verz. Richtungen; Ann. 1593; 1472; ew. Verbannung: Haderb. I, 160; im Wald mit Helmparten und mörderischer Waffe überlaufen, doch nicht beraubt, ew. ü. d. Donau, 165.

[3]) Ann. 1523; AB. 1448, 8; Haderb. I, 18.

und ihm einen Gulden nahm: „Ist alspald mit todt abgangen vielleicht vrsach halben eines widerwertigen zaichens.“ [4])

Von Räuberbanden ist noch die aus siebzehn Köpfen bestehende der Katharina Bürklin hervorzuheben; die Führerin wird 1582 durch Meister Franz enthauptet. Auch 1604 und 1715 richtet man Räuberinnen, 1719 eine solche zugleich mit ihrem Sohn.[5])

6. Brand.

Hier ist das Walten des Talionsprinzipes unleugbar. Trotzdem die in den Stadtrechnungen aufgeführten Exekutionskosten für den einzelnen Fall ziemlich hoch kamen, scheint man angesichts der beträchtlichen Anzahl der eingeäscherten Brenner wenig Rücksicht hierauf genommen zu haben. Die Folter versuchte dabei ihr Möglichstes, um dem gewöhnlichen Räuber und Mörder auch das Zugeständnis einiger Brandtaten zu entlocken, zumal, wenn er bereits durch einen inquirierten Genossen deren bezichtigt war.

Für die frühere Periode mufs man den Brand aus Anlafs der Fehde scharf von der sonstigen Brandstiftung scheiden. Erst durch die Landfriedensgesetze werden beide strafrechtlich analog behandelt. Dies tritt 1431 hervor, wo ein Ritter, der einen andern während formellrichtig angekündigter Feindseligkeiten durch Brand geschädigt, in Nürnberg angesprochen und zum Feuertod verurteilt wurde. Der zufällig anwesende König Sigismund begnadigt ihn kurz vor der Richtung zum ewigen Kerker in der Burg seines Widersachers.[1]) Von Adeligen besteigt bekanntlich Schüttensamen zum Lohn für seine vielen Verheerungen im Landgebiet den Scheiterhaufen. Trotzdem werden öfters selbst Mordbrenner nur enthauptet;

[4]) Mfzb. 1523; Haderb. I, 187; AB. 317, 15, 1405; AB. 1448, 14; übrigens war man vor den eignen Bauern nicht sicher: erteilt ein werbenden Diener den pawern ernstlich ze sagen. das Sy irer plackerey absten; welcher des nicht hielt, das der pfleger denselben mit sampt der genomen hab annemen und hereinschicken sol, Rtb. VIII, 201 StA.; Nachdem die Rawberey itzunt grofs und menigueltig sey. Wo dann R. In einer oder zweien meyl wegs vmb die Stat begangen werden das dann ein Burgermeister, Ob die sach so ylend were, vier, fünf oder sechs des Rats zu Im ziehen mag und der sachen nach notdurft nachgen, Rtb. 0, 142 StA.

[5]) Mfzb., M. Fr. Tageb. 1582. [1]) Hegel 1, 377.

teils weil man stets dazu hinneigt, den Brand des Befehders als ritterliche Tat passieren zu lassen, teils weil es sich nur um Verdächtige handelt, die man z. B. auf der Reichsstrafse mit Feuerzeugen aufgegriffen. Dasselbe Loos trifft Brennerinnen.[2])

Nach späterer Theorie der Konsulenten soll nur der, welcher in oppido, non in villa Brand gestiftet, der Talion verfallen. Bei Verdacht liest man zuweilen auch Verbannung; wer mit Brand bedroht — es rubriziert hierunter die wichtige Vagabundengattung der Brandbettler — gewärtigt trotz der strengern Reichssatzung nur die Strafe des Landfriedbrechers. Versuch und Beihilfe sind der Vollendung gleichgestellt, wie auch fahrlässige Verursachung gelegentlich der Begehung eines andern Verbrechens keine mildere Beurteilung erfahren soll. Jedoch wird ein Dieb nur geköpft, der mit dem Licht an einer Stange stehlen wollte, in Folge dessen „drei Zimmer" abbrannten. Eine Frau, welche ihr Vaterhaus eingeäschert „wollt haben", wird auf fünf Jahre verbannt.[3])

Häufig sehen wir das Verbrechen mit einem andern vereint, bezw. ersteres veranlafst, um das ursprünglich beabsichtigte und begangene unentdeckbar zu machen. 1487 wird einer geköpft und verbrannt, welcher ein Eheweib entführte und „sein haus anzündt und prunen daruon sunst darneben fünf heuser ab." 1515 hat ein Ritter eine Edelfrau nebst dem Sohn und der Magd im Posendorfer Schlofs gemordet und „darzu denselben Sytz aufsgeprenndt." Zehn Zangenrisse — eine unerhörte Zahl — erduldet er vor der Räderung; es tritt also Schärfung der Mordsühne des Brands wegen ein.[4])

Waldbrand ahndet man zuweilen sehr gelinde, 1440 — wohl anläfslich fahrlässiger Begehung — nur durch halbjährige Verbannung.[5])

---

[2]) verprent man ein alten 80 jar, einen jungen mit 24 jar und die heten uns geprent, Hegel 5, 647; s. Mfzb.; HGB.; StR. (Exekutionskosten); Ann. 1495, 1498, 1500, 1523, 1525, 1551; in Franken lassen sich über fünfzig Mordbrenner sehen, Ann. 1474; im 1539. J. haben sich die Mordbrenner gesellt, Stark, Chron.

[3]) so wird auch eine Brennerin enthauptet und verbrannt, da sie nur zwei Städel, kein Wohnhaus eingeäschert, Rtschlb. XLI, 150; 7 jar, d. d. er hat angezunt und zeh man in, er wolt sein nochbauern verbrant haben, AB. Lochner, 36; m. Br. bedroht, enthauptet, Mfzb. 1404; Brandbettler Pranger, Rute, ew. Verb., Mfzb. 1669; bei Beihilfe hie und da Schwert, Ann. 1497, 1523; Hegel 4, 347; AB. 316, 33.

[4]) Hegel 4, 385; Rtb. X, 382, 1515; [5]) AB. 1448, 4; Haderb. II, 23.

Exkurs: Schädliche Leute.

Gedachte ich im Verfahren der schädlichen Leute im Sinne der HGO., d. h. der überwiesnen Verbrecher, wie sie der Löwe am peinlichen Rechtstag vorführt und anspricht, so sind dort auch eines Streiflichts gewürdigt jene heimatlosen, weltverlornen, in Frost und Hunger erhärteten, rauhen Gesellen, welche durch ihre Standhaftigkeit und „Nervenlosigkeit" in der Tortur oft geradezu Staunenswertes leisten, um nach dennoch — durch das Feuer — entlockter Urgicht der Raben Beute zu werden.[1])

Gar bald ward sich der Rat der Notwendigkeit bewufst, dafs zur wahren Beschirmung des ihm anvertrauten Gemeinwesens nicht nur der Besitz der städtischen Gerichtsbarkeit, sondern ebenso die Befugnis, des Reiches einmündende Strafsen zu beschützen und das dort aufgegriffene gemeinschädliche Gelichter summarisch abzuurteilen, ihm unbeschränkt zustehen müsse. Während im Privileg von 1347 kurz vor dem grofsen Aufruhr noch der Schultheifs als der eigentliche Schirmherr der Reichsstrafse gilt, erfreut sich der Rat wenige Jahre darauf der umfassenden Ermächtigung „Rauber oder schädliche Leute, die dem Land und Reiche schädlich wären", durch seine Söldner fahen zu lassen und mit ihnen „zu gebahren und thun, als recht ist". Werden in ersterem Privileg nur Räuber und Brenner genannt und die, welche ihnen Fürschub leisten, figurieren in spätern „Übeltäter und die, welche einer Missetat und Übeltat verdacht, verargwohnt und verleumdet oder solche wissentlich hausen und hofen", als schädliche Leute. Sind Befehder früher keineswegs als gemeingefährlich angesehen, so verfallen diese dank den Reichslandfrieden dem gleichen Schicksal. Was vornehmlich die Feinde der Stadt anlangt, so spricht man dieser 1464 zu, dafs sie gegen ihre Beschädiger eignen Gefallens verfahren möge.[2])

---

[1]) Verfahren, 273, (78 ff.).

[2]) Quod Scultetus Nuremb. stratas communes vel Regias vulgariter appellatas defendere debeat, H. D. 1313; Leumundspriv. H. D. 1320; H. D. 1382, 1464; 1476. Wegen der Nacheile auch strikte Best. in d. PO. 41, PO. 1548; als der Nachrichter getötet worden, sträfl. Rede an die Bauern wegen ihrer Säumnis in der Nacheile, Rtb. XXII, 1544, 164; etl. Soldnern zu reyten vff die strafsen von schedl. lewt wegen, do der Turrigel nach in gesant hat, StR. 1386, 47; den von frankfurt schreiben von schedl. lewt wegen, Rp. 1449, 2, 11; in gedechtnufs halten der venediger schrift von der dieberei wegen, 3, 9; i übr. s. Verf., 260, (65 ff.).

Durch solche Verbriefungen wurde dem Rat die gröfste Machtvollkommenheit übertragen; die folgenden Privilegien können lediglich als Bestätigungen Beachtung erfahren. Und die Stadtbehörde war sie in vollem Umfange mit gröfster Energie zu nützen bestrebt.

Zahllos und buntgestaltig, unbekümmert um das Heut und Morgen, irrt es einher das fahrende Volk des spätern Mittelalters, die verschiedensten Elemente vom verwegensten Raubgesellen und abgefeimtesten Gauner bis zum harmlosen Bettler in sich einend. Wer durch sein Aussehen und Gebahren mit dem Mal der Gemeinschädlichkeit gezeichnet oder gar „an verdechtlichen enden und orten" betreten ist, dem verschliefst man die Thore, nicht beachtend, dafs die umliegende Landschaft zum Staubfang dieses Gesindels wird. Die Streifen der Stadtsöldner, welche fast nur die Heerstrafsen bestreichen, erfreuen sich keineswegs grofsen Erfolgs und nachhaltiger Wirkung.

Mit Erstarkung des Sicherheitswesens der Republik, als sich deren Organe durch ihre stattliche Zahl, bessere Armierung und straffere Disziplin leistungsfähiger erweisen, sieht man den Rat bestrebt, das ganze Territorium einer sorgfältigen Durchforschung und Beaufsichtigung zu würdigen. Dank den Mahnungen der Landfrieden und Polizeigesetze nützt er jetzt behufs Unterdrückung gemeinschädlicher Elemente tiefer einschneidende Machtmittel, als Ausweisung und Verstümmlung: adelige Befehder, wie niedriggeborne Placker, Gartbrüder und Streuner unterstellt er dem gleichen Recht, die Folter erkundet Verbrechen und Genossen der Gemarterten in Fülle, Schwert und Rad fordern ihre Opfer.

Der Kampf der Besitzenden gegen diese Landplage des dem Untergang geweihten Proletariats wird in seinem Ausrottungswerk noch gefördert, als der gesammte Kreis seine Kräfte konzentrierend nach Erlafs von drakonischen Mandaten erbarmungslos vorgeht. Der strikten Organisierung der Landespolizei ist das sich zu Verbänden zusammenschliefsende Gaunerthum in der Folge nicht mehr gewachsen, mit den letzten Räuberbanden beim Ausbruch dieses Jahrhunderts sehen wir diese einst so vielgestaltige, furchtgebietende Körperschaft verbluten und verzucken.

Solch Glücksrittern bietet sich im verkehrsreichen Nürnberg ein dankbares, aber auch gefährliches Arbeitsfeld. Schon im ältesten Achtbuch liest man sie in Masse verewigt; lediglich unter der Begründung, quod nocui essent ciuitati, kündigt man ihnen das Gastrecht auf. Zeigen sie sich innerhalb der Mauern als Meister im Falschspiel, Diebstahl und Trug, zudem als Weiberverführer und Messerhelden, so tauchen sie ausgewiesen bald in der Landschaft als Räuber, Wegelagerer und Brenner wieder auf, als Knechte von ritterlichen Staudenhechten, als Söldner in Fehde- und Kriegszügen wider die Stadt. Die originellsten Ruf- und Nicknamen führen sie, die der Ratschreiber gewissenhaft im Strafregister vermerkt.[3])

Sonst sind im Verfahren mehrere Kategorien gemeingefährlicher Gesellen, bei denen es keinerlei Vorwand zur Verhaftung und Tortur bedarf, hervorgehoben.[4])

---

3) Hier noch eine kleine Blütenlese (zumeist aus dem ä. Achtbuch):

Egra dictus der Gescheide, Chunradus der Schwarzrock, Heinrich mit ainem wort, Cuntzel mancus, Siboto sine manu, Rüpel von Nappurch, Vllin der von Gotgeschaiden, pellifex der vngestüme, Hans Sch. in die Stuben, Sichelsal, kobolt, Henslin v. Koburch, Platz, Lypplein, Schulein, Slüffline, Geprennet Els, Fritze der beschorne, fridel fligenheubtlin, heinr. Slaifenspitz, hans Crautpodem, Vlrich holenwürfel, kurtzpain, Chunr. kurzrock, Sneterlin, stozzer, fritzze plumenschein, fuchslin, Rötlin cum curvo pede, Wammes, zerschnitten Wammes, Lange renner, Berntriber, Crautwurm, Hintenbloz, langebloz, grintig wammes, di in der wurst, di mit der wurst, di vf der krucken, Els Slappe, Matz howerin, Leytrerin, hans Greif vom Sack, Gänswürger, der dicke Landsknecht, der Sawhans, d. Besenhans, d. Swapphans, d. Snebelein, der Toterfresser, Cristan, der durstige Pferdedieb; s. a. S. I, L. 583, Nr. 41.

4) Verfahren, 273, (78); die frawe ein fride globen lassen und so sie In mans cleider funden wird, sol sie in das loch gefürt werden, Rp. 1474, 6, 3; Adelheid, des Zentgrafen v. Bamberg Tochter, neun Jahr b. d. Grab „d. d. sie männisch ging und mansgewand anhat, AB. Lochner, 15, 1347; Bischofin: Wo sie dann die Nasen am gesicht bekommen, dann man wol wisse, das sie nit allain durch die Packen gebrent, AB. 1578—81, 42; Raben wee thun, Auch im achtbuch nach seinem wesen und handel zesuchen, Rp. 1475, 4, 10; einem freyheitlein von Spils wegen im loch, StR. 1421, 38; die frau auf krugken weck lafsen füren und ir die Stat pey Sack verpieten, Rp. 1534, 5, 26; D. ewigl. bey dem Halse und hat man im die awgen ausgestochen, d. d. er sich zu boser gesellschaft verpunden und bechant, daz willen hot ze tun rawberey und andre vntat, AB. 317, 1405, 15; über d. Verbot des Nachtgehens ohne Licht, PO. 55; ein jar, d. d. man in zwir dez nahts on licht auf der strafsen gevangen, AB. 317, 1409, 55; zwei jar von vnredlichs petteln wegen das sie on lawb hie getrieben und doch so stark waren, das sie wol gearbeit möchten haben, AB. 317, 1420, 216; betrieglich auff ein schein eins briefs gepettelt, Haderb. I, 211; Brandbettler, Rute und

Auch die Zigeuner — deren Name später der Sammelbegriff für alle Sorten von Gaunern wird — beehren das Landgebiet frühzeitig mit ihrem Besuch. Sie erfahren anfangs durchaus rücksichtsvolle Behandlung, wenn auch die bald notorischen erblichen Diebsgelüste einen allzu freundschaftlichen Verkehr mit diesen Söhnen Ägyptens nicht rätlich erscheinen lassen. So schreibt 1549 der Rat dem Pfleger von Heydeck: „das die Zygeuner daselbst bey Ime ankumen die soll er mit guten worten weck weysen und nichts tetliches gegen Inen fürnemen noch etwas diser zeit gegen Inen handlen, sonder allein warnung thun sich fürderlich da weck zu thun". Das Jahr darauf gebietet er, dieselben „da sie Irn vnderschlaiff abermals vmb wendelstain suchen, gütlich oder mit der that des ernsts weck zu weisen". In die Stadt selbst — wie dies in Frankfurt der Fall — erreichen sie wohl nie Zulafs.[5])

Der eigentliche Vernichtungskrieg gegen die Gauner beginnt von Seiten des Kreises erst zu Beginn des 18. Jahrhunderts. Nach verschiednen Tagungen und Mandaten erläfst man das rigorose Patent von 1710 „wider die Zigeuner und anderes umherstreunendes vagirendes loses Gesindlein."[6]) Da die bisherigen Strafen, heifst es, sich als zwecklos erwiesen und an vielen Orten Zigeuner und andre verleumdete Vaganten, welche sich von Jugend auf dem lastervollen Müssiggang, dem Betteln, Rauben, Morden, Stehlen ergeben, festgenommen wurden, haben sich Fürsten und Stände des Kreises veranlafst gefunden, zur gänzlichen Ausrottung solcher liederlicher, gefährlicher und unnützer Zigeuner die Extreme zu ergreifen. Alle, welche sich nach Neujahr unter Kenntnis des Patents im Gebiet betreten lassen, sollen an den nächsten deshalb an den Strafsen errichteten Galgen gehängt, solche, die sich mit

Verweisung, Mfzb. 1689, 1690; die Thore besetzen der fremden Bettler wegen, Rp. 1533, 12, 5; Kriegsherrn, nach argwöhn. Bettlern aufzugreifen, Rtb. VI, 182, 1495 StA.; PO. 1548; über die treffl. Anstalten für einheim. Bettler s. insbes. Waldau, Verm. Beitr. 4, 178 (Mendel Stiftung, 1388), 328 (älteste Bettlerordn. v. ca. 1388), 418, 498, PO. 316.

[5]) Rtb. XXV, 1, 1549; 205, 1550; 1599 lagerten sehr viele Zigeuner beim Schlosse Hohenstein, so 'dafs der Rat vierzig Reifsige hinaus sandte, um sie fort zu jagen, da sie die Bauern auf jede Weise betrogen. Einige kamen ins Lochgef. und w. gestr., Soden, 1, 39; s. a. H. Sachs, Keller IX, 20, XIV, 32.

[6]) Akt, die Abtreibung des losen Gesinds betr., 1723, S 1, L 569, Nr. 40.

glaubwürdiger Unwissenheit entschuldigen, auf der Folter wegen verübter Verbrechen befragt und mindestens unter Brandmarkung und Rutenstreichen verwiesen, bei Wiederbetreten aber ohne weiteres aufgeknüpft werden. Da der gehoffte „Effekt“ nicht erreicht wird, folgen rasch auf einander noch mehrere Patente, die sich vornehmlich mit Bettlern, Juden und pactierenden Soldaten beschäftigen. Das umfassendste Drohmandat indefs ist das von 1720, das eingehend der verschiedenen Gaunerarten gedenkt und manches Interessante aufweist. Dem verruchten Zigeunervolk und sonstigen Gaunern wird vorerst Brandmarken, bei Wiederergreifen der Galgen zugesichert; jedoch sollen Kinder unter achtzehn Jahren im Christentum unterrichtet und zu einer Profession appliziert werden. Begünstigern jener droht der Strang. Ferner werden Bettler, welche nicht binnen Monatsfrist das Gebiet räumen, nach Abprügelung und Urfehdschwur verwiesen, bei Rückkehr gebrandmarkt und endlich aufgeknüpft. Einheimische soll man jedoch zur Arbeit anhalten, Kranke pflegen, durch Krieg und Brand Heimatlosen einen halbjährigen Aufenthalt verstatten. Falsche „Briefträger,“ die sich als Adelspersonen oder Offiziere gerieren, und bereits aus benachbarten Kreisen verbannte Gauner sind besonders strenge zu behandeln: Alle Krämer und Hausierer müssen, um sich zu sichern, mit genauen Pässen versehen sein. Grenzbeamte, Zöllner, Thorschreiber, Dorfmeister und Wirte haben jeden Verdächtigen anzuzeigen, wie bei der Nacheile Beistand zu leisten; in Häusern, Schäferhütten, Kellern und verdeckten Löchern soll man nach Gaunern fahnden, sich Widersetzende sofort niederschiefsen. Angeber werden belohnt, ihr Name — vornehmlich, wenn sie zur Bande selbst gehören — nicht genannt. Was bei Gaunern gefunden wird, gehört den sie Verhaftenden. Anläfslich der auf Jahrmärkten grofsartig betriebnen Beutelschneiderei zwingt man die dort Ertappten durch Tortur, die ihnen bekannten Diebstähle eidlich zu Protokoll zu geben.

Nach dem Mandat von 1723 endlich soll alle erdenkliche Sorgfalt zur Ausrottung der Zigeuner aufgeboten werden. Die Miliz ist angewiesen, mit Kundschaftern, Wegweisern, Schergen das Land zu durchziehen, unter sich Korrespondenz zu pflegen, mit den Nachbarbeamten zu streifen und behufs Ergreifung auch die Grenze zu überschreiten. Daneben wird das ganze Landvolk zur Hetze aufgefordert; die Gemeinden sollen strengste Wacht halten, mit den Glocken läuten, sofern sich Diebsrotten zeigen, jeden Zigeuner, dessen sie nicht habhaft werden, töten. Vornehmlich Einöden und entlegne Gehöfte sind zu beschirmen, zu diesem Behufe auch durch Forstleute die Schlupfwinkel der Gauner in den Wäldern ausfindig zu machen.

Bei solchem Kesseltreiben im gesammten Kreise unter Beihilfe der Nachbarterritorien ist es nicht zu verwundern, dafs dem Zigeunerunwesen nachdrücklichst gesteuert wird, dabei freilich auch manch harmloser Bettler die grausamste Behandlung erfährt. In den dreifsiger Jahren werden noch mehrere Zigeuner gerädert und (weibliche) enthauptet.[7] Dafs derartige Exekutionen sich des besondern Beifalls der Bevölkerung erfreuen, ist selbstverständlich; 1733 schiebt man nachts an zweihundert Leiterwägen als bewegliche Tribünen vor den Rabenstein, deren Betreten nur gegen Geld verstattet wird. Als grauenvolle Galgenpoesie berichtet man uns, dafs eine Zigeunerin vor ihrer Richtung einen Straufs auf das Rad ihres Geliebten stecken hiefs.

II. Missetaten an Leib und Leben.

1. Tötungen.

a. Totschlag.

Noch lange erfreute sich also die Fehde der Duldung, wenn auch unter Beschränkungen, welche dem Rat die Möglichkeit verliehen, den Feindseligkeiten rasch Abbruch zu tun. Zu einem strikten Verbot der Fehde an sich war das Stadtregiment des 14. Jahrhunderts machtlos. Hätte es sich unterfangen, diesem altgeheiligten Recht des Volkes in das Antlitz zu schlagen, es hätte die Fähigkeit erweisen müssen, jeder Selbsthilfe durch energische Schirmung aller Hilfsbedürftigen und Bedrohten Schweigen gebieten zu können. Tötung und Verwundung, welche sich — nur im Erfolge verschieden — als ein und dasselbe Delikt charakterisierten, riefen demgemäfs nur unter gewissen Voraussetzungen Strafwürdigkeit hervor.

---

[7]) Mfzb. 1733.

Vorerst erscheint ein Überblick über die damals straflosen Tötungen von historischem Interesse. Als solche treten uns entgegen:

1. Die Tötung in gerechter Fehde (cum diffidatione). Doch befreit dieselbe keineswegs von der Leistung des Wergelds.

2. Die T. des im accusatorischen peinlichen Verfahren Überwundenen durch den Kläger oder durch dessen Mandatar, den Nachrichter. Jener betätigt nichts anderes, als daſs er in der ihm von der öffentlichen Autorität vorgeschriebnen Weise seinem Rachegefühl Befriedigung verschafft.

3. Die T. des geächteten Totschlägers durch des Getöteten Sippe.

4. Ohne Ahndung dürfte auch die T. desjenigen bleiben, der sich unter bedingtem Todesurteil der Verbannung unterworfen, aber unbefugt zurückkehrt.

5. Die T. des Ehebrechers auf der Tat. Die Wergeldsforderung ist indeſs nicht ausgeschlossen.

6. Die T. jedes Verbrechers (schedelichen mans, HGO. I, 300), sofern er sich der Verhaftung widersetzt.

7. Die T. in gerechter Notwehr. Auch hier wird häufig zur Wergeldszahlung veranlaſst.

8. Die T. dessen, der Sicherheitsorganen der Stadt Widerstand leistet.

9. Die T. des „Gastes," welcher nach offenkundiger Verletzung eines Einheimischen aus dem Stadtgebiet flüchtet und, ohne sich „mit den Bürgern gerichtet" zu haben, dasselbe wieder betritt.

10. Die T. „schiedenthalben", d. h. in dem allerdings etwas ungestümen Bestreben, die Kämpfenden — nach Nichtbeachtung des Friedgebots — zu trennen.

11. Die T. aus „Ungelück" und „Ungeschick" unter gewissen Voraussetzungen.

Anlangend nun den öffentlicher Ahndung unterstellten Totschlag „ane zerwürfnisse oder mit verlicher zerwürfnisse unwidersagt" treten hinsichtlich jener in den ä. PO. folgende Varietäten hervor:[1])

---

[1]) PO. 31 ff.

a. Der sich selbst — ev. unter sicherem Geleite — der Verurteilung unterwerfende oder wenigstens nicht in der Nähe der Stadt festgenommene Täter schuldet — abgesehen vom Wergeld — 100 Pfd. „ze pesserunge“ an die Obrigkeit und hat auf zehn Jahre die Heimat zu verlassen. Bei Unvermöglichkeit „sol er ewiclich von der stat sein, untz er die pesserunge getut.“ Zehn Jahre dürfen übrigens auch hier als Minimum erachtet werden, indem sonst aus der Satzung eine Unbilligkeit für den die Bufse sofort Erlegenden gefolgert werden müfste.

b. Der nach der Tat unweit der Stadt Verhaftete soll bis zur Zahlung der Summe eingethürmt werden. Nach Tilgung der Verbindlichkeit wird er wohl der Gefangenschaft ledig, jedoch nur, um der Verbannung anheimzufallen. Bei Nichtaufbringung des erforderlichen Betrags bleibt er für immer in Haft.

c. Vermag er zwar nicht als Täter gerichtlich überwunden zu werden: „ob er dem clager ist embrosten,“ und ist es jedoch „so kuntlich und so gewissen und so offembar.“ dafs er des Totschlags schuldig, so mufs er für immer die Stadt meiden. Die öffentliche Meinung ist hier durch die Majorität des Rates repräsentiert. Der Verwiesne hat indefs weder Bufse noch Wergeld zu erlegen.

d. Wird er aber „an der Tat“, d. h. sofort nach Verübung der Tötung ergriffen, so soll ihm das von Alters her bestehende Recht der Stadt widerfahren, d. h. Einmauerung, nach frühster Satzung sogar der Hungertod.

Blicken wir in das Achtbuch dieser Zeit, so sehen wir homicida und occisor willkürlich angewendet, ebenso interficere und occidere. Auch die als Mord qualifizierte Tötung in nova pace (nach Friedgelöbnis) wird kurz nach einander mit interficere und occidere gekennzeichnet. Trotzdem ist die begriffliche Unterscheidung aus der Bestrafung ersichtlich, da der I. HGO. entsprechend — in welcher sich für den Totschläger keinerlei Norm vorfindet — der Mörder mit der poena Rotationis ad ultimum supplicium bedacht ist. Unter die Verbannten ist mancher Totschläger eingereiht mit Androhung der Schwertstrafe für den Fall der Rückkehr.[2]) Der Beihelfer soll „der stat pessern ze gleicher weize, als der es tut,“

---

[2]) Chunradus deprehensus in homicidio uxoris perpetuo de civitate vel quod suspendatur; judicabitur sicut homicida et occisor: Ulricus Rabenolt perpetuo pro occisione Hermanni sub pena Rotationis ad ultimum supplicium sine sentencia, AB. I, 8, 12, 14.

er müfste sich denn durch Einhandseid vom Verdachte reinigen, dafs er „verlich darzu komen sei und wuste, daz es jener tun wolte.“ [3])

Dies die Satzungen für den Bürger. Für den Gast, der schon in dem Fall, dafs er jenem ehrverletzend in das Haar greift, bei Unvermöglichkeit die Hand riskiert, ist bei Ergreifung auf der Tat das Leben in Gefahr, wenn man ihm nicht, wie bei gelungenem Entkommen, gestattet, sich mit den Bürgern und dem Richter zu „richten.“

Schreiten wir bis zur Mitte des 14. Jahrhunderts vor, so sehen wir uns einer neuen Rechtsanschauung gegenüber. Bisher erwies es sich als irrelevant, ob der Ableib im Affekt oder mit planreifer Überlegung betätigt wurde, nun scheidet sich der öffentliche, d. h. vorsätzliche Totschlag von dem in besondrer Erregung (in jähem Zorn, in Trunkenheit und Auflauf) verübten. Markiert sich dies in hervorragender Weise im Deutschordensprivileg von 1350, so verhalten sich dementsprechend die übrigen Quellen bis zur Einwirkung der Karolina. Der Totschläger im Affekt fällt unter die bisherigen milden Normen, ja bleibt vor jeder peinlichen Ahndung, wenn auch nicht vor zeitweiliger Verweisung gefeit; der freventliche mutwillige Totschläger hingegen wird als solcher angesprochen und gerichtet. Als besonders gravierend dünkt es dem Rat, wenn der Täter vor dem unseligen Schlag dem Gegner böse, frävele Worte geboten, um ihn so zum Angriff zu reizen und diese Tatsache später nutzbar für eine Notwehrausführung verwenden zu können. Ebenso zieht man nun in sorgfältigere Berücksichtigung, mit welcher Waffe der Ableib verübt ward. Mit der Hand, bezw. Faust verursacht, mit dem Werkzeug, welches der Erhitzte zufällig bei sich trug, kleidet die Tat ein weniger bedenkliches Kolorit; so wenn der Gewerke im Zorn nach seiner Zimmerhacke griff, der Zechende nach dem Brotmesser. Nicht so, wenn er mit einer für ihn sonst ungewöhnlichen Wehr, wie einer Büchse oder einem Dolch, bewaffnet war; hieraus wird präsumiert, dafs die Tat die Folge eines gereiften Entschlusses gewesen.[4])

---

[3]) PO. 32.

[4]) Sewhanns freuentlich erstochen, als todschläger angesprochen, AB. 1448, 21; Schober eins freweln mutwilligen t. gerichtet, 23; daneben Mörder und Totschl. genau unterschieden, 26, 29, 30; Stadler glayt abgelaint, nachdem sich aufs der erfarung sein streflich handlung erfindet, Rtb. VIII, 155,

Mit Prägnanz bekundet sich der Unterschied zwischen beiden Gattungen nun auch bei den Tötungen in der Landschaft.

Ein dortselbst, zumal im Fraifsbezirk, verübter Ableib wird vom Rat mit gröfster Rücksicht behandelt. Vor allem steht hier — im Gegensatz zur Stadt — der Totschlag in der Fehde dem im Affekt begangenen vollständig gleich. Dann ist das Verfahren ein viel kürzeres: Hat der Täter der Obrigkeit das Gewette, bezw. Fraifsgeld entrichtet und mit der feindlichen Sippe — nach oft verächtlichem Feilschen über den Wert des Getöteten — hinsichtlich der Höhe des Wergelds eine Taidigung erzielt, so braucht er kein weiteres Eingreifen des Rates zu befürchten.[5])

Anders bei gefährlichem Totschlag. Diesfalls verbietet man der Sippe das Taidigen mit dem Verbrecher oder erklärt, ihn trotz derselben nicht „aus Sorgen“ zu lassen. Man ächtet ihn, wie den Mörder, und versagt ihm das sichere Geleit zur rechtlichen Ausführung vor dem Inzichtgericht.[6]) Denn dieses soll nur solchen, „so gemeine Todschlag und Ableibungen, nicht aber fürsezliche Mordthaten und Ableib“ begangen, die „Defension ihrer Unschuld“ ermöglichen.[7])

StA.: da H. erstlich dem L. böse frävele wort gebotten und zu vfrur geursacht hat, H. nicht vfs sorgen, Rtb. V, 235; dem gef. nicht zu verargen, ob (dafs) er sich gleich mit der zymerhacken als seinen handwerkswaffen gerüst, Rtschlb. VI, 112; Totschl. m. Brotmesser, rechte Hand, ewig verw., Haderb. I. 216.

[5]) Mit Freundschaft vertragen, 50 Pfd. alt, der fraiss halben frei, AB. 1448, 15; gesichert, weil sich mit des abgeleibten frdschft. vertragen, Rtb. VIII, 101, 1504, StA.; des abgel. fr. freuntlich recht vorbehalten, 66: mit bewilligung des abgel. hawsfrawen drey tag glayt, 159, diepolt u. d. abgel. frid gegen einander lassen schwören. die fr. das zu thun gewidert, In das loch lassen gen. darnach haben die personen geschw., 150: mit des erslagen weib gütlich vertregt vfs sorgen, Rtb. IV, 105, 1485, KA.; vnverwillt der widderparthei keinerlei sicherheit z. t., Rtb. V, 37, 1488, StA.: mitteter, gesichert zu freundl. rehten, so er des entleybten vater alhie pflegen soll, Rtb. XI, 86, 1516, StA.; souern er von der aufgel. straf 10 fl. eins todtschlags halben 5 fl. erlegt, soll man das vbrige nachlassen. seinem Sune eins raths flecken erlauben, doch nit heulslich, Rtb. XV, 417, 1532. StA.

[6]) nicht einkomen zelafsen, dhweil es ein ferlicher pöser T., Rtb. IX, 189, 1509 StA.; geleyt abzuleynen, Rtb. V, 66. StA.; wiewol gütlich vertragen, nicht vfs far oder Sorg lassen, 81; dem Teutschen Hof totschläger in's Asyl zurückzugeben verweigert: dafs dieser t. sich vehrlicher sachen tailhafftig und verwürklich gemacht, Rtb. XII, 446, 1524 StA.

[7]) Rtb. XXXIII, 247, 1568; da es gleich der präuention und des hies.

Die Zahl der Richtungen ist in dieser Periode nicht unbedeutend; bekanntlich wird 1489 Herzog Albrechts Ersuchen um Einlafs seines Dieners in die Stadt mit der Motivierung zurückgewiesen, dafs dessen vor zwanzig Jahren verübter Totschlag „geuärlich“ gewesen sei.[8])

Durch den Einflufs der Karolina werden die Konsulenten in neue Bahnen gelenkt: Totschlag definiert sich jetzt als „unfürsetzliche“ Tötung, als Tötung in „Geheit und Zorn“, und gilt — mit Ausnahme der Verübung in rechter Notwehr, aus Ungeschick und Unglück — als todeswürdig, d. h. als sühnbar durch das Schwert. Es bedarf indefs geraumer Zeit, bis diese rigorose Anschauung sieghaft die frühere humanere überwindet; insbesondere dominiert bezüglich der Entleibungen in der Landschaft noch lange das alte Prinzip. Dadurch ist es auch begreiflich, wie im 17. Jahrhundert noch die Frage zum Aufwurf kommen kann, ob der Obrigkeit trotz Taidigung (transactio partium) verstattet sei, ex officio gegen den Ableiber vorzugehen.[9])

Neben verschiednen Richtungen aus „Geheit“ lesen wir auch solche aus blinder Eifersucht, in Zank und Schlägerei. Verfährt man in Notwehrfällen (s. d. Kap.) auch bei offensichtlichem Exzefs verhältnismäfsig mild und verleiht man, wenn sich der flüchtige Täter unter sicherem Geleite stellt, jeder irgendwie gerechtfertigten Entschuldigung williges Gehör, so steht es schlimm um des Schuldigen Hals, wenn er an oder nach der Tat ergriffen wird. Vermag er die rechte Gegenwehr nicht sofort zu erweisen, so heifst es: wenn man auch nicht wisse, wer den Hader angefangen, so doch vor Augen das N. tot sei, „darumb des Täters Straf offenlich sei“.[10])

Tötungen in Schlägerei (in rixa) werden vor, wie nach der Karolina nicht allzu strenge beurteilt. 1525 erklären die Konsulenten: „so einer nit willens ist zu toden, sondern es sich In einem Zank begibt, soll dem Täter die straff geringer werden“; 1530: „Wan Ir mer dann einer In einem hader oder Schlahen sein, so relevir und erledige ainer den andern und söllen nit so hart gestrafft werden“; 1535: So sey der Rumor bei nechtlicher

Inzichtsgerichts halben zichtig sein soll, Rtb. XLIV, 99, 1585; gegen ungehors. Inzichter Mordacht, Rtschlb. XIX, 270.

[8]) s. HGB. I; Rtb. V, 173, StA. [9]) Rtschlb. XLIX, 6.

[10]) Rtschlb. XLVII, 215; Stark, 1576; Rtschlb. VI, 72.

weil verloffen, darin der recht schuldig schwerlich zu erkennen gewest und wiewol die Recht ordnen, wo Ir viel In einem solchen lermen verwandt und schaden beschehen, das sie alle zugleich sollen gestrafft werden, so sey doch dieselb straff arbitraria und stee zu des Richters willkür, das sie aber alle sollen am leben gestrafft, wer zu ernstlich und sei aufs dem prauch komen. Da er jedoch ein Anfenger dez unrats gewest auch bekent, das er ein werh gehapt und In den hauffen geschlagen hat, darumb mit Ruten und landsverweisen.[11])

Später waltet in einem Fall, wo der Ableib tatsächlich mit der Wehr des Bezichtigten verübt ward, noch gröfsere Milde: „das propositum vel destinata voluntas nit lauter oder erwiesen, dann es möglich sich vielleicht zugetragen haben, das dem verhafften (in der Hitze des Gefechts) sein spies genumen und ein andrer der theter sein mocht". Gesteht einer freilich, wie 1529, dafs er deshalb mit seiner Zimmerhacke losschlug, weil er irriger Weise annahm, man werfe auf ihn, dafs der Entleibte selbst aber ihm vorher „kein pöfs wort oder vrsach geben", so geht es ihm an den Hals.[12])

Zwischen Totschlag und Körperverletzung mit nachgefolgtem Tode wird nicht weiter unterschieden; nur in früherer Zeit besteht die Anschauung, dafs der Täter auch für eine aufserhalb seines Verschuldens liegende Verschlimmerung der Wunde (infolge Unvorsichtigkeit des Verletzten oder Ungeschick des Arztes) verantwortlich sei.[13])

Spielt bei der Frage nach dem Vorhandensein des Vorsatzes, wie vordem, die Waffe, welche die Untat veranlafste, eine gewichtige Rolle, so ist ebenso das persönliche Verhältnis des Schuldigen zum Abgeleibten nicht ohne Relevanz: Hat er diesen vorher weder gekannt noch gesehen, meinen die Konsulenten, so kann ihn kein animus occidendi beseelt haben, also auch kein fürsätzlicher Totschlag (i. e. Mord) vorliegen.[14])

---

[11]) Rtschlb. B. 5, 65; Rtschlb. VI, 184; Rtschlb. IX, 34.

[12]) Rtschlb. XVIII, 32; Rtschlb VI, 112.

[13]) mit Dremel geschlagen, dafs in acht Tagen gest., Stadt meiden, AB. 1448, 20; in Haupt verwundet, dafs st., 25 Pfd., 21; Rtschlb. XLIX, 19; doch: für ein Totschl. derj. gestraft, so einen nit gar entleibt, doch, der meinung, ihn zu erschlagen, tötlich verwundet, Rtschlb. LXI, 320.

[14]) Rtschlb. LXI, 369.

Seltsamer Weise wirkt es immer noch mildernd, ja selbst befreiend, wenn ein gefangener, offenbarer Ableiber keinen Ankläger findet, einmal auch, wiewohl der Getötete vor seinem Ende ihn ausdrücklich als Täter bezeichnete.[15])

Stets ist dem Totschläger das ehrliche Schwert beschieden. 1707 wird ein brandenb. Forstmeister gerichtet, der einen Königswirt erschlagen; den Kopf steckt man auf das Hochgericht, den Rumpf wirft man in den Galgen.[16])

Zuweilen liest man Begnadigung bezw. Umwandlung in Verbannung. Frauen sind unter den Enthaupteten nicht aufgeführt; einer, welche die Tat mit einem Brotmesser ausgeführt, schlägt man vor der Verweisung die Rechte ab. 1583 wird ein Totschläger aus Geheit, der sich selbst gestellt, für immer verwiesen, ein andrer auf ein Grenzhaus nach Ungarn gesandt. Ein Student, welcher seinen Knecht (im Rausch?) erstochen, erfährt 1604 fast völlige Begnadigung. Trunkne sollen überhaupt nicht mit dem Leben sühnen; bei einem Rückfälligen indefs, welcher schon früher einen tötlich verwundete, läfst man dieser Regel keine Geltung.[17])

Ist der Helfer vordem mit dem Täter auf gleiche Stufe gestellt, so erkennt man später auf Verweisung, schon des Prinzipes wegen: damit es nicht heifse, er wäre bei einem Totschlag gewest und man hätte ihn ungestraft gelassen.[18])

Wie man gegen Fremde oft rücksichtsloser verfährt, so richtet man einen 1540 sogar, wiewohl er hartnäckig leugnete: „daneben den Salzburgischen und andern frembden so fur In gebetten anzezaigen, das sein verhandlung poefs, darumb könn man Ine nit wilfaren, doch sol man Inen den Weyn In zwelff kandeln In die herberg schicken“.[19])

Im Fraifsbezirk herrscht, wie bemerkt, noch lange gräuliche Rechtsunsicherheit. Hängt es dort ja lediglich vom raschen Zugriff ab, von der Erbeutung der Leiche oder eines Spans vom Hause des Getöteten oder Täters, ob der Rat sich die Befugnis zu gerichtlichem Vorgehen anmafsen darf. Dafs dann der Sippe bezüglich des Wergelds volle Genüge wird, ist nebensächlich, die

---

15) Rtschlb. LXI, 350, 371. 16) Mfzb. 1707.
17) Haderb. I, 216; Rtschlb. LXI, 276; Stark, 1599; s. Trunkenheit.
18) Rtschlb. VI, 186. 19) Rtb. XX, 169.

Einheimsung des Geweddes und hiemit Anerkennung seiner Jurisdiktion durch den Schuldigen Hauptsorge des Rats. Aber auch hier sind milde Ansprüche geraten, da sonst bei folgenden Vorkommnissen der konkurrierende Gerichtsherr früher in Kenntnis gesetzt werden könnte.

b. Mord.

Mag der Totschläger ein Mann von redlichem, ehrlichem Charakter, baar jedes Hintergedankens sein, der — vielleicht sonst friedliebender Natur — auf eine Ehrverletzung hin in aufflammender Rachlust zur unheilvollen Waffe greift und dann — die Tat freimütig bekennend — den weitern Folgen ruhig entgegensieht, so ist der Mörder der schleichende, hinterlistige Bösewicht, der aus verächtlichem, egoistischem Antrieb sein nichtsahnendes Opfer überfällt, auf Verheimlichung der Untat bedacht den Leichnam begräbt oder versenkt, sorgfältig jede Spur verwischt und erst, wenn seine letzte Kraft in den Martern der Tortur dahinschwand, — den sichern furchtbaren Räderungstod vor Augen — das Furchtbare zugesteht.

Die Heimlichkeit und Verwerflichkeit der Tat ist demnach das entscheidende Unterschiedsmerkmal, im Übrigen vermag der Totschlag ebenso planvoll überlegt und vorberaten sein. Erfolgt ja die Tötung in der Fehde oft mit vollem Vorbedacht nach jahrelang bestehender Feindschaft, bis es dem einen der Gegner glückt, den andern, der ihm nicht minder nach dem Leben getrachtet, zu Boden zu schlagen. Anders jedoch, wenn der Friede gelobt, der Widersacher hierauf bauend eines Angriffs nicht gewärtig ist: eine Entleibung auf diesen Treuschwur hin qualifiziert sich nicht mehr als verzeihlicher Totschlag, sondern als interfectio in nova pace, als verächtlicher Mord. Bereits in der Treuga Heinrici von 1230 ist dieser als heimliche Tötung hervorgehoben und mit dem Rad bedroht; aufserdem figuriert der Mord in den Landfrieden als Entleibung mit unehrlichen Waffen, wie in der Gl. z. Ssp. als Tötung „umb sein gut von geratem Mut“ d. h. mit Vorbedacht aus verwerflichen, selbstsüchtigen Motiven.

Der Ausdruck Mord wird in dieser Periode hie und da noch sehr willkürlich d. h. auch für Totschlag gebraucht; doch ist aus den übrigen Umständen der Unterschied meist klar ersichtlich. Ebenso kommt mordlich fährlicher Mord vor. 1461 enthauptet man einen Edelmann auf Verlangen des Würzburger Bischofs „wann er het sechs mört getan ungenötter sach und wolt den bischof auch umpbracht haben“. Als besonders gravierend erscheint — neben der interfectio in nova pace — die Tötung solcher, welche zum Täter in ein nahes Schutz- und Treuverhältnis traten, so des Gastes, welcher in dessen Hause Aufnahme fand. Sind ja auch kaum Fälle zu verzeichnen, die — abgesehen von dem gewifs egoistischen Beweggrund — eine niedrigere, unehrlichere Gesinnungsweise bekunden. Als gleichberechtigt gilt die meuchlerische Tötung einer wehrlosen, hilflosen Person. 1516 erläfst der Rat gelegentlich des Mordes an einem „pettelmaidle“ eine äufserst scharfe Verrufung.[1])

Mit der Bambergensis erweitert sich der Bereich des Mordes in hervorragender Art. Nicht allein die gewinnsüchtige, hinterlistige, sondern jede Tötung, welche nicht durch Jähheit, Zorn oder sonstige Erregung verursacht ist, charakterisiert sich nunmehr als solcher. Dem entsprechend liegt gemäfs der Ausdrucksweise der Konsulenten (n. E. d. Karolina), sofern „die Tat nicht aus einem hitzigen entzündeten Gemüt oder ex primis motibus, sondern mit wohlbedachtem, fürsetzlichem willen fürgenommen, ein rechter qualifizierter assassinatus“ vor.[2]) Häufig ist auch Wille statt Fürsatz gebraucht. Sonst verweise ich auf das beim „Vorsatz“ Erwähnte.

Analog dem Totschlag der vorigen Periode wird der dolus „presumirt ex qualitate armorum“; der trunken heimkehrende Gatte, welcher, als seine Frau ihm in die Arme lief, die Wehr nicht weggeworfen und dadurch ihren Tod herbeigeführt, gilt als fürsätzlicher Mörder. Bekanntlich ist auch Doppel- und Drippelmord an einer Person denkbar.[3])

Die erste Androhung der Räderung liest man — entsprechend der Vorschrift der HGO. — 1321 im Achtbuch. Der Täter verurteilt sich hier in Übereinstimmung mit Kläger und Rat zu lebenslänglicher Verbannung. Der Bürger entrinnt der furchtbaren

---

1) mordl. fährl. M., Priv. 1347 H. D.; Hegel 4, 261; occidit in nova pace, pro interfectione Chunradi filii sui in pace, AB. I, 4; Rtb. XI, 77, StA.; von des knaben wegen, der heimlichen dermort waz worden, JR., 1381, 22.

2) Rtschlb. XIX, 29, 1556; daz an seinem willen nihtz gemangelt, Sy zu erwürgen, Rtschlb. VI, 230; der „meinung“ ihn zu töten, Rtschlb. LXI, 320.

3) Rtschlb. XIV, 137, 170.

Strafe durch die Wahl der Einmauerung, die ihm indefs später nicht mehr gewährt wird. Je nach Schwere der Tat tritt Verschärfung der Räderung durch zwei bis zehn Zangengriffe ein. Es wird hierauf bei Mordbrand und schwerem Meuchelmord, wie bei mehrfacher Verübung erkannt. Auf eine Urgicht von zwölf Mordtaten hin sollen sechs Griffe exekutiert werden, der Widerruf von vier Verbrechen setzt sie auf zwei herab. Aber auch die Zahl der Radstöfse bemifst sich hienach. Viele Griffe und Stöfse werden einem Gan von Eilitz 1515 bei einer grausigen Untat zu Teil, ähnlich 1469 einem Gesellen, welcher die Meisterin entführt, ermordet und beraubt.[4]) 1612 tötet man einen jugendlichen Mörder erst mit dem 33. Stofs. Im Landbezirk — wo man im Kontrast zur früheren Milde später bei grofsen Verbrechen zu Abschreckungszwecken Schärfung empfiehlt — wird 1604 Enthauptung und Verbrennung exekutiert. Bei Soldaten ist auch Hängen, sowie Erschiefsen verzeichnet. Der Mord an einem Knecht findet sich in früherer Zeit mit lebenslänglicher Verbannung, später einmal mit ebensolcher Zuchthausarbeit gelohnt.[5])

Tritt auf Fürbitte öfters Schwertstrafe ein, so geht diese bei grofser Jugend und hohem Alter der Auflegung auf das Rad vorher. Sie wird 1580 zum ersten Mal an einer Mörderin vollzogen. Aus Gnaden liest man sie ebenso „mit Verwilligung des Anklägers" verhängt.[6])

Auf Versuch steht — abgesehen von einigen Verbannungsfällen — das Schwert. Wird der Täter gerädert, so vergönnt man dem Helfer die Milderung der vorhergehenden Enthauptung. 1567 werden von drei Mordbrüdern zwei gerädert, einer gehenkt; 1588 der „Anhang" ertränkt. Grausam richtet man (1575) einen, der seinen Diebshelfer, einen Knaben, jämmerlich ermordete. Bei Verdacht erkennt man — angesichts der Bedeutung des Verbrechens — auf ewige Verweisung unter Rutenstrafe oder Androhung des Halsverlustes bei Rückkehr.[7])

Der Mörder verfällt sofort der Acht, kein Asyl soll ihn

[4]) AB. I, 14; i. HGB. I, II; Mfzb.; M. Franz. Tageb.; furchtb. auch d. Richt. d. Hans Ritter, Rtb. XII, 443 StA.; G. v. Eilitz, Rtb. X, 382 StA.

[5]) Stark, 1612; M. Franz. Tageb. 1604; AB. Lochner, 125.

[6]) Ann. und Mfzb. 1580; AB. 1448, 8.

[7]) Ann. 1567, 1588, Mfzb. 1575; Marg. ewicl. von dez mordes wegen den ir man getan hat, AB. 316, 33, 1391.

schirmen, kein Geleit. Die gesammte Söldnerschaar, Bürger und Bauern werden zu seiner Verfolgung aufgeboten, ein hoher Preis auf seinen Kopf gesetzt. Behufs Ermittelung des Tatbestands betätigt sich die gröfste Sorgfalt und Rührigkeit, leistet die Tortur ihr Äufserstes. Entgegen der Karolina ist nach Ansicht der Konsulenten die Ausführung der Unschuld eines in der Mordacht Befindlichen, wenn die Schuld evident durch Zeugen feststeht, nicht mehr zu verstatten. Das Verhör der letztern findet bei „Mörderi“ ausnahmsweise vor zwei Schöffen statt.[8])

c. Höhere Tötungen.

Das Verbrechen der Tötung von Vater oder Mutter wird als so widernatürlich erachtet, dafs hinsichtlich der Ahndung zwischen Mord und Totschlag keinerlei Verschiedenheit obwaltet. Selbst die verwildertste Kreatur mufs so viel Pietätsgefühl ihr eigen nennen, dafs sie vor solchem Unternehmen auch im berechtigten, höchsten Zorne zurückschreckt. Das älteste Achtbuch meldet keine derartige Untat; nach den Annalen wird 1392 ein Muttermörder zum Sieden in Öl verurteilt. Sonst erkennt man meist auf das Rad — bei Weibern auf die zur Zeit übliche reguläre Todesstrafe — unter vorherigem Zangenreifsen oder Abschlagung der Hand. Mitunter liest man Begnadigung zum Schwert, namentlich im Fall der tötlichen Verwundung. Ein unsinniger Muttermörder wird (1530) nur verbannt: „sey also der vnsinnig durch sein Vnsinnigkeit gestrafft genug.“ Der Versuch steht — anfangs, wie erwähnt, sehr milde beurteilt — später der Vollendung gleich.[1])

Die Sühne des Mordes am eignen Kind (abgesehen von der eigentlichen Kindstötung) ist die nämliche. 1508 begnadigt man einen Vater, der sein Stiefkind mit Hüttrauch vergeben, zur vorherigen Enthauptung. Eine besonders bestialische Tat — bei der offensichtlich der Aberglaube eine Rolle spielt — fällt 1576 vor.[2])

---

[8]) s. die wegen M. proscripti d. AB. I: vlaiss tun, ob Sie den karrn hansen, der ermordt hett, betreten mögen, und daran sich nicht irren lassen, das er zu Tann in gelaytt ligen sol, Rtb. II, 156 StA.: s. Asylrecht; PO. 41; Rtschlb. LXI, 349. Originell ist die Dingung zum Mord eines vermutl. Geächteten. Der Rat vertröstet den Gedungenen darauf, dafs er ihn für vier Jahre als Söldner annehmen wolle. 1408, s. Verfahren, 271, (76).

[1]) Ann. 1392; Rtschlb. Sim. Clüver, 857, Rtschlb. VI, 227; 5 jar, d. d. er sein Muter wolt ermort haben, AB. Lochner, 125, M. Frz. Tageb. 1614.

[2]) Rtb. VIII, 429; Mfzb. 1576.

Bei Bruder- und Schwester-Mord ist einfache Räderung Norm.[3])

Betrübend ist die Zahl der Gattenmörder, zumal der weiblichen, im 16. und 17. Jahrhundert. Die Veranlassung hiezu wurzelte vornehmlich in den tristen, ungesunden Eheverhältnissen. Das Band war mangels einer strengen gesetzlichen Form nur allzu rasch geknüpft, dann aber kaum wieder lösbar. Dem Mann stand bei Mifshandlungen der Frau gegenüber das Recht schützend zur Seite. Zudem vermochte sich diese an Verführung so reiche Zeit keineswegs des Palladiums der ehelichen Treue zu rühmen.

Nur zu oft sehen wir so, sei es aus Treulosigkeit oder Verzweiflung, das Weib zur Lokusta werden. Stets greift es zum Hüttrauch (dem Mückenpulver), da dies vermutlich am leichtesten zu beschaffen. Meist ist es ein unreifer, gewissenloser Fant, der die Schwankende, der Eheketten Überdrüssige — besonders wenn Entdeckung dem sträflichen Umgang droht — zur Tat an dem vielleicht alternden, launischen Gebieter anreizt und ihr Beistand leistet; mitunter findet sich eine mitleidige Nachbarin, welche das Pulver der Zagenden in die Hände spielt oder ihr dessen Zubereitung lehrt. Auch Mägde, zuerst wohl als Kupplerinnen dienend, fördern ihrer Herrin Werk. Beim Abendtrunk kredenzt man dem „Weinigen“ das todbringende Metall im Rebenblut. Angesichts der allzu seltnen Nüchternheit manches dieser Biedern und dem daraus häufig folgenden Schlagflufs wähnt man sich vor Entdeckung gefeit. Doch die Verheimlichung gelingt fast nie; vor der Flucht handfestet man die Mörder. Die Tortur enthüllt das Grauenvolle. Die Unglückliche fährt man, halbentblöfst auf den Wagen geschmiedet, zum Tor; auf dem Wege harren ihrer glühende Zangen, draufsen das Grab im Galgenhügel. Zahllos in eifriger Schaulust und Schadenfreude strömt die Menge herbei und der Chronist — hat er doch auch ein Herz, zumal, da es sich oft um blutjunge, bildhübsche Frauen handelt — zieht das Fazit daraus, indem er mit henkermäfsiger Behaglichkeit den Casus, mit einem überweisen Lebensspruch verziert, in tunlichster Breite seinem Folianten einverleibt.[4])

---

[3]) Mfzb. 1702.

[4]) Rtb. XI, 501, 1520, StA.; Hegel 4, 385; HGB. I. 73, Mfzb. 1522, 1528, 1558, 1567, 1570, 1618, 1649; Frau, welche ihren Mann in den Tod jagte, 5 Jahr Verb., Mfzb. 1557.

Seit 1515 tritt Ertränken, seit 1580 Enthauptung als Norm ein; 1649 verbrennt man die Enthauptete. Ein Begnadigungsfall ist nicht erwähnt.

Der Versuch zieht gleichfalls die Todesstrafe nach sich; 1506 und 1543 liest man noch Brandmarkung und Verweisung. Jenes Vorkommnis zeigt freilich den Versuch im ersten Stadium, indem die Frevlerin in der Apotheke den erforderlichen Hüttrauch zu erhalten suchte und sich hiebei verriet.

Der männliche Anstifter und Beihelfer unterliegt der geschärften Radstrafe, die Helferin teilt meist der Mörderin Loos. 1665 empfängt der Verführer 32 Stöfse, die Täterin 5 Schwertstreiche, der Nachrichter die „Urlaubung.“[5])

Handelt es sich bei der Frau stets um einen in vielleicht jahrelanger Überlegung gereiften Entschlufs, so ist es beim Gatten die Tat auflodernden Zorns oder der Trunkenheit.[6])

Durch die fortwährende Verwechslung von suus und is vermag man aus den Einträgen des ä. AB. nur schwer zu enträtseln, ob in den einzelnen Fällen die Gattin des Beschuldigten, bezw. Geächteten, oder des Klägers als die Getötete anzusehen. Ein deprehensus in homicidio uxoris sue wird unter Androhung des Stranges verbannt. Die reguläre Strafe ist Zange und Rad; 1598 liest man Rad und Feuer, später auch das Schwert. 1544 wird Ritter Hänslein, der sein Weib mit dem ungebornen Kind getötet,! grausam gerichtet. Auf Versuch steht Enthauptung. 1550 hängt, wie erwähnt, die peinliche Bestrafung des Nachrichters, der statt seiner Frau eine andre daneben stehende traf, lediglich von der Tötlichkeit der Wunde der letztern ab. Der Helfer sühnt dem Täter gleich; 1567 erteilt man diesem 40, jenem 30 Radstöfse.[7])

Die Tötung der Ehebrecherin nebst ihrem Buhlen ist straflos. 1493 wird Nützel, wiewohl er vorgibt, die Gattin „der Ehre wegen“ getötet zu haben, trotz der Intervention Maximilians das Geleit verweigert.[8])

1648 enthauptet man einen, der seine Braut erstochen, ebenso

---

5) Mfzb. 1558; HGB. II, 155, 156; Hegel 5, 702; s. jed. Ann. 1529.
6) Mfz. 1555, 1557; Rtb. XII, 443, 1524 StA.
7) AB. I, 8; Rtschlb. XIV, 135; Mfzb. 1567; s. Versuch.
8) Hegel 5, 582.

1702; bei Ermordung des Herrn ist auf Rad erkannt, ebenso bei der des Genossen (1788 R. von unten).[9])

Die Fälle des Giftmordes deklarieren sich fast alle als Gattenmord. Das Verbrechen gilt nach Beibringung des Giftstoffes als vollendet. In der Karolina ist ohne Rücksicht auf den Erfolg des Unternehmens die Strafe des Rades begehrt; die Konsulenten jedoch fordern als Voraussetzung hiezu die wirkliche Erkrankung des Opfers: Also das die sach nit allein in nudis terminis voluntatis pliben, sondern auch conatus hintzukommen und der Will in's Werk gericht worden.[10])

Über das „Liebespulver" s. Verführung.

d. Tötung von Ungebornen und Kindern.

α. Tötung von Ungebornen.

Vor der Karolina findet sie keine Erwähnung, vermutlich, weil sie straflos blieb. Später steht auf der Vollendung Enthaupten, auf dem Versuch Rute und lebenslängliche Verweisung. Die Konsulenten huldigen hiebei der Theorie, dafs poena parricidii einzutreten habe, sobald die Frucht Leben und Gliedmafsen empfangen. Die Physici seien indefs nicht darüber einig, ob hiefür der 90. oder schon der 50. Tag als der mafsgebende Termin anzusehen sei, wie die Rechtslehrer, ob man hier den Versuch, gleichwie bei andern delictis atrocioribus der Tat analog bestrafen solle. Im vorliegenden Fall, — da die Täterin vor erstgenanntem Tag den Versuch das Kind zu töten vergebens unternommen — entschliefst man sich zur Verweisung und verschont sie ihres Zustandes wegen auch mit Leibesstrafe.[1])

β. Tötung von Kindern.

Auch hier fahndet man in den ältesten Quellen vergebens nach Spuren einer strafrechtlichen Verfolgung. Den Rat mochte einerseits wenig Interesse an der Ahndung dieses Delikts beseelen und dieselbe lediglich der Sippe angeheimstellt bleiben, anderseits

---

[9]) Coll. Stadtbibl.; Mfzb. 302 Stb., 1702; Mfzb. 1457, 1788.

[10]) Rtschlb. XIX, 249.

[1]) Mfz. 1663; Rtschlb. LXI, 63; Rtschlb. XLIX, 201; immerhin wurde sie früher wohl nur allzu häufig begangen, s. z. B. ihre Erw. beim Meistersinger Kunz Has, Mitteil. Gesch. Ver. Nürnb. 7, 203.

fehlte es meist an einem Kläger. Dabei verfügte man keineswegs über die Mittel, ein derartiges Verbrechen leicht zu eruieren, ein sofort nach der Geburt ersticktes von einem totgebornen Kinde zu unterscheiden, und endlich wird die Verübung zweifellos nur selten erfolgt sein zu einer Zeit, wo wohl den Kebssohn ungerechter Weise grofse Rechtsnachteile trafen, die Mutter indefs noch nicht durch ihre Vergehung mit unauslöschlichem Schimpf sich belastete. Und dies Moment dürfte am besten das Schweigen der ältesten Strafbücher erklären.

1384 urteilt sich Else uxor von Eysfet von der Stadt bei dem Halse fünf Jahr „d. d. ein boser lewmunt vff sie ging von eins kinds wegen daz bei s. Johann begraben ward.“ 1497 — der nächste Eintrag — gesteht eine Dirne ihr Kind erwürgt zu haben. Trotzdem sie für würdig der Strafe an Leib und Leben erklärt wird, begnadigt sie der Rat, „der aus sondern mitleiden weiblich geschlecht leichtfertigklich zu richten nit geneigt“ zur Verbannung über den Rhein. 1506 ist sodann die erste Ahndung des Versuchs vermerkt, nämlich durch Brandmarkung. Ferner setzt man 1510 A. Malerin „vmb ir verhandlung, dafs Sy ir selbs kynd mit einem Messer ermordet, ain ernstlichen Rechttag.“ Da sich jedoch ihr Name im Halsgerichtsbuch nicht vorfindet, ist sie wohl durch Fürbitte geledigt worden. Ebenso verweist man 1515 eine, die ihr Kind „verthan“ — wiewohl sie den Tod verdient habe — „in betrachtung Irer einfalt und auch andern beweglichen Vrsachen“ beim Sack für Lebenszeit. Die folgende Sünderin — 1525 — rettet der Nachrichter, indem er sie sich zum Weib erbittet.[1]) Bei einer Diebin hätte sich der Rat gewifs nicht als so willfährig erwiesen.

Durch den Einflufs der Karolina kommt das Bewufstsein von der grofsen Strafwürdigkeit des Kindsmordes zum Erwachen; wie bei andern schweren Missetaten verfährt man nun mit System und erbarmungsloser Strenge. Werden im 16. Jahrh. nur sechs gerichtet, so steigt ihre Zahl in jedem der beiden folgenden auf mehr als dreifsig. Je drakonischer die Gesetze, desto häufiger werden die Fälle der Verübung. Dadurch, dafs man die uneheliche Mutter an sich mit öffentlicher Strafe und Beschimpfung belegte, riskierten

1) AB. 316, 24; Haderb. I, 1483—96, 110; Rtb. IX, 229, StA; Haderb. I, 1503—16, 201; Rtb. XII, 486, StA.

viele, statt diese auf sich zu laden, das Leben und begingen die unselige Tat.

Dafs das Kind unehelich sei und die Verübung während oder sogleich nach der Geburt betätigt wurde, kommt nicht in Betracht. Warum auch, traf ja die Kindsmörderin keine mildere Strafe, als die Mörderin. Zwischen beiden findet man sogar die Unterscheidung, dafs ersterer die Zangenstrafe als Verschärfung der Richtung angedroht ist.

Als Begehungsarten des Delikts liest man Ersticken, Erdrücken, Ertränken und Verbrennen. In den Torturbüchern ist dessen mitunter mit grofser Ausführlichkeit gedacht. Wie man bei Landstreunern ohne Vorliegen von weiteren Indizien Raub und Mord praesumiert und sie hierauf peinlich befragt, so inquiriert man aufgegriffene Dirnen in suggestiver Weise wegen Kindsmords. Ist die Verhaftete eines solchen bereits geständig, so sucht man durch die Folter ev. das Bekenntnis noch eines zweiten früheren Mordes herauszulocken; ja anfangs des 17. Jahrhunderts bejaht in der Tortur eine des Versuchs Bezichtigte, dafs sie aufserdem noch ein Kind getötet, wiewohl sich ihre Angaben als durchaus unstichhaltig erwiesen.[2]) Ist ein derartiges Geständnis hie und da lediglich durch Lebensüberdrufs und das Bestreben, schärferer Tortur vorzubeugen, hervorgerufen, so begehen 1709 zwei aus ersterem Motiv das Verbrechen selbst, die eine an einem fremden, die andre am eignen sechzehnwöchigen Kinde. Letzternfalls reifte übrigens der Entschlufs bald nach der Niederkunft; es findet sich hier mildere Bestrafung, als bei der andern Verübung, obwohl auf diese reuige Selbstanzeige folgte.[3])

Dafs die Aufregung bei und nach der Geburt nicht als „mildere Verrücktheit“ zu Gunsten der Angeklagten in die Wagschale fällt, denn: „von gemeiniglich geht solche Zerrüttung nit so gehling daher noch wider dahin“, ist bereits hervorgehoben. 1549 begnadigt man indefs wegen „Jugendt und unverstandt, auch defs pösen feinds verfürung“.[4])

Anlangend die Richtungsart wähnen bald nach Publizierung der Karolina die Konsulenten die Säckung oder Enthauptung an sich als unzureichende Todesstrafe. So rät man bei einer, die ihr

---

[2]) AB. 1588—1593, 171. [3]) Mfzb. 1709.

[4]) Rtschlb. XLI, 107; Rtb. XXIV, 266.

Kind mit der Hacke erschlagen, man solle, „das schändtliche Weib ihrem Verdienst nach Lebendtig vnter die erden vergraben und ihr ein pfal durchs Herz schlagen oder sie zur richtstatt schleiffen lassen.“[5]) Besonders auf dem Lande will man das Richtungsobjekt zu Abschreckungszwecken ausbeuten. Man solle, heifst es, die Täterin lieber enthaupten, als ertränken — ad vitandam desperationem — und den Kopf zur Spieglung der „Bauersmeidt“ an das hohe Gericht nageln.[6])

Ohne nur einen der vielen unerquicklichen Fälle, welche in den Strafbüchern mit grofser Genauigkeit verzeichnet sind, vor Augen zu führen, sei nur kurz der unvernünftigen drakonischen Bestrebungen gedacht, die der Beginn des 18. Jahrhunderts zeitigte. Wohl auch eine Folge der Verrohung nach dem Dreifsigjährigen Kriege war es, dafs zu dieser Zeit das Delikt mit erschreckender Häufigkeit auftrat. Wie oft finden sich tote Kinder in der Pegnitz vor oder versteckt im Wald, ohne dafs es gelingt, der verbrecherischen Mutter habhaft zu werden. Man hofft nun nicht nur durch strengere Ahndung der Unzucht an sich, sondern auch dadurch das Übel mit der Wurzel auszurotten, dafs einerseits noch schärfere Richtungen „an den Gottvergessen wildesten Bestien, die ihre Jungen schützenden Tiere übertreffenden Km.“ vollzogen, anderseits aber auch schon die Verheimlichung der Schwangerschaft und Niederkunft empfindlich bestraft werden. Ward von den Konsulenten bereits früher geltend gemacht, dafs die Vornahme schwerer Arbeiten unter Kenntnis des Zustandes im Fall der Totgeburt mit dem vorsätzlichen Kindsmord identisch sei, so sollte jetzt, wenn das Kind aus Fahrlässigkeit der Mutter bei der Entbindung zu Grunde ging, nicht minder auf Tod erkannt werden. Nach dem Mandat von 1702 wird bei heimlicher Niederkunft — auch ohne Beschädigung des Gebornen — Leibesstrafe verhängt, bei Tötung des Kindes die Täterin gesäckt und ertränkt und nach Gestalt ihrer Missetat mit Zangen gerissen oder gepfählt. Ebenso soll an denen, welche sich aus Lebensüberdrufs an fremden Kindern vergreifen, nicht nur die einfache Schwertstrafe — „womit sie ihres Lebens geschwind abzukommen verhoffen“ — vollzogen, sondern diese dergestalt geschärft werden, dafs ihnen dieselbe „weit schmerzlicher und schmählicher, als der Tod fallen wird.“ Während daneben

---

5) Rtschlb. XLI, 106. 6) Rtschlb. XLI. 155.

Winkelehen auf das strengste untersagt, mit schimpflicher Kopulation, Verbannung oder Gefängnis gelohnt werden, gewärtigen gem. Mandat von 1753 solche, welche die uneheliche Schwängerung, wie die Geburtszeit boshaftig verleugnen und freventlich vertuschen, dreimonatliche schwere Zuchthausarbeit, im Rückfall und sofern sie ohne Beihilfe gebaren, Pranger und Verweisung. Wird jedoch das Kind tot vorgefunden und besteht Verdacht, daſs die Mutter vorsätzlich die erforderlichen Mittel zur Verhütung des Unfalls auſser Acht gelassen, so ist sie — trotzdem sie sich zur Reinigung mit der Tortur anerbötig machen würde — als Verwahrloserin mit dem Schwert zu richten.[7]) Daſs durch solch rigorose Gesetze dem Unwesen wenig gesteuert ward, erweist die Zahl der Bestrafungen in der Folgezeit. Mehrere Verwahrloserinnen werden enthauptet, unzählige, welche ihren Zustand verhehlten, wandern in das Spinnhaus. Vornehme schont man hiebei keineswegs; eine Patriziertochter veranlaſst langwierige Verhandlungen, da sie, um der schimpflichen Strafe zu entgehen, geltend macht, das Opfer eines gewaltsamen Überfalls zu sein. Eine Hebamme, welche anzeigt, daſs sie nachts auf geheimnisvolle Weise mit verbundnen Augen zu einer Entbindung geführt worden sei, sperrt der Rat drei Tage auf den Luginsland unter Auferlegung ewigen Stillschweigens. Es lag ihm wohl aus triftigen Gründen diesmal nicht an der Eruierung der Schuldigen.[8])

Wegen absichtlicher Verwahrlosung eines gröſseren Kindes wird bereits 1449 auf zehn Jahre Verbannung erkannt. 1610 tritt diese gegen eine „Rabenstiefmutter“ als lebenslängliche ein anstatt der Todesstrafe „da der animus occidendi nicht liquide erwiesen“. Eine Pflegerin, welche ihren Schützling furchtbar miſshandelte, erhält nach Pranger, Steintragung und öffentlicher Verrufung drei Jahre Verweisung. Ein ähnlicher Fall veranlaſst den Rat zu eifrigster Nachforschung bei den Nachbarn, zur Beschickung der Geschwornen des Barbiererhandwerks behufs Besichtigung des beschädigten Kindes.[9])

---

7) Rtschlb. XLI, 108; Mand. 1702, 1722, 1753.

8) V. 1700—1777 dreiſsig Enthauptungen v. Km.; Stark Chron. 1611.

9) d. kathrin die das Kind verwahrloſst hat 10 J., Rp. 1449, 4, 8: kundtschafft zu machen, was solich kindlein geweſsen und sich deshalb bej den hebammen auch erkundigen und widerbringen Rtb. XXIX, 55, 9; die maid

Der Versuch der Kindstötung wird in frühester Zeit überhaupt nicht, 1506, wie erwähnt, durch Brandmarkung gesühnt. Nach E. d. Kar. erwies es sich als todeswürdiges Unternehmen; nur ist die Todesstrafe nie geschärft. 1604 liest man — die Mutter suchte das Kind zu verbrennen — nur Stäupung in Folge einflufsreicher Fürbitten.[10])

Beihilfe ist selten verzeichnet, dem Charakter des Delikts entsprechend. 1761 mufs die hilfreiche Schwester die Richtung mit ansehen, worauf sie für unbestimmte Zeit im Zuchthaus detiniert wird.[11])

Wohltuend wirkt es, dafs man bei mehreren auf die Intervention vornehmer Herrn hin Gnade walten läfst. 1549 ist das Halsgericht bereits zusammengetreten, da bitten der Abt von Ebrach, der Hauskommenthur im Deutschen Hof, der Reichsschultheifs sammt vielen Bürgern nnd Kaufleuten für die Arme „gantz flehlich".[12])

γ. Kindesaussetzung.

Sie wird durch Verbannung geahndet. 1407 verjagt man zwei für immer „d. d. Ell ein kint hat und mit der Anna anlegt, daz sie dazzelb daz newr einer naht alt waz hinlegt". Ähnlich 1609.[1]) 1516 rät ein Ehebrecher seiner Genossin, ihr Kind in der Spitalkirche auszusetzen. Diese gehorcht, wird aber bald als die Schuldige eruiert und auf drei Jahre verbannt. Ihn straft man indefs „als Ehebrecher vmb zehn gulden an den Spittelbaw zuzugeben" mit der Verpflichtung, der Findelmutter die Verköstigung des Kindes zu ersetzen und letzteres — zu sich zu nehmen. Demgemäfs wird — während die rechte Mutter das Stadtgebiet meiden mufs — wohl der Ehefrau des Anstifters die eigentliche Wart und Pflege aufgehalst.[2])

e. Zweikampf.

Bereits durch den Freiheitsbrief von 1219 wurde ausgesprochen, dafs der Nürnberger Bürger einer Herausforderung zum Zweikampf

---

so ein maidlin verprennt hat, das es gestorben sein soll in das loch legen und den pader hören, Rp. 1532, X, 2.

[10]) Coll. Stadtb., 1604. [11]) Ann. 1761. [12]) Rtb. XXIV, 266.

[1]) AB. 317, 35; Clesin ist die Stat verboten 5 jar, d. d. sie ein kint hingelegt hat, daz sie ze kizznig genomen, AB., 317, 15, 1405.

[2]) Haderb. I, 1516—27, 213.

keine Folge zu leisten habe, und ebenso war dieser vor dem heimischen Forum verpönt. Trotzdem traten hie und da Patriziersöhne als Kämpfer in die Schranken des Landgerichts des Burggrafen. 1449 findet sich der Ratsverlafs: „mit dem Herrn v. Haydeck und franzen Derrer fleifsig reden und abschaffen Ir scharfrennen“. 1466 wurden zwei, da sie auf einander mit Pfeilen schossen, mit 40 sh. und 8 Tag Lochgef. bestraft.[1]) Rencontres zwischen Patriziern und Bürgern sind öfters verzeichnet. Ich erwähne nur den Fall, wo 1612 ein Schmidtmer einen Imhoff mit dem Degen überfiel. Da diese Tat — als gegen eine Ratsperson verübt — zum Crimen laesae majestatis gestempelt ward, wurde er in das Lochgefängnis gesteckt und ging fast seines Assessorenamtes verlustig.[2])

Aufserdem gedenkt der Chronist noch einiger ritterlicher Kämpfe. So gerieten 1485 ein Seckendorf und ein Smalenstein während ihres Aufenthaltes in N. in Streit. Böse Worte fielen, so dafs sie endlich vor das Frauenthor zum hohen Kreuz ritten, worauf der Seckendorfer nach kurzem Fechten tötlich getroffen vom Rofs fiel und „starb am Flecken“.[3])

Den drakonischen bayerischen Duellmandaten, deren Tenor sich solch übertriebener Strenge rühmte, dafs Feuerbach — sich der Unmöglichkeit ihrer fernern Anwendbarkeit bewufst — ein Derogieren derselben 1813 gar nicht für erforderlich hielt,[4]) ähneln in mancher Hinsicht die Duellgesetze der Universität Altdorf v. J. 1713. Die Hervorhebung weniger Bestimmungen bestätigt diesen Satz:

Bei einfacher Provokation sühnt der Herausfordernde mit vier Monat strengen Karzers und Relegation, sein Gegner, sofern er den Frevel nicht rechtzeitig dem Rektor denuntiiert, mit zwei Wochen Haft. Kommt es zum Kampf, so werden die Tapfern mit Infamie belegt und nicht nur relegiert, sondern auch von andern (aliisque foederatis) Akademien exkludiert, sowie ein Jahr in das Nürnberger Zuchthaus gesteckt. Bei Tötung wird der Totschläger schimpflich gerichtet (additis aliis infamiae notis), der

---

[1]) nemo aliquem civem loci illius duello impetere debet, Priv. 1219 H. D.; Rp. 1449, 1, 14; Haderb. II, 28.

[2]) Stark 1612. [3]) Hegel 4, 374.

[4]) s. meine „Bayerns Duellmandate“, Zeitschr. „Bayerland“, 1891, Nr. 44 und 46.

Getötete schimpflich beerdigt (caninam habebit sepulturam). Des flüchtigen Verbrechers Name ziert den Galgen (a carnifice infamiae signa edentur).

Ebenso gewärtigen Anreizende. Sekundanten, ja selbst Zuschauer, welche den Kampf nicht verhindern, schwere Karzerstrafe. Sucht man das Duell, um es zu beschönigen, für ein Rencontre auszugeben, so treten, sofern diese Behauptung nicht eidliche Bekräftigung erfährt, trotzdem die strengsten Normen in Kraft. Nicht minder sind für Rixa, Exzefs der Notwehr und einfachen Totschlag (ex subito irae furore orta) scharfes Gefängnis bezw. Enthauptung zugesichert.[5])

Wie in den bayerischen Mandaten beruht das Hinfällige dieser Bestimmungen vornehmlich darauf, dafs derjenige, welcher zur Rettung seiner Ehre den Zweikampf unternahm, mit Infamie und beschimpfender Ahndung bedacht wird. Die Zahl der Bestrafungen ist übrigens erstaunlich gering, indem es einerseits dem Senat, der den Ruf der Universität in jeder Hinsicht zu wahren strebte, selbst daran lag, dafs der Unselige durch schleunigste Flucht sich rettete, anderseits die Händel vielfach jenseits der Grenzpfähle auf weniger kritischem Boden zum Austrage kamen.[6])

---

2. Leibesverletzungen.

Totschlag und Körperverletzung repräsentierten sich in früherer Zeit, wie bemerkt, als ein und dasselbe Delikt; der Erfolg des Täters entschied, ob er das Wergeld oder einen Bruchteil desselben als Bufse schuldete. Der Willensgrad kam nicht zur Berücksichtigung. War es auf eine leichte Verwundung abgesehen, und trat durch falsche Führung der Waffe oder zufällige Verschlimmerung der an sich harmlosen Verletzung der Tod ein, so lag vollendeter Totschlag vor, anderseits — sofern der selbst in mörderischer Absicht vollführte Stofs seine Wirkung verfehlte — galt es nur die Wunde zu „bessern“. Wie bei Tötung zagte die Obrigkeit, ohne eines Klägers Initiative einzuschreiten; nur dann, wenn sich die Tätlichkeit zugleich als Friedbruch deklarierte, glaubte man sich in Rücksicht auf das öffentliche Interesse zur

---

[5]) Mand. 1713: XVII, XVIII, XIX, XX, XXII.

[6]) S. a. Hartmann, Mitteil. d. Ver. f. Gesch. Nürnb. 6, 21.

Ahndung verpflichtet. Es kam daher die Sache meist auf dem Weg der Taidigung zum Austrag. Dies anzustreben, war für den Schuldigen ratsam; denn bei gerichtlichem Vorgehen des Verletzten beanspruchte der Rat neben der Besserung ein nicht geringes Gewedde für sich, ja im Nichtzahlungsfall des Öftern die Abschlagung der Hand. Mit der Zeit wurde sodann die Forderung des Beschädigten durch die an die Obrigkeit zu entrichtende Abgabe immer mehr in den Hintergrund gedrängt und demgemäſs die öffentliche Ahndung als das Wesentliche gekennzeichnet. Während statt der Buſse teils subsidiär, teils unvermittelt Verbannung und Gefängnis auftreten, ragt das Prinzip der Talion dräuend aus den Satzungen hervor, wiewohl es sich in Wirklichkeit nur in gravierenden Fällen in die Tat umsetzt. Die Entschädigung endlich findet ihre Erweiterung im Schmerzensgeld, das als bescheidne „Ergetzlichkeit“ an den Miſshandelten oder als völlige Alimentierung für den Verstümmelten auftritt. Die letzte Entwicklungsstufe bildet die sorgfältige Ermittlung des Tatwillens durch Rat und Konsulenten, wie der Ausschluſs der Haftung des Täters für eine auſserhalb seiner Verantwortung liegende Verschlimmerung der Wunde.

Die Verletzungen charakterisieren sich je nach ihrer Schwere als Schläge, Wunden oder „Leme“. Erstere sind teils trockene, teils als Blutrunst bezeichnet. Die Wunden stellen sich entweder als einfache dar oder als Meiſselwunden, sofern sie des Heftens, wie überhaupt der ärztlichen Hilfeleistung zu ihrer Heilung bedürftig, oder als Markwunden, welche sich bis in das Mark erstrecken, ev. ein Heraustreten desselben veranlassen, oder als gefährliche und endlich als tötliche Wunden. Letztere Benennung legt man ihnen auch bei, wenn die unselige Folge nicht eintrat, jedoch zu gewärtigen war (der Verletzte, vom Arzte aufgegeben, das Sakrament erhielt). Die Leme bekundet sich nicht nur als Verstümmelung; auch bei Abschlagung und Zerstörung eines Organs gilt dasselbe als gelähmt. Unter dieselbe Rubrik zählen die Entstehung eines dauernden Gebrechens (fallende Sucht), ein Siechthum, eine tiefgehende innere organische Verletzung (Beraubung der Sprache.[1]) Daneben sind noch die Verwundungen durch

---

[1]) PO. 31 ff.; MS. 617.

Schiefsen, Werfen, in Schlägerei und Aufruhr, wie das Messerzucken hervorhebenswert.

Schläge. Nach der Egydier Ordnung entgilt einer, der mit Fäusten oder Waffen ein „slecht (schlicht) pewderling“ schlägt, dafs es nicht schwillt oder mit Blut unterläuft, mit 72 hlr. für den Verletzten und ebensoviel für den Richter. Dieselbe Norm hat bei Rauferei ihre Stelle. Wenn sich jedoch eine Geschwulst oder Blutrunst bildet, so wächst die Bufse auf je zehn Pfund. In den ä. PO. geschieht des einfachen Schlagens nur oberflächliche Erwähnung; meist verweisen jene auf das „alte Recht“.[2]) Nach Bestimmungen des 17. Jahrhunderts gelten braune nnd blaue Verletzungen, welche, obschon offen und etwas blutrünstig, doch das Heften und Meifseln nicht erfordern, als Peuderling. Er zerfällt wieder seiner Schwere nach in den gröfsten, mittlern und geringsten P., durch dessen Zufügung dem Verwundeten ein Anspruch auf 20. 10 und 4, der Stadt ein solcher auf 30, 15 und 6 Pfund erwächst.[3])

Werfen wir einen Blick auf die Praxis, so ist es auffällig, wie oft Gefängnis anstatt der Bufse oder neben derselben verhängt wird, sei es, weil Unvermögen vorliegt, sei es, weil der Charakter, das Vorleben des Täters, wie die persönliche Stellung des Geschädigten eine Abweichung von dem als Richtschnur dienenden Satze beanspruchen. Die Mehrzahl der hier anzuführenden leichten, mehr auf Demütigung und Beschimpfung abzielenden Tätlichkeiten äufsern sich zugleich als Realinjurien. Auch das beschämende Erdfälligmachen, bzw. zu Boden Werfen reiht sich hier an.[4])

Wunden. Nach der Egydier Satzung fordern fliefsende Wunden je 10 Pfd. für den Verletzten und Richter; bedarf es des Meifselns und Heftens, fallen jenem 16 Pfd. zu. Die PO. begehren gleichfalls jene Strafe für die Stadt und den Verwundeten, aufserdem für den Richter sein Recht und den Arztlohn. Dann heifst es: „So jemand dermafsen geschlagen, gestofsen, gepissen oder geworfen würde, dafs er Meifselns und Heftens notdürftig und die geswornen Wundärzte erkennen, dafs solches so gefährlich und

---

2) Hist. dipl. Mag. II; PO. 34; pewderling b. H. Sachs, K. IX, 134 (leichter Schlag), XXI, 8.

3) MS. 617.

4) hier 2 J. Verb. ausgespr. (1466); einer, der zwei mit blanker Wehr niedergeschl., geht der Augen verlustig, Haderb. II, 33; Haderb. I, 264.

schädlich, als eine, zwei oder mehr fliefsende Wunden", so soll die entsprechende Bufse in Kraft treten, eventuell Strafe an Leib, Leben und Gut. Die halbe Strafe steht auf der nicht fliefsenden Wunde.[5])

Der Klassifizierung des Peuderlings entsprechend unterscheidet man später gröfste, mittlere und geringste Verwundung (mit 40, 20, 8 Pfd. an den Geschädigten. 60, 30, 12 an die Stadt). Für den Fall der Gnade ist zugleich die Minderung genau normiert; leider wird hievon der Verwundete in demselben Grade, wie die Stadt betroffen. Die Meifselwunden treten übrigens auch als kampfbare, Fleisch- und offene Wunden auf.[6])

Leme. Im Egydier Bufsregister steht: Wer den Arm hinten am Leib, bei dem Ellbogen, wer die Hand völlig oder vor dem Knorren abhaut, das ist ein lem, der büfst 80 Pfd. dem Kläger und ebensoviel dem Richter. Es erscheint demnach als irrelevant, ob man den ganzen Arm oder nur einen Teil desselben abschlägt. Gleicherweise gilt es als Lem, wenn ein Hieb in das Achselbein, in den Ellbogen oder das Handgelenk Lähmung hervorruft. Analog bei den Beinen „am Huff, am knye, am knorren, an zehen, in knyckel oder unten in die gangadern". Nach den ä. PO. kostet dagegen ein Lem an Finger oder Zehe 5 Pfd. neben der beträchtlichen öffentlichen Abgabe. Wenn mehr Leme mit einem Schlag an einem Arm entstehen, so gelten diese für eine, wenn zwei an verschiednen Gliedern verursacht werden, so sind zwei zu berechnen.[7]) In der Folgezeit wird, da wegen der Verschiedenartigkeit der Verletzungen jeder einzelne Fall der besondern Beurteilung bedürftig, die Höhe dem Gutdünken der Richter überlassen: „wer lembt an Fingern, Zehen oder Zähnen, der soll der Stadt zu Bufse verfallen sein 20 Pfd. Novi und dem Beschädigten der „leme, zerung und interesse halb thun nach erkantnuss und messigung der fünff herren am hader sitzend", dazu dem Richter und Arzt sein Recht und seinen Lohn.[8])

Bei völliger Abtrennung eines Gliedes soll jedoch Talion eintreten; es müfste denn die Sache nicht so frevelich gehandelt sein und demgemäfs die öffentliche Sühne in 40 Pfd. für Finger oder Zehe, in 100 Pfd. für die Hand bestehen.[9])

---

[5]) PO. 44, 45. [6]) MS. 617. [7]) PO. 36. [8]) PO. 45.
[9]) PO. 46; s. Strafe.

Was Augen, Ohren und Nase anbetrifft, so ist es seltsam, dafs in den meisten frühern Ordnungen dieselben, wie mitunter auch die Zähne, entweder gar nicht hervorgehoben oder doch minderwertigen Gliedern, wie den Fingern, an Wert gleichkommen. Erwägt man, wie verunstaltend das Einschlagen von Zähnen, das Verstümmeln der Nase oder Abtrennen des Ohres wirkt — aufserdem dafs letzteres den Verdacht einer Bestrafung wegen Diebstahls hervorruft — so erscheint ihr Preis als viel zu niedrig bemessen.

In der Egydier Ordnung indefs ist das Ohr oder „beide gehör" (also wohl auch das Taubschlagen) mit 80, das Auge mit 120, nach einer Ratsverordnung späterer Zeit mit 150 Pfd. normiert, wozu noch der Arztlohn und andre „billigmäfsige Unkosten" zu ersetzen sind.[10])

In der Praxis treten hier mehrfach Gefängnis- und Leibesstrafen auf; so wird einer, der Arm und Bein zerschlägt, neben der Züchtigung noch gebrandmarkt. Waltet Zweifel, ob sich aus einer Wunde noch ein Leme zu entwickeln vermag, so wird einstweilen die geringere Entschädigung auferlegt, doch: „wo sich kunftiglich an Ir ein Lem erfunden Soll Ir zu fordern vorbehalten sein".[11]) Bei Zufügung mehrerer Verwundungen darf sich über-

---

10) MS. 617.

11) dem Torspil 10 j., d. d. er des Fürers Eyden durch den Kopf geschlagen, Extr. etl. AB., 1355 HStbibl.; warf mit Stein, dafs sie Sakrament erhielt, juravit 5 jar, Haderb. I, 128; einer Dirn den Arm gelähmt, 20 sh., der Hausfrau, dafs sie sie behalten, 14 sh., Haderb. II, 91; geschlagen bis auf den Tod: für 8 fliefs. Wunden 160 sh., Leme der Finger 80 sh. Arztlon; da er nun der Sprache beraubt, soll er ihm das Interesse geben und ausrichten 20 fl. und seinem Aigenherrn auch so viel f. d. J., so ferr er es nemen will, 220, 3 Wunden und Wurf 80 Pfd. Arztlon und versäumnis, 321; vf den tod drei stich, 60 sh., dem Eigenherrn ebensoviel, 258; 1401 wird Elwanger von Groland, Stromer u. a. schwer verletzt. G. und St., des Viertelmeisteramts entsetzt, erlegen f. jede W. 3 Pfd. 60 hlr., wegen Wehrzuckens von jeder W. ebensoviel, aufserdem erh. sie Thurmstr. und müssen sich für längere Zeit nach Kelheim bzw. Altenfeld begeben, Ann. 1401; darumb slug man im den rehten daumen ab, d. d. er gegen H. Albrecht (Deutschherrn) mit einem Degen stach geuerlich, AB. 317, 73; der verwundung halb Zeugen z. h. und, wo man ferlikait funde, die thätter lassen einlegen, Rp. 1532, 1, 29, item, Rp. 1532, 11, 18; W. ist vff des, so im eine Hand abgehauen, guter ein verbott zu recht vergonnt, Rp. 1532, 7, 17; Gerichtl. Verträge aus Schlägereien ausdrücklich für giltig erklärt, so dafs spätere

dies der Täter — sofern man noch Interesse, Arztlohn, sowie Nebenleistungen an den Dienst- und Eigenherrn in Betracht zieht — auf eine erkleckliche Summe, der Vermögenslose auf eine stattliche Reihe Verbannungsjahre bezw. Gefängnistage gefafst machen. Da hier alles vom freien Ermessen des Rates abhängt, kennzeichnet die vielen Strafaussprüche die bunteste Mannigfaltigkeit; auf die Vorführung weiterer Beispiele dürfte daher verzichtet werden.

Schiefsen und Werfen. „Schiefsen, rennen, slahen, stainwerffen" sind freie „ritterspiel"; man durfte dieselben auf den hiefür bestimmten ummauerten oder umzäunten Plätzen abhalten und haftete nicht für einen hiebei eintretenden unvorhergesehenen Unfall.[12]) Fand sonst das Büchsenschiefsen bereits in den PO. Beschränkung, so stand später hohe Bufse darauf neben Konfiskation des Gewehrs. 1488 läfst man zwei, welche mit Pfeilen auf einander schossen, neben der Geldstrafe noch acht Tage ins Loch wandern. Kurze Haft tritt auch meist bei Steinwerfen und ähnlichem Unfug ein mit Ausnahme eines Falls, wo eine Dirne ihren treulosen Geliebten hiedurch zu verletzen suchte und sich deshalb zwei Jahre Verbannung zuzog.[13])

Raufhandel. Wie bei Totschlag bemerkt, gelten ziemlich milde Normen hiefür. Strengeres Einschreiten findet nur statt, wenn es sich um ein förmliches Gefecht oder Gestech handelt, wie z. B. 1381 das zwischen den Badern und Schneidern im Taschental — die Teilnahme hieran verursachte einjährige Verbannung, die Zufügung einer bedenklichen Wunde eine solche von zwanzig Jahren — und unzählige zwischen den Handwerksgesellen. Identisch sind auch die Ausdrücke: Schlachten, Schlachtung, Rumor, Sammung und Krieg. Auch bei nicht gefährlicher Verletzung wurde der Eruierung des Täters, vornehmlich dessen, der des Haders ein Anfang oder bewaffnet war, grofse Sorgfalt zugewendet; die Barbiere waren bei Strafe verpflichtet, Verwundete, welche Heilung von ihnen begehrten, dem Rat anzuzeigen.[14])

Verschlimmerung keine Erhöhung d. Bufse verursacht, Rtschlb. XLIX, 19; Handabhauen malefizisch, Rtb. LXIV, 475.

12) s. Zufall.

13) PO. 54; Mand. 1536, 1555, 1556; Haderb. II, 28, 234, 321; AB. 317, 69.

14) s. Rtschlb. B. 5, 65; IX, 34; VI, 72, 184; XVIII, 32, s. Totschlag; Gefecht der Bader und Schneider, AB. 316, 3, 5, 1381.

Bereits nach der Egydier Ordnung tritt die hohe Bufse im Fall der Augenlähmung nur dann ein, wenn die Verletzung „mit geuerde“ zugefügt. Sache des Rates und der Fünfherrn am Hader ist es, die „Besserung“ bei Abwesenheit von Dolus bis auf das niedrigste Mafs herabzudrücken. Ferner geraten die sonst üblichen Leistungen an Rat und Richter in Wegfall. So liest man bei Ausschlagen von drei Zähnen einer Frau nur 20 Pfd. „da er es nit gern getan“.[15])

Erschwerend wirken Verwundungen, welche an nahestehenden Verwandten oder Amtspersonen verübt wurden, des Nachts, nach dem Friedensgelöbnis (in nova pace), an befriedeten Orten, wie der Muntat, betätigt worden sind. Als strafbefreiend oder -mildernd erweisen sich Notwehr und Gegenseitigkeit.[16])

III. Verletzungen an der Ehre.

Manch berüchtigte Todfeindschaft, die Jahrzehnte lang das deutsche Land mit Sengen und Brennen umdräute, fand ihren Anlafs in einem übermütigen Zuruf, der von Sippe auf Sippe im Gedenken blieb, Leben auf Leben heischte. Die vagste Beschuldigung, die bei keinem des Volkes Glauben zu erwecken befähigt war, vermochte dennoch den hievon Betroffnen, sofern er sie ungerächt liefs, tief im Ansehen der Genossen herabzusetzen. Denn nach dem Grad der Manneswürde schieden sich unsre Vorfahren: Eines leisen feindseligen Hauchs bedurfte es nur, dies lichte Kleinod — diesen Inbegriff des idealen Ichs des Freien — zu trüben; verabsäumte er es, solchen Makel zu tilgen, so galt

---

15) 20 Pfd., da er einer Frau drei Zähne mit dem Beil ausgeschlagen; da er es aber nicht gern getan, Rat und Richter nichts, Haderb. II, 148.

16) 1496 schlägt ein Beck s. Fr. mit einem Scheit derart auf den Kopf, dafs sie fast starb. Er wird geblendet; 1612 legt man einen, der s. Fr. stach, in der Wohnung an vier Ketten; 1391 gab einer dem Frager „sein trew, er wolt fride haben (nova pax) mit s. weyb und stach sie vff dem kirchof“. Er w. f. i. verbannt; Wegen Verdächtigung, s. Frau mit einem Stein gew. z. h., so dafs sie an frühz. Entbind. starb, verweist man einen als „wilden wuessten Mann und offen hurer und fuller“ lebenslänglich; proscriptus pro eo quod in strata noctis silentio savciavit, AB. I, 2; s. Muntat; f. 13 Wunden nur 20 sh. und Arztlohn, weil der Verwundete ein Anfänger war; f. 16 W. 20 sh., da der andere den Handel an ihn gebracht. Haderb. II, 128, 122.

er für ehrlos in Sippe und Gau, sein Wort verhallte ungehört in Ding und Familienrat, nicht vertraute man ihm die Führung im Kampf, die Eidhilfe und Fürsprache vor dem Richter, wie er selbst auch in solcher Bedrängnis nicht auf gleichen Beistand zählen durfte.

Jede Antastung der Mannesehre war demnach nur zu sühnen durch Demütigung oder Vernichtung des Gegners. Und auch unsre ältesten Bufsbestimmungen, welche — parallel mit den mehr auf die Verhinderung von Tätlichkeiten hinzielenden Fehdesatzungen — die Normierung der Ehrverletzungen zum Gegenstande hatten, bezweckten mehr die Demütigung, als die Entschädigung des Gekränkten. Sie waren nach Art und Schwere der Beleidigung, nach dem Ansehen der Person, nach Ort und Zeit der Vergehung abgestuft. Das für den Friedbruch des Frevlers und die schiedsrichterliche Tätigkeit der Stadtgewalt hiezu erhobene Gewedde stand der Bufse entweder an Höhe gleich oder es repräsentierte einen Bruchteil derselben. Nicht lange hierauf wurden sodann, sei es subsidiär oder absolut, öffentliche Leibes- und andere Strafen substituiert. So galt vornehmlich die Verbannung als beliebtes Mittel, unruhige Geister auseinander zu halten. Aber auch Thurm- und Lochgefängnis bargen in der Folgezeit die Täter; Rute, Lasterstein und Geige traten in Aktion. Endlich stand auf schwerer Bezichtigung und Pasquill das Schwert.

Selbstredend bedurfte es als Voraussetzung der Ehrverletzung des animus injuriandi oder wenigstens des Bewustseins der Möglichkeit des ehrenkränkenden Charakters einer Äufserung, wobei freilich als der Zeit gemäfs manch derber Kernfluch, manch nach unsrer Anschauung nicht mehr als harmlos geltender Kosename zollfrei passierte. Immerhin kam es freilich bei einem in Trunkenheit ausgestofsenen Schimpf auf die Laune des hiemit Bedachten an; gar oft ressultierte Totschlag aus fröhlichen Gelagen. Der Rat beurteilte solche in Ungeschick „ungeidlich und in Weinigkeit“ gefallne Reden stets mild, bildete auch er selbst oder des Kaisers Majestät des Spottes Ziel.

Schelte, Schmähungen (Schmachworte) und Verleumdungen (falsche Anschuldigungen) sind nach unsern Quellen als Gattungen der Ehrverletzungen zu scheiden.

Beleidigungen ersterer Art blieben als landläufig meist aufser Ansatz, wie auch ihre sofortige Erwiederung, selbst durch nachdrücklichen Schlag, keinerlei Ahndung nach sich zog. Die wirklichen Beschuldigungen hiegegen — das mit Worten, wörtlicher Tat Mifshandeln — waren in ihrer Vergeltung je nach ihrer Schwere genau normiert. Eine Spezialisierung indefs in Verbal-, symbolische und Real-Injurien ist von lediglich theoretischer Bedeutung. Denn der strafrechtlichen Würdigung nach stehen die Beschimpfungen durch Worte, durch verächtliche Geberden oder sonst Geringschätzung bekundende Handlungen (Häckerlingstreuen), wie durch widerrechtliche Berührung der Person selbst so ziemlich auf gleicher Stufe. Die Realinjurien scheiden sich auch nur insofern von den Leibesverletzungen i. e. S., als sie weniger die Verletzung der Integrität, als eine deutlich in die Erscheinungswelt tretende Antastung der Ehre bezwecken.

Rückgreifend auf die Schmähungen (schmehe) sind hier vor allem die Bufstaxen der Egydier Ordnung von Interesse. Meineidiger, Fälscher, Bösewicht, Ketzer, Dargeber, Mörder, Dieb bereichern den Kläger, wie den Richter um je fünfzehn, Schalk, Lecker, Täuscher, Narrenesel, Huren-, Mönchs-, Pfaffen-Kind um je 10 Pfund Pfennige. Bei Frauen treten Hure, Bubin, Schalkin in die zweite, Heerhure, Sack und Ehebrecherin in die erste Kategorie.[1])

In den spätern Haderbüchern sehen wir für die einzelnen Beschimpfungen nur Haftstrafen ausgesprochen und zwar, je nach dem persönlichen Charakter des Täters, Lochgefängnis oder Thurm (versperrtes Kämmerlein). Der Dauer nach liest man bei Dieb, Betrüger, Hurensohn, Mörder, Verräter je zwei, bei Hure, Blutverkäufer je vier, bei „Dieb und Bösewicht“, Ehebrecherin mit dem Knecht je acht Tage vermerkt. Ein „Landräuber“ kommt mit einem Tag davon; einer der eine Maid mit Worten „verlufft“, sowie ein Geselle, welcher einen Patrizier Schalk hiefs und meinte, er wäre so gut und so fromm, als er, ziehen sich doppelte Ahndung zu. Als grobe Beschimpfung charakterisiert sich auch „unendlich“. Ein „nicht endlich“ Weib steht der gemeinen Dirne gleich; dem Manne gegenüber dürfte diese Bezeichnung einen Inbegriff von mehreren Lastern repräsentieren. 1503 hatte der Nachrichter fünf Köpfe an einem Tag in den Sand rollen lassen und nun lagen zwanzig Gulden hiefür vor ihm auf dem Wirtstische, als der Lebe

---

1) mit Worten mifshandelt, Haderb. II, 42; Waldau, Hist. dipl. Mag. II.

zu ihm trat und seinen Lohn forderte. Jener rief: Was geht mich dein Lohn an! Da sprach der Leb: Du bist ein unendlich Mann! „Und das fuhr ihm in die Nasen“ und als der Leb noch mit seinem Häcklein drohte, schlug der Nachrichter ihm mit dem Richtschwert durch Arm und Kopf, dafs er „von stund an starb on alle gotzreht“.[2])

Schwer beleidigend war es auch, sofern jemand hinsichtlich der Ehrlichkeit seines Gewerbes oder seiner Geburt in Zweifel gezogen wurde. So droht der Rat einmal den Huterermeistern: „Welcher Grimm für redlich halten nit woll, dem soll die Statt verpotten sein“. Ebenso darf man einen, der im Auftrag des Rates als Kundschafter tätig war, deshalb nicht als minderwertig behandeln. 1528 bestraft man einen, der auf einen Bader geflucht, mit einjähriger Verbannung.[3])

Der symbolischen Injurien ist selten gedacht; der Raub eines Brautkranzes während des Zugs zur Kirche zieht eine Bufse von 100 fl. nach sich. Wie vorher erwähnt, mufs sich bei der Realinjurie die Tätlichkeit als lediglich ehrverletzend dokumentieren, greift sie über dieses Ziel hinaus, erscheint sie als wirkliche Körperverletzung.

Unter jener Voraussetzung besitzt auch Schlagen, Kratzen, Raufen, Steinwerfen nur injuriöse Natur. Die ungehörige Anmafsung eines Züchtigungsrechtes reiht sich hier an. Zu Scheltworten, wie zu Schlägen waren Bürger und Bauer in ihrer Eigenschaft als Gatte, Vater und Lehrherr ausgiebig autorisiert. Was die Familie damals von ihrem ungestümen Patriarchen zu erdulden hatte, illustriert uns manch überliefertes erbauliches Kulturbild. Fremde Kinder zu schlagen, — es sei denn zur unmittelbaren Abwehr — charakterisiert sich als Eingriff in das Recht des Vaters. 1495 lockt eine Frau ein Kind in das Haus, führt es morgens in den Keller und züchtigt es: Sie wird vier Wochen an die Bank geschlossen und mufs dem „Meydlein für Schmehe und Schmerzen“ 5 Pfd. hlr. erlegen.[4]) Während der

---

[2]) Haderb. II, 41, 49, 57, 58, 62, 64, 66, 86, 146, 190, Rtb. VI, 157 StA; Hegel 5, 665; Barbara neun tag pannk von vnnützer wort wegen die sie von den parfüssern geredt, Rp. 1449, III, 8; „unendlich“ b. H. Sachs, Keller, XIV, 55, 268, 270, XVII, 76, „diebeissen“, XVII, 109.

[3]) Rp. 1532, 6, 21; Haderb. I, 256.

[4]) Rtb. VI, 232 StA; Haderb. II, 56.

Hausvater selbst noch gegen grofsjährige Kinder einschreiten darf, so scheint er hiezu gegen das freie Gesinde im 14. Jahrhundert nicht mehr befugt zu sein. Das Schlagen des Knechts oder der Magd wird mit Haft gesühnt, woneben ev. noch Schadensersatz tritt. Freilich wird es sich hier meist um Schläge handeln, welche nicht mit „Bescheidenheit" ausgeführt sind. Weiber, welche raufen und kratzen, schliefst man an die Bank. Als besonders beschimpfend gilt es, sofern man einem in Gegenwart seines Knechtes einen Maulstreich appliziert.[5])

Bei manchen schweren Körperverletzungen ferner konkurriert eine tiefgreifende Ehrenschädigung. So beifst man (1407) einem Beckenknecht ein Ohr ab; die hierauf gesetzte zehnjährige Verbannung nebst Bufse und Schmerzensgeld ist keineswegs zu hoch gegriffen. Gerät doch der des Ohres Beraubte leicht in den schwerwiegenden Verdacht, er habe dasselbe in Folge einer Bestrafung wegen Diebstahls eingebüfst.[6])

Das Abschneiden der Nase gilt als die übliche Rache der beleidigten Ehefrau der Buhlin des Mannes gegenüber; sie kommt als solche auch bei Hans Sachs vor. Mitunter fungiert sogar der Mann selbst als Helfer. So „teidigt" ein solcher (1506) mit der Dirne wegen des Kindes und rät seiner Gattin, bei der Bezahlung der bedungenen Summe anwesend zu sein und jener — die Nase abzuschneiden: „da schneid ir sein weib in die nasen, dann das sie ir ein tail zuket." Zum Lohn hiefür mufs sie den Stein tragen. — Noch furchtbarer rächt sich (1505) eine Behaimin, indem sie die Schuldige hiezu durch Stiche in die Brust, den Hals und in die Seite bis auf den Tod verletzt. Sie bleibt völlig straflos. Wenig energisch geht der Rat auch in der skandalösen Nasenabschneidaffaire der Münzmeistersgattin Rosenberger ins Gericht. 1513 schneidet einer seiner Magd die Nase ab, weshalb er Rutenstrafe zu erdulden und hohe Entschädigung zu leisten hat.[7])

Eine wahrhaft teuflische Beschimpfung verübt 1562 ein Aussätziger, indem er eine schöne Frau umhalst und küfst, wohl auch in der Absicht, sie dem Verderben zu weihen. Die nur vor

---

[5]) Haderb. II, 52, 119; AB. 317, 69; zwein Mayden 5 jar d. d. sie dez A. knecht gar vnbescheidenlichen geslagen, AB. 317, 6, 1404.

[6]) Gewgel 10 jar d. d. er Gotzen ein ore abgepifsen, AB. 317, 36.

[7]) Hegel 5, 705, 687, Anz. f. Kunde d. Vorz. 1862, Sp. 364, 1864, 442; s. H. Sachs, XVII, 78, 1553.

Schrecken Erkrankte gesundet wieder, aber auch der Täter wird rasch — durch den Scharfrichter von seinem Leiden erlöst.[8])

In das Haar oder den Bart zu greifen, gilt von jeher als gröbliche Verletzung; die PO. warnen vornehmlich den Gast, dies dem Bürger gegenüber zu betätigen. Das Entführen einer Tochter, wie der unbefugte Umgang mit dieser fällt unter den Gesichtspunkt eines frevelhaften Eingriffes in das Recht des Vaters, den Gatten seines Kindes zu wählen und zu bestätigen. Das Entkleiden eines Klerikers veranlafst zehnjährige Verbannung und Ohrenverlust, das Ölen bezw. Prügeln von Juden fünf Jahre.[9])

Der Tatbestand der Verleumdung ist erst erfüllt, sofern die inkriminierende Äufserung dem Bezichtigten durch eine dritte Person zur Kenntnis kommt. Der älteste Fall ist 1310 im Achtbuch verzeichnet; eine Hedewigis wird lebenslänglich beim Hängen verbannt, da sie einer andern deduxit res et honores.[10])

Sehr beliebt ist die Beschuldigung wegen Meineids; da ein Nachweis desselben indefs nur sehr schwer zu erbringen, so wandert der Unbedachte meist in das Gefängnis oder Exil. Höher normiert ist noch die Bezichtigung des Diebstahls. Ein junger Bursche, welcher die Unwahrheit seiner Behauptung freiwillig bekannte, sühnt mit Rutenstrafe und ewiger Verweisung, erleidet also gleichsam Talion. 1478 verbannt man Vater und Sohn auf fünf bezw. drei Jahre: „vmb das Sie vber gelobten und gesworen friden N. W. seiner eren und Lewmunds fräuelich und gröblich entsetzt und in ein Diebe und meyneidig gescholten.“[11])

Anläfslich der Beschuldigung eines Ratsdieners, dafs er während des Bayrischen Krieges seinen Vater erwürgt habe, werden vier Wochen Kämmerlein zuerkannt. Der Aufruhrrat wünscht mit den Juden auf freundlichem Fufse zu stehen; er verbannt daher solche, welche übel von jenen reden.[12]) Als mit Recht sehr ahndungswürdig erscheint das Verleumden von Bürgersfrauen, wie u. a. die

---

[8]) Mfb. 1562. [9]) PO. 35; s. Verführung; AB. 316, 5, 1381.

[10]) Hedewigis sententiavit se a civitate sub pena suspendii, quod deduxit wolveline res et honores, AB. I, 11, 1310.

[11]) Haderb. II, 74, 111, 229; AB. 1448, 4; Rtb. II, 285 StA; Hansen d. d. er redt er wolt nach der frawen Engel volvarn mit dem rehten, die im verstolen hat und daz er niht tun wolt, AB. 317, 20, 1406; 57, 1409.

[12]) Rtb. X, 183 StA.; AB. Lochner, 123.

Behauptung, dafs sich eine durch die Stürze so verhülle, weil ihr die Ohren abgeschnitten seien.[13])

Gegen Verleumder geht man häufig peinlich, d. h. mit der Folter vor. Hart setzen die Lochschöffen einem ehemaligen Henkersknecht zu, welcher sich vermafs, die Nürnbergerinnen „für unhulden und drutten felschlich zu beschreien".[14])

Bei Ehrverletzungen wirken noch verschiedne Voraussetzungen als erschwerend. So wird vor allem bei Ansatz des Strafmafses die Person des Gekränkten in Berücksichtigung gezogen; ist dieser ein Patrizier, so erhöht sich jener. 1489 verurteilt der Rat einen Bürger zu zwei Monat Gefängnis und ewiger Verweisung „das er Martin Tuchers Haufsfraw Irer eren und guten gerüchts und lewmunds fräuelich entsezt und beraubt".[15])

Von Interesse ist ferner der Fall des Albrecht Dürer. 1515 hatte den in hohem Ansehn stehenden Meister ein gew. Jorg Vierlein von Kleinreuth (b. N.) sich zu „hohmuten und zu schlahen" vermessen, nach andrer Lesart hiemit bedroht und „unbilliger dinge beschuldigt". Der Rat steckte auf Klage des Künstlers den Frevler in das Lochgefängnis, konfrontierte ihn mit „Thürer" und unterwarf ihn, da er kein Bekenntnis ablegte, der Tortur. Dürer selbst, wie mehrere einflufsreiche Leute verwendeten sich für ihn, worauf der Rat seiner Freundschaft sagen liefs „er hab vnpillichs und sträfflichs souil gehandelt, das er ein offen straff verdient hett der vorschutzten Thürers fürpitt und Ires ansuchen (wegen) — wo sy noch mit leib und gut für Iren freund wollen purgen, das Thurer und die so solcher sachen verwandt, versehen weren" — wolle man Gnade für Recht ergehen lassen. Endlich wurde er nach Urfehde und Ersatz der Atzung aus dem Gefängnis entlassen unter der Bedingnis, dafs er von Johannis ab noch vier Wochen „mit dem Leib" vollbringe.[16])

---

13) Hofman 1 jar d. d. er einen und sein weib verlubt und sein wirtin solt der oren niht haben, AB. 317, 55.

14) AB. 1588—1593, 112. 15) Rtb. V, 106, StA.

16) Jorg Vierlein von der kleinreut, d. d. er sich vnterstanden Albrechten Durer zu hohmuten und zu schlahn. Ist er fenngklich angenomen und Ins loch gefürt. Nachuolgend auff furbitte A. D. und nach uermelder personen purgschafft und verpflichten mit leib und gut purg zu sein. das er mit Worten und Werkhen von dysem J. V. vnbelaidigt und sicher bleiben soll. Ist er vff ein vrfehd mit bezalung der Atzung aus fenngknus gelassen, und darzu noch gestrafft vier wochen Ins loch mit dem leib zuuolbringen. Frist

Auch das Verleumden Nahgesippter fordert schärfere Ahndung. 1417 wird ein Kind, das seinen Vater des Inzests beschuldigt, bei den Augen für immer verbannt; 1578 enthauptet man einen, welcher den Vater des Meineids bezichtigte. Link „lügt seine Schwieger an", dafs er sie zweimal schändlich erkannt, in folge dessen die in Umständen befindliche Frau torquiert wird. Die Konsulenten beantragen Talion ev. Ausschlagung aus der Stadt unter Zahlung einer Ergötzlichkeit an die Geschädigte. 1411 mufs ein Geuder wegen Verleumdung seines Bruders für Lebenszeit über den Rhein oder über die Donau wandern.[17])

Als nicht minder gravierend erweist sich die Verdächtigung des Lehr- oder Dienstherrn. 1382 sind zehn Jahre vermerkt, da einer seinen Meister wegen Diebstahls beschuldigt; eine Magd wird (1489) gebrandmarkt. Einen dreimaligen Umgang um den Markt hat eine Bäuerin, die ihre Herrschaft verlästert, zu erdulden. Sehr zu Talion geneigt sind die Konsulenten einem Mefsner gegenüber, welcher seinen Pfarrer als Ehebrecher hinstellte. Mit genauer Not entrinnt er der Tortur, wiewohl bereits durch Zeugen die Unstichhaltigkeit des Vorwurfs hinreichend konstatiert ist.[18])

Ferner ist die Beleidigung einem Amt oder Beamten gegenüber hervorzuheben. Schon in den ä. PO. ist davor gewarnt, die Schöffen „an ihrem Eid zu schimpfen", um ihr Urteil zu „strafen", oder ihnen während des Ganges zum Gericht böse Worte zuzuschleudern. Am thörichtsten verfährt der Kampflustige aber, sofern er die Schöffen „an dem geribte spricht an ir ait"; aufser der Bufse an den Richter, schuldet er jedem derselben zwölf Schillinge.[19]) Von wenig Autorität der Obrigkeit sprechen übrigens die zahllosen Einträge in den Haderbüchern und Ratsprotokollen, welche Verurteilungen wegen Kränkung und Verleumdung der Rats- und Gerichtspersonen, des Waldamtmanns, Bergrichters, der Markgeschwornen und Kornmesser, der Büttel, Schützen und Bettelrichter, der Thurmwächter und des — Stadtkochs verewigen.[20]) Drakonisch

---

auff sandt Johannestag Sunnwenden Anno 1515. Haderb. I, 202; ferner: Rp. 1515, I, 23, 24, 25, II 1 ff.

[17]) Ann. 1417, 1578; Rtschlb. Sim. Clüver, 832, 1829: Ann. 1411.

[18]) AB. 316, 14; Hegel 5, 549, 1489; Mfb. 1690; Rtschlb. XLIX, 96.

[19]) PO. 8; Ann. 1414.

[20]) Haderb. I, 69, 183, 187, 225. Haderb. II, 40, 67, 117, 150, 360; AB. 317, 25.

straft man, wie hervorgehoben, einen Adeligen, welcher dem Nachrichter in Gegenwart von Schöffen eine Maulschelle gab. 1534 zieht sich einer vier Tage Thurm zu, da er der Ansicht „es geen nyemand In die Canzley dann schalck und bofswicht“ Worte verlieh. Auch Pfarrer und Kaplan werden mifshandelt. Anläfslich gröblichen Einredens in die Predigt, wegen dessen übrigens der Rat wiederholt Mandate erläfst, liest man zwölf Tage „und sollen bey Sonnenschein in die straff geen“.[21])

Erschwerend wirkt sodann der Ort der Begehung, so in hervorragender Weise die Muntat. Eine theure Ohrfeige war eine 1468 unter dem Rathause applizierte, sie kostete neben Prangerstellung zehn Jahre Verbannung. Strenge Disziplin waltet während der Raths- und Gerichtssitzung, unbescheidnes Reden, wie freveliches Widerreden gewärtigt hohe Poen. 1449 ist im Protokoll bemerkt: „mit den Hertzogischen und den von Ötingen ein Erbar Rede zu tun von grober wort wegen, die sie in der grofsen Ratstuben gen einander getan hetten“.[22])

Dafs man wider minder ehrbare Personen rücksichtsloser vorgehen darf, ist in Nürnberg nicht anerkannt; die Mifshandlung der Töchter des Frauenhauses gilt als besonders strafwürdig.[23]) In der Landschaft freilich dominiert ein andrer Brauch, der adelige Gutsherrr nützt den abhängigen Bauern häufig als Spielball seiner Willkür und Launen.

Wegen Schmähens der Leute auf der Gasse bei Nacht und Umwerfens der für das Spital bestimmten Steine spricht man 1499 zehn Jahre aus.[24])

Mild verfährt man bei Gegenseitigkeit, Trunk und Ungeschick. Ehegatten oder Geschwister, welche sich gegenseitig verklagen, schliefst man in das Loch und an die Bank. 1521 beklagt sich einer wegen empfangener Schläge, wird jedoch abgewiesen „d. d. Sye bede aneinander geschmeht haben.[25])

---

[21]) Rp. 1534, 3, 7; Haderb. II, 117, 316.

[22]) s. Muntat; bei dem gericht freissame wort, Haderb. II, 33; vor Gericht Bösewicht, AB. 317, 33; A. C. 2 jar den Schultheis hochlichen widerredt, st. 1 jar vnbescheiden an dem geriht, AB. 316, 10, 11, 1382; übelhandeln auf Kirchhof AB. 317, 34; Rp. 1449, IV, 5; Stark 1615; PO. 36, 50.

[23]) s. Muntat, Frauenhaus (Unz.).

[24]) ad duos annos pro insolencia nocturna sub pena 30 libr. hlr. vel truncationis manus, AB. I, 11.

[25]) Haderb. II, 28, 32, 278.

Die Tat Pasquinos heischt an sich Todesstrafe, doch wird dieselbe trotz der stattlichen Anzahl Pasquille in Nürnberg nie verhängt. Nach der Reformation soll niemand „vber den andern eynich brief noch schrifft offenlich anschlahen an das Rathaws, die kirchtüren, Stöcke, hawfstüren noch anderswo in eynich weis" bei vier Monat versperrter Kammer.[26]) Der Rat unterschätzte indefs zuweilen — wiewohl er stets hohe Belohnung behufs Fahndung auf den Täter ausschrieb — ihre Bedeutung keineswegs, nämlich, wenn sie den heilsamen Zweck verfolgten, zur Entdeckung und Verfolgung von Verbrechern, zumal solchen, welche wegen ihrer amtlichen Autorität und sicheren Stellung schwer angreifbar waren, beizutragen. Er ignorierte sie dann nur ausnahmsweise; wufste er doch, dafs er diesfalls Unlust und Unrat wider sich selbt heraufbeschwören würde. 1609 erwies sich z. B. ein Pasquill, auf die Bierkieser gemünzt, als sehr dankenswert; viele dieser Bestechlichen wurden abgesetzt. Sehr oft schonte man allerdings auch des Rates nicht und zweifelte ihn an in seiner Unfehlbarkeit. Einmal gebot er anläfslich einer Kreideinschrift auf einem Laden — auch die Kanzel diente als beliebte Anschlagsäule — den Kriegsherrn, nachts auf den Täter zu streifen. 1552 versprach er „welcher ainen rechten tichter derselben schmehschrifften anzaigen, der darin prüchig erfunden würde, demselben 100 fl. zu geben und dazu, wenn er dem handel verwandt aufs sorgen zu lassen." 1610 setzte man sogar 1000 fl. Belohnung aus. Pasquino war hier so keck, bald darauf ein neues anzuheften, worin er dem Rat „höchlich und mit Schmähworten" verwies, dafs er eine so grofse Summe zum Zweck seiner Entdeckung vergeuden wolle, da seine Behauptung doch nur die lautere Wahrheit sei. 1629 tauchten drei neue Pasquille auf, deren Verfasser ebenfalls nicht eruirbar war.[27])

Als Strafen wendet man Verweisung und Thurm an. 1411 verbannt man Fritz Vischer zehn Jahre „d. d. er ein smehlich lied machte und sang von einem meister hie seiner hausfrawn und ihrer tochter, daz in ir ere antraf". Den zwei Helfern sprach man zwei Jahre zu und sie mufsten alle drei schwören „dez liedes

[26]) Ref. 1484, T. 3, G. 6.

[27]) Coll. 1609 Stbibl.; Rtb. XXVI, 166; Rtb. LIII, 322; 3 jar d. d. er scheltbrief offenlichen an die kirchen slug, AB. 317, 18, 1405; Soden 1, 148.

nymer zesingen noch daz nyemant ze leren noch anzuweisen und auch dheins von newen niht mer zemachen von in".[28]) Ähnlich erging es einem Bildschnitzer „d. d. er einen brief an sein hawstur slug, daran bose schemliche wort stunden". 1593 bestrafte man den Autor einer Schmähschrift wider die Calvinisten. 1612 werden zwei Pasquillantinnen „des schmidt mägdlein" auf ihres Vaters Kosten für unbestimmte Zeit in den Fröschthurm geschafft. In ihm safs fast gleichzeitig einer vierzehn Jahre lang; er wurde endlich in seines Vaters Haus konfiniert unter der Erlaubnis, den Gottesdienst besuchen zu dürfen.[29])

Im Falle der Nichteruirung des Frevlers liefs man das Corpus delicti meist durch den Henker öffentlich verbrennen. Dies widerfuhr 1689 einigen französischen Machwerken; ebenso zwei Jahre später zu Altdorf einer Hohnschrift gegen die Superiores anläfslich der Publizierung eines Edictum contra Duella. Die Exekution wurde, wenn auch keineswegs zur Abschreckung der Musensöhne, mit gröfster Solennität vorgenommen. Pasquille waren überhaupt in Altdorf ein sehr beliebtes Mittel, gegen Rat und Senat zu remonstrieren, namentlich zu der Zeit, wo sich noch nicht alle zur neuen Lehre bekannten.[30])

Bezüglich des bei Ehrverletzungen üblichen Verfahrens ist noch hervorzuheben, dafs Schelt- und Schimpfworte, Verwundungen und sonstige Frevel vor den Fünfherrn Abwandlung erfahren. Bezichtigungen hingegen, welche für den Fall ihrer Bewahrheitung den Angeschuldigten von allen Ehren, ehrlichen Händeln und Handwerken ausschliefsen und peinlicher Strafe überliefern würden, unterstehen dem Forum des Rates. Bei Vorliegen einer offensichtlich falschen Verdächtigung ist es Pflicht der Schöffen, den Verleumdeten sofort in Kenntnis zu setzen und zum gerichtlichen Vorgehen aufzufordern.[31])

---

[28]) AB. 317, 66, 1411. s. a. Mand. 1635, 1701, 1704, 1705, 1718 (pasquill. Anatomie), 1730; s. a. das origin. gesprech bei H. Sachs, K. VII, 252.

[29]) AB. 317, 3, 1403; Stark, 1612; Ann. 1583.

[30]) Mfzb. 1689; interess. Fall, Stark 1610.

[31]) Wölckern, 223; MS. 958; Schadensersatz bei Injurien, Rtschlb. XLIX, 420.

IV. Verbrechen wider die persönliche Freiheit.

1. Menschenverkauf.

Die in ihren Folgen so verhängnisvolle, immer wieder auftauchende Sage des Kaufs und der Tötung von Christenkindern durch Juden hat, wie erwähnt, zu einigen Chronikeinträgen Veranlassung gegeben, wonach Frauen jenen ihre Kinder zum Erwerbe anboten. In einem Falle sollen die Juden selbst die sofortige Anzeige und Bestrafung der Verbrecherin herbeigeführt haben. Auch einige Kindesunterschiebungen wären zu vermelden. Insbesondre Bettler trachten darnach, Kinder als Geschäftsgehilfen zu erringen. Zwei Weiber verbannt man auf drei Jahre „d. d. sie sich mit einander zankten vmb ein kint". Auf ein salomonisches Urteil liefs sich demnach der Rat nicht ein.[1]

2. Widerrechtliche Gefangenhaltung.

Wenn es in den PO. heifst, dafs Richter und Büttel einen Bürger nur dann verhaften sollen, sofern ein Totschlag vorliegt, so ist hiemit lediglich bestimmt, dafs er — im Gegensatz zum Gaste — nicht wegen jeglichen Frevels oder einer auch bedenklichen Verwundung festgenommen werden darf. Bei wirklichen Verbrechen ist nicht nur die Hermandad, sondern zumal der Geschädigte zu seiner Ergreifung und Ablieferung in das Ratsgefängnis berechtigt. Strafbar ist dagegen, ihn im eignen Hause gefangen zu halten, vornehmlich, um Geld zu erpressen. Unter den Begriff der falschen Anschuldigung fällt die Verursachung der Festnahme von Schuldlosen, worauf Talion steht. Hie und da werden auch Beamte, so z. B. die Schöffen von Gostenhof, wegen unbefugter Einsperrung und Befragung zur Rechenschaft gezogen.[2]

---

[1] s. Juden; Hegel 4, 168; Alheyd 3 jar d. d. sie ein Pettelfrau half zu einem kind, daz ir nicht waz, AB. 317, 2: Kind verthan, Haderb. I, 201; AB. 316, 20.

[2] PO. 40; ferner: kain burger dem andern sinen man vahen verlichen sol, er welle denne nach sinem leibe komen nach der stat rhet. Wer daz übervert, an die stat 30 Pfd. und dem, den er gevangen, allen schaden ausrihten, 24: Weib unerlaubt der Oberkheit gefangen in s. haus gefürt. 6 tag

Hinsichtlich privater Forderungen vermag der Gläubiger den zahlungsunfähigen Bürger in Schuldhaft zu bringen, freilich unter der Verpflichtung seinen Unterhalt zu bestreiten. Endlich bildet oft die Pfändung bezw. Aufgreifung von Forst-, Schafknechten und harmlosen Bauern die Introduktion von langwierigen, schwerwiegenden Prozessen über fragliche Wald-, Wasser- und Weide-Rechte. Zu so gewalttätigem Vorgehen sind allerdings nur grofse Herren berechtigt. 1498 wollte ein Nürnberger Förster die Laufer pfänden, wurde jedoch hiebei von diesen festgenommen; der Rat liefs hierauf ohne weiteres drei dortige Hammermeister überfallen und bis zur Beendigung des Streites einthürmen. Sie lebten übrigens, wie der Chronist versichert, herrlich und in Freuden und tranken in den 35 Wochen ihrer Gefangenschaft anderthalb tausend Mafs Weins.[3])

V. Verletzungen der Sittlichkeit.

1. Verbotne Ehe. Verführung. Entführung.

Die solenne Eheschliefsungsform im alten Nürnberg bedurfte folgender Essentialien:

a. Das Verlöbnis: das „handgeben und zusagen“ der beiden Kontrahenten, die Ehe eingehen zu wollen.

b. Den Konsens der Eltern, Vormünder oder nächstgesippten Freunde (und zwar bei Söhnen bis zum 25., bei Töchtern bis zum 20. Lebensjahre). Die alleinige Zustimmung des Vaters bei Lebzeiten der Mutter genügte allem Anschein nach nicht.

c. Die Lautmerung: Die öffentliche Verlautbarung und ev. Festsetzung der Ehepakten. Als besonders feierlich wurde sie auf dem Rathaus vollzogen in Anwesenheit eines Schreibers und mehrerer männlicher Zeugen (bis zu sechzehn). Ihre Vornahme hängt übrigens nach den PO. gänzlich vom Belieben der Brautleute ab.

d. Das Einleiten: das „eelich zu kirchen füren.“

---

loch, Haderb. II, 56; unberecht. Gefangennahme um zu erpressen, 1 Jahr, Haderb. I, 7; schwager als Dieb ins loch füren liefs durch Schützen, 4 t. loch, Haderb. II, 81, 145.

3) Schafsknecht gefangen, Haderb. I, 132; Hegel 5, 601.

e. Das „ainander eelich beschlafen". Dies Beilager erfolgte nach der eigentlichen Hochzeitsfeier in dem Hause, wo diese stattfand.[1])

Mafs man seitens des Rates dem Vorliegen des elterlichen Konsenses, wie der kirchlichen Segnung des Ehebundes das Hauptgewicht bei, so sollte letztere insbesondre bei Patriziern als Vorbedingnis zur legitimen Erbfolge der Nachkommen erforderlich sein. Einem Geschlechtersohn wird z. B. ein an und für sich unerlaubtes Ehebündnis (mit der Tochter seiner Schwägerin) gestattet, indem es einmal mit Erfolg geschlossen und er der letzte seines Stammes sei, jedoch ihm auferlegt, sich an fremdem Ort durch einen fremden Priester einleiten zu lassen, damit „die Kindlein geehlicht würden".[2])

Irrig wäre es indefs, anzunehmen, dafs sich einesteils das Volk an solche Vorschriften band, wie anderenteils der Rat ohne langwierigen, hartnäckigen Kampf die herkömmliche, in seinen Augen mifsbräuchliche Eheschliefsungsweise als unkräftig und ungenügend zu ignorieren und bestrafen vermochte. Aus den Gutachten der Konsulenten erhellt vielmehr mit Evidenz, dafs bis zum 17. Jahrhundert das Eheversprechen und der darauffolgende Vollzug der copula carnalis die allein erforderlichen Voraussetzungen zum matrimonium consummatum gebildet haben. Und dies wurde auch vom Rat respektiert, zumal in krimineller Hinsicht: Wer auf solche Weise die Ehe einging und in Mifsachtung derselben eine zweite schlofs, gewärtigte die Strafe des Bigamus.[3])

Wie gefährdet die Stellung des weiblichen Geschlechtes im 14. und 15. Jahrhundert war, wie leicht, einem Bürger sein unmündiges Kind „abzutäuschen" und als Frau zu beanspruchen, ergibt manch erbaulicher Verführungsfall. Nicht minder wirft der skandalöse Prozefs der Mutter W. Pirkheimer's ein bedenkliches Streiflicht auf die Moral und Bildung der besten Kreise dieser Zeit.[4])

---

[1]) PO. 59 ff., 71 ff.; s. Scheurl, Zeitschr. f. Kirchenr. Bd. XXII, 308; s. a. Nürnb. Haushaltungsbücher in Mitteil. Gesch. Ver. Nürnb. 7, 55.

[2]) Rtschlb. XVI, 331; bei Patriziern folgt sonst die Hochzeit nicht direkt auf das Verlöbnis, z. B. 1434 gab P. T. seine tochter Brigite dem S. Grolant und über zway jar darnach zuzulegen, Hegel a. a. O., 4, 19; Nürnb. Haushaltungsbücher, Mitteil. 7, 60.

[3]) Rtschlb. XLVI, 406.

[4]) Germania, Bd. XXXV, 45 ff. Hier handelt es sich indefs nach den

Von mehr Interesse aber erscheint es, dafs jene formlose Art der Eheschliefsung noch lange nach Einführung der Reformation zu Recht bestand.

Nur einiger Beispiele, den Ratschlägen entnommen, will ich gedenken:

Einer verspricht die Ehe und schläft nicht bei, betätigt jedoch beides bei einer andern: Ersteres, erklären die Konsulenten, sei für keine Ehe anzusehen, sondern allein für verba de praesenti: „dann das hand geben und zusagen macht kein Ehe". Da er aber ohne Wissen der ersten gefreit und sogar auf ihren Namen „ausrufen" liefs, solle man ihn mit Ruten schlagen.[5])

In einer Sache ist es fraglich, ob der weibliche Teil, während des Gelöbnisses des Mannes den Eheschliefsungswillen besessen. Sie sei dennoch perfekt, lautet die Entscheidung, da sich beide nach dem Versprechen vermischt durch copula carnalis.[6]) Bei einem „zwölfjährigen" Mädchen, das sich ohne elterliche Zustimmung ihrem Verführer beigesellte, bezweifelt man die Wahrheit der Aussage des Kindes, dafs es die Ehe zugesagt, indem es dies erst auf der „Folter" bekannt. Ein Hochgelehrter rät daher lakonisch: „man soll sie bede des lands verweisen, got gebe sie nemen darnach einander oder nit!"[7])

Einer sagt seiner Magd, welche er schon zu Lebzeiten seiner Frau begünstigt, die Ehe zu und wohnt ihr bei, heiratet dann aber eine andere: Die erste Ehe wird für giltig erklärt trotz des zweiten Gelübdes, der Täter „wegen seines Unverstandes" in den Thurm geworfen und zu Entschädigung an die zweite verurteilt.[8])

In heftigem Streit entbrennen die Gelehrten bei einem Fall, wo das Gelübde noch vor dem Tod der ersten Gattin unter copula carnalis abgegeben wurde. Die Geistlichen erklären, es sei keine richtige Ehe, man solle sie jedoch, um Ärgernis zu verhüten, bei-

---

Zusammenkünften mit St. nicht um ein gew. Verlöbnis, sondern ein matrimonium consummatum, wie ja auch St. mit Recht in Gegenwart der Schwägerin äufsert: „Nun sind wir rechte Eheleut!" Dadurch, dafs die H. dies mifsachtend mit Fr. P. eine — vollständig formgerechte — Ehe einging, machte sie sich der Bigamie schuldig. Jedenfalls dürfte die Übersiedlung P. nach Eichstätt durch den hierauf in Bamberg anhängig gemachten Prozefs mehr oder minder veranlafst worden sein.

[5]) Rtschlb. X, 162. [6]) Rtschlb. XLIX, 287. [7]) Rtschlb. VI, 198.
[8]) Rtschlb. VII, 219.

sammen lassen und ihnen die Ehebruchsstrafe auferlegen; die Juristen hingegen negieren die Giltigkeit nur in der Voraussetzung, dafs die beiden die Frau getötet haben.[9])

Nach Erfüllung dieser Vorbedingungen steht bei Weigerung des einen die Klage auf Herstellung der Ehegemeinschaft zu. Originell ist nachstehendes Beispiel: Eine Landsknechtsbraut, welche sich auf die Vorspiegelung hin, dafs ihr Geliebter gefallen sei, mit einem andern vereint — ohne also von ihrem Bräutigam richtig „geschieden" zu sein — kommt nach dessen unvermuteter Rückkehr nur deshalb mit sträflicher Rede davon, weil der zweite unter Zurückerhaltung des Goldstückes, welches er ihr „auf die Ehe" gegeben, klaglos von dannen zieht. Neben dem Handschlag findet sich also noch der alte fränkische Solidus als Ehestifter![10])

Ist eine derart geschlossene Ehe als matrimonium consummatum nicht ohne weiteres zu trennen, so besteht sie doch zum gröfsten Widerwillen der Obrigkeit. Zahllos und sicher gerechtfertigt treten uns die Klagen über diese Winkelehen aus Ratsprotokollen, Mandaten und Ratschlägen entgegen; vergebens ersinnen die Hochgelehrten, um solchem Unwesen zu steuern, die scharfsinnigsten Gutachten. Umsonst drohen sie mit der Strafe des Himmels, weil mit dem Ehestand gleichsam, wie mit der „Docken" gespielt werde: „Wo die personen so gar jung vnuerstendig vnbedachtlich Je hinder dem wein, an ein tantz, je bei nechtlicher weil hinder dem ofen, vff dem poden oder andern winkeln heimlich v. kupplerischer weifs zusammen kommen und kriechen v. die ehe einander verhaissen v. hinach wider zu Ruck lauffen: das sey kein gottliche sonder des teufels zusammenfügung die nach gottlichem und weltlichem Recht pillich zu nicht gesprochen soll werden".[11])

Sehr oft werden Winkeleheleute getrennt und zumeist beide, zuweilen nur der weibliche Teil, für immer oder zeitweise aus der Stadt geschafft. Es handelt sich hier jedoch fast ausnahmslos um gewöhnliche Konkubinatsfälle, wo „sie nur mit ihm umging, vnelich bei ihm safs, v. daz sie niht sein wirtin ist, v. die nahpawn vber sie clagten". 1727 werden wegen wilder Ehe mit einer

---

9) Rtschlb. V, 121.

10) Rtschlb. XLVI, 307.

11) Rtschlb. XIII, 239; s. d. alten Scheurl Vorschläge, Zeitschr. f. KiR., XXII, 318. „Sie spielen nur mit uns der Docken," H. Sachs, Keller, X, 108.

Kebsin acht Tage Loch diktiert, „Ime eingepunden die H. von Ime ze thun“.[12])

Wie in den PO., so wird auch in der Reformation von 1479 (T. XII, G. 2, 3) bestimmt „das dy eltern nit schuldig sein iren Sunen, so sy unter 25 und den töchtern, so sy unter 22 Jarn hinter inen iren anherrn und anfrawn oder irer vormünder in deren pfleg sie stehn heiraten, in irem leben heiratgüter zu geben, und das in versambten heiraten, ain wincklêgenos den andern nit erben sol“. 1570 wird dies wiederholt eingeschärft, nur mangels der Eltern die Beistimmung der Grofseltern und des Vormunds bis zum 18. Jahr gefordert.[13]) Diese Personen sollen ferner als Zeugen bei der Eheschliefsung anwesend oder durch zwei sefshafte Bürger vertreten sein und nachdem „bifsher sich etlich zu Nachts bei Zechen beym tantz In den Rockenstuben, wann sie weinig vnd sonst vngeschickt gewest verheyratt, Daraufs dann vil vnrath erwachsen So sollen hiefüran alle verheyrattung vnd heyratt geding abrede In der stath und vndter eins E. rats verwandten, auff dem lannd vor Mittag geschehen. Welichs personen sich Nun hiefüran anderer gestalt verheyratten dieselben will ein E. R. mit verweisung der stath, gefencknufs vnd In beder weg, an leib vnd gutt herttigklich straffen“.

Nach Mandat v. 1534 will man den Eltern die Möglichkeit erteilen, durch Klage vor dem Stadtgericht, die Trennung der konsenslosen Ehe zu erwirken. Dasselbe soll auch im Fall von „trunkenheit oder unbedachtem gemüt“ der Kontrahenten zulässig sein. Im Übrigen aber heifst es: „wo ayner eine einmal eelich genummen oder sie bede sunst aneinander ainich zusage und gelübd, versprechen oder hanndtstraych, die nach vermög der Recht eyn bestendige Ee machen mögen, gethan hetten, so sollen sie sölich gelübd vnd zusagen so ferrn es mit wissen und bewilligung der Eltern und Vormünder geschehen als bündig und krefftig aneinander zu halten schuldig sein“. Später wird nochmals hervorgehoben, dafs die Eltern bei Nichtanfechtung der konsenslosen Ehe keinesfalls zur Aussteuer verpflichtet seien.[14])

Da aber nach eignem Zugeständnis den gemeinen Rechten gemäfs

---

12) s. n. Kap. 13) Mand. 1570 (Ratsmanuale).

14) Mand. 1571; in Mand. 1537 finden wir auch die Verpflichtung des Pfarrers, die Ehe zehn Tage vor der Einleitung von der Kanzel zu publizieren.

der Ehebund zu seiner Giltigkeit keineswegs der Zustimmung bedurfte, so bezweckte der Rat nichts weiteres, als dafs solche Ehen ebenso unumstöfslich blieben, als vordem. Das Experimentieren mit Trennung und Bestrafung der Ungehorsamen war nutzlos. Ein Vater, der sein Kind, wie ihren Verführer in das Loch werfen heifst, gibt sich die erdenklichste Mühe, den Stadtvätern nachzuweisen, dafs die Ehe nur unheilvoll ausfallen könne, da die jungen Leute nichts besäfsen und nichts verstünden, mufs aber schliefslich doch zustimmen, da die Hochgelehrten ihm ratlos gegenüberstehen.[15])

Ja selbst, als die kirchliche Trauung volle Anerkennung errungen hatte, bildete der Konsens keineswegs ein notwendiges Requisit zur Eheschliefsung. So berichtet Stark 1615 von einem Juwelier, der eine Bürgerstochter entführte und sich mit ihr in Neuhaus kopulieren liefs. Nach ihrer Rückkunft wirft ihn der Rat in das Loch, die junge Frau in den Thurm „vnd als ein Jedes vier wochen gefangen vnd sie von einander nicht lassen wollen, sie auch nicht von einander kundten gescheiden werden“ ledigt man sie nach Bezahlung der Kosten.[16])

Immerhin glaubte man 1691 auch noch darauf hinweisen zu müssen, dafs Winkelehen verboten und kraftlos, die hieraus entstammenden Kinder unehrlich seien.[17])

Streng hielt man auf Einhaltung der Vorschriften hinsichtlich der Ehen zwischen Blutsverwandten. So wird Ende des 16. Jahrhunderts noch die Verbindung mit der Braut des Bruders gelöst, wiewol ein Kind aus ihr hervorgegangen war. Früher war man weniger peinlich. 1528 heifst es bei einem, welcher nach dem Tod der Frau deren Schwester gefreit „es sei dies zwar nach geistlichen und weltlichen Rechten verboten, aber bisher herkommensweise geübt worden, deshalb solle man es, um böses Geschrei und Exempel zu vermeiden, nicht ahnden.[18]) Eine ver-

---

15) Rtschlb. V, 124; eine Hinausschiebung des Ehemündigkeitstermins war ebenfalls illusorisch schon wegen der freien Anschauung des kan. R. s. d. Rtschlb. VI, 198 (1528).

16) Stark, Chron. 1615; 1637 wird bei hoher Strafe verboten, sich auswärts kopulieren zu lassen, Waldau, N. Beitr. 2, 303.

17) Mand. 1691.

18) Rtb. VI, 125; 1558 wird einer u. Hünerkopf verbannt, da er seine Schwägerin geheiratet. Er wendet sich an Markgraf Georg, welcher die

bannt man auf fünf Jahre: „man maynet daz sich dieselb verlubt und irem vordern man seligen anders versprochen het". In einem Fall, wo die Ehe nicht mehr zu trennen war, liest man als Strafe Versagung der ehelichen Zusammenkunft und ehelichen Kleidung auf ein Jahr. Die Witwe darf sich drei Monate nach dem Ableben des Gatten wieder verehelichen. Häufig wartete man nicht einmal auf den Ablauf dieser kurzen Frist, weshalb der Ungehorsamen das Anrecht auf den angefallenen Erbteil abgesprochen wird.[19])

Unheimlich, an die Zeiten der alten Raubehe gemahnt es uns, wenn wir die vielen Einträge, zumal zu Beginn des 15. Jahrhunderts, in den Achtbüchern gewahren, laut denen solche, welche Bürgerstöchtern gefährlich nachstellten, aus Stadt und Gebiet verwiesen werden. In dem schon erwähnten strengen Mandat der PO. ist Gefängnis nebst zehn Jahren Verbannung auf das „gefarlicher weyse abheyraten und zu elichen sachen empfüren" gesetzt. Nach dem ältesten Urteil von 1327 wird „Cunrad der paderein sun" mit zehn Jahren Thurm bestraft „d. d. er hern herman von dem staine sein juncfrawen Claren gelaidigt vnd gevneret hat sein tohter vnd zer e genomen ane ires vaters rat und ane ir muter frvende rat".[20]) 1336 wird „fritzze der vngesaltzen mit des Arnoltes tohter, do si mit vmbgat" für immer verbannt, 1381 ein Famulus auf zehn Jahre, da man ihn verdächtigt, er habe eines andern Kind benötigt, mit ihm nach Böhmen zu ziehen. Ein Pömer erhält ein Monat Thurm, weil er „arglistiglich In verporgen schein E. Reichen tochter nachgestelt vnd abzufreyen vnterstanden". 1448 verurteilt man „Puck das er Lofsel nach seiner tohter gestellt hat geuerlichen vnd wider seinen willen Ime die wolt abgestolen haben durch sein falsche getzeugnus" zum Ertränken. Seine Muhme mufste sich verkleiden und die

---

Bestrafung für einen Unsinn erklärt, worauf jener auf die Intervention Osianders hin wieder zurückkehren darf, Waldau, N. Beitr., 2, 210; 1556 heiratet ein Pfarrerssohn die Braut eines andern; man steckt die Eheleute in das Lochgefängnis, Rp. 1556, II, 38.

[19]) AB. 317, 72, 1411; Rtschlb. XLIX, 287; Die Witwe, welche vor drei Monaten wieder heiratet, verwirkt das aus der ersten Ehe Erworbene zu Gunsten ihrer Kinder oder der nächsten Freunde des verstorbnen Gatten.

[20]) PO. 21, 22.

Rolle der Loſseltochter spielen; anwesende Freunde aber, welche den Betrug nicht ahnten, forderte er auf, das Ehegelübde zu bezeugen. Durch den Nachweis, daſs die Bezichtigte an diesem Morgen das Haus nicht verlassen, wurde der Verführer entlarvt. Einen andern, der eine Patriziertochter gewann dadurch, daſs er sich für des Königs Truchseſs ausgab, enthauptete man.

Gemeinschädliche Burschen, die durch Bethörung angesehner Bürgerstöchter Vermögen oder Bürgerrecht zu erschleichen hoffen, huldigen diesem Sport in Gemeinschaft. So weist man einmal gleichzeitig sieben aus „d. d. sie gestellet haben heimlichen und verlichen nach der Lewt kind". Sie gehen hiebei, um ihren Zweck zu erreichen, in gewalttätigster Weise vor; so mutet einer der „elichen wirtin" eines Meisters zu „sie solt mit im vom lande gen, tet sie dez niht, er wolt ir alle viere abhauen. Andere, welche ohne des Vaters Willen in sein Haus zu der Tochter gingen, verbannt man bis zu fünf Jahren oder — sofern das Verhältnis nicht mehr zu lösen — wenigstens für so lange, bis sie es nach geistlichen Rechten mit jener ausgetragen.[21])

Alle diese vom Rat verhängten Strafen waren, wenn nicht offenbare Täuschung oder Nötigung vorlag, nichts anderes, als Gewaltmaſsregeln gegen das bestehende Recht. Die Ehe war trotzdem unanfechtbar; besaſs der Verbannte beweiskräftige Zeugen, so konnte er immerhin dem die traditio puellae weigernden Vater

---

[21]) AB. I, 23; C. dem Weygel 5 j. d. d. er dez Albertes tohter verlichen nach der E gestellet und gesprochen, AB. 317, 16, 1405; sieben v. d. St. d. d. sie gestellet heimlichen und verlichen nach der Lewt kind, AB. 317, 18; Mertein 3 j. d. d. er dem keylholtz sein tohter verlichen n. d. E. g. hat on sein und seiner frewnd willen und word und die auch ledig von im worden ist, AB. 317, 19; do. 19b; d. d. er vnsers burgers tohter on sein wizzen und wort erworben hat zu der E; in seinem hawse d. P. G. maide nachgangen ist und sie g. hat und sol niht herein komen er hab den die sach von der ee ausgetragen mit gaistlichen rehten, 32b; d. d. er den Sch. genötet sein mume zu der ee zeneme, 32b; sie anmutet sie soll mit im vom lande gen, 34; 5 jar vber Rein, d. d. er herdegen tohter on irer frewnde Rat geuerlich nachgestellet, 55; 1 j. d. d. er dem St. L. on seinen willen In sein hawse zu seiner tohter gegangen, 55; 63b; c. P., das er arglistiglich In verporgen schein E. R. tochter hinder und on wissen desselben R. und andrer fründe nachgestelt und abzufreyen vnderstanden, Rtb. IV, 42, StA.; Puck, Hegel a. a. O., 4, 204; J. 10 j. d. d. er dez M. Tohterlein benötigt wolt haben, daz ez in zu der E. nem und gen Beheim mit im getzogen wer, AB. 316, 8, 1381; etc.

Mifshelligkeiten bereiten. Der Rat suchte sich dadurch zu sichern, dafs er dem Verführer vor Verlassen der Stadt die Urfehde abnahm, nie mehr auf diese Angelegenheit zurückzukommen.

Erfolgte die Verführung nicht zu „elichen dingen", so zwingt man den Frevler mitunter zur Heirat, sofern die Gefallene eines Kindes genesen; ohne dieses aber fordert man Dotierung. Bei einem alten Manne begnügt man sich (da er das elfjährige Mädchen doch nicht heiraten könne) mit letzterer.[22])

Den Beihelfer, bezw. Kuppler trifft dem Mandat entsprechend die Sühne des Verführers. 1406 verbannt man M. auf zwei J., da er eines andern Tochter „in seinem hawse zu hat lazzen ligen, die sie on irs vaters wort vnd wizzen verheyrat hat".[23])

Jedoch auch das schönere Geschlecht spielt in diesen Verführungstragödien keine unbedeutende Rolle und zwar agiert es oft mit Mitteln, welche an Hexenkünste grenzen, nämlich mit Liebestränken. Die in sie hineingebrauten Inzitamente, wodurch man nicht nur zu reizen, sondern insbesondere die Neigung zu der den Trank kredenzenden Hexe zu erwecken gedachte, rühmten sich keineswegs harmlosen Charakters. 1587 starb ein Geselle auf dem Luginsland „war ein schöne Person gewest, welcher Kaiser und König auf Schlitten vorgefahren, aber ein Weibsbild hat ihme Kalbshirn eingetan, dafs er lange Jahre seiner Vernunft beraubt gewest". Die Gerhausentochter verweist man 1406 auf ewig „d. d. sie dem hanse lawhenstein ein pulfer geben het, daz er sie liep solt haben"; die gleiche Strafe trifft die Helferin, die ihr „daz pulfert gelert hat". 1474 wird eine Magd auf zehn Jahre über die Donau verbannt, da sie ihren Herrn von der Frau abtrünnig gemacht und „Ime getan, dafs er nit von Ir gelassen mög". Auch in den Aussagen des Gefangenen taucht dies Pulver bisweilen auf. So erzählt einer, er habe sein Weib böslich verlassen und sei mit einer Dirne herumgezogen: Sie habe es ihm, wie er glaube, zu fressen geben, er habe ohne sie nicht sein können.[24])

---

[22]) Rtschlb. VI, 167; Scheurl verlangt hier mit Recht auch „aushauen."

[23]) V. M. und N. f. yedem 3 j. d. d. sie dem N. geholffen, P. G. 1 j. d. d. obgest. benötigung geschehen ist in seinem hawse und auch dazu geh. und geraten hat, AB. 317, 33.

[24]) AB. 317, 26 u. 25; 2 j. im sein eeweib entspene wolt, man auch mainet Sie het ihn bezaubert, AB. 317, 58; 2 j. daz sie sich an zwen eeman gehenckt, die mit einander von iren wegen zu krieg komen, AB. 317, 60;

Selbstverständlich ist auch an Entführungen von Ehefrauen keinerlei Mangel. Einer wird 1519, nachdem der Verleiter geblendet, auf „vleissig pit und erpieten“ ihres Mannes vom Rate Sicherung zugesagt „doch souerr das Sy sich hinfüro bey Ime halt“. Ein Büttner, der mit seiner Meisterin durchging, kam mit Rutenstrafe davon.[25])

1419 verweist man einen Kaufmann vier Jahre, da er bei einem Handel dem Käufer die Tochter aufhalsen wollte. 1601 zwingt ein Vater seine Tochter von ihrem Verführer, den er mit Erstechen bedroht, zu lassen und verheiratet sie dann ohne weiteres mit einem andern.[26])

1653 liefs sich ein Bürger von einer des Landes verwiesnen Dirne scheiden: er wird hierauf in der Kirche vor den kleinen Altar gestellt und ihm hiedurch seitens der Gemeinde die feierliche Wiederaufnahme erteilt.

2. Unzucht und Kuppelei.

Ein Hauptkontingent der in Straf- und Verbannungslisten Verewigten stellt das fahrende Volk, die fahrenden Dirnen. Als Sisyphusarbeit erscheint es fürwahr für den Rat — angesichts der unzureichenden Sicherheitsorgane und der Zuchtlosigkeit der Bürger selbst — jene gemeinschädliche Rotte fernzuhalten oder ihr wüstes Treiben wenigstens in erträgliche Grenzen einzudämmen. Denn ist es vornehmlich zu festlicher Zeit ein vermessenes Unternehmen, den wildwogenden Verkehr auf Plätzen und Strafsen zu überwachen, und die in bunter Mannigfaltigkeit die Thorschwelle überströmende Menge zu mustern und zu sichten, sowie nach Reichs- und Städtetagen, Märkten und Messen die zurückbleibende Hefe subsistenzlosen Gelichters, das mit den Fremden kam und sich noch lange in Gassen und Kneipen umhertreibt, in Schlupfwinkeln

AB. 316, 14; AB. 1588—1593, 162; dafs sie einem die Lieb zu essen geben wöllen, dessen er schier gestorben, M. Franz. Tageb., 1579; Ich glaub, dafs er mich zaubert hab — Ich kan von ihm nicht lassen ab, H. Sachs, K. XVII, 34.

[25]) PO. 21, 27; E. ertränkt, Hegel a. a. O., 4, 204; Rtb. XI, 376, StA.; Mfzb. 1566; strauzz ein Plynter von hinnen 10 Jar, d. d. er andern Lewten ire kint enpfürt hat, AB. 317, 28.

[26]) Ann. 1419; Coll. Stadtbibl. 1653.

und Diebshöhlen kampiert, mit dem Staupbesen aus der Stadt zu fegen, so ist es noch schwieriger, zu verhüten, daſs dies hinausgewiesne Volk bald darauf wieder innerhalb der Mauern auftaucht und unbehindert von neuem sein Wesen treibt. Freilich behandelt man solch rückfällig Erkannte mit gebührender Auszeichnung, indem man sie durch Brandmarkung auch den Nachbarstädten empfiehlt; aber dies ist nur von ephemerer Wirkung, ebenso wie die drakonischen Drohungen, welche die Obrigkeit bei Gelegenheit von groſsem Fremdenzufluſs auszupaucken für ersprieſslich hält.

Als nicht weniger undankbar erscheint es, im städtischen Bannkreis selbst die Sittenzensur zu üben. Welch gewichtige Rolle den „schönen Frauen“, vornehmlich im Jahrhundert vor der Reformation, zukommt, ist zur Genüge bekannt. Und wie sich das Volk, unbekümmert um geistlichen Fluch und weltlichen Zorn, das ziemlich materiell aufgefaſste Institut der Ehe bezüglich der Eingehung so bequem als möglich gestaltet, und Rat, wie Konsulenten, statt ihren Berserkerworten Taten zu verleihen, zumeist das Unwesen, da man es „herkommensweise so geübt“ und „um böses Geschrei und Exempel zu vermeiden“ fatalistisch weiter wuchern lassen, so geschieht auch keine tiefeinschneidende Korrektion in „uneelichen dingen“. Sind doch die vornehmsten der Bürger, der Adel der Landschaft als nicht minder ohne Fehl und Tadel, der Klerus dieser Epoche keineswegs als moralisches Vorbild zu erachten. Die Verordnungen, welche zumeist für Hochzeiten, Kirchweihen, Mummereien erlassen werden, die schändliche Tänze und Lieder, ungeziemende Tracht, Unfug auf Kirchhöfen und dgl. untersagen und die für den geschlechtlichen Verkehr besonders geeigneten Rockenstuben schlieſsen, sind freilich unzählbar.[1]) Ebenso ergehen hinsichtlich der Kopulation von Gefallnen, welche oft im Lochgefängnis oder Spinnhaus unter sehr

[1]) s. Mand. 1526, 1537, 1549, 1553, 1571, 1572, 1619, 1648, 1681, 1691, 1712, 1715, 1717, 1721, 1723. Verbot der Rockenstuben: „das mer malen in solchem zusammengehen ihre Töchter verführet, hindter den Vätern zu vnzimlichen Ehen überredt und gar zu schanden bracht worden. Das auch die gesellen an einander darob verwartten, verwunden und todtschlagen, zudem das vil rede und handlung geschehe, die zu allerley vnrathe und vnchristl. sachen dienen“. Für jeden jungen Gesellen oder j. fremde Dirne, welche der Wirt einläſst, büſst er mit 20 Pfd., jene mit je 10 Pfd., Vern. PO., 1548, S. 1, L. 212, N. 24ad; die geschwetzig rockenstuben, H. Sachs, Keller IV, 386, s. a. I, 197, 358, V, 219.

wenig ehrenvoller Solennität stattfindet, ausführliche Vorschriften. So bestimmt man 1582, dafs der Bräutigam ohne Kranz, die Braut im schmucklosen Schleier fast ohne Gefolge zur Kirche wandern und das Mahl ohne Spiel und Fröhlichkeit abhalten sollen; auf dem Lande dienen Strohkränze zur Zierde, Gerichtsbüttel als Geleite.[2]) Mit ernstlicher Ahndung schreitet man indefs nur gegen Unverbesserliche ein, sofern ein öffentliches Ärgernis oder andre bedenkliche Folgen zu gewärtigen sind. Notorisch unheilbare Bürgerskinder sind es auch, welche, wie die Tugendelse, die Markgräfin und andere Koryphäen, von Jahr zu Jahr wieder in den Straflisten auftauchen, um endlich — von ehrlichem Gewerbe für immer ausgeschlossen — nach empfindlichen Strafen dem Elend oder dem Schaffot zu verfallen.

Aufser der Verweisung fungieren in Verbindung mit dieser Pranger und Rute, welch' letztere später in entwürdigendster Weise zur Anwendung kommt, als gewöhnliche Sühne. Jugendliche schliefst man ev. beim Stadtknecht „an ein panck“ oder überliefert sie der Freundschaft zur Korrektion. Ebenso häufig ist die Kirchenbufse. Brandmarkung tritt nur bei Rückfall und Gewerbsmäfsigkeit ein, wenn die Beschuldigte sich als „unendlich“ oder „Aufmacherin“ erweist und solchen Leuten Unterschlupf gewährt.

1508 liest man Lebendigbegraben, 1582 das Hängen von zwei Dirnen, dazu auch Richtungen mit dem Schwert. Bei Verbannung droht man mitunter für den Fall der Rückkehr Grab oder Sack an.

Die Markgräfin wird vorher in das Halseisen auf den Pranger gestellt, ihre Taten werden feierlich vom Rathaussöller aus dem Pöbel verkündet(!). Eine andre wird, wie erwähnt, fast gelyncht und durch Steinwürfe in den Wald gejagt. Einen Bader beraubt man, da er rückfällig, der Augen; seine Dirne wird gebrandmarkt. Vermutlich liegt Ehebruch vor. Als besonders gravierend gilt die Begehung des Delikts an Klosterfrauen oder mit Geistlichen, zwischen Christen und Juden, im Rathaus oder in der Kirche. 1522 wird ein verheirateter Mönch ausgewiesen. Bettelrichter und Stadtknechte, welche ihre Gewalt mifsbrauchen, riskieren schwere Ahndung; des Lochhüters Magd verbannt man auf drei

---

2) Mand. 1582.

Jahre, da sie einem Schlossergesellen Zutritt in das Lochgefängnis verschaffte. Verführung von Unvernünftigen gewärtigt Enthauptung.[3])

Derartiger Umgang mit der Braut ist ebenso sträflich. 1619 wird bei Unzucht und Ehebruch Gefängnis und Entsetzung vom Amt, bei Rückfall Verweisung mit ev. Schärfung angedroht; sollte jene erst nach der Hochzeit bekannt werden, so beträgt die Bufse 25 fl., im Unvermögensfall Verweisung. 1404 verbannt man Eheleute „d. d. er mit andern Weibern ist vmbgangen vnd sie mit andern mannen“. Ähnliches ist öfters vermerkt; 1533 erliefs man daher die Verordnung „wo sich fürderhin verträg vmb h. in der ehe an das gericht begeben, eim Rate anzeigen“. In der letzten Zeit der Reichsstadt endlich müssen unehelich Niederkommende Zuchthausstrafe erdulden.[4])

Sonstiger Unfug kommt — Ausnahmen abgerechnet — nicht sehr hoch in Anrechnung. Unzucht ist übrigens sehr oft als identisch mit Ungezogenheit, Ungebühr gebraucht, wie z. B. in „vnzuht an dem geriht“.

Nicht mit jenen fahrenden Dirnen auf gleiche Stufe zu stellen sind die gemeinen Töchter des Frauenhauses. Findet sich in Strafbüchern benachbarter Städte, wie z. B. Regensburg, häufig der Eintrag, dafs eine Dirne ausgewiesen oder in das Frauenhaus geschafft werden solle, so trifft dies für Nürnberg nicht zu. Hier hätten es sich die allein Privilegirten feierlich verbeten, aufgelesnes Strafsengesindel bei sich aufnehmen zu müssen. Der Rat, welcher Freudentöchter als notwendiges Übel in der Stadt dulden zu müssen glaubte, schuf im Frauenhaus ein geordnetes, unter strenger Aufsicht der Sicherheitsorgane stehendes Institut, in dem die „schönen“ Frauen vor Unbill und Ausbeutung geschirmt waren, hiegegen keinem Besucher den Dienst verweigern durften. Welcher von diesen sich jedoch Frevel zu Schulden kommen liefs, hatte hohe Strafe zu erwarten.[5]) Tätlichkeiten fielen unter den Gesichtspunkt eines Friedbruchs in der Muntat. Vornehmlich war auch Fluchen und Schwören verboten und den Stadtknechten befohlen,

---

3) AB. 317, 10, 1404; Haderb. I, 1503—1516, 200; Haderb. I, 1516 bis 1527, 222; Rtschlb. XLVII, 150.

4) Mand. 1619; Da sich im Lochgef. viele kopulieren liessen, um der Kirchenbufse zu entgehen, so wurde jenes durch RV. v. 1709 verboten; AB. 317, 8, 1404; Mand. 1753.

5) PO. 117 ff.

Gotteslästerer sofort zu verhaften. Ein Paternostergeselle wurde ob dieses Reates von den Töchtern zur Wahrung ihrer Hausehre nach altem solennen Brauch: „derselben frawen siben warn auf dem rathaus sagten uber in" — angesprochen und zum warnenden Exempel nach Pranger ewig beim Hals über die Donau verwiesen. Aufserdem trifft man auf analoge Aussprüche: „weil er im Frauenhaus unbescheiden oder mit gewappneter Hand war. weil er die Dirne nicht gelohnt und geschlagen. dafs man ihn Samstag nachts i. Fr. fand u. dgl. mehr. Einen, welcher seine Braut dorthin statt zu sich geführt, jagte man auf zehn Jahre davon.[6]) Übrigens standen die Bewohnerinnen selbst naturgemäfs unter sehr strenger Disziplin.

Rühmten sie sich des Besuches des Kaisers, wie der Fürstlichkeiten, welche ihrerseits wieder. die „schönen Frauen" zu Gaste luden, und erwirkten sie sich das Recht, bei Tänzen und Lustbarkeiten auf dem Rathaus oder in der Herrentrinkstube in Schmuck und Putz zu erscheinen, so verloren sie dies Privileg 1496 und endgiltig 1546 auf Antrieb der „erbaren" Frauen. 1508 stürmten sie in ihrem Übermut mit Genehmigung des Rates ein fremdes Institut, das sich unbefugt zu gleichem Zweck eröffnete, 1568 wurden sie endlich selbst auf Eifern der Geistlichkeit aus Nürnberg verjagt, wiewohl ein grofser Teil des Rates nicht mit Unrecht die Schliefsung des Hauses widerriet.[7])

Die strengen Satzungen gegen die Kuppelei entsprangen namentlich dem Beweggrunde, der Verführung von Unmündigen vorzubeugen; wer die Vermittlung hiezu übernimmt, hat zehn Jahre das Gebiet zu meiden, bei Ergreifung dieselbe Zeit über im Thurme zu schmachten.[8]) Grofs ist die Reihe derer, welche, weil sie „heimlich zugeng, Gäst und unendlich leut gehalten oder unendlich in ihrem Hause leben liefsen" und die „Aufmacherin" spielten, zum Thor hinauswandern. Hiemit ist ev. die Steintragung, welche sich hier ihrer Hauptanwendung erfreut, vereinigt. In schweren Fällen verhängt man Brandmarkung, ebenso die Todesstrafe. 1659

---

6) AB. 317, 17, 1405, 20, 23, 27, 34: 10 jahr führt sein Dirn ins Frauenhaus, Hegel a. a. O., 5, 645, 1501.

7) s. Will, Criminalparallele, Hist. dipl. Mag. f. d. Vaterl. 2, 240 ff.; Siebenkees, Mater. 4, 585; Rtschlb. XXXIV, 138, 147.

8) PO. 28.

richtet man die Mutter, stellt die Tochter auf den Pranger und verweist sie mit ihrem Kind. Dafs sich übrigens auch die „erbern frauen" eifrig diesem Gewerbe hingaben, zeigt ein Erlafs von 1514, der ihnen den Verlust der Stürze androht, andern hiegegen, „so von weibspilden als kuplerin berüchtigt" Einsperrung in das Loch. Nach Einf. der Kar. glaubt man eine mehrfache, d. h. rückfällige Kupplerin nur dann zum Tod verurteilen zu sollen, wenn sie ihre nächsten Blutsverwandten verführt hat; sofern sie gelegentlich der Verleitung Fremder Geld angenommen und auch „mit gegessen", so müsse sie wenigstens mit dem Staupbesen hinausgejagt werden.[9])

Auch das Zuhälterwesen ist althergebracht. So wird 1472 einer auf drei Jahre verwiesen, da er „das mit Sünde verdiente Geld von Dirnen verzehrt". Nicht minder werden die Frauenhaustöchter getadelt, dafs sie, die doch frei und gemein sein sollen, sich unterfingen, „sundere Bulschaft, die sy nennen ir liebe menner, zu haben, deshalb vil gezencks, unwillens, zwietracht und vnnutz entstanden"; sie sollten „solichen vnrat" künftig unterlassen.[10])

3. Ehebruch.

Was erwacht und betätigt sich nach solch leichtfertigem Bündnis — so unbesonnen geschlossen und so schwer dem Bande nach zu trennen — in zahllosen Fällen anderes, als die unbezwingbare Lust, die bald unerträglich werdenden Fesseln in ihrem Drucke zu lindern und zu sprengen. Denn das Eheleben ist — gerade in der kultursatten Glanzepoche der Reichsstadt — häufig ein keineswegs beneidenswertes. Herrscht in allen Ständen der Männerwelt übertriebne Genufssucht nnd Sinnlichkeit, bleibt der Frau nichts als „der Spinnrocken und der blaue Himmel", wenn nicht auch dieser verdüstert und verfinstert wird durch die ungestümen Launen des Eheliebsten. Verfügen sich ja Weiber

[9]) den hernachgeschr. personen hat man die Stat verb. darumb sie gest und vnendlich lewt gehalten und ir etlich selber gest sein und hie gewonet haben, AB. 317, 12, 1405, 13, 58; Rtb. X, 195, StA.; Rtschlb. XLIX, 348; man widerrät jedoch gegen Kupplerinnen mit der Tortur vorzugehen; man solle die Verdächtigte, sofern sie leugnet, sofort des Landes verweisen, Rtschlb. XLVI, 423 ff.; 1347 wird eine Aufmacherin mit armer Leute Frauen beim Grab verwiesen und ihr die Nase abgeschnitten, AB. Lochner, 16.

[10]) Haderb. I, 1469—1488, 16; PO. 121.

freiwillig in das Lochgefängnis, um der Brutalität des Gatten im eignen Heim zu entrinnen, und der Rat zwingt sie zur Rückkehr, da jenes Befugnis zu Mifshandlungen unbestreitbar feststeht. Einmal entschliefsen sich die Stadtväter wenigstens dazu, vorerst vom zärtlichen Eheherrn den Nachweis zu fordern, dafs sie beide wirklich „nach ordnung der Kirchen eelich eingeleitet seyen".[1])

Ich führe nur noch den erwähnten Erwürgungsversuch mit dem Schweinsspiefs an: Die Frau, meinen entrüstet die Konsulenten, „were zu solch mordlicher were nicht geschickt"; wenn sie ihn erzürnt, er sie ja „mit der feusst oder ein prüggel können schlagen".[2])

So mangelt es denn in dieser verführungsreichen Zeit auch nicht an Treubruch, der oft die Veranlassung zu einer noch schlimmeren Tat bildet.

In den ersten Quellen entdeckt man keinerlei Spuren von einer Bestrafung des Ehebruchs. Seine Sühnung mochte gleich der des Totschlags vornehmlich der Familienrache anheimgestellt sein. 1383 sind zehn Jahre vermerkt „d. d. in einer drey stund (mal) bey seinem Weib fand", sowie der „Trunkenelsen" zwei Jahre bei den Ohren zuerkannt, „d. d. sie einer iren Emann nam und von im niht lassen wolt".

Als Gegenstück hiezu dient ein Urteil von 1393, wonach ein Verführer fünf J. erhält „d. d. er einem sein Weib vorhyelt".[3]) Die zuerst genannte Strafe ähnelt der in den PO. für den Fall der Abheiratung von Unmündigen ausgesprochenen Ahndung. Fünf Jahre liest man öfter; so auch 1410 bei einer, die „einem maler sein eeweib entspene wolt und man auch mainet Sie het in bezaubert".

Ein Mal wird die Verführerin höher bestraft, als der treulose Ehemann, da jene eine Fremde ist. Immerhin erscheint in dieser Epoche — liegt doch 1383 zweimalige Wiederholung vor — die Ahndung als eine ziemlich bescheidne.[4])

Springen wir zur zweiten Hälfte des 15. Jahrhunderts über, wo die Gefängnisstrafe die Verweisung zu verdrängen beginnt, so erbietet sich eine Ehebrecherin 1462 zu drei Tage „pank", während

---

1) Rp. 1533, IV, 16; Rp. 1534, II, 208; Haderb. II, 1454—1521, 56.

2) Rtschlb. VII, 34; s. a. H. Sachs, Keller V, 232.

3) AB. 316, 18, 1383; 14, 1382; 47.

4) PO. 27; s. Verführung.

1474 zwei Frevlerinnen, wie eine Magd, „kun, die siben jar gedient und mit dem herrn zugehalten und ihm sein frau uneins gemacht und beschuldigt, Ime gethan, dafs er nit von ihr gelassen mög" je zehn Jahre verwiesen werden. Dem Komplizen von 1462 erteilt man lediglich die Warnung „sich hiefür freundtlich und Erberlich mit seinem weib ze halten oder man will In straffen, das seinem herzen wee thun solt".[5])

1486 tritt uns nun folgender Erlafs entgegen: So hinfüro yemant, Es sey frawn oder man des Eebruchs bekentlich oder des vbersagt oder vberwunden württ So sol der man vier wochen In ein verspert kämerlein und die frawn vier wochen an ein pank und in Zeit solcher straff nihtzit anders dann Wasser zu trinken gestrafft und dem man ein Eyde soliche pufs dermassen zu volbringen vfgelegt werden die frawe aber sol allein gelübdt und kein Eyde defshalb zu thun gepunden werden, dergleichen sol den ledigen gesellen vfgelegt werden, und die Ihenen die zu solichen Sünden des Ehebruchs mit Ihrer Cupplerey helffen, die sollen In das loch gelegt werden . . . .[6])

Diese Norm ist für Männer bereits seit Mitte dieses und in der Folge bis in den Beginn des 17. Jahrhunderts mafsgebend. Bei Rückfall verdoppelt sich die Haft, während Weiber (laut Erlafs von 1485) den Lasterstein tragen sollen.

Nicht Wunder nimmt es, dafs sich die Neigung zur Begehung des Delikts nicht verringert. In besonders gravierenden Fällen freilich ermannt sich der Rat zu einem Verbannungsdekret: so jagt man einen mit dem Anhang für immer davon, einen zweiten für so lange, bis er sich zur Wiederaufnahme seines Weibs erbietet. Daneben operiert man mit Amtsentsetzung und Versagung des Meisterrechts. Endlich droht man den „erbern" Frauen durch Erlafs von 1514 „zu verdruckung des schendtlichen lasters des Eepruchs, daraufs der Zorn Gottes als offenbar verursacht und gemainer Stat nachtail, vnglück und vnhail davon entstet" mit Entziehung des Rechts — die Stürze zu tragen (jedoch nur bei

---

[5]) Haderb. II, 21; W. K. aufs fengknus gelassen mit der Droe, wo er sich nicht bey seiner hawsfrawen ains redl. wesens halten werd w. man In von hynnen weysen, Rtb. XI, 385; Daumer schweren lassen, bey sonnenschein aus der stat und 5 meil hindan wonen so lang bis er sein weib zu im nem. Juravit, Rp. 1532, 6, 13.

[6]) Rtb. IV, 322, StA.

Rückfall nach offizieller Verwarnung!), aufserdem mit Strafen „nach gestalt desselben standts, wesens und verwürckung".[7])

Die Mitglieder des Kollegiums, die bei ihrer sonstigen Strenge hier solch seltsame Duldung zur Schau trugen, waren sich des Balkens im eignen Auge wohl bewufst. Ein Hinweis genügt auf das Vorkommnis von 1531, wo 24 angesehene Bürger die Thürme bevölkern, ihre Buhlin hingegen, die Königin, den Stein trägt, ferner auf die ärgerlichen Auftritte von 1658, wo auf Mahnung eines Pasquills hin der Rat gegen die vornehmsten Patrizier vorzugehen gezwungen wird.[8]) Von juristischem Interesse ist das hiebei angewendete Verfahren.

Die jugendliche Verführerin (die „Herbstin", eine Registratorsfrau), welche die Angabe der Mitschuldigen verweigert, bedroht man, sie am hellen Tage vom Thurm in das Loch führen und durch den Scharfrichter peinlich befragen zu lassen. Mehrere werden sodann mit Gefängnis und Geld bestraft, einer zur Zahlung von 1000 rf. verurteilt. Hinsichtlich des „Hauptsachers", E. G. Bg., erklären seine Kollegen, man wolle „in betracht seiner supplikation, auch bekandten qualiteten und meriten, soviel ratione conscientiae, authoritate magistratus auch vermeidung Scandali und übeln nachredens bei den Geistlichen und gemeinen Mann seiner gern verschonen und ihn selbst fragen, was er, wan ihm dgl. Fall vorgelegt würde, als ein Regent und ratione juramenti sprechen und judiciren wolle".

Seine hierauf abgegebne „Offerte" entrüstet den Rat „da jene ihm keine Poen brächte" höchlichst, er beschliefst Absetzung, wie Ausschlufs vom Wahlgang und kündigt jenem zugleich Thurmverhaft an: Die Tat des Ehebruchs habe ihn an und für sich seiner Ehrenstellen entsetzt, er müsse, da hohe Personen den andern mit gutem Exempel vorzugehen haben, um so schärfer zu strafen sein.

Auf die Fürbitte der Kurfürsten von Pfalz und Mainz, seine eigne Reue hin, wie die Bereitwilligkeit, 1000 fl. Bufse zu erlegen, werden die Kollegen indefs wankelmütig: Er solle, erkennen

[7]) Rtb. X, 195, StA.

[8]) Mfzb. 1531; Verl. d. H. Ältern Nr. 50, 1658; s. den Brief Nützels an Volkamer hierüber (der Huren- und Eheteufel thut allhier mächtig regieren), Waldau, N. Beitr. I, 418.

sie endlich, einige Zeit das Gebiet meiden und sich entweder auf seinen Gütern oder am Sachsenhofe als Privater aufhalten; „nach gestalt seines künftigen bessern Verhaltens wolle man In von allen Ehren und Emptern nit endlich noch gänzlich aufsschliefsen“.

Das Finale der Tragödie ist, dafs die Herbstin in Ansehung ihrer Jugend der öffentlichen Rutenstrafe zwar entgeht, jedoch zu ewigem Gefängnis verurteilt wird mit der Verpflichtung, sich durch eigner Hände Fleifs zu ernähren, ihr Gatte wegen Lenocinium Absetzung, B. hingegen — da er inzwischen auswärts für den Rat sehr tätig war — 1659 mit Verwarnung Wiedereinsetzung in Amt und Würden erfährt.

Strenger handelt man gegen den kalvinistisch angehauchten Spremberger in Altdorf, indem man ihn seines Pfarramtes und seiner Professur (also aller Ehre und Reputation) entkleidet, ihn vier Wochen in den Luginsland sperrt und dann auf zehn Meilen verweist. 1574 soll ein Patrizier sogar für immer im Thurme bleiben, wird aber schon nach zwei Monden wieder frei: Er hatte einen Gevatter im Rat, der das beste dazu gethan haben wird, meint der Chronist Stark spitzig. 1548 enthauptet man eine Ehebrecherin, ebenso 1605 und 1611, wohl wegen Unverbesserlichkeit.[9])

Um diese Zeit ergehen sich die Konsulenten in heftigen Vorwürfen, dafs per convenientiam magistratus der Ehebruch so überhand genommen habe, man solle deshalb auch mit der Strafe steigen und auf Staupbesen, Pranger und ewige Verweisung erkennen. Nach Mandat von 1619 entschliefst man sich auch zu letzterer für den Rückfall. Aufserdem unterscheidet man 1640 sogar verschiedene Klassen hinsichtlich der Delinquenten: Ist einer der Schuldigen ledig, so soll für die erste Begehung Thurm (vier Wochen) und Entsetzung vom Genanntenamt, bei Wiederholung die doppelte Haft, bei der zweiten ernstliche Leibesstrafe platz greifen. Wurde die Tat von Verheirateten verübt, so gelten 1. sechs Wochen Thurm und unwiderrufliche Absetzung, 2. Verdoppelung der Strafe, Ausschlufs von allen Lustbarkeiten und ehrbarer Tracht, 3. Verweisung ohne Ansehen der Person oder andre schwere Sühne als

[9]) Soden 1, 320, 1613; Stark Chron. 1574.

[10]) Rtschlb. XLIX, 317, 348; Wölckern, Comment. succinct. 232; Haderb. II, 133.

Norm. Dasselbe ist der Fall, wenn das Verbrechen im Einverständnis mit dem Ehegatten geschieht. Wo möglich setzt man den Ungehorsamen auch für solange in den Thurm, bis er Vernunft annimmt oder man stellt ihn nach dem Gelöbnis der Besserung unter Kontrole, wie: „die Knechte sollen ein fleifsig Aufsehen darauf haben".[10])

Häufig kommt die Sache vor dem geistlichen Gericht zum Austrag; Scheidung oder Versöhnung nach Abbitte bilden das Nachspiel der Verurteilung. 1580 veranlafst man eine Reuige, vor den drei obersten Theologen feierlich die Absolution zu erflehen. 1609 ist ein Desertionsprozefs gegen eine Flüchtige vermerkt, welche zu mehreren Terminen vorgeladen wird. 1614 führt man einen vom Gefängnis zum Gericht, von da in die Kirche zur Einleitung und endlich wieder in ersteres, damit er die Ehebrecherstrafe erstehe. Der Versuch des Delikts ist früher nie erwähnt, später geniefst er milde Beurteilung.[11])

Lange war es streitig, ob der Ehebruch „Malefiz" sei und demnach zur hohen Obrigkeit gehöre. 1540 entscheidet sich der Rat hiefür, wiewohl jener an vielen Orten nur mit Geld gestraft würde. Er gilt daher auch als Fraifssache.[12])

Bezüglich des Testamentes einer Ehebrecherin erklärt man sich zu Beginn des 17. Jahrhunderts für dessen Giltigkeit, doch solle die dos verfallen sein und dem beleidigten Ehegatten ein Drittel der Paraphernen zustehen, bei Gütergemeinschaft des Nachlasses Hälfte.[13])

---

4. Bigamie.

„Den sol man darumb in einen sack stozzen und ze tode ertrencken", schliefst das alte Statut, analog dem Privileg des Königs Ludwig wider ungeratne Bürger. Es wird dies tatsächlich oft vollstreckt, aus Gnade mitunter durch Verweisung ersetzt. Tetragamisten liest man unter den Gerichteten, was angesichts der damals beliebten formlosen Eheschliefsung, gemäfs der man sich nur allzu leicht den Vorzug eines doppelten Ehemanns erringen

---

[11]) Rtschlb. XXXIII, 6; Stark Chron. 1609 und 1614.

[12]) Rtb. XVIII, 182, 1537, Rtb. XXVI, 174, 1552.

[13]) Rtschlb. XLIX, 116; s. a. H. Sachs, II, 266.

konnte, durchaus nicht unwahrscheinlich klingt. Mit Recht erkannten die Konsulenten, welche Härte in der strikten Durchführung des alten Gesetzes lag, — abgesehen davon, dafs ja der Rat eifrigst, wenn auch vergebens, den wider seine Vorschriften verstofsenden Ehen die Vollgiltigkeit abzusprechen bestrebt war — weshalb sie sich bald nach Einführung der Reformation entschlossen, nur dann für Todesstrafe zu stimmen, wenn der Täter seine zweite Gattin zu Kirche und Strafse als solche geführt oder, wie es später heifst, „die heil. Sakrament so die Ee vff sich trüge in facie ecclesiae geschmecht und gelestert und dadurch nit ein schlechten, sondern ewigen Ehepruch begangen".[1]) In einer Sache, wo sich zwei formlos verbunden, dann aber beide wieder andre geheiratet hatten, begehren die Gelehrten (1527), der Rat solle ein scharfes Edikt erlassen, jedoch nicht unter Bedrohung des Lebens, indefs wohl von „Leib und Leben", da die Fälle verschieden und man sich daher die Hand offen behalten solle. Freilich sei der Tod durch Wasser in den Rechten vorgeschrieben, man habe aber seit einiger Zeit nicht mehr solcher Schärfe gehuldigt, deshalb solle man ihn züchtigen, ihr den Stein tragen lassen und beiden die Stadt verbieten. Ihre (erste) Ehe sei übrigens die allein rechtsbeständige. Der Rat publiziert hierauf das Edikt und verurteilt wenige Jahre darauf einen Bauern zu Pranger, Rute und Verweisung, da er Kenntnis von jenem Erlasse besafs. „Man solle ihn streng bestrafen, heifst es, zu ein scheuch, dieweil sich dgl. strefliche eesachen und hendel teglichs hie und vffm land vil zutragen und auch leichtvertig eid geschworen werden."[2]) 1602 erklären sie einen für todeswürdig, empfehlen indefs, da die poena ordinaria nicht nur in Nürnberg, sondern auch an andern Orten nicht mehr üblich, Gefängnis oder Leibesstrafe; die zweite Geehlichte soll ihren Ersatzanspruch vor dem Stadtgericht verfechten. 1604 verweist man eine Frau, welche, ohne sichere Kunde von ihres Mannes Tod zu besitzen, wieder heiratete; ein Landsknecht zieht, wie erwähnt, ohne Strafe von dannen.[3])

---

[1]) Rtschlb. XVII, 67; Rtschlb. XLIX, 282; PO., 22.

[2]) Rtschlb. V, 207; Rtschlb. VII, 283.

[3]) Rtschlb. XLVI, 406; Rtschlb. XLVI, 524; 307; Einer verläfst seine Frau. Nach zwei Jahren erfährt sie von Soldaten, dafs er tot sei und heiratet einen Schlosser. Nachdem sie eines Kindes genesen, kehrt der Mann zurück und verklagt sie, worauf sie und der zweite Gatte, da sie sich

Für die schwerere Begehungsform der Bigamie. d. h. sofern einer sowohl die erste, als die zweite Frau zur Kirche und Strafse führt, tritt n. E. d. Kar. die Schwertstrafe als Norm ein: nur jene gilt als „Malefizisch und capital“.[4]) Im 17. Jahrhundert finde ich übrigens keinen Fall mehr verzeichnet.

5. Notzucht.

„Wer eine Jungfrau nothzwinget. den soll man lebendig vergraben und einen Pfahl durch seinen Leib schlagen“, lautet die alte Satzung; doch tritt dies in Nürnberg nie in Kraft. Das Schwert ist die reguläre Sühne.

Als Bezeichnungen sind notzogen, notzwingen, notzern und gewaltigen gebräuchlich, nicht indefs Notnunft. Zwischen gewaltigen und notzern unterscheiden die Konsulenten insofern, als sie unter diesem das strafwürdige Benötigen eines Kindes verstehen.[1])

Der Tatbestand gilt auch als erfüllt, wenn die Bedrohte in ein Zimmer gesperrt sich freiwillig ergibt. Ein Patrizier, welcher in ähnlicher Weise das Vertrauen seiner Nichte getäuscht, soll ewiger Thurmstrafe verfallen, wird aber dann, weil kein Kläger gegen ihn auftritt, nach Leistung einer Kaution verwiesen. Nicht als Notzucht stellt es sich dar, wenn die Überfallene nicht geschrieen oder nach dem Mifsbrauch wieder Umgang mit dem Täter pflegt. Ersternfalls rät man: „Er könne keinen bessern Abtrag thun, als dafs er sie zur Ehe begehrt und es sei eine Verblendung und Verstockung, dafs sie lieber Schande und Spott, denn die Ehe haben woll.“[2]) Das gute Gerücht der Gemifsbrauchten wird hie und da als erschwerend hervorgehoben. 1530 enthauptet man einen, welcher eine „unverleumbte eefrawn benottigt“; 1486 erteilt man aus gleichem Anlafs einem Ritter Geleit zur Rechtfertigung.[3])

---

zu wenig vom Tod des ersten überzeugt, die Ehebrecherstrafe und ew. Verweisung erdulden müssen. Aufserdem wird die erste Ehe gerichtlich gelöst, 499. Über den scheinbar ertränkten und wieder erwachten Cunz v. Hall, Rtb. I, 215, 1466.

[4]) Rtschlb. XLIX, 282. [1]) Rtschlb. B. 5, 61.

[2]) Rtschlb. B. 5, 67; Rtschlb. XXXIII, 6; Rtschlb. XLIX, 275; mordt und waffen schryer, H. Sachs, K. XVI, 39.

[3]) HGB. II, 102, 1530; Ritter von Wetzendorff der ein frawen zu n. vnderstanden drej tag geleit, Rp. 1486, 1, 1.

Ob das Bezwingen einer fahrenden Dirne strafbar, ist überhaupt fraglich; die gemeinen Frauen sind zur Weigerung nicht befugt.

Neben der Schwertstrafe, welche niemals Schärfung erfährt, liest man auch ewige Verweisung. Die Verletzte hat aufserdem Anspruch auf Schadensersatz. Mildernd wirkt, wenn sie oder ihre Sippe Fürbitte einlegen; die Bereitwilligkeit, die Geschädigte zu ehelichen, ruft zuweilen Straflosigkeit hervor. Der Rat setzt es ev. zur Bedingung. Dafs sich das Opfer hiezu einverstanden erklärt, gilt zumeist als selbstverständlich. Auch Thurmhaft verfügt man ausnahmsweise. 1515 geht ein Wirt, der mit Hilfe dreier andrer einen Gast zum Haus hinauswirft und dessen Weib mifsbraucht, mit seinen Genossen der Augen verlustig. Der Versuch wird analog der Vollendung behandelt. Einer, der sich der Tat berühmt, erhält einige Tage Loch.[4])

Merkwürdig oft bildet das „unredlich umgehen" mit Kindern — zumeist durch ältere Leute und Schulmeister — den Gegenstand der Verurteilung. Neben Todesstrafe — auch bei Versuch — kommt ewige Verweisung beim Hals und Augenverlust zur Anwendung. Ein Thürmer wird gerichtet gem. Art 119 der Kar.; Gefangenschaft und Unvernunft wirken in diesem Fall als erschwerend. Milderung tritt 1528 ein, da eine Verletzung nicht vorliegt; Dotierung und halbjährige Verbannung werden als ausreichend erachtet.[5])

---

6. Inzest und Sodomie.

Das erstere sehr häufig begangene Verbrechen wird stets mit dem Leben gesühnt. Zum Tatbestand verlangen n. E. d. Kar. die Konsulenten, dafs er cum figura matrimonii begangen und Descendenz vorhanden sei. Aufser mit den nächsten Blutsverwandten ist Inzest denkbar mit der Stieftochter, der Nichte, der Schwägerin, mit zwei Verschwisterten, mit einer Frau und ihrer Tochter. Die reguläre Strafe ist das Schwert, der Versuch steht der Vollendung gleich. In Verbindung mit andern Verbrechen tritt Schärfung ein,

---

[4]) Rtschlb. B. 5, 53; Jäger, Jur. Mag. f. Reichsst., 337; Haderb. I, 1469—1483, 70, 112; M. Franz. Tageb., 1585, 1588, 1592.

[5]) Früher nur 1 Jahr: AB. 317, 9, 1404; 34, 1407; 1527 wird ein Patrizier wegen des Verbr. an zwei Kindern gerichtet, Rtschlb. V, 218, HGB. I, 91; Rtschlb. XLVII, 150; Rtschlb. VI, 167.

wie das erwähnte angebliche Ölsieden bei Notzucht an der Mutter, Rad bei Schwestermord, Ertränken und Feuer bei Kindstötung. Konkurrenz mit dem leichteren Fall der Bigamie liegt vor, wenn hiebei einer der Mutter und Tochter nacheinander das Eheversprechen leistete. 1571 wird eine Pfarrerin ausnahmsweise ertränkt, vom 17. Jahrhundert an die Schwertstrafe öfters mit Feuer verbunden.[1])

Entfernter Verwandte straft man milder, ebenso den passiveren Teil. Während bei Verübung mit der Stieftochter teils Todesstrafe, teils ew. Verweisung vorkommt, erkennt man auf letztere allein dem Schwager gegenüber.[2]) Sonst wird weder Jugend noch Alter berücksichtigt.

Eine, welche mit ihrem Vater als Ehefrau umhergezogen, übersteht standhaft dreimalige Tortur und gesteht erst auf Konfrontation mit ihrem Mitschuldigen; in einem andern Fall wird der Täter, welcher nur den Verkehr mit der Tochter zugibt, durch deren Mutter zum Geständnis gezwungen. Ein inc. Ehebrecher soll nach mehrmonatlichem Gefängnis gerichtet werden, erlangt jedoch Begnadigung zur Einmauerung in Folge eines Fußfalls seiner Frau und der Fürbitte von vier Reichsgrafen; anläßlich einer besonders widerlichen Begehung des Delikts erbieten sich drei Weiber vergebens, den Verurteilten ehelichen zu wollen.[3])

Der Sodomit gewärtigt an sich den Feuertod, doch wird dieser meist in Schwert und Feuer umgewandelt. Nur selten verfährt man nach strengen Rechten. So verbrennt man 1444 einen auf dem Pferd, 1659 einen Bauernbuben, der das widernatürliche Delikt an einer ganzen Herde und mehreren Kindern betätigt: „hat nicht recht beten können, in der Frag sagte er, er habe gemeint, es wäre kein Sünd. Er ist anderthalb Stund im Feuer gewesen, man hat dazu acht Mäß Holz aufgeführt“.[4]) Im 17. Jahrhundert erkennt man auf Erdrosselung am Pfahl und Verbrennung, bei einer Frau auf Enthauptung.

---

[1]) Rtschlb. XLIX, 432; Ann. 1392: Mutter und Tochter, Rtschlb. XLIX, 515; M. Franz. Tageb. 1571.

[2]) Stieftochter, Rtb. XXI, 267, 1543; Mfzb. 1670; mit Schwägerin während Lebzeiten der Frau nur als Ehebruch betrachtet; ew. Verweisung Rtb. XXXIII, 1.

[3]) AB. 1588—1593, 134, 48.

[4]) Coll. 1659 Stbibl.; Ann. 1444; M. Franz. Tageb., 1581.

Nach der Theorie der Konsulenten ist sie ein crimen transiens: so lang das corpus delicti nicht kann angetroffen oder durch Zeugschaft namhaft gemacht werden, kann man dem Täter unerachtet seines freiwilligen Geständnisses nicht das Leben nehmen, sondern ihn nur des Landes verweisen. In einem Verdachtsfall kommt diese Anschauung auch zur Geltung. 1532 findet sich endlich der Eintrag im Ratsprotokoll: „Doctor Fausto dem grofsen Sodomiten Geleit ableinen".[5])

VI. Verbrechen wider das Eigentum.

1. Diebstahl.

a. Diebstahl i. A.

Sein Bereich ist ein weit verzweigter, zwischen ihm und verwandten Delikten sind keine scharfen Grenzen gezogen. Ein „öffentlicher" Dieb ist der Fallit; bei grofsem Bankbruch soll sein Betrug als Diebstahl gelten. Auch der Betrüger an sich zählt, da er dem Geschädigten das Seinige „abgestohlen", zu den Dieben, wie man dem Fälscher als „Erzdieb" neben dem Feuer auch mit dem Galgen droht. Unterschlagung endlich und Untreue rubrizieren ebenfalls hierunter; Muffel und Imhof, welche sich als Losungsbeamte Stadtgelder angeeignet, reiht das Malefizbuch unter die Diebe ein. Das Zusammenwerfen dieser Delikte rechtfertigt sich ohne weiteres: Kennzeichnet sie doch alle dieselbe Hinterlist und Verächtlichkeit.

Vom Diebstahl als solchen ist das „diebliche Behalten" zu scheiden. Bei letzterem handelt es sich um die Verweigerung der Herausgabe einer Sache in Folge Behauptung des Eigenthums an ihr seitens desjenigen, dem sie z. B. als Depositum, durch Verbrechen oder Zufall in die Hände gespielt worden ist. Liegt Raub oder Diebstahl vor, so kann der Berechtigte seine Habe

5) DAkt., 797; Rp. 1532, II, 8; es ist dies der jüngere Dr. Faust, der ca. 1540 starb, s. Götzinger, Reallexikon. Bei Päderastie findet sich Verbrennung, ev. mit vorherg. Enthaupten oder Hängen, bei Verdacht Verweisung mit Rutenstrafe, Rtschlb. XLVII, 308, 357, 165.

mit Hilfe des Anefangsverfahrens (gem. der Nürnb. Reformation, aus der es wenig abgeändert in die Bambergensis überging) wieder zu erlangen streben. Mifslingt ihm dies, so verfällt die Sache entweder ohne Zulassung weiterer Anfechtung dem Gegner oder es wird diesem bei „Verdechtlicheit" der Reinigungseid auferlegt. „Wo aber söllche verdechtlicheit so gar versehenlich und merklich wer, so möchten die vrtailer im söllch beraynigung auffzelegen vermeiden, oder der peinlich richter möchte amptshalb oder auf anruffen der parthey souil dar Inn handeln, als sich nach gestalt der sachen gepüret". Der Rat vermag also bei dringendem Diebstahlsverdacht diesem „freundlichen" Anefangsprozefs ein Ende mit Schrecken zu setzen und den sich Weigernden peinlich d. h. durch die Folter zu befragen.[1])

1505 verwendet eine Funddiebin zwölf Gulden für sich. Da sie bis zum Ersatz keinen Bürgen für sich findet, wird sie auf unbestimmte Zeit in den Schuldthurm geworfen.[2])

Rücksichtlich des liegenden Eigens besteht das Gebot: „niemand soll dez anderen gut wider seinen willen von nieman einnemen noch besten noch auch sich dez niht vnderziehen ane sein wort, es sei denne als verre erclagt mit dem rehten". Der Übertreter dieser Satzung verfällt lebenslänglicher Verbannung; seine Erben haften dazu dem Geschädigten für Ersatz des Interesse.[3])

Nicht als eigentlicher Diebstahl gilt ferner die Entwendung in der Fehde. Wenn dem Gegner der Beginn der Feindseligkeiten angekündigt ist, so mufs er jeglicher Gefährdung seines Lebens und Vermögens gewärtig sein. Eine derartige Wegnahme entbehrt also des Charakters der Heimlichkeit. Nach den PO. beträgt die Bufse fünf Pfund, der Schaden soll — auch von den Erben — zwiefach ersetzt werden.[4])

Ebenso zählen die Ansichnahme von Feldfrüchten, das Abhauen des Holzes im offenen Walde, das Fischen in freien Gewässern nicht zur Diebstahlskategorie. Gemäfs den PO. soll, wer in des andern Garten einsteigt oder einbricht und ihm „sein obs oder würtze daraus trägt", ein Pfund, bei nächtlicher Verübung das doppelte und zugleich die „Besserung" leisten. Ähnlich sühnt

---

[1]) Ref. Tit. 29, Ges. 2. [2]) Haderb. I, 1503—1516, 172.
[3]) PO. 21. [4]) PO. 36.

„wer an (ohne) jenes schaden im Korn betroffen wird“; „swer dem andern sein peltzer (Propfreis) stilet, der gibt je von dem pawm ain pfunt.“[5])

Die Praxis zeigt sich übrigens sehr schwankend und fällt mitunter ein sehr strenges Votum. So wird ein vermehrter Gartendieb gehenkt. Korndiebe für immer oder zehn Jahre verwiesen. Das letztere trifft 1527 einen, der in verbotnen Wassern gefischt. 1571 köpft man einen Krebsdieb; mit Baumdieben verfährt man nicht gelinder. Das Abhauen einer jungen Linde bewirkt lebenslängliches Exil.[6])

Hinsichtlich des Familien- und Haus-Diebstahls können Eltern und Kinder der Reformation gemäfs nicht kriminell gegen einander vorgehen; es steht ihnen nur die actio rerum amotarum frei. Nach späterer Ansicht vermag die Obrigkeit bei grofsem Diebstahl offiziell einzuschreiten. Bisweilen ersinnt indefs der Rat noch andre Mittel. So stellt er für eine von ihrem Sohn geplünderte Witwe Kuratoren auf und inhaftiert den Lieblosen solange im Thurm, bis er sich zur Herausgabe des Raubes bequemt. Hausdiebe, vornehmlich diebische Mägde schafft man mit dem Staupbesen aus der Stadt, ev. unter Zurückbehaltung der Ohren. Seiner der Entbindung nahen Braut zu Liebe hat man bei einem Hausdieb mit dem Lochschilling Genüge.[7])

Was nun den Tatbestand des Diebstahls anbelangt, so vollendet ihn jede heimliche Aneignung einer fremden beweglichen Sache. Die Frage nach dem Vorhandensein des animus lucri faciendi kommt weniger in Berücksichtigung.

Von jeher verfährt man gegen den Dieb gleich unerbittlich und schonungslos. Nicht nur wegen der Verächtlichkeit seiner Tat, als auch, da man sich vor ihm nicht so leicht, als vor dem offnen Bedroher zu schirmen vermag und stets ein Rückfall in das alte Laster zu besorgen ist, versagt man ihm, was man dem Totschläger zugesteht: Taidigung mit dem Geschädigten und Lösung des Halses durch Bufszahlung. Der Dieb gilt als vornehmster der schädlichen Leute, gegen ihn richtet sich hauptsächlich die Einführung des Offizialverfahrens, die Halsgerichts-

---

5) PO. 21.

6) Haderb. 1, 1516—1527, 214, 246; s. Sachbesch.

7) Ref. Tit. 15, Ges. 2; Rtb. V, 3, StA; Rtschlb. XLIX, 564, 41.

ordnungen wählen zumeist die Aburteiluug eines Diebes als praktisches Beispiel.[8])

Die Sühne ist die „wide ane blutige hand". Bei handhafter Tat soll man ihn — dem Landfrieden von 1187 gemäfs — ohne weitere Formalitäten richten, nach der I. HGO. bedarf es wenigstens nicht der Handhafte und des Gerüftes, wohl aber des Siebnereids zur Überwindung. Nach dem ä. AB. verurteilt sich der deprehensus in furto zu lebenslänglicher Verweisung beim Halse. Im Fall der Rückkehr büfst er tamquam fur sine alia sentencia.[9])

Wie erwähnt, ersetzt oder verschärft man früher den Strang durch die Kette, einmal findet sich Zangenstrafe neben jenem. Bei Weibern dominieren die damals üblichen Richtungsarten. Aufserdem mauert man diebische Bürger ein. Auf geringer Vergehung steht Ohrenabschneiden, seltener Handverlust, Brandmarken, ferner die Galeere, für Weiber Lasterstein und Rute. Später erfreuen sich noch Spinnhaus und Springer, für Soldaten Spiefsruten und Wippe grofser Beliebtheit.

Ehrliches Begräbnis — wie zuweilen der Mörder — erringt der zum Tod bestimmte Dieb nur selten. Nach späterer Anschauung soll Infamie bei Ausspruch von poena extraordinaria nicht mehr platz greifen, so z. B. auch ein Dieb unter fünfzehn Jahren nach längerem guten Verhalten wieder Zulafs zum Handwerk erringen. Sonst aber stofsen den Gestraften nicht nur seine Gewerksgenossen aus, sondern auch hie und da seine Heimatgemeinde.[10])

Eine scharfe Scheidung zwischen grofsem und kleinem Diebstahl ist zur Zeit des ä. AB. noch nicht nachweisbar. Ebenso scheint in der Folge das freie Ermessen für jeden Fall das allein mafsgebende gewesen zu sein. Bei Entwendung von geringfügigen Dingen kommt der Schuldige zuweilen mit Verwarnung oder kurzer Haft davon. Freilich findet sich auch Todesstrafe; ein Lehrbursche wird wegen weniger Pfennige nach Ohrabschneidung hinausgejagt.[11]) Man darf indefs nicht ohne Prüfung von Härte und Willkür sprechen; der Täter kann — sonst übel beleumundet — die erste Weihe zum Galgen bereits empfangen haben.

---

[8]) s. Verfahren, HGO. I—III.

[9]) Füller exclusit se sententialiter de Civitate perpetuo sub pena suspendii, AB. I, 5; Gerdrudis femina deprehensa in furto judicauit se sententialiter, quod sine omni sententia suspendatur, AB. I, 8, 9, etc.

[10]) s. Stadtverweisung. [11]) Jäger, jur. Mag. f. Reichsst., 334.

Drückt Rückgabe des Entwendeten oft die Strafe herab, so bildet sich später die Ansicht der Konsulenten, dafs bei Entschädigung des Bestohlenen — entgegen der Karolina — nicht auch Stäupung und Pranger, sondern nur die lebenslängliche Verweisung allein eintreten dürfe. Zur Eruierung der Eigenthümer sind die Stadtknechte verpflichtet, den Dieben abgenommene Waaren „bey der Schaw in der Wehsel bey den Goldschmieden“ anzuzeigen. Zugleich beschlagnahmt man auch ev. das Vermögen des Diebes. Ein entführter, an einen Goldschmied entäufserter Becher mufs 1533 einem Aufsefs wieder zurückgegeben werden; jenem verbleibt lediglich das, was der Dieb aus dem Kaufschilling erworben. Ein Gefangener wird 1532 vom „turner meidlein“ bestohlen. Der Rat negiert seine Haftbarkeit.[12])

Sonst beeinflussen die bekannten Milderungsgründe. Diebe unter dreizehn Jahren richtet man nicht, man verweist sie unter Züchtigung oder sperrt sie in die Springer. Der Ausnahmen sind jedoch nicht wenige: man knüpft unreife Buben wie Drosseln auf oder läfst sie in henkersmäfsiger Weise die furchtbarste Todesangst überstehen.[13])

Verdacht, „Betreten an verdechtlichen enden“, wozu oft lediglich die Auffindung der entwendeten Sache Anlafs bietet, ruft wenigstens zeitweise Verbannung hervor. Man verfährt übrigens behufs Eruierung der Schuld gerade bei diesem Delikt äufserst rigoros; noch knabenhafte Diebe unterwirft man der Tortur mit dem Kranz und dem grofsen Stein.[14])

Anlangend die Sühnung des Versuchs, blieb er nach früherer Praxis entweder völlig straffrei oder er mochte hiegegen unzählige Male wie die vollendete Tat behandelt worden sein. Denn mit Dieben machte man wenig Federlesens; hatte einer auch erst die Hand frevelnd nach fremdem Gute ausgestreckt, so genügte dies, um ihn zu greifen und Meister Hänfling zu überantworten. Zumal bei Rückfall liefs man keinen Unterschied zu. Später wurde bei Versuch auf Pranger, Rute oder Verstümmlung mit oder ohne Ausweisung erkannt.[15])

Hinsichtlich der Beihilfe geht man ziemlich systemlos vor mit der Neigung den Helfer dem Täter gleichzustellen. Dies besonders,

---

12) Rtschlb. XLI, 47; Rtb. LX, 118; Rp. 1538, II, 6. 13) Stark, Chron. 1575.
14) s. Jugend, Verfahren 498, (101). 15) s. a. Versuch.

wenn Wiederholung vorliegt. Hie und da trifft man auf zehn Jahre — auch bei blofsem Verdacht; eine Frau, die „dabei war“, wie man einen Rock den Juden versetzte, erhält vier Tage „pank“. Nach der Karolina werden (1569 und 1576) Diebshelferinnen ertränkt. Dei einem „Diebsanhang“ will man zuerst Milde walten lassen; als es sich aber offenbart, dafs auch ein früherer Liebhaber von ihr gehenkt ward, befördert man sie gleichfalls ins Jenseits. Eine, welche „landfriedbruchigen und mordthättlichen“ Einbrechern geholfen, wird neben Züchtigung und Ausweisung noch gebrandmarkt. In der Tortur geben Diebe oft an hundert Helfer an.[16])

Rückfall: Vom Dieb keine Besserung zu erwarten, ihm nit besser, denn am Galgen! sprach der Volksmund. So bezeichnet man mitunter schon seine einmalige Bestrafung als Weihe zum Galgen, dem er dann endlich als vermehrter, alter, waidlicher Dieb zum Opfer fällt. Und so feiert gerade auf diesem Gebiet — angesichts der charakteristischen Sucht dieses Lasters, sich immer wieder zu betätigen — die Rückfallstrafe ihre reichste Ernte. Ein beim Stehlen Ertappter hatte seine Gemeingefährlichkeit bereits derart dokumentiert, dafs man bei irgendwie zweifelhaftem Benehmen oder, sofern er verwiesen, schon bei unerlaubter Rückkehr ihm die Absicht abermals zu stehlen ohne weiteres insinuiert. Bezüglich der Besserungsfähigkeit wurde nicht allein der sonstige Charakter in Beurteilung gezogen, als auch, ob hiezu die Vorbedingungen in den äufseren Lebensverhältnissen gegeben seien. Gegenüber dem Bürgersohn äufsert sich die gröfste Langmut; erweisen sich Rute und Springer unwirksam, so begnügt man sich damit, ihn für immer zu detinieren. Ein gemeiner Sippe Entsprossener oder gar Heimatloser, dem nirgends mehr Zulafs zu redlichem Broderwerb offen steht, hat wenig Anspruch auf Erbarmen.

Sonst ist ein System der Rückfallstrafen kaum zu konstruiren; denn neben der Persönlichkeit des Schuldigen ist auch der Wert der Sache, die Art der Begehung, die Zahl der Wiederholungen, die etwaige Konkurrenz mit Urfehdbruch in Ansatz zu bringen. Die Praxis vor und nach der Karolina erweist wenig Unterschied; die Norm, dafs erst der dritte Diebstahl todeswürdig, erringt in

[16]) HGB. I, 41, Mfb. 1575 (ertränkt): Anhang von handwerksm. Dieben gerichtet, Rtschlb. XLVI, 259.

Nürnberg nie völlig Anerkennung. Die Zahl der dem Strange vorhergehenden Ahndungen ist mitunter eine sehr beträchtliche. Später wird die Überzeugung der Konsulenten, dafs man einen Rückfälligen unter vierzehn Jahren nur züchtigen dürfe, auch vom Rate respektiert; bei ältern entscheiden weniger die Jahre, als die körperliche Reife. Ein „mehrer verleumter" Dieb soll indefs als Vergewaltiger gelten und dann — selbst als vierzehnjähriger — dem Tod verfallen.[17])

b. Arten des einfachen Diebstahls.

Diebstahl in der Muntat. Vor allem unterlagen an sich harmlose Entwendungen in der Muntat bezw. auf dem Markte strengster Sühnung. 1492 wurde ein Kaufmann, der dort einen Weck an sich genommen, gehängt, Schleier-, Tuch-, Kappen- und andre Diebe lebenslänglich verwiesen. Gleiches traf 1419 den Entwender von drei Salzscheiben. 1531 hing man einen Kandeldieb und verurteilte einen Milchkrugentwender zu Pranger und Rute. 1477 verbrannte man einen Gänsedieb, der sich im Gefängnis entleibte. 1691 wurden zwei Weiber mit gerechter Strenge bestraft, welche „etliche Centner" Stockfische stahlen.[1])

Badediebstahl. Die Badehäuser standen, wie erwähnt, unter ähnlichem Mundium. Ein solcher Dieb wurde enthauptet, andre, welche sich Hemden, Schuhe, Schleier, Geld und dgl. aneigneten, nach Ohrverlust beim Hals oder überhaupt für immer fortgeschafft.[2])

Bienendiebstahl. Die Immenzucht in des heil. röm. Reiches Bienenkreis, wie man den N. Reichswald benamste, war wegen ihres reichen Ertrags äufserst bedeutsam für die Stadt. Dabei galten die Bienen für besonders schutzlos, weil der Bauer die Stöcke nicht anders, als im Freien aufstellen konnte. 1552 köpfte man einen Bienendieb. 1582 relegierte man einen nach Züchtigung, da er, um des Honigs habhaft zu werden, sogar „der armen Tierlein nicht verschonte" d. h. sie mit Schwefel erstickte;

---

[17]) Rtschlb. XLIX, 104; Rtschlb. XLVII, 55; Rtschlb. XLI, 91.

[1]) Hegel a. a. O. 5, 572; AB. 317, 35; Mfzb. 1531, 1691, 1691 etc. s. Muntat; Hist. dipl. Mag. f. d. Vaterl. 2, 495.

[2]) AB. 1448, 1; AB. 317, 9, 1404; AB. 317, 36, 1407; Hist. dipl. Mag. f. d. Vaterl. 2, 495.

man gab ihm die Warnung mit, dafs er bei Wiederbetreten den Raben zu Teil werden solle. Auf einmaligem Rückfall steht der Strang.[3])

Weindiebstahl. Angesichts der Vorliebe für Weinbau, ist es nicht verwunderlich, dafs 1526 ein „geschworner Amtmann“ wegen dieses Reats auf dem Weinmarkt gehenkt ward. Einen Bräuer strafte man 1411 wegen einer einzigen Kanne mit lebenslänglicher Verweisung, mit zehn Jahren zwei Weinknechte, da sie von denen, welchen sie Wein einlegten, Essen und Trinken beanspruchten und dann aus Mutwillen den Zapfen aus dem Fasse zogen.[4])

Hühnerdiebstahl. Auf zwei Jahre jagt man 1344 einige Schelme davon „d. d. sie Hüner und Tauben mit ängeln fingen“. Von einem gewandten Hühnerdieb wird später berichtet. Er warf ihnen Brosamen vor: „Vnd wann die Hennen hergeloffen, het er Ihn auf die Zehen gedretten und sie also gefangen“.[5])

Rofsdiebstahl. Hier dominieren Strang und Schwert; doch waltet auch Milderung bis zu drei Jahren Verweisung. 1520 verjagt man einen f. i., der um einer Forderung willen zwei Pferde beschlagnahmte; 1511 tritt Begnadigung ein „In betrachtung das difs mit dem entriten pferd die ainig that und dannochs aufs trunckenheit beschehen“.[6])

Beutelschneiderei. Ein vielfach begangenes, zumeist mit Todesstrafe belegtes Delikt; einige Mal liest man Verweisung f. i. und Rutenstrafe, bei einer Frau vorherige Steintragung.[7])

Gelddiebstahl. Strang oder perpetuelles Exil, wie bei Entwendung eines Guldens oder Wegnahme einiger, sofort ersetzter Pfennige. Dasselbe widerfährt dem, der einem Fuhrmann fünfzig Gulden vom Wagen entführte, aber sofort wieder herausgab. 1662 führt man zwei Wirte nach Züchtigung zur Stadt hinaus, da sie viel Ungeld „abgestohlen“ (d. h. hinterzogen); einen ge-

---

3) Haderb. I, 1488—1496, 111, 118; Rtschlb. XLIX, 487; Rtschlb. LXI, 159.

4) Fritz v. A. ewigl., d. d. er ein kandel weins gestoln mit sampt der kanl, AB. 317, 71, 1411; Haderb. I, 1483—96, 69.

5) Extr. aus alt. AB. 1308—1359, 1344; AB. 1588—93, 72.

6) Haderb. I, 1483—96, 81; 109; Haderb. I, 1503—16, 173; Mfzb. 1648; Haderb. I, 1469—83, 3; 1516—27, 137.

7) Haderb. I, 1516—27, 232; Mfzb. 1677.

stattet man nach Jahren Einlafs, doch mufs er lange Zeit einen Strick offen am Halse tragen. Ebenso wird 1678 ein Bursche, der einem Priester Geld stahl, vor der Ausschaffung mit der Rute in der Hand und dem Strang am Hals auf den Pranger gestellt.[8])

Auch Wäschediebstahl auf der Bleiche — wird häufig zur Ausführung gebracht. Ein Ertappter wird von den Bleichern zum Spott in einen Teil der entwendeten Leinwand gekleidet und so zum Hochgericht geleitet.[9])

Unter den für immer Verwiesnen liest man noch Ring-, Messing-, Spitzen-, Betten-, Röhren- und Lazareth-Diebe, sowie solche, welche sich gelegentlich einer Feuersbrunst Habseligkeiten zugeeignet.

Was endlich den Wilddiebstahl anbelangt, so geht man nicht mit solcher Strenge und Unerbittlichkeit vor, wie in benachbarten Territorien. Während man im Markgrafentum mit Hängen und Köpfen sehr freigebig verfuhr, richtete man in Nürnberg nur einige besonders gefärliche Schützen und Schlingensteller. Grofse Milde zumal zeigte sich noch im 16. Jahrhundert. Überreich an Wild war der Reichswald, der hiedurch dem Landvolk alljährlich verursachte Schaden daher ein beträchtlicher zu nennen. In Rücksicht hierauf liefs man auch alle denkbaren Schutzmafsregeln zu und nahm es nicht so genau, wenn ein allzu vorwitziger Hase der Bauern Beute wurde. Die Konsulenten erklärten ausdrücklich, dafs das Wildpretschiefsen kein Malefiz sei, und — sofern kein anderes schweres Delikt (wie Landfriedbruch) hiebei in Frage käme, — nur mit lebenslänglicher Verweisung geahndet werden dürfe. Und dies blieb Norm, selbst, als die Kreispatente des 18. Jahrhunderts bei dem Bestreben, alles gemeingefährliche Gelichter aus der Welt zu schaffen, auch auf die Ausrottung jener Freibeuter hinwirkten. Die grofse Zahl des erlegten Wildes kam bei der Beurteilung des Falles in Nürnberg ebensowenig schärfend in Ansatz; einem, der über fünfzig Stücke schofs, versagte man lediglich das Gebiet, dem Träger auf drei Jahre. Einen strafte man fast gar nicht, da er (ca. 1606) das sowieso „überhäufte“ Wild aus „Ungeduld“ auf freiem Felde niederstreckte. Die zahl-

8) Haderb. I, 1528—31, 256: Mfzb. 1662, 1678.

9) Rtschlb. XLIX, 400: Zopfabschneider (100 Paar Z.), AB. 1588—93, 166.

reichen Ratsmandate erfreuen sich übrigens einer sehr drohenden Sprache; war man ja schon in Rücksicht auf das drakonische Vorgehen der Nachbarfürsten veranlafst, hie und da einen „andern Ernst“ zu zeigen. Und so sind auch einige Enthauptungen zu erwähnen. Junge Diebe spannte man in die Springer.[10])

Wird das unbefugte Vogelstellen im Reichswald im 15. Jahrhundert noch mit einigen Schillingen gebüfst, so steht später der Täter dem Wilddieb gleich an Rang und wird, wie er, der Tortur gewürdigt.[11])

Schwebten zwischen der Reichsstadt und dem Markgrafen mannigfache Jagddifferenzen, so waren stets die Untertanen beider eifrig bestrebt, im fremden Gebiete auf die Pürsche zu gehn; vermochte man dies ja dort gefahrloser zu betätigen, als im heimischen Forst; denn war der Frevler glücklich wieder über die Grenze gelangt, so kümmerte sich sein Landesherr wenig um den Diebstahl. Nur hie und da ist die Auslieferung eines Wildschützen an den Nachbar vermerkt. Um jenem schädigenden Treiben möglichst Abbruch zu tun, stellte man daher gegenseitig Kundschafter auf, welche unter harmloser Maske die fremden Ortschaften durchstreiften und die Täter zu eruieren suchten, derer man dann beim Überschreiten der Grenze oder durch einen unvermuteten Einfall habhaft zu werden trachtete. Statt dafs nun Rat und Markgraf im gemeinsamen Interesse verfuhren, fahndeten sie — indem sie unter beträchtlichem Kostenaufwand wieder Verräter dingten — sorgfältig nach den jenseitigen Spionen; der Brandenburger richtete manchen der Ergriffenen auf das Grausamste — wie er einen Nürnberger Juden vierteilen liefs — und auch der Rat fällte einige Bluturteile. Nicht unwichtig ist die Fragestellung bei Gelegenheit der Tortur des Rambsbergers, welcher 1583 einen vergeblichen Fluchtversuch unternahm und dann von den Konsulenten zur Richtung empfohlen wurde. Man inquirierte ihn in eingehendster Weise über die Behandlung der Nürnberger Wildschützen durch die markgräflichen Beamten. Als Judaslohn

[10]) Rp. 1532, 11, 6; S. I, L. 6, Nr. 23, 1513; Rtschlb. XLIX, 249, 250; Rtschlb. XLVI, 457; S. VII, L. 125, Nr. 297a; S. I, L. 569, Nr. 40; MS. 960: Wildpret kaufen und schiefsen ist kein Maleficium. Rtschlb. XXXII, 247. Mand. 1637, 1687, 1694, 1760, 1761, 1762 etc.

[11]) Rtschlb. XLIX, 32.

empfing er — nach seiner Aussage — für jeden, den er als des Wilddiebstahls schuldig konstatierte, zwanzig Gulden; immerhin ein hoher Verdienst für diese gefährlichen Dienste.[12])

c. Arten des schweren Diebstahls.

Vermöchte man manchen bereits früher genannten, wie auch den grofsen und Rückfalls-Diebstahl den schweren Begehungsarten beizuzählen, so sind die nachfolgenden deshalb hervorzuheben, da sie nach gemeinen Rechten derart gravierend erschienen, dafs ohne Berücksichtigung der nähern Tatumstände auf Tod erkannt werden sollte. Man findet indefs nicht selten Milderung.

Diebstahl in Waffen. Früher ist derselbe weniger gewürdigt, nur die Heimsuche mit Waffen erwähnt. Später soll — weil der Täter von vornherein eine Vergewaltigung beabsichtigte — der Mann gehenkt, das Weib ertränkt werden. Die Konsulenten empfehlen in minder kritischen Fällen Verlust der Augen oder der die Waffe führenden Hand, wie sonst schwere Leibesstrafe.[1])

Nächtlicher Diebstahl. Der für nocturnus durfte von jeher ohne weiteres getötet werden, den dem Richter überlieferten trifft das nämliche Loos. Bei dem, welcher nachts cum telo ambulaverit, ist der Wille zu töten zu praesumieren, deshalb soll hier der Diebstahlsversuch der Vollendung gleichgestellt sein.[2])

Bandendiebstahl. Auf Jahr- und Rofsmärkten, Reichs- und Städtetagen schaart sich eine Unmasse Gelichters zusammen, welches, durch Pfiffe und Kniffe untereinander sich verständigend, reiche Ernte erzielt. Treten ja in der Urgicht von Dieben oft an hundert Gesellen auf. Sie einen sich zur Vollführung von Diebstahl und Raub, oft einer förmlichen Organisation unterstellt, noch häufiger — wenigstens in früherer Zeit — zur Begehung einer einzelnen Tat verbrüdert. In der Strafausmessung ist das Bandenverhältnis, wie bei Teilnahme erwähnt, nicht besonders berücksichtigt; jeder dieser Gesellen wird indefs einer unerbittlichen Tortur behufs Eruierung der Zahl der Freveltaten und der Helfer unterworfen.[3])

Einbruch und Einsteigen. Bemühen sich die Inquisiten, den Schöffen den Glauben zu erwecken, dafs sie nur als Gehülfen

---

[12]) S. VII, L. 125, Nr. 297a: s. Landesverrat.
[1]) Rtschlb. XLVII, 142. [2]) Rtschlb. XLIX, 54. [3]) s. Beihilfe.

tätig waren, so führen sie stets bei Entwendungen aus Häusern an, dafs jene sämmtlich bei offener Thüre und am lichten Tage betätigt seien. Das Einsteigen an sich, wie das Erbrechen von Behältnissen erfüllt noch nicht den Tatbestand (nach späterer Theorie nur im Rückfall). Deshalb hier nur Leibesstrafe. Einem, der durch das Dach eingestiegen, schenkt man Glauben auf seine Angabe hin, er habe sich nur am Backofen wärmen wollen. Der älteste bemerkenswerte Fall mag der Einbruch in den Almosenstock i. J. 1360 sein, in dessen kunstreichem Gehäuse sich der Dieb beim ersten verwegnen Eingriff fieng und daher die Ohren der Henkerscheere darbieten mufste. 1483 verweist man zwei Weiber wegen Aufbrechens von Truhen, in deren einer überhaupt nichts zu finden war, auf ewig beim Sack und über die Donau. Bei einem Einbruch mit falschen Schlüsseln (1483) erkennt man auf zehn Jahre.

Die Soldateska ist rücksichtlich ihrer Vorliebe für das Plündern auch hier begünstigt. Man liest Prangerstellung am Pfahl in der Kaserne, sowie Spiefsrutenlaufen.[4])

Kirchendiebstahl. Neben drakonischer Strenge zeigt sich, wie bei andern Delikten wider die Religion, — im Gegensatz zur kirchlichen Rechtsanschauung — zuweilen Neigung zur Milde. Lebendige Verbrennung ist nicht verzeichnet, doch wird ein vorher Erhängter dem Feuer überantwortet. 1397 sind Richtungskosten verrechnet für einen, der „verderbt“ wurde, weil er zu „vnser frawen gestolen wolt haben“. Für ein Richten mit dem Brand sind sie zu niedrig bemessen. Meist wählt man den Strang, seltner das Schwert. Aufser der Beraubung der oft goldstrotzenden Heiligen, sowie der Almosenstöcke ist auch das Stehlen der Mefsgewänder und Versetzen derselben unter die Juden eine häufige Begehungsart. 1511 begräbt man deswegen eine Goldschlägers- und eine Kürschnerstochter lebendig unter dem Galgen. 1490 sind nur drei Jahre für das nämliche Reat vermerkt, vermutlich weil das Gewand nicht aus dem Gotteshaus selbst entwendet wurde.

---

[4]) AB. 1604—1611, 143: sein Lebenlang habe er keinen Menschen durch Einsteigen oder Einbrechen bestohlen, sondern alles, wenn ein Hausthür offen gestanden. (Er bekennt indefs auf 83 Diebstähle): Rtschlb XLIX, 4; Jäger, jur. Mag. f. Reichsst., 383; Haderb. I. 1483—96, 64, 65; s. Militärdel.

Wegen Stehlens des Opfers vom Altar, ebenso des Siechengelds ist Verweisung bei der Hand ausgesprochen.[5])

Später tritt überhaupt das religiöse schärfende Moment in den Hintergrund. 1704 verurteilt man Kirchendiebe zur Galeere. Ein christlicher Synagogendieb, welcher „die Lampe", d. h. den siebenarmigen Leuchter, entführte, wird mit einfacher Züchtigung bedacht.[6])

Über einen originellen Fall i. J. 1490, nämlich einen Diebstahl in der Frauenkirche, berichtet endlich Deichsler.[7])

Gräberdiebstahl. Hier nur ein Reat von 1727. Der Täter wird enthauptet. Nicht minder streng wird die Beraubung der Gerichteten geahndet, welche nicht selten zu abergläubischen Zwecken Betätigung erfährt.[8])

2. Unterschlagung.

Eine Scheidung dieses Deliktes vom Diebstahl hat rein theoretischen Wert, indem es meist jenem analog behandelt wird. Des dieblichen Behaltens und der Fundunterschlagung ist Erwähnung getan; mehr als ersteres charakterisiert sich auch das Vergehen des Wirtes, welcher 1274 von K. Rudolf entlarvt und um eine hohe Summe gestraft wird. 1471 verurteilt K. Friedrich den Kirchner Baum wegen Unterschlagung (?) zum Schwert. Aufserdem kommt das widerrechtliche Verkaufen von städtischen Eigentumsobjekten öfters vor, wie z. B. von Waffen durch Söldner und Schützen, und die Unterschlagung öffentlicher Gelder.[1])

Rücksichtlich der Haftung des Vermögens des Verbrechers ist ein Ratschlag von 1525 nicht ohne Interesse: Der Ratsamtmann Bauer hat eine grofse Anzahl Bürger „gemacht", das hiefür empfangene Geld zum Ankauf von Gütern verwendet. Die Gelehrten erklären, er habe sowohl die Obrigkeit, wie die Personen, welche er dieblich betrogen, beleidigt, der Rat habe nicht nur

[5]) ew. beim Hals, d. d. er daz opfer von einem Altar u. d. siechengeld aus irem napf gestolen hat, AB, 317, 9, 1409; M. Franz Tageb. 1584; Mfzb. 1571, 1722; Rtschlb. XLVI, 365.

[6]) Wölckern, Comment. succ. 231; Mfzb. 1690.

[7]) Hegel a. a. O., 5, 558. [8]) Mfzb. 1727.

[1]) Ann. 1274; Mfzb. 1471: hat Waffen des Rates verkauft, Pranger, ewig, Haderb. I, 1503—16, 191; s. Amtsdelikte.

Anspruch auf die durch jene Summe erkauften Sachen, sondern auch — ohne Zulassung einer Weigerung seitens der Frau und der Kinder — auf die Hälfte der sonstigen Habe. Nur einer der Konsulenten negiert das Eigentum der Stadt an den vom Verbrecher erworbnen Objekten, indem er geltend macht, es käme ihnen lediglich der Charakter des Unterpfandes zu.

Das Versetzen von entlehnten Gegenständen, wie insbesondere von Paternostern an die Juden ruft mehrjährige Verbannung hervor.[2])

3. Sachbeschädigung.

Sie kommt, sofern nicht offenbarer Mutwille oder Friedbruch im Spiele, regelmäfsig auf zivilem Wege zum Austrag. Aus neurer Zeit datiert der Fall des Almosmüllers Haberstumpf, der wegen gewaltsamer Zerhauung der im Fischbach von Anstöfsern angebrachten Schützen nicht nur zum Schadensersatz, sondern auch zu zweitägigem Gefängnis (die hilfreichen Knechte zu einem Tag) verurteilt wurde.[1])

„Swer in dehaines mannes wisen in seinem korne begriffen wirt bei der naht an jenes schaden verliche" erlegt, wie erwähnt, ein Pfund, wenn bei Tage, 60 Heller. Analog ist das Stehlen der „Peltzer" normiert.[2])

Häufig ist des Plünderns fremder Weiher gedacht. 1405 wird ein Bauer auf drei Jahre verbannt und ihm für immer das Fischen im Umkreise von drei Meilen untersagt, „d. d. er Michel dem Gruntherrn schaden an seinem Weyr getan hat".[3])

Die Forstfrevel, zumal das „gefährlich Holzen", rufen mitunter schwere Ahndung hervor. So verbannt man einen nach Züchtigung beim Hals über die Donau, da er nachts durch Verhauung des Holzes Schaden verursacht. Das Schlagen wider des Försters Verbot oder die Waldordnung, vornehmlich an gebannten Feiertagen, zieht ewige Verweisung aus Stadt und Wald nach sich, gleicher-

---

[2]) Rtschlb. V, 152: AB. 316, 8, 1381; Rtb. II, 392, 1479 StA.; wer anvertrautes Gut entfremdet und entführt, soll dem Räuber gleich geachtet sein, Priv. 1341, Lochner, Gesch. d. St. N., 4; wer vertraute Pfänder böslich distrahiert und unter die Juden versetzt, Gefängnis unter eigner Verköstigung Rtschlb. XLI, 3.

[1]) S. II, L. 12, Nr. 7a. [2]) PO. 23. [3]) AB. 317, 17.

weise das Abhauen etlicher Fichten, wie einer jungen Linde. Das Nichtbezahlen eines Waldpfandes bewirkt zehn Jahre und Rutenstrafe. Einer der die „Landwehr“ beschädigt, d. h. sich mit Pflöcken hievon bei starkem Frost ein Feuer schürt, sühnt mit acht Tagen Loch.[4])

Bei Beschädigung durch ein Tier haftet der Besitzer an sich für Ersatz. Die Egydier-Ordnung modifiziert dies indefs: Für das angerichtete Unheil haftet, „wer ein freifslich thier het, als Wolff, pern, Leben, Wildswein, Affen, Merkatzen und die nit in guter Bewarung helt, item ein vermerts thier, als pfert, Ochsen, kwe, pock, die dem andern schaden thun“. Richtet aber sonst Vieh Zerstörungen an, so steht der Herr nur dafür ein, falls er jenes wieder einnimmt und „heimsset“.[5])

Die erlaubte Notwehr gegen ein Tier findet in der Reformation Hervorhebung; Leibesstrafe vermag verhängt zu werden, wenn bissige Hunde Unglück veranlassen. Tötet jemand jedoch heimlich einen fremden Haus- oder Huthund „das dann nit ein vermerter schedlicher hunt ist“ oder macht er ihn durch Lähmung nutzlos, so gilt bei Egydien noch die alte Satzung, dafs der Frevler den beim Schweif aufgeknüpften Hund völlig mit Weizen bedecken mufs.[6])

---

4. Betrug und Untreue.

a. Betrug.

Das Bereicherungsdelikt des Betruges tritt uns in den Quellen in den verschiedensten Spielarten entgegen. Allerdings ist es seinem Tatbestande nach bis in die letzte Zeit nicht völlig durchgebildet, indem man bald lediglich eine Täuschung, bald auch eine Vermögensvermehrung beansprucht.

Originell sind vor allem die auf falscher Angabe des Namens, Berufs oder des Religionsbekenntnisses basierenden Betrügereien. 1381 wird einem Sensenschmied für immer die Stadt verboten, da er sich für einen Kaufmann ausgab, 1510 ein Jude, welcher sich als

---

4) Haderb. I, 1483—96, 62, 79, 84, 85, 116, 120, 127; 1503—1516, 186, 190; 1516—1527, 226, 261, 263.

5) Hist. dipl. Mag. f. d. Vaterl. II.

6) Ref. 1484, Tit. 30 G. 3; s. a. Mand. 1714; Hist. dipl. Mag., II.

Christ gerierte, enthauptet. 1576 tritt ein Schwindler namens Eckel auf, nennt sich des Königs Truchsefs und verführt hiedurch ein schönes Patrizierkind; er sühnt seine Kühnheit mit dem Haupte. Ein „Graf“ wird nach dreimaliger Führung um den Markt verwiesen; nicht minder unhöflich und ungläubig verfährt man gegen einen „Propheten“. Einige wandern 1475 in das versperrte Kämmerlein, „da sie in fremden Schein an der Hertzogen von Sachsen hofe vf ander lüte essen und trinken geuordert und genomen haben“. Einer, welcher seinen Namen änderte, „das Vieh zu behalten“, wird nach Pranger über die Donau gewiesen, ähnlich ein Bursche gestraft, welcher um Geld herauszulocken, vorgab, er werde vom Teufel gebunden und gemartert.[1])

1345 schafft man die „Tugend Elfs“ aus der Stadt. Sie verpflichtete sich Fremden gegenüber, ihnen eine Patriziertochter zu verschaffen. Statt deren führte sie ihnen betrügerischer Weise eine Dirne des Frauenhauses in prunkvollen Gewändern vor. Dadurch, dafs sich jene in andern Städten zum Schimpf der N. Geschlechtsfräulein des Verkehrs mit einem solchen berühmten, kam der Betrug an das Licht.[2])

Die Angabe eines falschen Vaters wird (1691) mit Pranger und Ausweisung gewürdigt. Mit sträflicher Rede begnügt man sich bei einem, welcher sich als Nürnberger für „Margrefisch“ ausgegeben. Von Kindesunterschiebung war an andrer Stelle die Rede.[3])

Der Betrug wird oft mit Diebstahl identifiziert und deshalb mit dem Strang gesühnt. Nicht seltener trifft man indefs Schwertstrafe und Relegation. Grofs ist die Zahl der betrügerischen „unrechten“ Bettler, die, „auff ein schein eins briefs“ milde Gaben zu ergattern suchen, wie der Wahrsager, Quacksalber und Kartenschläger. Laut dem Mandat von 1720 sollen „alle solchen Briefträger“, die sich fäschlich für Adelspersonen, abgedankte Offiziers oder Geistliche ausgeben, mit Ohrenverlust und Verweisung, bei Urfehdbruch mit Brandmarkung gelohnt werden. Schützen, welche unverdienten Sold begehren, erhalten zehn bezw. drei Jahre. Ein

---

[1]) AB. 316, 4, 1381; Ann. 1576, 1582, 1601, 1602; Rtb. II, 51. StA.; Haderb. I, 1483—96, 78.

[2]) Ann. 1345; der Betr. der angebl. Anna von Cleve. Waldau, Verm. Beitr. 1, 265, 1559.

[3]) Haderb. I, 1483—96, 108; AB. 316, 20, 1383.

Knecht Schüttensamens, der durch das Vorgeben, diesen erschossen zu haben, 400 fl. erschwindelte, mufs als Betrüger entlarvt den Scheiterhaufen besteigen. 1491 enthauptet man zwei „das si mit betruglichen ketten etwa vil lewt vmb vil geltz betreuglich und listiglich gebracht haben". Einige versprachen 1474 einer Frau um Geld ihrem Ehemann nachzuspüren, ob er nicht Buhlschaft treibt und verrieten es letzterem. Solch egoistischer Vertrauensbruch hatte drei Jahre im Gefolge. Endlich verjagt man einen für immer, weil er etliche zu Gevattern gebeten hatte, wiewohl sein Weib des Kindes noch nicht genesen war.[4])

b. Hehlerei und Partiererei.

Das alte Sprichwort beherzigend knüpft man das Öftern den Hehler neben dem Stehler auf. Das Delikt als solches ist in den Quellen nicht gerade häufig erwähnt; doch dürften viele der gerichteten „Diebshelfer" aus Hehlern bestehen. Sehr leicht geraten Juden in Verdacht wegen des ihnen erteilten Privilegs, gestohlene, von ihnen erworbene Waaren nur gegen Erlegung des Kaufpreises herausgeben zu müssen. Nur selten gelingt es jedoch den Klägern, sie des Einverständnisses mit den Dieben zu überführen. 1335 verweist man eine beim Sack „d. d. sie wizzenlich hete gekauft vmb einen dyep der wart derhangen ein polster und leylachen". Neben der Strenge betätigt sich hier auch grofse Milde, Thurm und Rutenstrafe treten neben der Verbannung auf.[1])

[4]) Haderb. I, 1483—96, 87; P. 5 j. d. d. er einem ein gulden abtragen und verslagen, AB. 317, 18, 1405; 10 j. d. d. er selber vff der Cantzeln kundet und vnreht gepettelt hat, AB. 317, 22, 1406; S. I, L. 569, Nr. 40; 2 j. d. d. sie gelt wolten zu gestozzen und zu getragen haben, da ez geschawt waz und man in daz stempfet, AB. 317, 37, 1408. Steuerhinterziehung bleibt in einem Falle straflos, weil der Schätzer die Vereidigung übersehen, Rtschlb. XIX, 194, sonst aber ist Vermögen, welches absichtlich nicht verlosungt wurde, dem Rat verfallen, Rtschlb. XLVII, II, 1.

[1]) AB. I, 21; Pferd das gestolen und vnrecht ist herkommen, erkauft, Pranger, ewig, v., Haderb. I, 1503—16, 178; den Kandelgiesser der des T. verstolen zyn gekaufft zu straffen nach laut des gesetz Nemlich ein Jar drei meyle von der Statt zu sein, Rtb. IV, 256; da klar, dafs der Jud gewufst, dafs die Sachen gestohlen, so sei er mit der gleichen Strafe, die man dem rechten prinzipal und dieb, anlegen mocht, bedacht, Rtschlb. IX, 282; junger Hehler, wiewohl H. wie Stehler, wegen Jugend öff. Rutenstr., Rtschlb. XLI, 134; AB. 1615—1618, 123.

c. Wucher.

Die ä. PO. gedenken desselben nicht; lediglich eine dem Judenzinsbuche von 1381 entnommene Vereinbarung zwischen Christen und den ansässigen Juden ist von Interesse. Der Zinsfufs beträgt hiernach zehn Prozent: wer mehr fordert, soll den „Gesuche“ verloren haben, die Schöpfen sollen die Verurteilung des Schuldners verweigern, der Rat den habgierigen Gläubiger strafen. Daneben müssen sich die Juden zur Leistung einer Steuer verpflichten, welche halb an den König, halb an die Stadt fällt. 1414 werden wegen Wuchers zwei Wochen Thurm ausgesprochen, den vierten Pfennig des Übermafses überweist man dem Säckel des Rates.[1])

Dafs übrigens der Zinsvertrag grofser Beachtung gewürdigt ward, scheint mehr als zweifelhaft. Besonders in der Epoche, wo die finanziellen Quellen der Republik dem Versiegen nahe waren, wucherte des Wuchers Unkraut in üppigster Weise. Deshalb die vielfachen Mandate und fruchtlosen Bestrebungen, dies Übel mit der Wurzel auszureifsen. So verliefen auch ernstliche Beratungen zwischen Rat und Konsulenten, wie 1537 und 1565, völlig im Sand: „denn ob auch die päpstlichen Recht den Wucher verpieten, so seyen doch die kaiserlichen ausdrücklich dawider und lassen ein ziemlich wucher zu bei Christ und Jud.“ Von den nur zu wenig beachteten, hierauf erlassenen Drohungen sind allein die von 1680 gegen wucherliche Münzverschlager und Aufwechsler, welche mit Leib und Leben sühnen sollen, wie gegen wucherliche Kontrakte bemerkenswert. Letzternfalls ist ein Zinsfufs von 25°/₀ erlaubt. Eine Überschreitung sollte anfangs fünfzig Gulden Bufse nach sich ziehen, nach späterer Verordnung tritt Nichtigkeit des Vertrages selbst ein. Zu Ende des Jahrhunderts ergehen auch Verbote des Getreidewuchers.[2])

Immerhin sind die Fälle, welche Bestrafung nach sich ziehen, verhältnismäfsig selten. 1621 stellt man einen Wucherer auf den Pranger im Ohrenstock und jagt ihn aus der Stadt.

d. Bankbruch.

Friedrich III. ermächtigt 1464 den Nürnberger Rat, das Vermögen elternloser Bürger bei Gefahr der Vergeudung an sich zu

---

[1]) PO. 325; Ann. 1414.

[2]) Rtschlb. X, 8, 1537; Rtschlb. XVI, 235. 1565; Mand. 1680, 1635, 1699.

nehmen und Kuratoren zu unterstellen. Erteilte bereits K. Ludwig das berüchtigte Privileg gegen Ungeratne, so empfiehlt das von 1471 nicht minder die Einthürmung von Verschwendern. Und es werden demgemäſs mehrere Geschlechtersöhne wegen lockern Lebenswandels auf Antrieb ihrer Sippe nicht nur entmündigt, sondern als geistig Gestörte in den Thurm oder ein besonders für sie eingerichtetes oder erbautes Gewahrsam geschlossen. Söhne gemeiner Eltern schlägt man aus dem Gebiet, ja steckt sie sogar unter die Galeoten.[1])

In den ältesten Urfehden stöſst man ferner auf mannigfache Gelübde, welche bezwecken sollen, den Freigelassenen von übermäſsigem Zechen und Schwelgen fernzuhalten, wie ihn zu zwingen, seine Hauswirtschaft zu ordnen und Teile seines Vermögens angesippten Personen zur Aufsicht und Aufbewahrung zu überantworten. Dabei suchen die PO. durch strikte Satzungen dem Prunk und Putz in heilsamer Weise zu steuern und kostspieligen Festlichkeiten entgegenzuwirken, um die Bürgerschaft vor finanziellem Ruin zu schirmen. 1654 werden sogar Infamie und Leibesstrafen leichtsinnigen Zechern angedroht.[2])

Trotzdem mangelt es nicht an Bankruten. Anfangs ist das Delikt dem Diebstahl und Betrug gleichgestellt. Daſs es damals nicht nur der Thurmstrafe, sondern auch peinlicher Strafe gewärtig sein muſste, geht daraus hervor, daſs der Deutschorden flüchtige Schuldner in seiner Freiung zu schützen für nötig hielt. Wenigstens blieb der verschuldete Bürger so lange im Gefängnis verwahrt, bis ihm die Tilgung seiner Verbindlichkeiten ermöglicht ward; und so konnte er bei Nichtauffindung mitleidiger, hilfreicher Seelen bis zu seinem Lebensende sitzen und warten. Im Gegensatze zum eingemauerten Verbrecher sollte er allerdings der Gnade des Rates fähig sein.

Das älteste Dekret scheint 1398 erlassen zu sein: Wer gefährlich die Leut anhezt und entlauft, das soll man für einen Raub halten und soll denselben und sein Weib nimmermehr zum Bürgerrecht kommen lassen, da auch ein solcher ergriffen würde, soll man ihn auf Leib und Gut gleich einem Übeltäter richten,

---

1) Priv. 1471, HD.; 3 Jahr Galeeren: H. Z. vf seiner Mutter und freundschafft begern alſs ein verschwender und hailoser mensch, Rtb. XXXIV, 189, 1572.

2) Mand. 1654.

da er sich aber vertrüge, soll er den Vierten Teil der Vertragssumme dem Rat geben".[3])

1483 ziert ein angesehner Kaufmann, der „villeicht dreifsig jar gestolen und ob dreu tausend guldein vertan" den Galgen als Dieb; 1487 ist ein ähnliches Vorkommnis verzeichnet.

Einen genauen Einblick in das bei Ausbruch eines Konkurses zu beobachtende Verfahren gewährt die N. Reformation. Hienach sollen die Gläubiger, falls der Schuldner „unvergnügt" seiner Verpflichtungen der Stadt den Rücken wendet oder sich sonst verdächtig benimmt, ihre Ansprüche unverzüglich beim Bürgermeister geltend machen und konstatieren lassen. Die Habe des Trünnigen wird mit Arrest belegt; wer Geld oder Waaren desselben in Händen hat oder selbst ihm noch eine Leistung schuldet, mufs sofort seiner Verbindlichkeit nachkommen. Frau, Kinder und Handelsdiener werden veranlafst, über den Stand der Vermögensverhältnisse Auskunft zu erteilen. Die der Beihilfe überwiesene Gattin haftet mit ihrem ganzen Vermögen für die Schuld des Mannes. Ebenso gewärtigen solche, welche die Herausgabe von Vermögensobjekten verweigern oder ihren Besitz verheimlichen, Landesverbot und Körperstrafe. Den flüchtigen Falliten darf jeder Gläubiger verfolgen und den verhafteten in des Rates Fronveste bringen. Erbittet jener zwei Wochen nach Anschlag seines Namens am Rathause Geleit zu friedlichem Austrag, so soll ihm dies für längere Frist gewährt werden können. Erbringt er sodann den Nachweis seiner Schuldlosigkeit, so darf er als Rehabilitierter in die Heimat zurückkehren. Offenbart sich jedoch der Bankrut als gefährlich, d. h. betrügerisch, so soll der Überführte die Strafe des Diebes erleiden, sein noch vorhandnes Vermögen der Konfiskation verfallen. Sollte aufserdem dem Flüchtling der Eintritt in die Stadt ja wieder später verstattet werden, so bleibt er doch aller Ehren entsetzt und von ehrlichen Hantierungen für immer ausgeschlossen.[4])

1572 verstrickt man einen Falliten, der bereits zwölf Jahre im Thurme schmachtete, in „seines Weibes" Wohnhaus. 1573 wirft man einen wegen 200000 fl. Passiven in das Männereisen „darinnen er sein leben lang ligen soll, dann es kamen so über-

---

[3]) Ann. 1898.

[4]) Hegel a. a. O. IV, 369; Mfzb. 1487, HGB. I. 1; Ref. 1564, Tit. XII. Ges. 1.

schwenclich viel schuldiger von hiesigen und fremden dermassen zusammen, das es schier einen kunig zu bezallen zu viel gewessen were".[5])

Dafs man übrigens hinsichtlich der Ermittlung des Vermögens vollen Ernst betätigte und das Delikt vom schärfsten Gesichtspunkte aus behandelte, erweist ein Ratschlag von 1594, in Folge dessen fallite Eheleute, welche das Versteck, wo sie ihre Habe untergebracht, verheimlichen wollten, durch den Scharfrichter bedroht und auf der Folter befragt wurden.[6])

Im Übrigen reihte man die Bankbrecher in späterer Zeit zumeist den Betrügern ein. Durch Mandat von 1629 versprach man die, welche behufs Hintergehung ihrer Gläubiger flüchten und die Familie im Stiche lassen, für pflichtvergessene, treulose, untüchtige und unredliche Leute zu erklären, ihnen Weib und Kinder nachzusenden und sie, wie ihre Nachkommen, nie mehr in die Stadt aufzunehmen. 1658 drohte man mit Infamie, Pranger, Staupbesen, Verweisung, Leibes- und Lebensstrafen. Im nämlichen Jahre verglich sich ein grofser Schuldner auf ein Achtel; welche Strafe er nebenbei erntete, ist nicht überliefert.[7])

Die Bankrute minderten sich allem Anschein nach trotz der harten Bestimmungen keineswegs, denn 1669 wurde angeordnet, dafs von nun an die wegen Müssiggangs und Verschwendung Fallierenden von allen Festen und Prozessionen (Aufzügen) der Kaufleute ausgeschlossen und zu immerwährender Schande auf den unter dem Rathaus, vor und im Banco publico angehefteten schwarzen Tafeln neben andern boshaften und mutwilligen Falliten verewigt werden sollen. Auf der Flucht soll sie fremdes Geleit nicht schirmen. Sofern auch die Gläubiger ihre Einthürmung nicht begehren, müsse man doch von Ratswegen gegen sie als öffentliche Diebe vorgehen.[8])

Als Urquell der vielen Überschuldungen wird der zu dieser Zeit grofsartige Luxus gebrandmarkt: Übler, verschwenderischer Haushalt, Müfsiggang, Wollust, Hoffart und Pracht, Überflufs an Ausgaben bei Hochzeiten und Taufen, allzuhäufiges Spazierenfahren, kostbare Reit- und Kutschenpferde, Caleschen und Cammerwägen,

---

5) Ann. 1572, Stark, Chron. 1578. 6) Rtschlb. XXXVIII, 152.

7) Mand. 1629, 1658; Coll. Stb. 1658.

8) S. II, L. 78. Nr. 5 (Fallitenwesen).

übermäſsige Beschenkung der Weiber und des Gesindes und dgl. mehr.

Laut Mandat von 1693 werden auch Beihelfer aller Ehren entsetzt und empfindlich bestraft. 1697 flüchtet ein Bürger und erzwingt, da er sich vermiſst, seine Gläubiger vollständig befriedigen zu wollen, zwei Tage sicheres Geleit. Nachdem sich jedoch herausstellt, daſs er dieses erschlichen, Wechsel gefälscht, wie auch während des französischen Krieges ihm zu treuen Handen anvertrautes Gut zur Befriedigung von Gläubigern verwendet hat, enthauptet man ihn nach Abschlagung dreier Finger.[9])

Stets straflos bleibt derjenige, welcher durch Unglücksfälle sein Vermögen verloren, wie er auch seiner Amts- und Ehren-Titel nicht verlustig geht.

Die Ratsverlässe des vorigen Jahrhunderts bekunden keinerlei Änderung in der Rechtsanschauung. Die Konkurse mehren sich, ohne daſs die Praxis in der Strenge der Theorie entspricht. Wie sollte auch die Stadt so rigoros den von ihr erlassenen drakonischen Gesetzen huldigen: Wird sie doch schlieſslich selbst nichts anderes, als ein groſser, öffentlicher Bankerouteur!

5. Fälschung.

a. Maſs und Gewichts-Fälschung.

Wie die Nürnberger PO. zahllose Vorschriften behufs Regelung und Hebung des Handelsverkehrs und Gewerbsfleiſses in sich begreifen, zu deren Aufrechterhaltung ihnen schärfere Mittel, als den heutigen Marktverordnungen zu Gebote stehen, so sind auch umfassende Vorkehrungen getroffen, den Käufer vor Täuschung durch falsches Maſs und Gewicht zu schützen, zugleich die strengste Ahndung, wie Buſse, Brandmarkung und Verbannung, dem betrügerischen Verkäufer zugesagt. Die Verwendung ungestempelter Gewichte ist bei Strafe an Leib und Gut verboten; Wagen und Maſse müssen zeitweise einer eingehenden Revision unterworfen werden. Miſst ein geschworner Getreidemesser unrecht, so soll er ein Jahr die Stadt meiden. 1400 werden jedoch drei Messer, welche sich durch Bestechung zur Unredlichkeit verleiten lieſsen,

9) Mand. 1693: S. II. L. 78. Nr. 5: Mand. 1717: s. a. Rtschlb. XLVI, 398.

nach Abschlagung der Schwurfinger hinausgejagt; den Verführer ergriff man bei den Ohren, ihn derselben entledigend. Ein Marktmeister wird wegen eines ähnlichen Betrugs zu tot gehauen.

Gegen Bäcker und Fleischer verfährt man nicht gelinder. 1412 werden ein Beck, sein Weib, seine Knechte der Ohren beraubt, ein dritter gebrandmarkt und ihnen nebst noch zwei Helfern die Stadt versagt. Ein andrer sühnt, da das Brod „merklich zu klein und geuerlich" mit vierzehn Tage Kämmerlein, während welcher Zeit er sein Gewerbe nicht ausüben darf. „Gefährliches" Auswägen der Fleischhacker soll Körperstrafe und Bufse, der Verkauf über die vorschriftsmäfsige Taxe Verbannung nach sich ziehen. Dasselbe sichert man Müllern und Weinschenken zu.[1])

b. Warenfälschung.

Ebenso vielseitig erweisen sich die Bestimmungen behufs Verhütung von Betrügereien durch Fälschung der Waaren selbst. Wie oft wird unredlicher Safran verbrannt und der Verkäufer zugleich mit ihm und auf ihm. Hie und da liest man auch Enthauptung oder Relegation; die Frau eines Verbrannten trifft 1444 wegen Beihilfe das Stadtverbot, eine andre begräbt man 1457 lebendig. Der hohe Wert und Preis des Gewürzes, wie die Schwierigkeit, die Fälschung zu konstatieren, führt zu solch übergrofser Strenge. Die Vernichtung des Corpus delikti erfolgt in solenner Weise auf dem Markt oder vor dem Hochgericht.[1])

Manch Tropfen edlen Rebensaftes schlürften die Ratsherrn in der Herrentrinkstube, eine bedeutsame Rolle bei wichtigen Beratungen mafsen sie ihm bei. Daher waren sie auch, um ihre, wie des Volkes Benachteiligung durch gesundheitsschädlichen Wein zu verhüten, auf die äufserste Sorgfalt bedacht. Und es ist für-

[1]) PO. 154, 156, 167, 172, 174, 194, 198, 237, 246, 252; Jäger, jur. Mag. 1, 334; Hegel 5, 1490; vier pecken 14 t. versp. kämerl. und Solang mit dem hantwerk zu feyren, vmb das Sie das weifsbrot merklich zu clein und geuerlich gepachen haben, Rath. II, 116, StA.; die haben globt mit iren trewen, daz sie mit ir selbs leib in einem Jar in die Stadt niht komen wollen, d. d. sie uneht gewiht und wag geh. h., AB., 316, 3, 1381: Bäcker, der betrogen, Ohren und Brandmarkung, Ann. 1412.

[1]) Eingehend mit den Verfälsch. d. Safrans besch. s. PO. 136; Clasen h. Hals ewigl., d. d. sie mit Safran vnredlich vmbgangen sein, AB. 317, 33, 1407: Safranfälscher verbrannt, 1444, 1446, 1456: PO. 136.

wahr erstaunlich, auf welch raffinierte Weise damals schon bei der Weinfälschung verfahren wurde. Ich nenne nur Schwefel, Milch, Eier, Scharlachkraut, Tahenn, Holler, Speck, Branntwein, Senf, Weidasche und Totenbein als die fürnehmsten Schändungsmittel des edlen Rebenbluts.

Könige und Fürsten erliefsen Gesetze wider solche Fälscher, welche nach Konfiskation des Getränkes an Ehre, Leib und Gut härtiglich gestraft werden sollten. Der Unfug des Fälschens nahm indefs im 15. Jahrhundert derart überhand, dafs zu Windsheim, Rothenburg, Freiburg und in andern Städten Tagfahrten behufs gemeinsamer Beratung über Mafsregeln wider die Weinschmierer stattfanden. Man beschlofs, sie mit Pranger und Verweisung zu belegen. Der Wein selbst aber „der nicht gerecht“ ward auf einen Wagen mit roter und weifser Fahne, die Aufschrift „Weinschmier“ tragend, gebracht und — während der Löwe oben auf dem Fasse durch Pauckenschlagen den Pöbel herbeilockte — auf den Säumarkt gefahren, woselbst nach Zertrümmerung ihres Gehäuses die „schädliche Materi“ in die Pegnitz flofs.

1313 gab man Wein „darynnen man leymen hat funden“ in das Spital. 1441 ertappte man zwei Weinführer, wie sie „temperirte und vmb der leut grofse und swer krankheit zufürkommen“ verbotne Weine zu verkaufen suchten. Als man jedoch erfuhr, dafs diese „Herzog Otto von Bayern zustehen“, begnügte man sich damit, den Missetätern Urfehde schwören zu lassen, dafs sie das Getränke ungefährdet wieder nach Bayern zurückfahren, und setzte den Fürsten gleichzeitig hievon in Kenntnis. Einer, der gebranntes Wasser für Wein ausgeschenkt, sollte nach Ausspruch der Konsulenten mit dem Schwert gerichtet werden; er entschlüpfte diesem jedoch in der Voraussicht „dafs bei ihm noch emendatio morum zu erhoffen“. 1409 exilierte man einen, der „etlichen wider des Rats Ordnung gelehrt, den Wein schmieren“, für immer.

Auch auf Fälschung der Marke war man frühzeitig bedacht. So strafte man einige 1508 (aus Gnaden) um 50 fl.: „die aufs behender listigkeyt und betriegerey von etlichen alten leeren vassen die wechsern Sigel abgelöst und auff ire vafs mit Wein gedruckt und nachuolgend durch dieselben siglung verkaufft haben“.[2])

---

[2]) PO. 241—263; u. H. Sachs (Keller IV, 249): Milch, tahen, schwefel und prantwein, Weydaschen, holler und todtenbeyn, scharlachkraut: nach

Gegen Bierfälscher erliefsen die Stadtväter analoge Verordnungen. 1609 schlug man ein Pasquill wider die Bierkieser und Brauer an, welches den Rat veranlafste, mehrere der erstern in das Loch zu stecken und abzusetzen. Hierauf beschlagnahmte man bei vier Brauern das zweifelhafte Gebräu und liefs es teils durch den Löwen in die Pegnitz schütten, teils durch Schützen — die Mafs um vier Pfennige — ausschänken. 1494 wanderte ein Bierfälscher auf einige Tage in das Kämmerlein und zahlte „dem poten, richter und den herrn je 20 Pfd.“[3])

Gleicherweise liest man von Verurteilungen wegen falscher Arznei. 1500 beraubt man einen derartigen Adulteraten der Augen. Einem Apotheker wird verboten, die Rezepte eines ungeschickten Arztes anzufertigen.[4])

Öfters erhält der Löwe Auftrag, verdorbne und gefälschte Waren mit dem Brande zu richten, wie Häringe und Schmalz, woneben den Händler nicht gelinde Ahndung trifft.

Strafe an Leib und Gut, wie Vernichtung der verbrecherischen Objekte gewärtigt endlich der Verfertiger nachgeahmter Edelsteine. 1412 verweist man einen Krämer wegen Verkaufs von vergoldeten Kupferringen. 1498 entläfst man einen andern mit der Warnung: „das er solich abentewr nit mer herpring, sonst werde ein Rat nach lawt Irer gesetze dareinsehen.“[5])

---

einer zieml. alten Verordn. scheinen übrigens erlaubt: Ayr on die schalen, milch, rohes saltz daz vngeprant sey, wazzer, griz, kyslingen (Kiesel), Laym, dahen (Thon), weinstein, kemme (von Beeren entblöfste Trauben) mag man wol in ein vas tun, Siebenkees, Mat. 4, 718; nachdem kath. hiltprantin und Dor. Hoffmenin schedlich und verbotten Weingemecht, das man Schmier nennet, herein In dise Stat getragen, In maynung etl. Weinfafs am Newenmarkt damit zu füllen, ihnen als Straf, dafs sie vff dem Pencklein vnder dem Pranger bis zu aufslesen diser beruffung steen und darnach 3 Jar d. Stat meiden, Haderb. 1, 1503—16, 168, JR., 67; Rtb. IX, 1, 1508 StA.; Rtschlb. XLIII, 47; Haderb. 1, 1483—96, 69.

[3]) Coll. 1609 Stbibl.; Siebenkees, Mat. 3, 30; Hegel 5, 574.

[4]) Hegel 5, 604; Hist. dipl. Mag., 496, 1599; des artzts Im loch verhören und sein würtz schawen, ob sie gar echt seyn, Rp. 1449, 5, 8.

[5]) PO. 140; Ann. 1415, AB. 317, 74, 1412; 1491 zwei gerichtet: „das sie mit betruglichen ketten etwa vil Lewt vmb vil geltz betrogen und dieselben ketten wider in Iren gewalt betreuglich und Listigklich gebracht haben, HGB. I, 8.

c. Münzfälschung.

Hinsichtlich der Begehung dieses Verbrechens kommen folgende Varietäten in Betracht:

a. Anfertigung von falschen Münzen. Vergolden von kupfernen und dgl.

b. Beschneidung und sonstige Entwertung der ächten.

c. Hingabe wertlosen Metalls (von Rechenpfennigen) für edles.

d. Bewufstes Ausgeben falschen Geldes.

e. Einführung schlechter Sorten aus dem Ausland und Einwechselung gegen vollwertiges des Inlands.

In Deutschland war, vornehmlich im 15. und 16. Jahrhundert das Falschmünzen an der Tagesordnung. Krankten die angesehensten Fürsten — Unsummen an Betrüger vergeudend — an der Sucht, den Stein der Weisen zu ergründen, huldigten die Vornehmen des Volkes, wie die Geschlechtersöhne Nürnbergs mit Vorliebe jener geheimnisvollen Kunst der Alchemie, so waren — nicht minder befangen vom Dämon Gold — viele der untersten Schichten bestrebt, auf — wenn auch gefährlichere, so doch praktischere — Weise die Jagd nach dem Glück zu unternehmen. Und bei der Unzahl der im Lande kursierenden Sorten — sie grenzten an 5000 — erschien die Erwartung nicht allzu kühn, dafs das Wagnis mit Erfolg sich kröne. Der Überhandnahme des Falschgeldes nachdrücklich zu steuern, war eine schwer zu lösende Verpflichtung der Lenker eines so verkehrsreichen Staatswesens. Wie wenig sahen sie sich hiebei gefördert durch die Drohungen der Reichsgesetze, die Einigungen der Fürsten und Städte, das Vorgehen endlich des Kreises selbst. Erwuchs der Republik nicht geringer Vermögensverlust durch die Einfuhr wertloser Stücke, so warb in ihrem eigenen Gebiet das Verbrechen seine Jünger. Manch lichtscheuer Keller fand sich in verrufnen Gassen der Stadt, manch weltverlorner Winkel im Reichswald als trefflich geeignet, solch verwegnen Gesellen als Werkstätte zu dienen. Freilich standen ihnen zumeist nur Hilfsmittel naivster Gattung zu Gebote und als zu bearbeitendes Rohmaterial lediglich Kupfer und Blei. Aber waren jene leichter zu entlarven, nicht so die gefährlichsten dieser Zunft, welche als ehemalige Münzergenossen in der Kunst der Legierung bewandert waren oder — sich gar in Amt und Würden brüstend — auf solch eidbrüchige Art einen Nebenerwerb erstrebten. Äufserste Vorsicht, wie äufserste Strenge waren daher von Nöten; und fürwahr die Zahl der Fälscher, die in Nürnberg den Scheiterhaufen besteigen mufsten, ist eine erstaunlich grofse.

Nur einiger markanter Fälle sei gedacht. So richtete man 1466 drei, darunter den „reichen" Münzmeister, da sie die „weissen muntz ersaigert". Ihre Helferin wurde gebrandmarkt und man gebot, „das niemant kain gülden mer soll kaufen auf gewinn und keinerlei muntz sol sie geben oder kaufen, dann in der geschworn wechsel". 1495 befahl man dem Meister Dietherrn bei ernstlicher Leibesstraf „dafs er hinfür kein goldt brechen, schmelzen und andere güldene Münzsorten Alfs Ducaten ohne vorwifsen münzen soll". 1500 enthauptete man den Verfertiger dreier falscher Heller. 1617 äscherte man einen Fälscher ein „der Müntz in nicht geringer anzahl gemacht Sondern auch ein merkliche Summe gang bahrer Guldener und Silberner Münzsortten geschwecht, beschnitten und gefälscht, allerhandt instrumenta hiezu gebraucht und also einen offentlichen schedlichen Diebstahl und betrug begangen".[1]) Hie und da ist der Schlag verzeichnet, der bei der Fälschung zur Täuschung diente. Nicht so scharf beurteilte man das Vergolden von silbernen oder kupfernen Münzen; Brandmarkung und Verbannung ist hier Norm.

In den Mandaten ist dem Verringer und Beschneider Strafe an Leib und Gut zugesichert. 1482 enthauptet man einen Messerer, der Gulden beschnitt. Ebenso wird Ott Tucher mit sechs andern, welche „mit der muntz verlichen vmbgangen" für immer verwiesen und ihnen eine besonders streng formulierte Urfehde auferlegt. Das Ausgeben von kupfernen und messingenen Gulden, wie auch Rechenpfennigen, ist häufig erwähnt und als Sühne Schwert oder ewiges Gefängnis.[2])

[1]) Hegel 4, 297: Rtb. LIV, 45, 1595; Mfzb. 1392, 1396, 1397, 1441, 1460, 1562 etc.; PO. 144; AB. 1615—1618, 324; köpft man H. S. hat valsch küpfrein oder messein gulden gemacht, Hegel 4, 572; M. Franz Tageb. 1596, 1617: 2 jar, d. d. ein böser lewmut auf in geet von der Muntze wegen, AB. 317, 30, 1407.

[2]) Hegel 4, 366: AB. 316, 42; Mich. Hayder, der wider gelübt und Aydt mit betrügl. aufsgeben Rechen Pfennig für Münz, Glaydtsbruch, und wider geleiste vrphedt einen Rath höchlich inquirirt, derentwegen Er dieser und anderer verprechen halben zur ewigen gefengknufs condemnirt. Aber vff intercession etl. Fürsten aufsgebetten und vermög Urthelbrieffs zu Bamberg gericht worden, 1465, Roth N. Nr. 1: Rtb. K. 16, 318.

Ein einträgliches Gewerbe war es von jeher, minderhaltiges Geld aus benachbarten Territorien einzuführen und die gute Stadtmünze in das Ausland zu bringen. Die Frevler verbrannte man meist; so auch drei, welche 1416 „bös Geld aus Böheim in der Stadt aufgewechselt und gegen Constanz, Vogtland, Frankfurt und Bacharach verführt".[3])

Wegen Umwechselns falscher Stücke wird eine Dirne auf Backen und Stirne gebrandmarkt und verjagt. 1565 hat sich einer böse Dreier verschafft und um drei Pfennige zu fürsätzlichem Betrug uud Nachteil ausgegeben. Die Konsulenten plaidieren zwar an sich für Todesstrafe, entschliefsen sich jedoch, da die Summe zu gering, als dafs er sich bereichern konnte und er viel mehr „aus üppigkeit und einem sondern frechen mut" gehandelt, für Thurm und Geldbufse.[4])

Den Helfer trifft die Strafe des Täters, — was auch für einen Lehrling galt, der den Meister nach kurzer Zeit an Kunstfertigkeit überbot, — es müfste sein, dafs sich der Beistand, wie oben, darauf beschränkt, das falsche Geld in Verkehr zu bringen. 1564 köpft man einen „der auf der Lausch gestanden, da seine Gesellen an heimlichen orten In Welden falsche Münzen gegossen". Wegen desselben Reats begnadigt man zur Verweisung; mildernd wirkt beim Inkulpaten: „da er blos auf der Lauer war; da er vom Erlös mitgegessen, doch kein handt angelegt; beim falschmünzen persönlich nit gewest auch nit gesehen, wie sie damit vmbgangen, bis sie erst nach Vollendung falsche Thaler sehen lassen; daz er sie vor der handlung vermant und gewarnt, solich sach muessig zu steen; daz er auch kein Müntzen zur hand gebracht, noch aufsgeben hab".[5])

d. Urkundenfälschung.

Auch hierauf steht der Feuertod. 1460 verbrennt man einen Stuhlschreiber „um falschnüfs prief und sigel". 1593 nach Enthauptung einen Defraudanten, der auf gefälschte Dokumente hin 14000 fl. erwarb. 1494 köpft man einen Patrizier. Ein Rats-

---

[3]) Hist. dipl. Mag., Bd. II, 495: Thumbshirn v. Regensb. et uxor jur., daz sie noch ir gewalt noch yemant von iren wegen keinerley Müntz von der freyen stat herein niht tragen noch aufgeben sulen. AB. 317, 26, 1406.

[4]) Hegel 5, 572; Rtschlb. XVII, 70, 1565.

[5]) Rtschlb. XIV, 278; HGB. II, 14; Rtschlb. XIV, 296; XI, 90.

schreiber, welcher bezüglich eines Gerichteten einen falschen Eintrag machte, verliert Zunge und Ohren und wird exiliert.[1]) Aufserdem kommen auch Augenstrafe und Brandmarkung zur Exekutierung.

Von Interesse ist hier — angesichts der kunsthistorischen Bedeutung des Verbrechers — die Fälschung des Veit Stofs.[2]) Man ist leicht geneigt, den Vätern der Stadt den Vorwurf parteiischer Strenge angedeihen zu lassen. Sie hätten, heifst es, mildernd berücksichtigen sollen, dafs er durch seine Tat nur den zu schädigen suchte, der offensichtlich bei dem Betruge mitgewirkt, der des Künstlers Habe verschlang. Das Verbrechen war indefs nach damaliger Anschauung zu schwer, als dafs, — sofern auch dieser Umstand, wie die Persönlichkeit des Schnitzers selbst zu seinen Gunsten in die Wagschale fiel, — die völlige Begnadigung hieraus hätte resultieren können. Man vermag daher den Rat nur des Egoismus zu zeihen, indem er — den Wert des Weitberühmten für Nürnberg richtig würdigend — ihn statt zu verweisen, für immer an die Heimat zu fesseln suchte.

Worin bestand das Verbrechen des Künstlers? Lassen wir hier der Quelle selbst das Wort:

„V. St. leget tausent gulden zu einem kaufman auf gewin und verlust und der kaufman hiefs Paner an sant Gilgen und er saget im die gesellschaft ab und gab im die gulden wider. damit hat er im gewunen die zeit dreu hundert gülden und der Veit schnitzer sprach zu dem Paner: lieber, weist mir einen, da ich die gulden zuleg, ich lafs ir nit gern veiren. da weiset er in zu dem Startzedel und derselbig was dem Paner sechshundert gulden schuldig, die nam der Paner und der Startzedel entran und trug dem Veit die gulden hinweg. da erzürnd der Veit auf in und gedaht, wie er seins geltz vom Paner wider ein möht kumen und das er in so poslich mit wissen und mit geverd angeweist hat und schraib denselbigen schuldbrief nach jener handschrift des Paners, das es im schier des P. schuldbrief gleich was und er het im sein sigel abgemacht und er trüket es auf den brief und er vordert sein 1300 gulden“.

Sie stritten zwei Jahre, bis Stofs endlich „sein obentteur darümb bestund“. Er wurde trotz des ergangenen Todesurteils nur

---

1) Ann. 1460, Hegel 4, 245; HGB. I, 13; Jäger, jur. Mag. 1, 334, 1412.

2) Hegel 5, 667; Rtb. VII, 143, 295, 328.

gebrandmarkt „durch ped packen und man hat nie keinen so lind geprent“; dazu mufste er Urfehde schwören, sein Leben lang die Heimat nicht zu verlassen.

Der Rat gab sich der Täuschung hin, der Künstler würde sich in Anerkennung der unverdienten Schonung, welche man ihm angedeihen liefs, gelassen in sein Schicksal fügen. Die schimpfliche Strafe hatte ihn jedoch für immer unredlich gemacht und selbst seinen Gesellen gegenüber alles Ansehens beraubt. Dazu der geschmälerte Absatz seiner Schnitzereien, keinerlei Anregung zum künstlerischen Wirken — diese Fesseln schienen dem genialen Meister unerträglich. Bald begehrte er, mit seiner Arbeit die Frankfurter Messe besuchen zu dürfen. Kaum in Freiheit, droht er, die Nürnberger wegen zu wenig erstatteter Kosten beim Kaiser zu verklagen, weshalb der Rat „sich sein zemechtigen und zu gefengknus zepringen“ befiehlt. Auf Fürbitte der Frau neigt indefs der Rat abermals zur Milde, Stofs unterwirft sich einer kurzen Thurmstrafe und schwört die frühere Urfehde. (1505).

Nach vielem Querulieren erbarmt sich seiner König Maximilian, indem er ihn (1506) restituiert und rehabilitiert. Der Rat will dies freilich anfangs keineswegs respektieren; schliefslich beugt er sich aber dem Willen des Herrschers und verstattet Veit Stofs: „Sich der königl. restitution zu seiner notdurfft zu geprauchen doch nit auffzeschlagen: wann er wöll aufsziehen, soll er das mit erlaubnufs thun“. 1507 wird ihm sodann „zu königlicher Majestät zeraisen“ vergönnt.

e. Falschspiel.

Es stand in der Ahndung den übrigen Fälschungsverbrechen keineswegs nach. Da es die vornehmste Nebenbeschäftigung der Diebe und Gauner bildete, deren Ernte bei der damaligen übergrofsen Spielsucht oft eine erkleckliche war, so hat man an der Ausweisung solcher gemeingefährlicher Individuen selten Genüge. Falsche (böse, gefüllte) Würfel bildeten meist die Corpora delicti.

1482 verwies man einige auf zehn Jahre „das sie sich mit Scholdern und zu zeitten mit betrüglichen Spiel uff der kartten mit dem Wurffel und Im Schach den lewten vnrecht getan“.[1])

[1]) AB. 317, 15, 1407; 5 jar, d. d. si gefüllt und valsch würfel trugen und auf der lewt vngelükk gingen, AB. Lochner, 28; 5 j. von falscher würfel

Auch das Gürtelstechen war im Schwang, das Spiel mit den drei und fünf Steinen und „die Püchseln mit Saltz“ u. dgl. m. 1416 verbrennt man einen Falsch-Münzer und -Spieler und bricht mehreren solchen Betrügern in der Folge die Augen aus. 1583 köpft man einen, welcher ungebessert von den Galeeren zurückkehrte und jagt seinen Genossen mit Ruten aus der Stadt. 1498 stellt man acht Frauen nach Steintragung, sowie vierzehn Männer auf den Pranger und verbannt bald darauf noch vier über den Rhein.[2])

Aufserdem ergehen noch unzählige Verbote, die Bevölkerung vor Verschwendung in Folge Veranstaltung von Hazard- und andern lukrativen Spielen zu wahren.[3])

VII. Missetaten wider die Religion.

1. Ketzerei.

In dem in Kunst, Handel und Gewerbe frei aufblühenden Gemeinwesen, das nicht zugleich einer höhern kirchlichen Gewalt als unmittelbarer Wirkungskreis diente, vermochten die philosophischen Lehren und religiösen Schwärmereien des Mittelalters rasch Wurzel zu fassen und Nachbeter, wie Verfechter ihrer Dogmen zu gewinnen.

Von der Bewegung der Waldenser scheinen zu Beginn des 14. Jahrhunderts nicht nur die unteren Bevölkerungsklassen, sondern selbst die Geschlechter beeinflufst worden zu sein; wenigstens zählten einige Tucher zu ihren Anhängern. Der Rat, welcher unter seinen eignen Gliedern manchen Verehrer dieser Lehre

---

wegen, AB. 316, 20; 3 j. d. d. man bose Wurfel bey im funden hat, AB. 316, 46; Haderb. I, 1483—96, 75, 93; M. Franz Tageb. 1585. Eine stattliche Reihe betrügerischer Spiele führt H. Sachs in s. „vntrew spiel“ auf, Keller 5, 225.

2) AB. 1581, 163; M. Franz Tageb. 1583, Hegel 5, 604.

3) Einen Mafsstab für die damal. Spielsucht gibt die Tats., dafs als Capistranus 1452 in N. Bufse predigte, 3640 Bretspiele, 40 000 Würfel und unzähl. Karten auf dem Markt verbrannt wurden, Waldau, Verm. Beitr. 4, 177; den Statknechten und püteln ernstl. zesagen, daz sie, weil sie in eins Rats dinst verpflicht, keynerley Spil thun, dann an welchen sich das erfände den wolte ein Rat seines ambts und diensten vrlauben, Rtb. VI, 35; 1787 Lotto und Lotterie verboten, Waldau, V. B., 3, 74.

wufste, nahm vorerst einen lediglich beobachtenden Standpunkt ein. Die Sekte dokumentierte offen ihre Zugehörigkeit zur katholischen Kirche und erwies sich frei von Umsturzbestrebungen politischen Charakters. Es war daher zu Besorgnissen ernstlicher Natur keinerlei Anlafs gegeben. Dafs die Lehre in so kurzer Zeit ein so weites Herrschaftsgebiet errang, war keineswegs zu verwundern; mufste doch vornehmlich das niedere Volk die Weltentsagung eines Waldus sympathisch berühren.

Der Bamberger Chorherr und Pfarrer von s. Sebald Hermann von Stein huldigte indefs anderer Anschauung. Ihm, dem die auch gegen den Prunk der Kleriker Eifernden höchst unbequem sein mochten, war es wohl zu danken, dafs sich der Oberhirt 1332 zum ernstlichen Vorgehen gegen die Nürnberger Waldenser entschlofs, ja, den Chorherrn selbst mit der Leitung der Inquisition betraute.[1])

Ehrerbietig wurden vom Rat die Ketzermeister empfangen, wiewohl nicht ohne feierlichen Protest gegen die Verdächtigung, welche man wider die Stadt erhoben, und die Zumutung, dafs er den Inquisitoren zu Allem, was ihres Amtes sei, behilflich und förderlich sein müsse. Auch begehrte er, dafs man nicht, wie bisher, nur arme und schlichte Leute als Ketzer einziehen, sondern hauptsächlich wider die des Unglaubens noch mehr bezichtigten Reichen einschreiten solle, damit nicht das Geschrei unter dem Volk entstünde, es ginge allein über die Armen. Auf solche Weise glaubte der Rat — der zumeist durch den Protonotar Friedrich mit den Ketzerrichtern verhandelte — den Vorwurf der Mitschuld an der Veranlassung der Inquisition im Keime zu ersticken. Bald drohte sogar ein ernstlicher Zwiespalt. H. v. Stein weigerte sich nämlich, zwei Bürger, welche er selbst als Häretiker hervorhob, und die sich freiwillig unter der Versicherung ihrer Schuldlosigkeit der Prüfung unterwarfen, zu inquirieren, worauf der Rat trotzig jede weitere Unterstützung versagte und jede Verantwortung, wenn die Untersuchung völlig erfolglos bleibe, von sich wies.[2]) Der Chorherr brachte daher seine Tätigkeit rasch

---

[1]) Gelb N. nr. 9, d. notar. Protokoll über die Inquisition. Nach Ann. bereits um 1170 Waldenser in N., s. f. Lochner, Gesch. d. Stadt N. z. z. Karl IV, 1 und Haupt, Die rel. Sekten in Franken vor d. Reformation, 18.

[2]) Fridericus protestatur, quod per Dominos suos non staret nec per

zum Abschlufs und nannte unter Anerkennung der tatkräftigen Beihilfe der Stadtväter[3]) an hundert Namen von Schuldigen, welche hierauf unter Androhung der bekannten, im Leumundsprivileg verewigten Sühne für immer verwiesen wurden. Sicher war ihnen bald die Heimkehr wieder beschieden, mancher von ihnen mochte vielleicht eine gewichtige Stimme im Aufruhrrat des nächsten Dezenniums führen. Müllner negiert — wohl wider besseres Wissen — überhaupt die Bestrafung der Bürger: „Ist ihnen nichts ungebührlichs zugemessen worden, was der Inquisitor mit seiner Rott selbst bekannt“, schliefst schadenfroh der Chronist.[4])

Nach Vitoduranus wären 1340 mehrere Katharer eingeäschert worden. Ist dies nicht weiter bestätigt, so erweisen doch die Umtriebe des Begharden Hermann Küchener, welcher um diese Zeit von Nürnberg nach Würzburg zog und sich dort zum Widerruf seiner Lehren bewegen liefs, dafs der Erfolg der Inquisition ein sehr zweifelhafter gewesen.[5])

1348 verweisen die Aufrührer, welche es nach gelungenem Verfassungssturz mit Kaiser, Klerus und den Juden nicht verderben wollen, den H. Graser, welcher wider christlichen Glauben gepredigt, auf nur hundert Jahre unter der Zusicherung, ihn bei der Rückkehr dem Bischof auszuliefern.[6])

1378 kam der Kirchenfürst, dem das Treiben der Sektierer nun doch zu übermütig und bedenklich geworden, — denn wie leicht konnte die einflufsreiche Stadt selbst zu offener Huldigung dieser Irrlehren veranlafst werden — in eigner Person, vom Rat, welcher diesmal in keinerlei Weise zu widerstreben wagte, auf dem Rathaus begrüfst. Das Verfahren war jetzt auch von besserem Erfolge bekrönt. Die Inquisitoren gingen nicht so zaghaft, wie H. v. Stein, an das Werk; sie griffen sogleich ins Volle. Nach den Rechnungsbüchern wenigstens wurden die „ungelaubigen verleymuten lewt“ durch 58 Söldner gefangen; aufserdem sind Zahlungen an den Lochmeister für Verköstigung, an Züchtiger und Löwen

---

illos, quos Inquisitor suspectos duceret, sed potius per Inquisitorem, quod in inquisitionis negotio non procedetur.

3) quod Scultetus Consules ac Scabini in inquisitionis negotio se fideles et legales exhibuerunt et omnem diligentiam adhibuerunt.

4) Ann. 1332. 5) Haupt, 5.

6) AB. Lochner, 124; Ann. 1348; nach Müllner werden auch 1354 mehrere Personen beim Hals verwiesen.

für Verbrennung verzeichnet. Den Annalen gemäſs muſsten 1378 über vierzig Ketzer teils öffentlich, teils heimlich unter Annehmung des Kreuzes Buſse tun; 1379 wurden sieben verbrannt, elf trugen das Kreuz, mehrere traf Verweisung, viele entkamen durch Flucht.[7])

1400 wird dem Bischof noch ein Bürger Unglaubens halber überantwortet.[8])

Trotz jenes Strafgerichts wurde den Waldensern in Nürnberg keineswegs ein Ende mit Schrecken gesetzt; noch bis tief in das nächste Jahrhundert hinein besaſsen zie zahlreiche Anhänger dortselbst. Ich erwähne nur den Kaufherrn Hans von Plauen, welcher den durch sein tragisches Geschick bekannten Friedrich Reiser zum Waldenser gebildet hat, an die Gemeinden in Heilsbronn und Heroldsberg, wo letzterer 1446 zum Vorsteher der Sekte erkoren ward.[9])

Nicht gering waren die Belästigungen Nürnbergs durch die Flagellanten, vornehmlich kurz nach dem groſsen Aufruhr. Sie gaben Anlaſs zu Judenverfolgungen und Tumulten. Erst als der Rat energische Schritte unternahm und den Vorgeher der Geiſsler, J. Kratzer, nach dem probaten Rezept des Ludwigsprivilegs, d. h. durch Säckung zu kurieren drohte, ward dem Unfug ein Ziel gesetzt.[10])

Einer begeisterten Aufnahme durfte sich der böhmische Reformator rühmen, da er auf dem verhängnisvollen Gang zu seinem Golgatha 1414 in der Reichsstadt rastete. Den folgenden Hussitenkämpfen hatte Nürnberg mancherlei Unruhen und Opfer an Geld und Bürger zu danken.[11])

---

7) aht und fünfzig Soldner, da man die verlewmten lewt ving und die dy ersten nahte hüten StR. 1378, 49; do die Burger vff dem Hawse warn, do der Byschof her kom von der verleymuten lewt wegen, 50; kost daz die Lewt die man gevangen von des gelauben wegen mit allen sachen 25 Pfd., 50, lochmeister zu kostgelt von den vngelauben lewten, den er etlich zeiten zu ezzen geben, 54; dem lochhüter von einer die er drey wochen gehaben het und dem züchtiger und dem leben daz sie die selben verpranten von dez vnglauben wegen mit allen sachen 5 Pfd., 54; Hansen Tewfel und Seybot pfintzing 12 Pfd. von der Mü wegen, die sie heten mit den vngelaubigen lewten, da man sie vertigt, 54; Ann. 1378, 1379. In den Städtechron. (Haupt, 27) wurden 1399 sieben verbrannt; es dürfte hier im Vergleich mit obigen Stellen eine Verwechslung vorliegen und 1379 dafür zu setzen sein.

8) Ann. 1400. 9) Haupt, 44. 10) Lochner, Gesch. d. St. N., 36.

11) Waldau Verm. Beitr. 4, 114: nicht ohne Anhänger scheint auch der Zwinglianer Franz Kolb 1522 gew. z. sein. Als seine Lage während des

Von besonderem Interesse ist das Gebahren des Rates den Wiedertäufern gegenüber. Als 1526 ihre Anhänger in der Bauerschaft eine besorgniserregende Zahl erreichten und eine Wiederholung des Aufruhrs der Vorjahre zu gewärtigen war, erklärten sich die Konsulenten für nachdrückliches Vorgehen gegen diese Umstürzler. Den Antrag begründeten sie jedoch in ihrer freisinnigen Weise: „Ihr Glaube sei Nebensache, denn niemand mög oder sölle gemüssigt und gezwungen werden, difs oder ein anders zu glauben. Aber, das so darauf eruolgt, sey pillich heylich zu bedencken und erschröcklich, nämlich: die zeitliche Oberkeit Irer Polliceien und ordnungen zu entsetzen, daz sy derselb nit mer gewaltig und zu regiren mechtig sein möge, Sy gar abzuthun und Tod zu schlahen". Auch Simon Clüver hebt (1528) nur das letztere Moment hervor und scheidet scharf „zwischen einem solchen der Irt und einem der ander Leuth irrig macht und verführt: Dann was kann ein Oberkeit darzu thun oder handeln, wenn einer aufs einfalt glrt hat, glaubt oder nit glaubt, lest sich tauffen oder nit".[12])

Nicht so rasch einigten sich die Konsulenten über die Art der Bestrafung der Wiedertäufer. Scheurl insbesondere widerriet aus politischen Motiven die Landesverweisung; man solle sie „daz die andern ein Scheuch haben möchten" zu Pranger und Abschlagung der Finger verurteilen. Auch nicht auf Brandmarkung solle man erkennen „dafs des menschen angesicht, nach gotlicher pildnufs erschaffen, nit beleidigt werde".

Endlich entschieden sie sich dahin, den Rat aufzufordern, ein strenges Mandat zu nochmaliger Verwarnung des Landvolks auf allen Kanzeln verlesen zu lassen. Dies erging hierauf unter dem Titel: Grundtliche vnterrichtung eins erbern Rats wider etliche verfürerische lere der Widertauffer".[13])

Der Münzer des Nürnberger Gebiets aber war Wolfgang Vogel, der „Pfaffe" von Eltersdorf. Anfangs eifriger Lutheraner, begann er plötzlich in seinem Kirchlein aufwieglerische Drohreden

---

Reichstags bedenklich wurde, zog er aus der Karthause in das Augustinerkloster. Auf Veranlassung des Klerus wollte der Reichsstatthalter dieses stürmen, unterliefs es jedoch aus Furcht vor Aufruhr. Kolb flüchtete sodann aus N., Waldau N. Beitr. 2, 205.

12) Rtschlb. VI, 13; Rtschlb. Sim. Clüver, 889.

13) Rtschlb. IX, 90; VI, 13.

seinen Hörern aufzutischen. Sein Anhang wuchs von Tag zu Tag, der Rat glaubte, die Gefahr erkennend, nicht mehr zaudern zu dürfen. Immerhin suchte er ihn vorerst in Güte eines Bessern zu belehren. Mitte Februar 1527 beschlofs man demgemäfs, ihn — wohl durch theologische Abgesandte — „seyn swirmerey halben zu red halten und herwiderpringen". Da er jene mit trotziger Antwort wieder heimsandte, durchaus bekehrungsunlustig, frug der Rat die Konsulenten um ihre Meinung. „Man soll auch bestellen Aufmerker auf sein predigen zu haben", lautet der Beisatz. Wenige Tage darauf erging ein Verhaftungsbefehl, auch „was vor schriften In des pfaffen Haus sind, mitzunemen". Das freie Geleit verweigerte man ihm, da er ja nach seiner Aussage „nit vnpillichs und verantwortliches" gehandelt. Und da man durch die Tortur seiner ganzen Denkungsweise, wie aus den bei ihm vorgefundenen Briefen und Büchern seiner staatsgefährlichen Pläne, ja eines Bündnisses mit mehreren des Markgräflichen Gebietes inne ward, machte man kurzen Prozefs und setzte unverweilt den peinlichen Rechtstag an. Nach dem Tenor des Urteils lautete die zu Grund gelegte Beschuldigung: „das er sich vnderstanden, samt andern seinen genossen ein pöse schedliche Verpündtnus wider alle Oberkeit, die sie zu vertilgen vorgehabt, aufzurichten, Sambt dem, das er als verordneter Seelsorger und prediger seine bevolhene pfarrkinder und ander auf etliche vnwissenliche Irsalen wider das offentliche wort gots gewiesen und verführt hat". Er ward mit dem Schwert gerichtet „wiewol er eine kurze person war".[14])

Was seine Jünger betrifft, so strich man sie mit Ruten und verbannte sie ewiglich mit Weib und Kindern. Eine Widerrufende wurde unter Urfehde frei „mit der strefflichen warnung und verpflichtung, wan Sye von den Widerteuffern yemandt wisse oder erfare solichs einem Rate anzuzeigen". Es ist indefs bei jenem Urteil ausdrücklich vermerkt, dafs man sie weniger ihres Glaubens wegen, sondern da sie alle Obrigkeit vertilgen wollten, verweise. In den folgenden Jahren finden sich sodann auch mehrere Bestrafungen; die einen verjagt man „vff verharren der widertauff" für immer, die Reuigen müssen drei Tage „vor der kirchen in Irer pfarr steen, welichs auch vormalen vff der Cantzel daselbst

---

[14]) Ratsverl.: 1527, 14, II; 22, II; 6, III; 14, III; 16, III; 26, III.

verkundt werden soll". 1529 ergeht abermals ein neues Mandat an alle Prediger.[15])

Anläſslich der Behauptung, in Nürnberg sei ein schönes, junges Fräulein wegen ihres trotzigen Beharrens auf dem Unglauben ertränkt und bei der Richtung vom Nachrichter besonders rücksichtsvoll behandelt worden, ist kein Nachweis überliefert. 1530 ist allerdings ein Prozeſs „wider Craffts seelig von Wolfsfeld Töchterlein" vermerkt, doch endigt dieser nicht also tragisch: „Ob sie auch aufrührerisch zu achten und urfehdbrüchig, solle man in Ansehung ihrer Blödigkeit nicht peinlich gegen sie vorgehen, meinten die Gelehrten. Da sie bei Verbannung nur auch andre vergiften und so dem Rate Nachteil bereiten könnte, rät man sie auf den Thurm oder sonstwo zu bringen „da sie arbeiten köndte und Leuth zu Ir kommen möchten, die sie vnterwiesen". Denn daſs „Einlitzigkeit" (Einsamkeit) eine Gesellin der Verstockung sei, erfuhr man an einem Erwachsenen. Er wurde in der Gefangenschaft immer halsstarriger, so daſs man ihn endlich unter dem Gelöbnis frei lieſs, hierfür nicht mehr zu predigen und zu taufen.[16])

Auch aus den übrigen Stellen geht deutlich hervor, daſs sich die Konsulenten — abgesehen vom Eltersdorfer Fall — vor peinlichem Vorgehen sträuben und daſs die religiöse Seite der Volksbewegung nicht viel Berücksichtigung erfährt. Das strenge Reichsrecht kümmert sie, wie gewöhnlich, blutwenig: „Es sey kein genugsam vrsach zw peinlicher strafe, das etlich widertauffer sagen, es sollen der Christen gueter gemeyn seyn, dann dise wort

---

15) Haderb. I, 247, 248; Gründlach: gen erlang, da der widertauffer fengklich enthalten wird, der dann zu gryndlach auch getaufft, sol man ein werbenden diener mit eyner Credenz abfertigen, sich seyner vrgicht und gesellschaften erkundigen, dabey erteilt, diese nacht zue gryndlach einzufallen, die tauffer auch die getaufften und Iren wirt anzenemen und herein Ins Loch zu füren, Rtb. XIV, 93 StA.; Erhart miller durch Johan hutter wider getaufft bitt Ime zuuerzeyhen Ime auf solichs gesagt. das es eins Rats fueg gar nit seye. Ine in Iren gepieten zu gedulden. darumb sol er sich fürderlich aus eynes Rats gepiet thun. nit mehr dorein kumen. und durch eynen anwald sein guet verkauffen, 230, 288, 315. 1528—31: Haderb. I, 254, 255, 260, 264. In Wöhrd gerät ein Prediger in schweren Verdacht, da mehrere W. bei ihm aus und eingingen, Rtschlb. VI, 165. 1534: Rp. 1533, 12, 6; Rp. 1534, 5, 1.

16) Rtschlb. VIII, 1533; VI, 251; Rtschlb. Sim. Clüver, 889.

mögen auch wol mit christenlichen guten gemuet geredt werden". Und der Speirer Reichsabschied?: „Dieser sei nit so hart zu fürchten, dann derselb In andern wichtigen Articuln auch nit gehalten wirdt". Selbst einer, der offensichtlich aufrührerische Tendenz kundgab und rief, der Teufel habe die Obrigkeit eingesetzt, büfst nur mit der Zunge; sein trotziger Sohn entgeht, da „der Jugend halb offenlich vfszustreichen vnglimpflich", sogar der Züchtigung.[17])

Der Anabaptismus behielt und warb daher seine Jünger, wie vordem; sie blieben stillschweigend geduldet, nur hie und da, wenn sie ihre Umsturzideen etwas zu deutlich offenbarten, entschlofs sich der Rat zu energischem Einschreiten. So steckte man 1541 mehrere Sektierer in das Lochgefängnis und erteilte ihnen den Laufpafs; Reuige unterzogen sich der Kirchenbufse. 1544 drohten von neuem in dem berüchtigten Eltersdorf Unruhen auszubrechen, man handfestete einige Bauern, behandelte sie aber, wie arme Verirrte. Nach sträflicher Rede und Urfehde liefs man sie durch Stadtknechte zum Thor hinaus geleiten unter Aufsagung der Stadt und des Gebiets, „doch Inen ains Raths mitleyden und dabey anzeigen, das man sy gern wöll Im wort gottes vnderweyfsen, sofern sy es annemen wöllen". Sie bezeugten indefs keine Lust hiefür.[18])

Das Jahr darauf lesen wir den Beschlufs: „Dieweil sich abermals etliche widertauffer und schwermerische Rott sonderlich vor der Stat In gärten samlen, Ist verlassen, heimliche kuntschafft zemachen und Inen jemand Im schein als ob auch Irer meynung anzehencken, ob also auf die spur und zum grund zekommen sein". Dafs dies glückte, ist nicht vermerkt, die Stadtväter wurden auch bald hievon abgelenkt durch die Vorgänge in Kraftshof, wo ein Heifssporn durch aufrührerische Predigten eine mächtige Erregung hervorrief. Man sandte Osiander zu ihm, der ihn zu bekehren versuchte „wölchs aber bey Ime nichts verfangen". Er wurde bei Rutenstrafe für immer verwiesen, die andern Verhafteten gab man der Freiheit zurück. 1553 ergeht wieder ein scharfes Mandat, das für jeden Reuigen das dreimalige Stehen vor der

---

17) Rtschlb. VII, 80, 68.

18) Rtb. XX, 280, 284; Rtb. XXII, 157.

Heimatkirche vorschreibt; und so zieht sich die Spurfolge hinsichtlich des Treibens der Sekte bis in den Ausgang dieses Jahrhunderts hinein.[19])

Endlich ist der Photinianer zu gedenken. Durch den Einflufs der Polen, zumal des Dr. Soner, bekannten sich 1616 mehrere Angehörige der Universität zu dieser Lehre. Auf eine ernstliche Mahnung des Kurfürsten von Sachsen hin entschlofs sich der Rat zu strenger Untersuchung. Kurz darauf wurden drei Studenten „so Burgers Kinder und Ihrer Herrl. Stipendiaten, aber mit der abscheulichen Gotteslesterlichen Schwarm des Ketzers Photini behafftet" auf einen Kammerwagen geschmiedet und im Geleite von Provisonern und Stadtknechten nach Nürnberg gebracht. Ihre Bücher verbrannte man öffentlich und erliefs an die Musensöhne ein nicht mifszudeutendes Mandat.

Und die jugendlichen Missetäter schmachteten lange auf dem Luginsland, im Lochgefängnis und endlich in der oberen Rathausprisaun und absolvierten manch hartes Examen. Auch gesellte man ihnen noch einige Leidensgenossen bei. Nach vieler Bemühung überredete man fast alle, öffentlich zu widerrufen und „die heilig Dreyfältigkeit, die Herrn Professores und studiosos und mäniglich, so sie geärgert, vmb Verzeihung zu bitten", bis auf einige, welche sich hiegegen weigerten „weil ihnen noch nicht alle Scrupuli zur genüge widerlegt worden". Doch auch dieses glückte dem Rat dem Anschein nach; denn als in der Folge aus Polen eine Gesandtschaft anlangte, ihre Freilassung fordernd, entgegnete jener, dafs es solcher Fürbitte gar nicht bedurft hätte, indem sich die Studiosi sowieso bereits auf freiem Fufse befänden „doch nicht nach ihrer der Abgesandten meinung als Photinianer, sondern als neue, bekehrte Christen!"[20])

---

19) Rtb. XXIII, 28, 1545; 255, 1546: Hersbruck: An defs Cantors stat aber soll nach ain andern getrachtet und er alsdann vom Dienst geurlaubt werden, Rtb. XXIV, 280, 1549. Mand. 1558 und 1555.

Originell ist aus späterer Zeit (1615) das Unterfangen Geuder's, das Dorf Heroldsberg kalvinisch zu machen, s. Soden 1. 414.

20) Stark, 1616.

2. Hexerei und Zauberei.

„Des teuffels eh und reutterey
Ist nur gespenst und fantasey“.
H. Sachs.

Ist Nürnbergs Rat und Konsulenten in ihrem Gebahren den Sektierern gegenüber eine freiere, höhere Gesinnungsweise keineswegs abzusprechen, so mochte die Reichsstadt auch hierin als leuchtend Vorbild gelten, dafs sie sich nicht vom Hexenwahn, welcher zu des Christentums höhern Ehre zahllose Autodafees auflodern machte, mitfortreifsen liefs. Freilich, völlig von dieser Zeitkrankheit, welche die edelsten Geister der Nation gefangen hielt, ist auch sie nicht unbeeinflufst geblieben; doch mafsen die leitenden Männer der Republik in verständig nüchterner Denkungsweise den Zauberkünsten eine höchst untergeordnete Bedeutung bei. Die sich später bekundende Strenge erklärt sich wohl dadurch, dafs der Rat das Vorgehen des Reiches, wie der benachbarten Fürstentümer nicht ganz zu mifsachten vermochte, wie er insbesondere durch das noch vom Aberglauben umnachtete Bauernvolk der umliegenden Landschaft nicht selten zur Initiative und Ahndung der Zauberei veranlafst wurde. Und endlich ist keineswegs die Tatsache vorzuenthalten, dafs viele den Wahn der Menge nützend strafwürdige Betrügereien und lebensgefährliche Schädigungen mit solchen Künsten verübten.[1])

Ein beachtenswertes Moment ist es, dafs der Nachrichter und dessen Helfer im grausigen Handwerk nicht zum wenigsten am Hexenglauben krankten, ihn im Volk und — was bei ihrer gewichtigen Rolle im damaligen Verfahren besonders verhängnisvoll — bei den Richtern entfachten und schürten. Kamen sie in die Stadt, so hatten sie zumeist anderwärts die löbliche Kunst, Unholden zu proben und zu richten, erlernt, ihr die raffiniertesten Handgriffe abgelauscht, so dafs es ihnen leicht glückte, auch der Verstocktesten ein Geständnis zu erpressen; bei jeder Tortur und Exekution glitt ein erklecklicher Ertrag in ihre Tasche, — sie sind als die vornehmsten Vermittler der ansteckenden Seuche des

---

[1]) Ich berühre hier z. B. den Glauben an die Existenz des „Wechselbalgs“, den auch Luther teilte. Zu Beg. d. 17. Jhrh. mifshandelt eine Frau in N. ihr Kind zu tot, da man ihr weifs gemacht, es sei ein Wechselbalg, Rtschlb. XLIX, 443.

Hexenwahns zu betrachten. Galten sie dabei in der ärztlichen Kunst als hervorragend bewandert, so nützten und förderten sie des Pöbels Torheit, indem sie Säcklein für das Trudendrücken, Salben für das Schwinden, Briefe für die laufende Gicht, Alraunen, aus Rüben und Haaren komponiert, für Aufdeckung von Schätzen um schweres Geld feilboten. Ich gedenke noch des abergläubischen Unfugs, den sie mit Körperteilen und Kleidern der Gerichteten, zumal zu Heilungszwecken, verübten.[2])

Wie die Zigeuner noch heutzutage, zeichnete sich das fahrende Volk durch Wahrsagen, Geisterbannen, Würzweihen, Wasser-, Geschofs- und Goldsegnen aus. In Stadt und Land trieben neben solchen Künsten alte Truden ihren Spuck mit Kräutern, brauten mannssüchtigen Mägdlein den Liebestrank und entzauberten für sie dem verführerisch äugelnden Krystall ein trügerisch Traumbild ihrer Zukunft. Was Wunder, wenn man ihren Ränken das plötzliche Siechtum und Sterben von Mensch und Vieh gleichfalls zu Lasten schrieb! Auch das Schatzgraben und Fahnden nach weifsen Ottern und anderem Getier unter Beschwörung und Teufelsbannung sind als gefährliche Liebhabereien dieser Zeit zu erwähnen. In den „ehrbaren" Kreisen der Patrizier aber herrschte die nicht minder strafwürdige Sucht, an der Hand der Schriften der grofsen Theosophen des Mittelalters des Jenseits Dunkel zu lichten und der Natur geheimnisvolle Kräfte zu erkunden. Astrologie und Alchemie wurden vornehmer Sport. Anläfslich der Überhandnahme der Goldmacherei und des hiedurch geübten Trugs erging 1493 ein strenges Verbot; 50 fl. Bufse oder Verbannung sprach man den Ungehorsamen zu, aufserdem Strafe an Leib und Gut bei Hinzutritt eines gefährlichen Delikts. Dem Christof Wagner von Heidelberg, der 1520 bezichtigt wurde „etlichen burgern zu der alchamey rat hilff und anweysung zu thun, dadurch dieselben zu abnemung irer narung oder villeicht ganzem verderben gefürt", bedeutete man, „er sey Irs fugs hier nicht, darumb soll er sich von hynnen fügen und sein gelt anderswo zeren". Er verliefs die Stadt, um bald darauf zurückzukehren und unter noch schärferer

---

[2]) s. z. B. AB. 1588—93, 111. Besonders trieben sie auch Handel mit Menschenhäuten, Soden 1, 480; Unfug mit Gerichteten, Rtb. XXV, 49, 1550; Gebellschawin zu rede setzen von des hembds wegen des Gurtlers, davon sie auf dem rade gesnitten hat, villeicht zabrey damit vermaynt zu treyben, Hegel 4, 162.

Drohung davongewiesen zu werden. 1440 wurde der Schulklopfer der Juden wegen Alchemie gebrandmarkt; 1515 dem Mugenhofer befohlen, „seins gasts so mit einer Parillen verpotten hendel und Zauberey treibt müssig ze sten“.[3])

Ein wirklicher Hexenbrand, d. h. die lebendige Einäscherung einer solchen, ist für Nürnberg kaum nachweisbar. Zwei Weiber wurden jedoch (1659 und 1660) nach der Erdrosselung bezw. Enthauptung verbrannt, außerdem im 17. Jahrhundert noch sieben (sechs Männer und eine Frau) wegen Zauberei enthauptet. Die 1591 in Malefizbüchern genannten Unholden sind weder in Meister Franzens Tagebuch noch sonst in amtlichen Urkunden erwähnt; der Eintrag ist also sehr fraglicher Natur. Einige milder bestrafte Zauberinnen trifft man in den J. 1434, 1468 u. 1659, wovon sie die erstere an einen Stock bei der Pegnitz stellten, ihr eine bemalte Inful aufsetzten und einen Teil der Zunge abzwickten, die andre auf eine Leiter banden und kurze Zeit an ein am Markt errichtetes Kreuz hingen, hierauf brandmarkten und davonjagten, die letzte endlich vor die Kirchthüre stellten und auswiesen.[4])

So ist demnach auch Nürnberg von dieser traurigen Verirrung nicht völlig verschont geblieben, wiewohl die Zahl der Richtungen unverhältnismäßsig klein zu nennen ist.

In seltsamem Kontrast zu diesen Verurteilungen stehen die Aussprüche der Konsulenten bald nach Publikation der Karolina.

---

3) Rtb. XI, 477, 549, StA.: Rtb. X, 418; Mand. 1621, 1696.

4) Ann. 1604, 1605, 1613, 1622, 1659, 1660, 1692; Coll. Stbibl. 1468; A. f. Kunde d. Vorz., 1862, 364; Will hist. dipl. Mag. 2, 261; Zaubrer ew. Verb. Haderb. I, 50, 190. Auch manche „künstliche“ Frau wäre vorzuführen: AB. 1615—18, 325; Zauberin, nachdem sie mitt einpindung etlich wurtz und anders, das sie zu zeiten hatt weyhen lassen, ewigl. Sack über Donau, Haderb. I, 76, 1486; Bairin, so sich vnderstanden, den lewten die geschofs ze segnen und daran ze helffen. Soll man mit streffl. red vndtersagen: das sie solches aberglaubens müssig stee oder man werd Sy von hynnen weysen, Rtb. X, 464, StA: Geisterbannerin im Tuchershaus (Wunderburg): Sy mit aiden verstricken, das Sy sich hinfüro dgl. handlung mit beschwerung der gaist „on wissen und bewilligung irer Pfarrer auch eins erbern Rats“ nicht mer vnderstee, was Sy in diesem handel gesehen und gehört verschwiegen haben, Rtb. X, 338, 1515, StA.; merkw. d. Eintrag: die zaubererin darff also noch lenger Ir teufels handtwerk treiben, Rp. 1533, 2, 15; Wassersegnen, ewig, Donau, Haderb. I, 50; 1408 müssen sich fünf Weiber, welche für eine Seuche Veitstanz hielten, damit einverstanden erklären, daß man sie, falls sie nochmals tanzen, verbrennen oder ertränken würde, Ann. 1408.

Ich hebe einen Fall hervor.[5]) Drei Weiber wurden beschuldigt, mit „Widerthan“ und andern Kräutern Zauberei geübt zu haben. Der alte Scheurl vertrat in der Beratung hierüber allein eine strengere Doktrin, indem er meinte „das es kein vantasey, vision, gesicht oder nuda imaginatio sunder etwas mereres sey“. Auch ginge man ja an andern Orten peinlich gegen solche Frauen vor. Er sei zwar nicht hiefür, aber „es sei ein grofs, das die Adelheit In Irem Widerthan, das die zwei frawen gefaren sein, gesehen hab“. Man solle doch noch warten „die leut befragen, denen das vieh ertrenkt ist, die nachparn, ob sy in gemein oder sunst für truten geacht oder sonst merken lassen, den, dessen ku si verderbt“. Die andern huldigten indefs der gegenteiligen Ansicht: Derrer sagte: Er habe nie gedacht, dafs eine Person wirklich mit Zauberei einen Menschen oder ein Tier krank machen könne. Man solle sie nur strafen, wenn die Vergiftung wirklich nachgewiesen sei. Auch Hepstein, ein jüngerer, äufserte „er sei noch in solchen sachen zu unverständig und ungeschickt, darumb er solche leut nicht verdammen könne. Seins achtens komme solchs ding aus vnglauben, vnverstand und hefftiger imagination der

---

5) Rtschlb. IX, 104; den Örtel, dafs Er zur Warsagerin gangen der ordnung nach straffen, 58: O. von wegen gebrauchter Zauberischen künsten darüber zehn tag mit dem leib zu straffen und die Zauberische Bücher und Schartecken abzufordern und hereinzeschicken, Rtb. LIX, 62; einer schreibt zaub. Bücher ab, da er etwas zur Anfert. künstlicher Bücher zu finden glaubt, ewig verb., d. Bücher verbrannt, Rtschlb. XLVII, 142; Rtschlb. VIII, 23, 1533: halt nit, dafs man einem ein Pferd oder Mensch (durch Zaubern) krank machen möge, Wan got ettwafs verhenng, So thue ers von der Menschen mifsglauben wegen; Rtschlb. VI, 32, 1527: Zauberin Landesverw., die Wachs und anders genomen und ihrer Widersacherin, die ihr vil Laids mit dem Man gethan, eingeben hab. deshalb sie sträflich, wider christl. glauben gehandelt, wiewol solche Zauberei nichts geschatt haf; 64, 1528: Z. geständig, dafs sie jemand an sein gesundt bezaubert hab. Bekant, das sy über zwei Stadtknechte und ein kindlein einen segen gesprochen und Wachslichtlein um die Köpfe gemessen hat. wenn man Ir Meinung ansehe, so hab sie es nit yemant zu schaden, sondern an gesundt zu helfen. frei, doch solch zauberns und segnens müssig; Rtschlb. XLIX, 567 ähnlich: ihre Hilfe durch ordentliche Mittel geschehen und pafsirlich, doch Wort Gottes zuwider, daher sträflich (Verweisung); 14: Venusbergfahrer und Sternseher. Es sei eitel Betrug. Verweisung, die Zauberei treffe poena mortis nur dann, wenn hiemit Schaden gestiftet wurde; das Altdorfer Hexengutachten, Waldau, N. Beitr. 2, 73, 1675. s. auch d. vernünft. Ansch. d. H. Sachs, Keller V, 287, XVII, 314.

leut: Er könne es nicht glauben, das der Teufel oder ein alts Weib solchs also handeln mög“. Endlich befragte man die Theologen, wie dem „Trutenwerkh und Zaubereyen so Jetzo aufswendig vnter den Pauerfsleuten gar vberhant genomen zu begegnen sei“. Sie erklären, ebenso freidenkend, wie Hepstein: „Die Adelheit hab nichts mit der Zauberei gekündt Irer bekantnufs nach, Sy hab aber die leut generrelt und umb das Ir gebracht. Wo man sy gestrafft als ein Zauberin, so werden die leut erst achtung darauff geben, darumb sollte man Ir sach verachten, als dafs sy nichts gekundt auch ander leut nichts kundten und die Zauberei were Im grundt nichts, sonder sy hett die leut Jemerlich betrogen, darumb straffet man sy“. Man solle ferner nicht nur die, welche wahrsagen, sondern ebenso die, welche sich wahrsagen lassen, hart bestrafen. Aufserdem bestelle man gute Kirchendiener und sende ein scharfes Mandat, welches jene Büberei bei schwerer Ahndung untersagt, auf das Land. Es sei indefs auch in Nürnberg solch Laster verbreitet „als das etlich leut für das fieber vertreyben geben einem ein apfel, der ist wol seltzamen charakters“ ...

Von ähnlicher Anschauungsweise sind die Ratschläge der Konsulenten andern sie befragenden Gerichtshöfen gegenüber beseelt; ich erwähne nur die Antwort an Ulm i. J. 1531: Sie hätten von dergleichen Trutenwerk nie etwas gehalten und defshalb nie anders gehandelt, als dafs sie solche Personen aus dem Gebiet verwiesen.[6])

1591 verboten sie unter grofser Entrüstung, ein altes der Hexerei bezichtigtes Weib zu foltern mit der Mahnung „daz auf verdechtiger Persohnen Plofse aussagen gegen andern Peinlich nit sollt Procedirt werden, welche Obrigkeit es thette, die müste auch dem belaidigten seine schmertzen versaubnufs und alle cost und schäden erstatten“. Man sehe auch gar nicht ein, wie dem Nachrichter (ihrem Schwager, der sie beschuldigt) Wagen und Rofs, auf denen er sie nach Halfsbrunn gefahren, verfallen sein sollen, und beantrage daher Restitution und Freilassung.[7])

Ich vorenthielt diese Äufserungen nicht, da sie so wohltuend berühren im Kontrast zu dem Stumpfsinn und Fanatismus, die uns aus andern Hexenakten dieser Zeit entgegentreten. Ob die spätern Richtungen durch einen Wechsel in der Denkungsweise

---

6) Würtemb. Jahrb. 1822, 358. 7) Rtschlb. XLVI. 108.

der Konsulenten oder des vielleicht durch das Verfahren in den Nachbarterritorien beeinflufsten Rates oder endlich, weil das Unwesen betrügerischer Zauberkünste im Volke tatsächlich überhand nahm, veranlafst wurden, ist aus Urteilen, wie Ratschlägen dieser Periode nicht deutlich erkennbar.

Noch sei hier eines Processes gedacht, der seinem Inhalt nach an das Gebiet des Spiritismus streift: Tobias Winkler, Prediger zu s. Marien, führt den Angesehensten der Stadt durch seinen Knaben die seltsamsten Kunststückchen vor. So schreibt dieser u. a. schlafend Offenbarungen eines Engels nieder. Der Rat läfst sich tatsächlich anfangs dupieren, so dafs der Priester bereits vom Wahn befangen wird, in religiösen Dingen fürderhin grofsen Einflufs zu erringen. Da wird der Betrüger entlarvt und nach Urfehde und Kostenzahlung zur Abbitte vor dem Scholarchat gezwungen.[8])

3. Gotteslästerung.

Fluchen, Lästern und gottloses Schwören waren allerorts im Schwange. Die Beispiele ihrer Bestrafung sind sehr zahlreich; bei besonders häfslicher Lästerung, häufiger Begehung oder Rückfall verhängt der Rat die Todesstrafe.

Nach dem ä. Achtbuch verwies man einen auf ewig beim Hals, da er Gott schalte an dem Mittwoch vor St. Jakobstage. Öfters ist der Wortlaut der frevelnden Äufserung beigefügt, wobei es zuweilen nicht an unfreiwilliger Komik mangelt. So, wenn einer beim Donnern behauptet, der Herrgott schiebt Kegel oder ein Einbrecher ihn schilt, da er zu unbequemer Zeit den Mond scheinen läfst. Neben Schwertstrafe und Verbannung ist das Abschneiden oder Abzwicken eines Teils der Zunge die häufigste Sühne. Die Exekution erfolgt am Ohrenstock vor der Fleischbrücke, die an einer Stange aufgenagelte Zunge bleibt bis zum Abfallen zum allgemeinen Abscheu als Schaustück haften. Auch Pranger und Rute, wie seit dem 16. Jahrhundert die Kirchenstrafe, gelangen zur Anwendung; auf letztere folgt zuweilen noch Gefängnis. Einen Nestlerssohn, welcher, hiernach in den Wasserthurm gebracht,

---

8) MS. 926.

sich absichtlich untauglich zu der ihm übertragnen Arbeit macht, sperrt der Rat in die Springer und läſst ihn Plätze und Gassen kehren.[1])

Unzählige Mandate ergehen gegen Gotteslästerer in Stadt und Land. Wird vornehmlich hiebei hervorgehoben, daſs sich Gottes Zorn am ganzen Gebiet durch Heimsuchung mit Seuchen u. dgl. rächen werde, warnt man bei ausgebrochner Epidemie und Theuerung, um gröſserem Unheil vorzubeugen, vor künftigem Fluchen und Schwören.[2])

Wie in den frühesten PO., so finden sich auch in den Urfehden des ä. Achtbuches entsprechende Verbote. 1531 befiehlt man den Verordneten der Landrug, geringere Vergehen durch Geld abzuwandeln, gröſsere und rückfällige Verbrecher jedoch vor die Fünfherrn zu verweisen, damit sie in das Gefängnis gelegt oder am Leib gestraft werden.[3]) Nach spätern Mandaten stehen auf der ersten Begehung vierzehn Tage Thurm bei Wasser und Brot, bei Rückfall Poenitenz vor der Kirche, beim zweiten Körper- und Galeerenstrafe. Pfarrer, Hauptleute, Amtleute, ja jeder der Dorfgemeinde sind bei Buſse verpflichtet, Lästerer zur Anzeige zu bringen. Gemäſs Erlaſs von 1555 sollen auch die Hausherrn auf Vermeidung solcher Leichtfertigkeit hinarbeiten, die Stadtknechte aber auf die „jungen Kneblein, Meidlein auch Lehrjungen, Metzgerbuben u. dgl. fleiſsig Aufsehen haben“ und die Frevler in das Loch zu führen, damit die jungen darin gezüchtigt, gegen die ältern sonst mit billiger Strafe verfahren werde.[4])

---

[1]) AB. I, 18, 25; ewicl. b. d. halse, d. d. sie vntrewlichen mit vnser frawen, die in vnser frawen sal, vmbgegangen sind, AB. 317, 5, 1404; 2 j. d. d. sie bei got als groblich gesworen haben, AB. Lochner, 123; Schwert und Abschn. d. Zunge, „das er neben andern grossen gotschwüren Gott und s. gotliche almechtige Majestet Im himmel gelestert, HGB. I, 136; Waldau, Verm. Beitr. 1, 13; die verschiednen Lästerungen, s. H. Sachs, K. I, 190.

[2]) Rtschlb. XLIX, 40. s. Mand. 1523, 1526, 1537, 1549, 1553, 1558, 1560, 1562, 1594, 1614 etc. Besonderer Tadel ergeht gegen den Rat, zugleich Milde empfehlend i. Rtschlb. V, 211, 1527: man muſs ansehen die leuffd, di sich itzo allenthalben unter dem gemeinen Volk zusammentragen und bedenken, wie ring und mild m. Herrn piſsher dj verprecher gestrafft.

[3]) PO. 68, 114; Er schol auch von Got und den heillgen nimmer mer nur kein vbel gereden, AB I, 15, 1323; Rtb. XV, 371.

[4]) Wäscherin geflucht, Zunge, Mfzb. 1542; eingebrochen und Gott gelästert, daſs Mond scheint, enthauptet, 1575; Kirchenstr. und Springer, 1565,

Nach der verneuten PO. von 1548 sollen sie „an jrem leben und benennung ettlicher glyder, wie sich das nach gelegenheyt geübter Gotslesterung und ordnung der rechten eynet, so ferrn der G. seins Gotslesterns gestendig oder zu recht genug überwunden ist, peinlich gestrafft werden".[5]) Die Begehung des Delikts in der Muntat und im Frauenhaus wird als Friedbruch aufgefafst; Trunkenheit läfst den frevelhaften Ausruf, wie jede „ungeschickte rede" in milderem Lichte erscheinen. 1657 lyncht der Pöbel eine Lästernde.[6])

4. Meineid.

In den PO. ist für den, welcher einen „mainen (mainoden) aid swert, umb swelher hande getat daz ist, und sunderlichen umb fridebrechen und daz daz als kuntlich und gewizzen wer. daz er der getat schuldig wer", arbiträre Strafe nach Gutdünken des Rates und der Schöffen angedroht. Es handelt sich hier um den Rechtfertigungs- (Reinigungs-) Eid, den der Bürger bei Bezichtigung eines Verbrechens anzubieten und abzuleisten berechtigt ist. An sich sollte hierauf seine Ledigsprechung erfolgen; aber in dem Bewufstsein, dafs mancher Schuldige in Befürchtung schwerer Ahndung wegen des von ihm verübten Verbrechens vor Meineid — d. h. Negierung dieser Tat durch Einhandseid — nicht zurückschrecken dürfte und sich oft kein Kläger

1655; Coll. 1606, 1608, Stbibl.; zu verhindern, dafs die Büfsenden das Haupt verhüllen, Rtb. XXXVII, 78; die Edikte sollen gebessert und künftige Gtl. mit gebührender Str. bel. w., Rp. 1556, 2, 89; auf der Hallerwiesen schützen vngewarnter ding vndter solich gesind zu fallen und ain zug zuthun, Rtb. XXII, 2, 1549; Mand. 1558: junge knäblein ins loch.

5) PO. 1548 (1572) S. 1 L. 212 Nr. 24ad.

6) Nach den Reichsabsch. 1495, 1512, 1530, 1548: „so jemand geringes stands aus Hitz, Zorn, trunkenheit die heil. Sacramente lestert und schendet, der theter am Leib nach gelegenh. d. mifshandlung, das erste Mal mit 14 Tag Thurm. Rtschlb. XLVII, II, 49; bei Handwerkern bisw. milde verfahren; Rtschlb. XV, 73: man solle nachfragen bei Mutter und Nachbarn, ob sonst ein leichtfertiger Mensch, wenn nicht, ihm nicht die Stadt verbieten, auch nicht mit Ruten streichen, man solle an s. Frau und Kinder denken, die dann Bettler würden; Rtschlb. XI, 38: da er die Tortur zweimal überstand, sie als Strafe gelten lassen, auch sei er ein Rotschmied und sonst ein unruhiger Mensch.

findet, welcher durch den Siebnereid ihn des falschen Schwurs überführt, behält sich der Rat — sofern die öffentliche Meinung ihn trotz seiner Rechtfertigung als Täter bezeichnet — die Initiative vor. Es ist dies einer der ersten und wichtigsten Anwendungsfälle des Leumundsverfahrens.[1])

Bald aber erfährt nicht minder der Überführungseid, wie jeder gerichtliche (gestabte) und ihm an Kraft gleichstehende Eid dieselbe Behandlung, so nicht nur der assertorische, sondern auch der promissorische Schwur. Das Gebiet des Eidbruchs ist ein äufserst ausgedehntes und vielverzweigtes: wer nach Aufnahme als Bürger sich gegen die beschwornen Stadtsatzungen, wie vornehmlich Fehdebestimmungen vergeht, gilt als meineidig und verliert als Genannter zugleich sein Amt. Am schwersten rächt sich der Bruch des gelobten Friedens nach der Taidigung (nova pax): der hiernach begangene Totschlag qualifiziert sich als Mord.

Bei Meineid vor Gericht wird meist auf Abschlagung der Schwurfinger nebst zehnjähriger oder ewiger Verbannung (beim Hals) erkannt. Einer, der sofort sein Verbrechen eingesteht, wird (1440) über die Donau gewiesen. In analoger Weise wird das falsche gerichtliche Zeugnis gewürdigt.[2])

Schon im ä. AB. wird einem, dessen Reinigungseid Verdacht erweckt, die Zugehörigkeit zur Stadt aufgekündet und lediglich verstattet, gastesweise aus- und einzugehen (nunquam recipiendus); ein anderer zieht sich zehn Jahre zu da er „swur fur ein dyebstal und die von Regenspurg schriben vns her, daz er dieselben dyebstal getan solt haben". Auf ewig verweist man einen Jungen, welcher stahl und einen Schuldlosen dessen beschuldigte.[3])

[1]) PO. 37; der den ait swern sol, der sol die hant als hoh aufhaben, daz man die uberal ze sehen müge den worten, daz man sich dez paz vor unrehten aiden hüte, 69.

[2]) 2 sh. hlr. dem züchtiger, daz er dem h. zwey gelid an zwein vingern abgeslagen, daz er mayneidig gesworen, StR. 1421, 41; Kunnen 5 j. d. d. sie umb einen slayr einen Ayde gesworn, daz sich die Schopffen verstunden, wie sie niht lawter gesworn, AB. 317, 24, 1406; Torsen ew. b. d. Halse, d. d. einen maynen ayd swur und man hat in zway finger abgeslagen, AB. 316, 13; Rtschlb. VIII, 115, 1534 (die recht wollen, das niemand sein eigen nachteil zesagen schuldig); Rtschlb. XLIX, 215 (Rute u. 10 J.): als Genannter entsetzt, PO, 9.

[3]) Heinz Jung juravit et expurgavit se a causa infamiae in Iudicio. data sententia quod tamquam hospes possit exire et intrare. nunquam recipiendus in Civitate, AB. I, 6, 1314; AB. 316, 18; AB. 1448, 4.

Als Versuch charakterisiert es sich, wenn der Delinquent zur Eidesleistung aufgefordert, bereits „seine Finger vff gehaben und ungezweifelt solhen aide vollzogen hätte", sofern er nicht durch die Schöffen, welche sich der Frevelhaftigkeit jenes Schwurs von vornherein bewufst waren, daran gehindert worden wäre. Ebenso liegt er vor, wenn jemand ihm dargebotnes Geld zu Zwecken eines Meineids oder falschen Zeugnisses angenommen und die Ableistung desselben fest versprochen hat. Hiebei ist übrigens eine angesichts der sonst so strengen Anschauung sehr milde Ahndung zu konstatieren, nämlich Pranger und einjährige Verbannung. Schlimm erging es einem Verleumder, der (1517) einen fälschlich des Diebstahls bezichtigte und deshalb achttägige Lochhaft zudiktiert erhielt. Unzufrieden hiemit, erbot er sich vor den Fünfen, sich von dem Verdacht der Verleumdung zu lösen, wagte es aber schliefslich doch nicht, zu schwören. Umwandlung der kurzen Haft in fünfjährige Verbannung ward sein Lohn.[4])

Anstiftung zum Meineid finden wir bereits 1382 als bestraft verzeichnet. Der Täter verliefs nach Verlust der Schwurfinger für immer die Stadt, seine Mutter jedoch für zehn Jahre „d. d. sie irem sun ryet, ze swern einen maynoden ayd".[5])

Gemäfs der verneuten Gerichtsordnung von 1549 sind die Schöffen des Gerichts „Im fahl es sich des Aid schwerens oder anderer pöser hendel halb, die der Oberkait zu straffen gepüren, etwas beschwerlichs vor Inen zuetragen würde" zur Anzeige beim Rat verpflichtet.[6])

Andern Charakters erweisen sich die eidlichen Versprechen, welche in mehr oder minder feierlicher Form vor Gericht oder Rat abgegeben werden. Es handelt sich hier um das Gelöbnis entweder der Leistung einer Bufse oder sonstiger Erfüllung einer Auflage, Befolgung eines Gebotes, wie: kein Messer mehr zu tragen, die Leithäuser zu meiden, seine Angehörigen zu alimentieren, seine wirtschaftlichen Verhältnisse in vorgeschriebner Weise zu ordnen. Auch im Fall von wirklichen Verbrechen fordert man vom Begnadigten die Zusage, sich fürderhin tadellos zu verhalten,

---

[4]) Haderb. I, 182: Barbara maisterin und Alheyd irer gespil ein Jar, d. d. sie gelt genommen heten und dafür gesworn wolten haben, AB. 316, 38; Haderb. I, 1516—27, 224.

[5]) AB. 316, 13. [6]) S. 1 L. 6 Nr. 23.

keine Entwendung mehr zu begehen, seiner Ehefrau die Treue zu wahren.

Der Bruch der Gelöbnisse ersterer Gattung hat die für diese Eventualität bereits vorbemerkte Ahndung im Gefolge, deren Gröfse oft in keinerlei Verhältnis zum Inhalt des Versprechens steht, bzw. sehr beträchtlich ist. Bei Wiederholung des „verschwornen“ Delikts indessen tritt die reguläre Strafe desselben, also z. B. des Diebstahls, in Kraft, womöglich, weil ja Rückfall vorliegt, geschärft oder ev. vereint mit der Meineidssühne.[7])

Hiemit sind wir im Wirkungsbereich der eigentlichen Urfehde angelangt. Gedachte ich derselben bereits gelegentlich der Stadtverweisung, sowie bei Besprechung der Fehde — als des Friedensgelöbnisses der Parteien —, so sind hier noch andre Varietäten hervorhebenswert.

Urfehde auf Urfehde drängt sich im Achtbuch. Denn die Selbstverurteilungen unter dem Gelöbnis, die festgesetzte Frist in der Fremde auszuharren, bei unerlaubter Rückkehr jedoch die im Buch verzeichnete Todes- oder andre Strafe erleiden zu wollen, charakterisieren sich als nichts anderes.

Ihr Tenor ist mitunter sehr langathmig, indem er den Schriftraum eines stattlichen Pergamentes erfüllt. Wie bemerkt, schwört aber auch der aus dem Gefängnis Entlassene die Urfehde, sich wegen der in ihm erlittenen Unbill und Tortur nicht zu rächen, ja sogar dieselbe andern gegenüber zu verschweigen. Endlich gelobt der zur Einmauerung Verurteilte, nie mehr sein enges Gehäuse, der Eingegrenzte nicht ohne Ratserlaubnis die Stadt verlassen zu wollen.[8])

Die Urfehde ist entweder eine schlechte (schlichte) oder eine feierliche. Der erstern wird durch ein einfaches Gelöbnis, mit seinen Treuen dem Auferlegten gerecht zu werden, Genüge getan; bei der in solenner Weise abgelegten schwört der Freigelassene „ze

---

[7]) AB. I, 15; Meynolt verwundet und schwört vor den Fünfen, die Bufse zu erlegen. Da er dies nicht hält, Abschlagung d. Schwurfinger, Pranger, ewig über Rhein, AB. 1448, 23; AB. 316, 37; hat geschworen, Geld auf das Haus zu geben, „nicht aufsgericht und veracht“, ewigl. b. Hals üb. d. Donau, AB. I, 1483—96, 70; H. 1 jar, d. d. er sein trew gab, daz er vier tag im loch solt liegen und geben 5 Pfd. hlr., AB. 317, 8.

[8]) s. Fehde und Freiheitsstr.; juravit vrfeh und sol auch vermauret werden und beleiben sein lebtag, AB. 317, 60.

den heiligen", die vorher schriftlich verabfaſsten und zur Vorlesung gebrachten Bedingungen halten zu wollen. Ratsgenossen und Freunde dienen als Zeugen oder mitverhaftete Bürgen; bei einer ritterlichen Urfehde treten für jeden des Adels drei andre Ritterbürtige, für jeden der gefangenen Knechte drei redliche Dienstmannen als Eidhelfer auf. Die mitverwiesne Ehefrau, welche nach der Gatten Tod wieder zurückkehren darf, schwört keine Urfehde.[9])

Den Inhalt des oft umfangreichen, durch Niederschrift fixierten Gelöbnisses im Gedächtnis zu behalten, dürfte vergebliche Hoffnung sein, wiewohl bei Nichtbeachtung einer einzigen Bestimmung der Meineid begangen ist. So heiſst es 1532 „dem helchner soll man die begriffen verschreibung seiner vrfehd In die fengknus geben und ein pogen pappirs seine mengel darauff zu verzeichnen". Doch ist dies jedenfalls eine seltne Vergünstigung. Als derselbe später die Urfehde selbst in ihrer endgiltigen Fassung begehrt, erwidert man ihm „es sei m. Herrn geprauch nit copey der vrphed zegeben, man soll Ime aber die lesen, so offt ers nottürftig sei", erteilt ihm aber doch endlich „ain abschrifft auſs dem gericht".[10])

Selbst Kindern glaubt man bei Entlassung aus der Haft eine Urfehde abnehmen zu müssen, nur Wahnsinnige werden hievon befreit. Dasselbe ward dem vermeintlich ertränkten, wiedererwachten Bigamisten zu teil.[11])

Bei unerlaubter Rückkehr zeigt sich ein zwiefaches Verfahren, indem entweder die Strafe des Urfehdbruches bezw. Meineids oder — falls der Aufgegriffene abermals durch ein Verbrechen schuldbelastet — die Ahndung des letztern, verschärft wegen Eidbruches eintritt. Dabei sprechen noch die Umstände mit, unter denen die frühere Verbannung erfolgte, wie der Charakter des damals verübten Delikts. Es ist erklärlich, daſs hieraus hinsichtlich der Bestrafung die gröſste Mannigfaltigkeit ressultiert.

---

[9]) Lang ewiclichen und hat ein sleht vrfeh getan, AB. 317, 8; daz ist der sechsen ayde. die haben gesworn ze den heiligen, AB. 316, 42; dazu hat gesworn sein Sweher, 41; Ann. 1382; in presencia scabinorum infra scriptorum, AB. I, 8; erbittet sich zwei Ratsherrn als Zeugen, AB. 1448, 6; dez hat si niht gesworn, AB. 317, 57.

[10]) Rp. 1532, 7, 20; 1533, 1, 20; 2, 18.

[11]) Rtschlb. XLVI, 452; Cunz v. Hall, der in das Wasser erteilt, begeben, doch in der Stat zu pleiben nit füglich und ist keyn urfehde von ihm zu nemen beuollen, Rtb. I, 215, StA.

Die einfachste Sühne des Urfehdbruchs, d. h. wenn nur die unbefugte Heimkehr in Ansatz kommt, ist die Abschlagung der Schwurfinger. Später mildert sich noch die Anschauung insofern, als Pranger und Rute üblich werden, bei Rückfall Brandmarkung oder Fingerverlust und endlich Leibes- und Lebens-Strafe. Waltet Gnade, so weist man den Delinquenten wenigstens in sein früheres Exil zurück.[12])

Die Zahl der Vergehungen ist ungeheuer grofs; nahezu auf jedem Blatt der spätern Achtbücher ist wenigstens eine derartige Bestrafung verzeichnet. Die Fried- und Rechtlosigkeit, in die der Verbannte, wenn er nicht finanzielle Selbständigkeit oder einflufsreiche Freunde besitzt, gerät und die ihm meist den Einlafs in eine andre Stadt verwehren, veranlassen ihn oft, — sofern es ihm nicht gelingt, irgendwo als Knecht sich zu verdingen, oder, sofern er sich Genosse von Räubern oder Befehdern der Stadt zu werden scheut, — trotz des Risikos der schwersten Strafe die Rückkehr zu wagen. Schützt mancher Aufgegriffene Unkenntnis des Gebietes vor, so figuriert bei dem Nürnberger selbst oft als einziger Entschuldigungsgrund das „Heimweh".[13])

VIII. Missetaten wider Obrigkeit und Gemeinwesen.

1. Hochverrat.

Majestätsverbrechen durch Verletzung des Reichsoberhauptes zählen in Nürnberg zu den seltnen Dingen. Aufserdem dafs sich

[12]) R. ewicl. b. d. Halse, d. d. im die Stat verboten waz, daz er gesworn hat, daz er brach und maynod wurd und hat im ein or abgesniten, AB. 316, 27; der zwein voder vinger der rechten hant da mit er gesworn ein glid abgehawen, AB. 317, 216, 1420; 10 jar, 5 meilen, darüber unerlaubt wider herzu bis gen Feucht, 10 j. 10 m.; später (1527) wird ausdrücklich der gerichtl. M. dem Urfehdbruch gleichgestellt, in beiden Fällen Abschlagen zweier Fingerglieder die Strafnorm, Rtschlb. V, 268; einmal waltet Milde, da der Verwiesne nicht aus „Bosheit" sondern behufs Abwickelung seiner Geschäfte nach N. zurückkehrte, Rtschlb. XLVI, 180.

[13]) Weil er alhier geborn und gezogen sei. von diser Statt nit pleiben könne, ob er schon mit gnaden widerumben des Lands verwiesen werden solt. Ihme was er verdient widerfaren zu lassen. Dann er solches gedultiger leiden, dann sein elend also täglichen fur augen sehen, AB. 1588—93, 57.

die Bürger stets gut kaiserlich verhielten, d. h. einen erklecklichen Teil der Schulden auf sich nahmen und selbst den öftern Besuch des Herrschers mehr von seiner „idealen“ Seite auffafsten, kümmerten sie sich, sofern es nicht die Förderung und Mehrung ihrer Privilegien galt, nicht allzu viel um des Kaisers Person.

1401 ward zu Nürnberg der Arzt Hermann gerichtet. Von Johann Galeazzo Visconti um eine hohe Summe geworben, gedachte er den König Rupprecht zu vergiften. Durch einen Boten, der als verdächtig aufgegriffen gefoltert ward, kam das Vorhaben an den Tag, worauf der Verbrecher, vermutlich bei Nürnberg verhaftet, unter des Königs Vorsitz dortselbst verurteilt, ausgeschleift und geradebrecht wurde.[1])

Als während des Aufruhrs 1349 König Karl vor Nürnberg eintraf, bot einer demjenigen, welcher sich bei dessen Einzug zu ihm durchdrängen und ihn niederstechen würde, einen Preis von 100 fl. Er zog sich durch seine Äufserung fünfjährige Verbannung zu.

1519 verurteilte man einen Handwerker anläfslich der Behauptung: „die formschneider von augspurg weren nicht mer kaiserlich. So doch der kaiser gestorben. und wer wol. das Ime der Teufel hett hingefürt, denn er wer diser Stat nicht hold gewest“ zu vier Wochen Thurm, die Formschneider aber, welche ihm hierauf erwiederten „das Ime der hencker noch für das thor streichen werde“, mufsten Friede schwören.[2])

Ferner wird „herolt, welcher kaiser und Obrigkeit nit verschont In seinen zusammen getragnen und aufsgebreiten Cronischen famofsbüchern und Schrifften streffllicher weifs, dieselbig sein Oberkhait dadurch bey meniglich verhast zu machen“, 1572 enthauptet. Ähnliches erfolgt 1593, als ein gew. Claser das Brandenburgische Wappen mit einem Rofshaar „abgetan“ und falsche Schreiben an den Rat gerichtet hat. 1704 sichert man dem Verfasser eines Pasquills gegen den Kaiser, die Generalität und andere hohe Häupter Strafe an Leib, Ehre und Gut zu.[3])

Daneben werden sich unter den „Aufrührern“ manche Majestätsbeleidiger bergen, zumal wenn — wie nur in vornehmen Fällen

1) Stark, 1401, (da gieng ein grofse welt hinaus); Hegel 1, 54.

2) AB. Lochner, 37; Rtb. XI, 374, StA.

3) HGB. II, 48: dieser Claser scheint übrigens nach M. Fr. Tageb. 56 mehr, als dieser Malefizbucheintrag besagt, verübt zu haben; Mand. 1704.

— auf das Schwert erkannt ist. Freilich hieng es auch stets davon ab, in welchem Einvernehmen der Rat gerade mit dem Kaiser stand. Dafs er z. B. zur Zeit, als der ihm aus triftigen Gründen mifsliebige Wenzel Nürnberg mit seiner Anwesenheit beehrte, Äufserungen des Unwillens gegen diesen ignorierte, ja, womöglich die Mifsgunst des Volkes hiezu nützte, um ihm die Heimreise anzuempfehlen, ist wohl mehr als verzeihlich.

Mit gröfster Ängstlichkeit und zuweilen drakonischer Strenge ist hiegegen der Rat bestrebt, seine eigne „gottbegnadete" Würde dem Bürger, wie dem in der Stadt weilenden Fremden gegenüber intakt zu erhalten. Es werden hiebei an sich weniger bedenkliche Delikte unter den Gesichtspunkt des Hochverrats gestellt. Ich erinnere an den markgräflichen Reiter, der 1482 dem Jungfernadler über dem Frauenthor eine Klaue abgeschlagen hatte und deshalb enthauptet ward.[4])

Als hochverpönte Verbrechen wider den Rat sind vornehmlich Drohreden und Schmähungen (Pasquille), Verunglimpfung bei Kaiser und Reich, Verletzung und Nötigung von Ratsgliedern, Ungehorsam und Widerstand gegen Ratsbefehle, Schädigung der Privilegien und Rechte der Stadt, insbesondere das Laden des Rates und einzelner Bürger vor westfälische und fremde Gerichte, unberechtigtes Appellieren beim Kaiser hervorhebenswürdig.

Rücksichtlich der zum Ratskollegium selbst zählenden Geschlechter, welche zu Einmauerung und Amtsentsetzung verurteilt wurden, sind, sofern die Ursache der Bestrafung nicht beigefügt ist — denn man beliebte hier oft im Geheimen zu verfahren —, fast nur landesverräterische Unternehmungen zu vermuten, so hauptsächlich Eröffnung der Geheimnisse des Rates an fremde Potentaten.

[4]) Albrecht ewiclich, d. d. er hat geredde wider der stat gesetzte und auf der stat ere anders, dann er pillichen solt AB. I, 22; gleicher 3 jar d. d. er vbel von der Stat geredt hat, AB. 317, 2, 1403; Mfzb. 1482; Efsling enthauptet, d. d. er ein E. Rat sein Ordenliche von Gott eingesetzte Obrigkeit mit vngebürlichen lesterungen und schmähworten hochbeschwerlich angetastet, HGB. I. 145; die Stat beraubt an ir eren und ir guter, Murr, Journ. f. K. u. L., II. 368; Mand. 1555, s. Pasquill; Nach der Reform. T. 15, G. 2 können Kinder, sofern sie die Eltern eines Kapitalverbrechens beschuldigen, enterbt werden, es wäre denn „das dieselben Untat ein schwäre verhandlung wider den Römischen kayser oder könig oder die stat Nüremberg fürgenomen wer worden, oder die die ketzerei antreffen.

Weniger als Landesverrat möchte ich das Vorgehen der „kunel filia calceatoris sub domo“ (unter dem Rathaus) und ihrer Mutter bezeichnen, denen 1349 „vmb die tat und schaden, der an vnsern bürgern und soldern geschehen ist“, die Stadt bei der Hand auf immer verboten wurde. Dieselben haben wohl dem vertriebnen Patrizierrate wichtige Anschläge der Aufrührer übermittelt. Auf die bereits unsichere Situation der letztern deutet es hin, dafs sie hier nicht peinlich verfuhren.[5])

Aus dieser kurzen Herrschaftsperiode wären noch manche derartige Verbannungsurteile anzuführen, so wegen einer besonders unflätigen Beschimpfung ewige Verweisung beim Sack (Ludwigsprivileg) unter dem Beisatz „wer für in bittet der soll daz reht haben daz er da hat“, ferner auf nur ein Jahr, da einer „seit, ez weren die Ratsherren all versneit böswicht“.[6])

Auf schwerer Beschimpfung und Bedrohung steht i. a. Schwertstrafe, meist aber nur für Fremde; Bürger trifft ewige und zeitige Verbannung oder Gefängnis. Behufs Eruierung von Genossen, sowie Feststellung der wahren Absicht des sich unbedacht Äufsernden leistet die Folter wertvolle Beihilfe.

1530 meinte einer: „Es thu kein gut man stech dann die grossen hannsen vf die Beuch.“ Die Konsulenten raten hier sofort zu Kopfabschlagen oder Augenausstechen „daz dann nit geringere straf were. Also ging er zum Exempel v. Ebenpild der Andern seins gleichen vmb“. Der Rat doch mildert dies in Rutenstrafe und Verweisung „da er gesagt, es sei nur aus unverdachten mute gemeint“. 1527 trägt indefs eine vornehmlich gegen den Rat gezielte Gotteslästerung nur vier Wochen Thurm ein: „man mufs dannocht ansehen die leuffd di sich itzo allenthalben unter dem gemeinen volck zusammentragen, defsgleichen auch bedenken, wie ring und mild m. Herrn pishero dj verprecher gestrafft.“[7])

Zuweilen geberden sich die Stadtväter allzu argwöhnisch. So gerät 1537 ein Bauer über seine Gläubiger in Zorn und sagt er sei „gots freund und allerwelts feind und er wifste ein Loch, da er wol sicher sein wölte“. Der Rat schafft ihn auch sofort in Numero Sicher und läfst ihn (in Besorgnis, er wolle sich durch „offne vhed“ mit den Gläubigern vergleichen) unter Androhung

---

5) AB. Lochner, 124. 6) AB. Lochner, 124, 125.

7) Rtschlb. VII, 5, 1530; Rtschlb. V, 211, 1527.

der Folter befragen: „wie er solche wort gemeint, worauf ers geredt und wer Im die also zuthun underwiesen.“ Auch Patriziern ergeht es nicht besser. So empfiehlt man 1383 einem Beheim „über daz gepirg ze varn, d. d. er vnbescheiden ist gewesen“. 1505 wird Fürleger, welcher in einer auswärtigen Rechtssache vor Notar und Zeugen den Rat geschmäht, seines Genanntenamts entsetzt und auf seine Kosten auf drei Jahre eingethürnt. Bei Weibern begnügt man sich mit Aufhalsung des Lastersteins und Einklemmung in die Geige.[8])

In den ä. PO. gelten noch 5 Pfd. Heller als Norm für schwere Beleidigung des Rates und der Schöffen; die Zeiten hatten sich geändert und mit ihnen die einst so anspruchslose Stadtbehörde.

Das Verklagen bei Kaiser und Reich mufste sie sich bei Rechtsverweigerung, wie unbequemer Streitentscheidung des Öftern gefallen lassen. Und es ereignete sich nicht selten, dafs der Herrscher dem Kläger Recht gab, der Rat aber trotzdem dem Spruch der höchsten Instanz die Anerkennung versagte und den, welcher wider das Privileg der Stadt sündigte, mit der Poen des Hochverräters belegte. Für solches Unterfangen, wie auch für das Bestreben, bei Hofe Briefe behufs Exemtion vom Nürnberger Gericht zu erlangen, war in den ä. PO. nur eine Bufse von 30 Pfd. hlr. ausgesprochen. Die Belästigungen minderten sich übrigens nicht zur Zeit der gröfsten Selbständigkeit Nürnbergs; noch im 16. Jahrhundert hielt es der Rat für erforderlich, „von der vngehorsamen Kläger wegen am kaiserlichen Hof ein Privileg für das Kammergericht in prima instantia zu erlangen“.[9])

1608 hat sich der Patrizier Derrer „der dem Rath allerlei Verdrufs und Hohn bereitet und ihn bei Hof verklagt“, aus dem Luginsland entlassen, auf seinem Gut Unterbürg förmlich verschanzt, „Notarium und zeugen vbel empfangen und ein E. Rat spöttisch und schmählich nachgeredt. Haben s. Herrl. in der Nacht etliche

[8]) Rtschlb. X, 168; AB. 316, 18; Hegel 5, 686; Mfzb. 1653.

[9]) PO. 20, 43; Ludw. leining vier wochen versperrt k. vmb das er e. E. Rat am kaiserl. hofe fräuelich verunglimpft und versagt hatt, Rtb. IV, 137, 1485; Wo er sich ders. Appellacion wider eins Rats freyhait am Camergericht geprauchen werd, ain rat zu behaltung und handthabung solcher freyhait nicht vndterlassen gegen Ime als ainem vngehorsamen verprecher ze handeln, Rtb. IX, 268, 1510; Privil. H. D. 1464 (Jeder der appellirt aid), 1470; Rtschlb. XLI, 1; ein Ratschlag, welcher die Zulassung der Appellation begehrt, s. Verfahren, 522. (130), Rtschlb. 1478, 191.

einspenniger und Provisoner und Zimmerleith und einen Wagen voll laitern und allerley Sturmzeug hinaufs gelassen, welche die schlagbrucken und Thor mit gewalt auffgebrochen und H. Derrer sampt zwei Söhnen auf einen Kammer Wagen gesetzt, fortgerumpelt und ihn widerumb auf den Luginsland gefangen".[10])

Als nicht weniger empfindlich erweisen sich die Schädigungen, welche durch das Laden des Rates und einzelner Bürger vor fremde Gerichte verursacht wurden. Besonders schwierig und langwierig ist der endlich siegreich durchgeführte Kampf mit der Feme. Zahlreich sind die Gebote, unerbittlich die Strafen, welche dem Unwesen des Ladens steuern und das Respektieren der einheimischen Urteile seitens der Fremden herbeiführen sollten.[11])

Als sich nach Erfindung der Buchdruckerkunst vornehmlich Nürnbergs Drucke grofser Verbreitung erfreuten, bestrebte sich der Rat die Verfertiger derselben einer geregelten Censur zu unterstellen. Und so finden wir bereits 1502 die Verordnung: „Alle puchdrucker zu besenden und Inen sagen, das sie hinfüro keinerley gedicht oder derselben gleichen drücken. Es sey dann vor den Ratschreibern presentiert, examiniert und von einem Rath zugelassen." Das Censorenamt bekleideten nach der Reformation der resignierte Abt Pistorius, in der Folge mehrere Prediger,

10) Stark 1608.

11) Reform T. 1 G. 9: Ordnung zu verzeichen, wie es fürder mit den geschoben vrteilen von den fremden gerichten sol gehalten werden, Rp. 1475, 5, 5; PO. 1548; Imhof geleit abzuleinen, nachdem er die Bürger mif frembden gerichten furnymbt, Rp. 1584, 4: Humelitz 5 j. d. er vber seinen ayde vnser burger gen Bamberg lude; nach Bamb. zitiert, 8 t. loch, Haderb. I, 228; Haderb. II, 89; Was ein Rath nicht bewilligen köndt, das Ihre Burger und Unterthanen sich auf dgl. Citations fur fr. Gericht stellen und verhören lafsen (auch nicht als Zeugen), Rtb. XLIX, 412, 1591; Feme: Huber d. d. er H. Prewen etl. schmehlicher wort halben mit andern vor den westfäl. Ger. fürgenomen und In die Acht gebracht, enthauptet und der Pofswicht des Henkhers von Weissenburg hat Im 9 oder 11 schlag getan, AB., 1448, 15: stach man einem päurlein pei 80 jarn die augen aufs, het drei seiner nachpaurn gen Westualn geladen, Hegel 4, 352; Loffelholz und truchsefs gein wirtzburg vff ein Rechtlichen tage die w. Ger. antreffend, StR. 1458, Nr. 5 d. allg. Ausg.; Priv. 1459, HD.: den kaufleuten, die hinab an den Reyn und gen Cöln arbeiten, gesagt, das si ir sachen in acht haben und sich mit geleit versorgen, der Bischof v. Cöln woll von der Westuäl. ger. ein zugriff tun, Rtb. II, 1461, StA.; s. insb. Rtb. O, StA. und Mummenhoff, Mitt. d. Ver. f. Gesch. Nürnb. I, 1.

endlich die Kirchenpfleger. Gegen die Ungehorsamen ging man mit Einziehung und Thurmstrafe vor. So zieht sich 1514 ein Drucker vier Wochen zu „das er ainen Druck von dem aufflauf zu Hungern on wissen und vergunst eins rats gedruckt, fail gehapt und verkaufft hat“. 1520 verbietet der Rat das Drucken der Schriften Luthers und seiner Anhänger, nachdem ihm Eck die Bulle zugesandt und geraten, alle ketzerischen Produkte zu einem Haufen zu schichten und zu verbrennen. Auf des Kaisers Mandat hin wiederholt die Stadtbehörde jene Weisung, beschliefst indefs die Verkündung „berührter Acht zu längern Nachdenken zu stellen“. 1525 wird abermals der Druck untersagt und zwar auf Luthers eignen Wunsch „zudem dafs man meine Büchlein gemeincklich bössert und verderbt in andern Drucken“.[12])

Ist der Autor eruierbar, so trifft diesen bei Vergehung die Strafe: 1520 wirft man den Arzt Seb. Pusch „umb das er zwaierlay vngeschickter gerissen und geschnidten form oder figuren. Die Bäpstlicher heiligkeit und geistlichen stand zu beswerung, vnere und schmach raichen hat drucken lassen“ für zwei Monate in den Thurm. Ein Zeitungsschreiber, welcher (1612) „seine Neuen Zeitungen aufs dem gemeinen geschrey aufgefangen und denen zu vill glauben zugestellt“, büfst mit zehn Tagen seine Vertrauensseligkeit und wird „steif injungirt, sich solches vnbegrundten neuen Zeittungschreibens abzuethun und hinfürther dgl. vngewissen und deren sachen er keinen grundt habe nicht von sich zu schreiben, bevor ab deren dingen, so dieser Statt Regiment betreffen an andern orth zu berichten“. Eine ähnliche originelle Censurgeschichte berichtet Soden aus d. J. 1631.[13])

Bemerkenswert ist endlich das Verfahren des Rates gegen einen, welcher 1508 Dürerische Stiche nachdruckte und feilbot. Er verspricht, den Frevler bei abermaligem Unterfangen, den Verkauf zu erreichen, als Fälscher zu behandeln.[14])

---

[12]) Rtb. VII, 246: Siebenkees Mat. 1. 309: Rtb. X, 229, StA.; Waldau. Verm. Beitr. 1, 134.

[13]) Rtb. XI, 546, StA.; Rtschlb. XLIX, 570: Soden, 3. 196: in N. wurde auch 1609 das Gebetbuch des Bisch. Gebsattel gedruckt, das er auf Befehl des Papsts verbrennen sollte. Soden. 1. 72.

[14]) Waldau. Verm. Beitr. 1, 68.

Solche, welche staatsgefährliche Flugschriften ohne Namensangabe drucken, stehen in der Strafwürdigung mit dem Pasquillanten auf gleicher Stufe.

---

2. Landesverrat.

Nihil crudele in tales homines committi potest! erklären die Konsulenten unter Berufung auf Homer und Caesar und stimmen für grausamste Vierteilung. Sie wird indeſs nur zweimal und hier unter Milderung durch vorherige Enthauptung ausgesprochen. Geschlechter und Bürger verfallen dem silentium aeternum; daneben liest man Schwert und Rad, wie lebenslängliche Verweisung (beim Sack). 1308 trifft dies „Fridel, quod tradidit hospites exeuntes de Civitate et ipse ostendit ad bona Ciuium, quando pro expeditione exercitus transiebant“. Ähnliches durch Selbsturteil einem propter circumventionem infamatus, ferner 1466 einem wegen Geldannahme von Beschädigern der Stadt.[1]) 1488 wird auf Augenausstechen und Züchtigung erkannt: „het zwai muſs in ainer pfann kocht: herein verraten und uns hinauſs verraten“. Zehn Jahre spricht man wegen falscher Botschaft aus, fünf wegen Konspiration mit Verbannten. 1465 begräbt man eine Verräterin und Diebin lebendig, kurz vorher hängt man einen Juden an einen eisernen Balken und stülpt ihm die Haube mit kochendem Pech über den Kopf. Der Nachrichter selbst, Meister Hans, wird von seinem Knecht gerichtet, da er des Rates „Geheim“ verriet.[2])

Wegen eines andern Juden, den der Markgraf richten und bei ihm eine Tafel mit „Nürnberger Verräter“ anbringen lieſs, entbrannte bekanntlich eine heftige Schreibfehde, indem, wie der Rat geltend machte, Kundschafter, welcher man „zu einbringung der Malefizischen Personen“ bedarf, nicht für unredlich und Verräter

[1]) S. VII L. 125 Nr. 297a: AB. I, 10, 8; AB. 1448, 9; Hegel 5, 546; AB. Lochner, 124; ew. b. Sack, d. d. er unnützlich gerett von der stat und auch hinauz geschriben, daz der stat nicht gut gewesen, AB Lochner 122; 5 jar, von besorgung wegen, daz sie verreterey trieben mit den, den die stat versagt was vormals, AB Lochner 87; Coll. 1465, 1463; Ann. IV, 75.

[2]) Rtb. LVI, 178: im Krieg mit Albrecht v. Brandenburg; „die kundschaft gieng vast durch frawen, die man teglich auſssant auf daz land und in die stet. Item man bestellt auch k. durch jüden, Hegel 2, 245; Rp. 1449, 4, 12: AB. 317, 66. 1411, Haderb. I. 1503--16. 168.

gehalten werden dürften. Und in der Tat, man erkennt erst durch Einsichtnahme der städtischen Rechnungsbücher, welch große Menge von Kundschaftern und Boten die Stadt angesichts der unzureichenden Söldnerzahl zu gerichtlichen, wie militärischen Zwecken benötigte und welche Unsummen sie alljährlich verschlangen. Aus meist sehr fragwürdigen Persönlichkeiten rekrutierten sich dieselben; Juden, welche in unverdächtiger Weise von Dorf zu Dorf wanderten und Handel trieben, erschienen für solche Missionen am besten geeignet. Nicht minder verwendete man Frauen hiezu. Jener Gerichtete sollte den Aufenthalt von auf markgräflichem Gebiet hausenden Wildpretschützen ermitteln, um sie durch Einfall dingfest machen zu können. Übrigens verfuhr der Rat trotz jenes Protestes mit den herüberstreifenden Spionen nicht gelinder.[3])

Verdacht ahndet man wegen der Gemeingefährlichkeit des Delikts der Vollendung ziemlich analog. 1411 verweist man eine getaufte Jüdin lebenslänglich „d. d. sie in bösem leumunt war von kuntschaft wegen, die sie auf kauffleut hinausgab“ d. h. um den Feinden der Stadt erwünschten Anlafs zu Raub und Gewalttat zu bieten. Ein Opfer blinder Volksjustiz ist wohl der Bote Simon, den 1611 der Pöbel zu tot steinigte.

3. Aufruhr und Widerstand.

Dem ä. AB. gemäfs verweist man Aufrührer beim Sack oder bei der Hand, 1291 mehrere sub poena corporis propter seditionem, quam excitauerant in populo. Die in die PO. behufs Unterdrückung von „crieg, aufrur und schlachtung“ unter den Bürgern aufgenommenen Bestimmungen dienen zugleich als Präservativmafsregeln gegen politische Erhebungen wider die Stadtbehörde selbst.[1])

Nicht kann es hier beabsichtigt sein, die mannigfachen Tumulte, welche Nürnberg beunruhigt, vorübergleiten zu lassen; lediglich das sühnende Finale einiger derselben erscheint von Interesse.

Leider ist gerade bezüglich des grofsen Aufruhrs von 1348, wo die sich zunftmäfsig einigenden Handwerker mit Ausnahme der Fleischer und Messerer den Patrizierrat vertrieben und sodann

---

3) s. Volksjustiz.

1) AB. I, 9; PO. 34, Lochner, N. Jahrb., 1292.

der Nachwelt lediglich das Andenken an ein ziemlich stümperhaftes Regiment überlieferten, noch vieles in Unklarheit gehüllt. Wohl kennen wir Ursache und Stunde der Empörung, wie uns manch wertvoller Bericht über das planlose Vorgehen der neuen Gewalthaber, ihr fruchtloses Verhandeln mit Karl bis zur bedingungslosen Unterwerfung überliefert ist; Zahl und Namen der Bestraften sind jedoch keineswegs festgestellt. Nach Müllner wurden schon an 200 Aufrührer nach dem mifslungenen Anschlag gegen den Patrizierfeldhauptmann Haydeck auf dem Eibberg aufgeknüpft, nach Einnahme der Stadt sieben enthauptet, mehrere gezüchtigt und mehr als hundert mit Weib und Kind verwiesen. Tatsächlich aber hat wohl der Kaiser nach seinem Einritt völlige Amnestie erteilt, dem wiedereingesetzten Rat indefs das unbeschränkte Verbannungsrecht verliehen, worauf ca. 133 Bürger die Heimat verlassen mufsten. Die Aufrührer verfuhren vorher als Herren der Stadt nicht rücksichtsvoller; viele Unzufriedne verjagten sie auf dreifsig Meilen, welche jedoch lediglich in das allzu nahe feindliche Lager übergingen.[2])

Als 1433 Heidingsfeld infolge Verpfändung und Nichtauslösung durch Böhmen an Nürnberg fiel, empörte sich die hierüber unwillige Bürgerschaft dortselbst, nachdem der Rat bereits von dem Territorium formell Besitz ergriffen hatte. Der Aufruhr wurde indefs rasch unterdrückt und zwölf Heidingsfelder mufsten „Das Sie sich vber und wider Ir gesworn aide und burgerspflicht aufs aignen mutwillen und zu bekrenkung der Stat freiheit zu Haubtleuten aufgeworfen, eigne amptleut nach Irem gefallen gemacht und eins Rats gepotten freuentlich widersetzt als Stat und lantzwinger“ zu Nürnberg „kopfs kürzer“ werden.[3])

Gegen die aufrührerischen Bauern verfuhr der Rat — analog seinem spätern Verhalten den Wiedertäufern gegenüber — mit grofser Politik und Milde. Statt sofort, wie die Fürsten, mit grausamer Härte einzuschreiten, bewilligte er einen Teil der Forderungen und ging nur wider einige Rädelsführer mit Strenge vor. So wurden 1524 diejenigen, welche den Zehnten zu leisten sich weigerten, unter das Rathaus gebracht und bald darauf mit der nochmaligen

---

[2]) Lochner, Gesch. d. St. N., 33; Ann. 1349; AB. Lochner, 28; Hegel 3, 317, Privilegienb. Nr. 21, 50.

[3]) MS. 581, 1433; Ann. 1457; s. a. Lorenz Fries, 1, 808.

Mahnung, ihren Verpflichtungen gerecht zu werden, wieder in Freiheit gesetzt, die Anstifter der Erhebung für immer aus dem Gebiet verwiesen. Dasselbe widerfuhr einem Hauptmann, der „wider sein pflicht" die Dorfschaft aufgeboten, während wegen Erregung des Aufruhrs „in einer gantzen gemein des dorfs" nur 10 fl., wegen Zwangs zu den Empörern 4 fl. vermerkt sind.

Man erliefs hiebei die schärfsten Mandate an die Unbotmäfsigen und hielt sich in der Stadt selbst nach den umfassenden Anordnungen, welche getroffen wurden, für das Schlimmste gerüstet.

1524 wurden zwei als freche Redner enthauptet, der eine, da er äufserte: „Es thete nichts, dann es hilten sich die burger und pauern zusammen, damit das Ungelt abkome", der andere anläfslich der Anschauung: „Es thet nichts, also die herrn hetten das gelt Innen, die müsst man hahen und zu tod schlahen". 1525 richtete man einen Bamberger Aufrührer auf des Bischofs Wunsch. Auch das Todesurteil des Pfarrers Vogel zu Eltersdorf (1527) war ja weniger durch seine anabaptistische als ratsfeindliche Gesinnung diktiert. 1527 strafte man sieben von Hintersefs und Kefsberg „eines pindtnus halben, so sie wider Iren pfarrer und kirchendiener vnterredt und gemacht, auch das zu halten an ein peyhel gerurt", desgleichen alle, „so an die Hackhen gerurt haben, Sy seien hynnen erschinen, entloffen oder nit" mit 2 fl., den „prinzipal" mit 10 fl. Noch andre erlegten 3 fl.; sämmtlichen wurden die Waffen abgenommen.[4])

Vornehmlich sind es die Konsulenten, welche den Rat auf den Weg der Milde und Gnade leiten. Man solle nicht so hart, wie gegen Aufrührer, wider die Bauern vorgehen „die vielfache Tyrannei der Fürsten und Kirche erlitten hätten, wenn sie auch sehr ungeschickt handeln". Man solle die Person ansehen, unter Bürgern und Bauern forschen: glaube man, dafs einer für des Rats Gebiet nicht nützlich oder beschwerlich, den verweise man,

---

[4]) wider Rathsverbot in die Bauernversammlung nach Reichelsdorf gegangen, ewig, Haderb. I, 235, 1524; Drohrede, gegen 100 fl. Bürgschaft frei, 235; sehr viele B. weigern sich, Zehenten zu zahlen, gefangen und wieder frei unter d. Verpflichtung d. Z. zu entrichten, 235; den aufrühr. Bauern zu gezogen, 4 fl., 242; Aufruhr, so er in einer gantzen gemein des dorffs bewegt, 10 fl., 243; hauptmann wider sein pflicht in g. gem. zusammengebotten, mit Weib und Kind aus Raths gepiet gew., 243; die Bauern zu Hintersefs und Kefsberg, s. Täterschaft: Mand. 1525; Waldau, N. Beitr. 2, 111.

wirkliche Aufrührer nehme man „ohn vorgehende Beschickung“ an und handle abermals nach Gestalt der Sache gegen sie — aber „on vnterschied hynein zu faren. dazu können sie nit rathen, dann ein e. rathe hab pesser mit tapfrer nachlassung und andren bei den Bauern den hochsten Glympf gehandelt“.[5])

Dieser „tapfern nachlassung“ ist es auch zu danken, daſs der Aufruhr um Nürnberg zu keiner bedenklichen Gestaltung zu gedeihen vermochte.

Noch einige aufrührerische Sprecher aus andrer Zeit wären zu erwähnen, welche geköpft, bezw. für immer verwiesen wurden, neben harmloseren Tumultuanten, welche man im Lochgefängnis ernüchterte. Erhöhte Strafnormen traten bei Tagung von Städten und Fürsten, sowie bei Festlichkeiten, die groſsen Fremdenzuzug veranlaſsten, in Kraft.[6])

Hinsichtlich des Widerstandes gegen die Diener des Rats zeigt sich groſse Verschiedenheit in der Bestrafung. So liest man bei Widerstand gegen das Friedgebot Augenverlust und 5 J. Verbannung, gegen die Verhaftung und Ladung vor Gericht 1—10 J., wie auch Buſse, gegen die Exekution und Pfändung Augenverlust, einmal auch Lochgefängnis. Einer, welcher den pfändenden Förster mit dem Beil anfiel, wurde nach Handabschlagung verwiesen, ähnlich einer, da er den verhaftenden Söldner in das Bein stach. Daneben wäre noch Gefängnis wegen Abreiſsens des Petschafts oder der Sperre des Richters hervorzuheben, wegen Verweigerung der auferlegten Steuer und des gemeinen Pfennigs und dgl. mehr.[7])

4. Amtsdelikte.

Erwies sich das Kollegium des Rates im Fall einer Konspiration oder des Verrates seiner Geheimnisse an fremde Gewalthaber

5) Rtschlb. B. 5, 44.

6) Hist. dipl. Mag. 2, 240; ew. b. Sack, daz er einen auflauf in der stat macht, AB. Lochner, 122, 123; Ann. 1510.

7) Gerichts gewehrt, 10 Jahr, AB. 316, 16, 1388; Richtersdiener widers. 3 J., 8, 1381; Schultheiſs hochlichen widerredt, 2 J., 10, 1382; Gerichtsdiener angegriffen, Jäger, jur. Mag. 1, 336, 1505; Pfändung gewehrt 8 tag loch, Haderb. I, 181; Verhaftung widers., 20 fl., 246; dem verhaftenden Söldner in das Bein gestochen, Ruten, ewig verw., 255; geg. Nachr. bei Züchtigung widersetzt, ewig, Hegel 5, 671; Ratsbefehl nicht gehorcht, 10 J., Haderb. I. 157; wer ungehorsam bei Feuersgefahr, an Leib und Gut zu strafen, PO. 1548.

unerbittlich gegen seine eignen Genossen, so ist auch die Zahl derer nicht unbedeutend, welche wegen andrer Verbrechen im Amte Richtung, Einmauerung, Verbannung oder wenigstens Absetzung erfuhren. Nur weniger, die besonders unser Interesse erwecken, sei hier gedacht.

Zu jenen zählt von solchen, welche sich als ungetreue Verwalter der ihnen anvertrauten Stadtgelder dokumentierten, vor allem die Persönlichkeit Muffels. Die Akten über diesen allgemein bekannten Fall, der so viele Besprechungen, wie auch verzweifelte Ehrenrettungsversuche hervorgerufen, sind als geschlossen zu betrachten, das Dunkel, in das er immerhin noch gehüllt erscheint, dürfte keinerlei Aufhellung mehr zu gewärtigen haben. Die Tatsache seiner Schuld, in deren Mittelpunkt die Entwendung des Losungsgeldes figuriert, ist kaum wohl anzuzweifeln. Sollte auch die Tortur sein Geständnis beeinflufst haben, die Aussage der Schreiber, wie überhaupt der Bericht über die Vorfällle in der Losungsstube nicht völlig der Wirklichkeit entsprechen, so kann doch die Bitte Muffels an seinen Beichtvater kurz vor der Richtung — er sollte die Erben zum Ersatz des fehlenden Losungsgeldes veranlassen —, nur als Ausflufs eines wahren Schuldbewufstseins gedeutet werden. Kurz vorher — bei der Abhaltung des Halsgerichts im Rathaussaal — beharrt er noch darauf, dafs lediglich die Folter sein Bekenntnis erprefst. Er unternimmt noch einen Rettungsversuch, wiewohl er sich doch bewufst sein mufs, dafs er durch die vor Bannrichter und Lochschöffen sine tortura abgeleistete letzte Urgicht sein Todesurteil bereits völlig vollzugsreif gestaltete. In diesem wird vornehmlich auf den Eidbruch Muffels hingewiesen, indem er ja bei Antritt des Losungsamtes geschworen „das Er von dem Gelt gemeiner Stat zugehörig nichts entlehnen, verschenken, verendern oder durch einicherley weg, wie der erdacht werden möchte, Ime selbsten oder andern nicht zuwenden oder zuaigen wölle“.

Weniger erklärlich ist das Gebahren des Rates. Nachdem die Augenzeugen der Entwendung den obersten Hauptleuten den „kümmerlichen“ Fall zur Anzeige gebracht, wird ihnen äufserstes Stillschweigen auferlegt und man zaudert neun Monate mit der Vornahme der Verhaftung. Warum wohl? Muffel ist mit der Mehrzahl der Ratsgenossen nahe versippt. Hat er auch durch sein hochmütiges Benehmen die Zuneigung aller sicher längst verscherzt, so könnte doch bei der entscheidenden Beratung die Stimme des Bluts in ihnen erwachen und er — gewarnt — zu dem ihm befreundeten Markgrafen flüchten, um dann seiner Vaterstadt ein furchtbarer Gegner zu werden. Oder ist vielleicht eben ein wichtiges politisches Unternehmen, das nur durch ihn — denn in des Losungers Händen einen sich alle diplomatischen Fäden — zur Tat zu werden vermag, in der Schwebe? Kurz, man zagt bis zu besserer Gelegenheit, und er, der Verblendete, bleibt, wiewohl er doch Argwohn schöpfen und sich bewufst sein mufs, dafs die Mehrheit des Rates schon lange auf seinen Sturz bedacht ist. In der Sitzung, in der gegen ihn zuerst der Vorwurf des Bruches des Amtsgeheimnisses ergeht, sehen wir das Kollegium einig, ja, das Todesurteil über Muffel tatsächlich schon gefällt; Verhaftung, Tortur und Richtung folgen nun rasch auf einander. Bei jener übernimmt sogar sein eigner Schwäher die Rolle des Hauptinquirenten.

In der Wahl der Todesstrafe endlich dokumentiert sich der Hafs seiner Kollegen auf exorbitante Weise. An sich verfällt er der Einmauerung, wie viele Genossen vor und nach ihm, wie z. B. Tetzel i. J. 1514, nachdem er sich des schweren Landesverrats schuldig gemacht. Dafs man aus Furcht vor seiner Befreiung hievon abstrahiert, scheint begreiflich, auch vermag man ja in der Enthauptung des Tiefgefallenen der Rachlust noch mehr Genüge zu leisten. Dafs man ihn, den Patrizier, jedoch der entehrenden Strafe des Stranges opfert, ihn, der sich immerhin grofse Verdienste um seine Heimat erworben, der sich der einflufsreichsten Fürbitten rühmen konnte, dokumentiert solche Todfeindschaft und Unversöhnlichkeit des Rates, dafs der Unwille und der Vorwurf der Parteilichkeit seitens des dem gerichteten Losunger gewifs sonst abholden Volkes als wohl begreiflich erscheinen.[1])

Wegen eines ähnlichen Verbrechens, der Veruntreuung von Leihhausgeldern wird Imhof 1672 enthauptet, zu einer Zeit, wo man das Einmauerungsprivileg nur dem Namen nach noch kennt, und die Maximen der Karolina vollen Eingang errungen haben. 1587 wird B. Derrer wegen Erbrechens der Kasse für immer in den Luginsland geschlossen. So schmachtet auch ein Stromer, der mehrmals Stadtrichter war, angeblich wegen einer Frevelrede

---

[1]) Muffelakt, KA.; Hegel 5, 758; Mummenhoff, Allg. d. Biogr., XXII, 444 s. a. Verfahren, 242, 477 (47, 85).

gegen den Rat, 38 Jahre auf dem Thurm. Hervorhebenswert ist auch der Prozefs des Rechtskonsulenten Gilgen, der von Worms berufen der Stadt fast zwei Jahrzehnte diente und endlich wegen Unterschlagung, falscher Urteile, Ehebruchs und Inzests als ein „verschmitzter, geldgeiziger Mann, aller Schalkheit, betrüglicher Praktiken kundig und erfahren“ 1605 geköpft wird. Dazu ist die Richtung einiger Amtleute, von denen einer zu Füfsen angesprochen wird, und Lochschreiber zu erwähnen, die des Fälschers Hammerbacher, die Bestrafung von irreligiösen Pfarrern, von meineidigen Visierern, Getreidemessern und Bierkiesern.[2])

Zahllos sind auch die wider Forstleute ausgesprochnen Ahndungen; so wird ein Forstmeister von Hiltpoltstein enthauptet, da er „wider sein getan Eid und Pflicht untreu war und viel abgetragen“, ein Erbförster erhält fünfjährige Verbannung und den Befehl, sein Gut in kurzer Frist zu verkaufen, da er sich ohne des Amtmanns Genehmigung beweibt.[3])

Unberechtigte Verhaftung, Gefangenhaltung, wie Freilassung von Gefangenen ziehen meist Rutenstrafe und Loch zu; öfters mahnt man auch Bader zur sofortigen Anzeige von Verwundeten, welche von ihnen Pflege heischen. Später wird übrigens jene Verpflichtung streitig, ein Barbier verweigert es geradezu, ihr nachzukommen. Entgegen der Ansicht, wonach der Rat für befugt erklärt wird, mit der Tortur gegen solche Ungehorsame vorzugehen, macht die Mehrzahl der Konsulenten geltend, es sei ein grofser Unterschied, ob man von einem bei der Schlägerei Be-

---

[2]) Mfzb. 1672, Mfzb. 74 Stbibl. ausführl., 1672: Stromer nach Soden 1, 14 wegen Erstechung eines Edelmannes; Pauer, Ratsamtm. wegen Unterschl. gehenkt, 1526, HGB. I, 90; Amtmann Wein entwendet, geh., 90; Cordung, Kassier, unterschl. ew. verw., Mfzb. 1682; Losungsch., geh., Mfzb. 1526; n. e. Mfzb. soll 1668 Wimpfen, Losungschr., von Henker und Löwen erwürgt w. s.; die Übersiebnung des Wilhelm Pfleger z. Füfsen, Ann. 1466; das interess. Verf. gegen Tetzel, Rtb. X, 283 ff., 1514, StA.: die Richtung des Pflegers Wüstenfelder zu Freistätt, Mfzb. 1493 etc.

[3]) Dening in s. vorstmaisterampt wider Aid und pflicht vntrew gewest, geköpft, HGB. I, 8, 1561; Waldschütze, der holzen half, ewig verw., Haderb. I, 175; Vorster wider Eid gehandelt, ewig, 240; Erbvörster wider aid on eins Amptmanns wissen beweibt, abgesetzt und 5 jar, 63; Förster wider Waldordnung, ewig, 187; Rp. 1583, 10, 8; slug man zweien forstern die vinger ab, den einen, was ir haubtmann, stelt man eine halbe or in den pranger, Hegel 5, 574.

teiligten die Angabe des Täters begehre, oder von einem Arzt, bei welchem sich ein Verletzter im Vertrauen auf ihn geoffenbart und sich verbinden liefs.[4])

Originell und heilsam gegen Vielschreiberei ist auch die Verordnung von 1503, wonach jeder Prokurator, der ein Libell einreicht, soviel Schilling Goldes zur Poen geben soll, als die Urteiler unzulässige oder impertinente Artikel durchstreichen.[5])

Besonders häufig sind die Amtsentsetzungen wegen Ehebruchs und andern Sittlichkeitsdelikten; nach einem Mandat von 1690 soll jene diesfalls regelmäfsig eintreten.

Endlich erwähne ich noch die vielen „Urlaubungen“ von Stadtbediensteten wegen Unfleifses und Ungeschicks.

5. Militärdelikte.

Der Vollständigkeit wegen seien die vornehmsten derselben in Kürze hervorgehoben.

Die Heerflüchtigkeit spielt erst eine beachtenswerte Rolle, seit sich der Rat nicht mehr allein der eignen Bürger zur Kriegführung bediente, sondern auch fremder geworbner Söldner. Erstere wurden bei der Heerfahrt nur fouragiert, nicht gelöhnt und konnten auch bei Übertritt zum Feinde keinen besondern Lohn erhoffen, abgesehen davon, dafs ein Desertieren solcher nur im Fall einer zu befürchtenden Bestrafung denkbar war, da es ja einer Selbstverbannung und dem Verzicht auf die damals grofsen Vorteile des Bürgercharakters gleichkam. Wollten sie ihr Gemeinwesen schädigen, so vermochten sie dies mit Gewinn nur auf dem Weg des wirklichen Verrats.

Öfter freilich ereignete es sich, dafs ein Bürger nicht mitziehen wollte oder sich bei einer wichtigen Aktion als feige erwies. So verbannte man 1528 einen Hauptmann auf ein Jahr, da er sich verdächtige Reiter zu verfolgen weigerte; 1499 entsetzte man einen solchen „ettlicher vergebner Rede und wort halben Cunz Schott betr., so er vff der Musterung geredt solt haben“.

---

[4]) Rtschlb. VII, 261: Barbierern und Badern strefflich Red, daz Sie die verwundten personen, die sie pinden, so langksam ansagen, Rtb. VI, 17, 1493.

[5]) Rtb. VII, 255, StA.

Dem ersten tatsächlichen Desertionsfall begegnen wir 1474; die Strafe ist zehn Jahre Verbannung. Söldner, welche als Deserteure ergriffen werden, gewärtigen den Strang; hie und da begnügt man sich mit dem infamierenden Wippgalgen, bei Versuch mit Spiefsrutenlaufen. 1662 wippen sie einen Soldaten, welcher einen Fahnenflüchtigen zurückbringen sollte, ihn aber auf dem Wege in den Flufs warf, so dafs er ertrank. Nach den Kriegsartikeln von 1730 macht man den Desertierten in contumaciam zum Schelm und vogelfrei, am Helfer vollzieht man die Strafe des Eidvergessenen.[1])

Aufruhr und Widerstand haben für die Verwegnen meist Spiefsrutenlaufen im Gefolge, nachdem sie der Nachrichter vor ihren Kameraden zum Schelm gemacht, ihnen den zerbrochenen Degen vor die Füfse geworfen. Jene Strafe hat ein Söldner wegen Ungehorsams gegen den Offizier zweimal zu überstehen; er erringt indefs trotzdem später die Wiederaufnahme in die Truppe. Eines ähnlichen Reates mögen sich 1621 zwölf Söldner schuldig gemacht haben, da man sie auf das hölzerne Röfslein setzte, schwere Steine an den Füfsen. Gemäfs den Artikeln werden Widersetzlichkeiten an Ehre, Leib und Leben geahndet, an letzterem bei Tätlichkeiten. Auf Meuterei steht der Strang. Der Begriff derselben ist ein sehr weit gedehnter. Ist es ja auch als solche geachtet, wenn mehr als zwei, um eine Beschwerde zu erheben, vor den Obern treten, wenn einer mit stärkerer Stimme, als sonst, den Vorgesetzten anspricht, bei einer Versammlung um Brod und Geld, bei einer Exekution um Gnade schreit, endlich die Löhnung nicht annehmen will, weil sie nicht vollständig ist.

Duellanten erwartet der Tod.[2])

Das Unterfangen des Remus galt von jeher als hochverräterisch; so werden auch 1414 zwei Knechte, weil sie nachts über die eben im Bau begriffene Stadtmauer aus- und einstiegen, auf drei Jahre verbannt. Nicht minder sollen Söldner, welche den Wall unbefugt überklimmen, Leibes-, bei Wiederholung Lebensstrafe gewärtigen. Ein Landsknecht, welcher einige Zeit ohne

---

1) Haderb. I, 1528—31, 253; 122; 25; Mfzb. 1662, 1664; 1676; Wölckern, Comment. succinct., 174 ff. (Kriegsartikel); s. a. Mendheim, das reichsstädt. Söldnerwesen im 14. und 15. Jahrh., 93 f.

2) Mfzb. 1669, 1672, 1678, 1691 etc.; Soden, 2, 52.

Urlaub vom Lager wegblieb, wird (1505) auf den Pranger gestellt und für immer verjagt.[3])

In den Artikeln sind angesichts des Hangs der Soldateska zu abergläubischem Unfug nicht nur Fluchen, Sakramentieren und Gotteslästern, sondern auch Festmachen, Segensprechen, Zauberei und Teufelsbannen mit Feuer, Staupenschlag und Verweisung bedroht. 1608 enthauptet man einen Söldner, weil er einen Bund mit dem Teufel geschlossen.[4])

Der Helfer steht bei Verübung von Militärdelikten dem Hauptsacher meist in der Bestrafung gleich, ebenso der Mitwisser von Verrat und Plackerei, wenn er die Anzeige des Schuldigen nicht unverzüglich veranlaſst. Zorn und Aufregung finden wenig Beachtung; eine in Trunkenheit begangene Tat gewärtigt schärfere Ahndung.[5])

Häufig verurteilt der Rat Söldner zu öffentlicher Zwangsarbeit, wie er sonst aufgegriffene Streuner für so lange hiezu anhält, bis sie, durch fremde Werber dingfest gemacht, auf bequeme Weise aus dem Gebiet befördert werden.[6])

Hinsichtlich anderer Verbrechen gelten — abgesehen von manch unverdienter Milde — die gewöhnlichen Normen. Sofern der Delinquent diesfalls der peinlichen Sühne auf Fürbitte hin entrinnt, so wird ihm doch wenigstens als Schelm der Laufpaſs erteilt, sein Name im Musterregister gestrichen.[7])

---

[3]) Hist. dipl. Mag. 2, 495, 1414; Hegel 5, 681.

[4]) Wölkern, 174 ff; Mfzb. 1608. [5]) Mfzb. 1678.

[6]) S. II, L. 5, Nr. 69, 20, 16. [7]) s. a. „Soldaten" i. allg. T.

Sach-Register.

A.

B.

S.

T.

U.

V.

W.

Z.

Berichtigung.

S. 6, Z. 6 lies: **auch einen Verbrecher an sich.**

Druck von A. W. Hayn's Erben in Potsdam.

FSC
www.fsc.org
MIX
Papier | Fördert gute Waldnutzung
FSC® C083411

Kolibri 360 GmbH
Ferdinand-Jühlke-Straße 7
99095 Erfurt, Deutschland
produktsicherheit@kolibri360.de